La France au XXe siècle

tome 2: depuis 1968

Yves Trotignon

Agrégé de l'Université

La France au XXᵉ siècle

tome 2: depuis 1968

5ᵉ édition actualisée

Dunod

Né en 1923, agrégé d'histoire en 1949, **Yves Trotignon** se consacre d'abord à l'enseignement secondaire, tout en s'intéressant à la cartographie scolaire. Professeur de classes préparatoires aux Grandes Écoles en 1956, il est spécialement chargé de la préparation à HEC depuis 1961 au lycée Hoche à Versailles ; il devient inspecteur en 1976. Il a publié plusieurs ouvrages qui, par leur thème — le XXe siècle — s'adressent tant aux candidats aux Grandes Écoles de commerce qu'aux étudiants des facultés ou au public cultivé désireux de comprendre son temps.

Du même auteur, dans la même série

La France au XXe siècle - tome 1 : jusqu'en 1968

Le XXe siècle en URSS

Le XXe siècle américain

© BORDAS, Paris, 1984
ISBN 2-04-015699-2

PREMIÈRE PARTIE

LES CONDITIONS NOUVELLES

L'année 1968 a fortement marqué l'opinion. N'a-t-elle pas failli être un autre 1789 ?

De fait, il semble, bien que le recul manque pour en juger pleinement, que cette date puisse convenir pour marquer non une rupture, mais une étape dans l'évolution, à tout le moins un temps fort.

Politiquement, cela n'est guère discutable; il y a crise, presque révolution; la crise a été surmontée. Les plus graves problèmes qui se posaient en 1958 avaient été réglés et voici que le régime mis en place depuis dix ans a une fois encore fini par faire ses preuves. La Ve République en sort renforcée, quitte à prendre quelques caractères nouveaux, ou à connaître de nouveaux problèmes, après le départ du général de Gaulle en 1969, ou encore à choisir de nouvelles orientations.

Sur le plan humain, 1968 est une révélation brutale du poids de l'opinion, du rôle des masses; c'est aussi la manifestation d'une nouvelle civilisation, inquiète sinon anxieuse devant une évolution trop rapide pour être bien maîtrisée. C'est aussi vers la même date l'apparition d'une population active chaque année plus nombreuse, après des dizaines d'années de stagnation : quelles conséquences pour l'avenir !

Dans le domaine économique, les coupures sont rarement nettes. On peut cependant dire que vers 1968 les grandes mutations de la France sont désormais irréversibles, qu'elles portent leurs premiers fruits. Par ailleurs, 1968 est l'année où pour la première fois le libre échange fonctionne à plein dans le Marché commun, ainsi que l'union douanière.

Dans la vie internationale enfin, la date peut paraître moins caractéristique. On notera, toutefois, que c'est en 1968 que le dollar fait officiellement aveu de faiblesse, à la conférence de Stockholm. Toute une période de l'après-guerre, caractérisée par la facilité de la prépondérance américaine, semble donc prendre fin.

Quelle que soit la valeur à attribuer à 1968 comme date-tournant, c'est en tout cas à ces divers points de vue qu'il convient d'examiner la situation. Situation initiale d'abord : où en est la France ? Quel est le bilan du quart de siècle qui s'achève, sur quelles bases continuera-t-elle sa marche en avant ? Questions à envisager tant sur le plan humain que sur le plan économique.

Facteurs d'évolution ensuite. Il est évident que ces facteurs prennent de plus en plus un caractère universel ; la France ne peut s'y soustraire ; il faut la replacer dans le cadre mondial pour mieux la comprendre. Mais elle est soumise pourtant à ses conditions propres, et celles-ci se traduisent dans sa vie politique profonde ou quotidienne.

Tels sont les divers sujets d'étude, nécessaires à une meilleure compréhension d'un présent qui change très vite.

Chapitre XXIX

LES FRANÇAIS VERS 1968

L'évolution et, pour tout dire, les progrès ont été remarquables depuis la fin de la guerre. Progrès économique, mais aussi progrès humain. Comment se manifestent-ils sur les structures démographiques et sociales ? Plus lentement qu'on pourrait le croire, semble-t-il, et, en tout cas, inégalement. Côte à côte se maintiennent de vieux caractères et se manifestent de nouvelles tendances.

Cette situation complexe, qui n'est pas propre à la France, remet en cause la civilisation dans son ensemble. Mais cette remise en cause, on la percevait déjà avant la guerre. Ce qui est nouveau, c'est l'accélération du mouvement. C'est aussi que la société est consciente de cette évolution, de sa nécessité, et que, dans sa majorité, elle y participe. Aussi a-t-elle retrouvé, en dépit de trouble ou de malaise, une assise. C'est cette assise qui, disloquée après la Première Guerre mondiale, lui avait fait cruellement défaut à la veille de la Seconde.

En 1914, le Français typique était le petit paysan ou le petit rentier. En 1939, quel était-il ? L'ouvrier hostile, le paysan replié sur lui-même, le petit bourgeois désorienté ? En 1968, le « cadre moyen » semble devenu le « Français moyen ». Il rassemble en lui des caractères représentatifs de chacune des autres catégories sociales. Et l'on retrouve son importance aussi bien dans les transformations démographiques, l'évolution de la structure professionnelle et sociale, le développement d'une « société de consommation ».

I. LES TRANSFORMATIONS DÉMOGRAPHIQUES

En 1968, la France a 50 millions d'habitants contre moins de 40 en 1911 (dans des limites plus petites), 42 en 1939, 40 en 1945. La France tient alors le treizième rang mondial et le quatrième rang en Europe après l'Allemagne (58 millions), l'Angleterre (55) et l'Italie (53), loin derrière l'URSS (237) et les États-Unis (200).

Le recensement de mars 1968 [1] permet de se faire une bonne idée de la structure démographique de la France à ce moment; on trouvera intérêt, en en comparant les résultats à ceux du passé, à mesurer l'évolution et le sens, nouveau ou ancien, de la tendance. Deux faits sont particulièrement marquants : la France rajeunit et vieillit tout à la fois; les Français tendent à se déplacer et à se concentrer.

---

1. Il dénombre exactement 49 778 549 habitants. Les 50 millions seront atteints à la fin de l'été. Un compte rendu succinct et bien illustré de cartes et graphiques en a paru dans la *Documentation française illustrée* n° 257-258 (Paris, Éditions de la Documentation française).

Rajeunissement et vieillissement de la France

★ *La structure par âge* est très révélatrice de la situation de la France.
La pyramide des âges montre que :
 1° les traces du passé n'ont pas disparu ; on voit très bien :
 — les grands accidents dus aux guerres ;
 — la dénatalité durable, jusqu'à la Seconde Guerre mondiale ;
 2° l'avenir démographique est assuré : la base de la pyramide est large et grandit d'année en année, signe d'une natalité relativement stable ;
 3° la pyramide est assez élevée : l'âge de la mort recule.

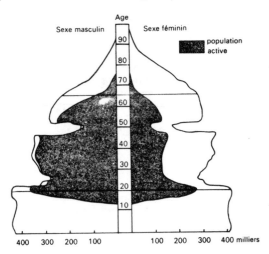

Pyramide des âges en 1968.

Rajeunissement et vieillissement de la France, tout à la fois : c'est ce qui paraît le plus important comme bilan du passé et perspective d'avenir. Comparons les tranches d'âge à des dates successives :

	1901	*1936*	*1954*	*1968*
Moins de 20 ans.....	34,6 %	30,2 %	30,7 %	33,8 %
20 à 64 ans	57,2 %	59,9 %	57,8 %	53,6 %
65 ans et plus	8,2 %	9,9 %	11,5 %	12,6 %

Cette double évolution en sens contraire pose d'une part de grands problèmes pour l'État qui doit assurer la scolarisation des jeunes et une vie décente aux personnes du « troisième âge », et d'autre part une lourde charge pour les adultes de 20 à 64 ans sur qui repose financièrement, en fin de compte, le poids des « inactifs ».

Mais c'est justement *vers 1968 que s'opère un tournant* avec l'arrivée à l'âge du travail des générations plus nombreuses de l'après-guerre. Il est prévu que l'évolution, comme dans les autres pays industriels, augmentera encore le pourcentage des plus âgés, mais diminuera celui des jeunes. Toutefois pour ce dernier (les moins de 15 ans), la France a désormais le 14e rang sur 29 pays européens au lieu du 28e en 1950.

★★ *Les éléments démographiques chiffrés* justifient le constat et les prévisions. Mais celles-ci ne peuvent que s'appuyer sur une tendance toujours sujette à être remise en question par les aléas de l'évolution. *La natalité baisse.* En 1968, elle est de 16,7 %₀. Ce chiffre place la France à un *rang convenable* parmi les pays industriels. Il suit la baisse remarquée chez ceux-ci depuis 1964; cette baisse est due sans doute à l'usage croissant de pratiques anti-conceptionnelles, liées elles-mêmes à la civilisation. Aussi le nombre des naissances n'est-il que de 834 000 au lieu de 874 000 en 1964 (record depuis 1903).

La fécondité diminue donc [1]. Elle passe entre ces deux dates de 2,9 à 2,3. Elle tend à devenir plus égale : moins de familles nombreuses, moins de familles sans enfants. En moyenne, 64 % des « ménages » se composent d'une à trois personnes, 20 % seulement de cinq ou davantage. La différence s'estompe entre milieux croyants ou incroyants.

La fécondité est toujours plus forte dans les familles modestes d'agriculteurs ou d'ouvriers peu spécialisés (ancienne structure démographique) mais l'est de plus en plus désormais dans les professions libérales, les cadres supérieurs : ce qui montre qu'une plus grande aisance, en cette fin du XXe siècle, favorise les familles nombreuses. En revanche, c'est chez les ouvriers « moyens », les employés, les commerçants, les « cadres moyens », que la fécondité est la plus faible.

Ces quelques remarques sur la fécondité prouvent que l'attitude démographique a changé assez notablement chez les Français depuis 1939 ou 1950.

La nuptialité est stable : 14,4 %₀ (357 000 mariages en 1968). Elle est plus précoce qu'autrefois, surtout dans les milieux plus modestes où l'on gagne plus tôt sa vie. A 22 ans, 20 % des Français sont mariés, mais 10 % seulement des étudiants. L'âge du mariage semble, vers 1968-1970, reculer un peu, soit parce que la durée des études s'allonge, soit à cause d'une plus grande liberté sexuelle. On notera d'ailleurs que les enfants nés avant huit mois de mariage représentaient 15 % des naissances vers 1950-1955, mais 25 % en 1970 [2].

La mortalité a cessé de diminuer ; peut-être par insuffisance des progrès sanitaires ou médicaux, sans doute aussi parce que trop de Français, faute de moyens ou d'instruction, se soignent mal (l'inégalité devant la mort n'a pas disparu), sûrement parce que la population « vieillit ». Le taux est de 11 %₀ (551 000 décès en 1968). Il pourrait être meilleur.

La mortalité infantile continue de décroître, mais assez lentement. Avec un taux de 20,4 %₀ la France n'est cependant pas mal placée (septième rang mondial).

L'espérance de vie à la naissance, après avoir longtemps augmenté, semble, avant qu'on soit parvenu à de bons résultats, se stabiliser à 76 ans pour les femmes et 68 pour les hommes. Écart de huit ans entre les deux sexes alors qu'il n'était que de six ans avant la guerre (56 et 62 ans). Il y a là un thème pour les revendications concernant les conditions du travail masculin. Le nombre des « grands vieillards » augmente pourtant : 19 140 Français ont 95 ans et plus, dont 14 880 femmes.

---

1. La fécondité est le rapport entre le nombre des naissances et celui des femmes de 15 à 49 ans.
2. Cf. la revue *Population et société* de décembre 1971 pour ce qui concerne fécondité et nuptialité.

L'accroissement naturel, à peine 300 000 personnes en 1968, donne un taux de 5,7 ‰, quatre ou cinq fois celui de l'entre-deux-guerres, mais en baisse sensible sur les vingt années qui ont suivi la Libération (taux de 6 à 7 ‰).

Le taux de reproduction suit la même courbe. Avec 128 de taux brut et 124 de taux net (chiffre qui, par définition, tient compte des conditions de la mortalité) il assure le développement de la population française à un rang fort honorable en Europe; il n'en est pas moins en baisse (128, contre 133 vers 1962).

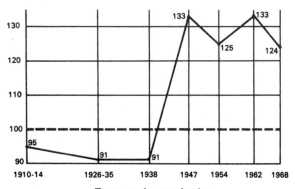

Taux net de reproduction.

★★★ *Les étrangers tiennent une place toujours importante.*

L'émigration reste négligeable, mais l'immigration en effet s'est toujours développée.

En chiffre absolu les étrangers sont 2 668 000, soit 5,4 % de la population totale, pourcentage qui n'a cessé d'augmenter depuis 1950. Les Espagnols (618 000) sont désormais plus nombreux que les Italiens (586 000). Les Algériens viennent ensuite, au nombre de 471 000, puis les Portugais (303 000) dont l'immigration devient considérable, alors que les Polonais ne sont plus que 131 000.

En chiffre relatif la part des étrangers n'est pas la même qu'autrefois, leur nombre croissant est moins inquiétant qu'avant la guerre : en 1931, ils étaient 2 900 000, soit 7,3 % d'une population stagnante. En 1968, la population augmente. En outre, la moitié de la population étrangère recensée concerne des « inactifs », femmes et enfants, proportion bien supérieure à celle de l'entre-deux-guerres. Il est vrai que le recensement de 1968 dénombre, parmi les Français, 1 316 000 naturalisés contre 360 000 seulement en 1931. Mais enfin il n'y a guère d'opinion xénophobe en 1968, contrairement aux années de la crise. C'est que les étrangers occupent des emplois subalternes, dédaignés par les Français, et ne peuvent être accusés de prendre la place de travailleurs en quête d'emploi. Ils jouent donc un rôle économique très important et représentent en fait 6,3 % des actifs, 11 % de la main-d'œuvre industrielle, 14 % dans les mines, jusqu'à 18 % dans les travaux publics.

Géographiquement ils sont très inégalement répartis : très nombreux dans le Midi méditerranéen surtout, mais aussi aquitain, ils donnent jusqu'à 13 % de la population dans les Pyrénées orientales. Ils ont là une activité surtout rurale. En revanche, ce sont les emplois industriels qui expliquent leur forte densité dans la région Rhône-Alpes, la région parisienne, le Nord et l'Est avec un record de 12 % de la population en Moselle. Le Centre et surtout l'Ouest les attirent peu : 0,2 % de la population en Vendée, Morbihan et Côtes-du-Nord.

★★★★ *Le sens général de la tendance démographique* en 1968 peut se résumer ainsi :
— le redressement démographique amorcé en 1945 se perpétue ;
— ce redressement semble toutefois être arrivé à un tournant : la natalité diminue depuis 1964, la mortalité cesse de diminuer, le nombre des « actifs » se met à augmenter sensiblement depuis 1966 ;
— l'immigration reste nécessaire ;
— la population française croît au rythme de 1 % par an ; le tiers de ce progrès est imputable aux étrangers. Gain annuel : environ 500 000 ;
— ces nouvelles conditions contribuent à poser *le problème de l'emploi.* Celui-ci n'est pas dû, comme avant la guerre, au ralentissement de l'économie, mais au contraire à son essor, à sa mutation : plus forte productivité, glissement rapide d'un secteur à l'autre, déplacement géographique ;
— l'opinion change à l'égard de la démographie : 45 % des Français en 1966 trouvent la natalité trop élevée, mais ils ne sont plus que 23 % à le penser fin 1970 ; ceux qui la trouvent insuffisante sont 6 % en 1966 mais 15 % en 1970.

Rappel des principaux chiffres.

	1910-1913	*1938*	*1968*
Natalité ‰	20	14,7	16,7
Mortalité ‰	18	15,2	11
Mortalité infantile ‰	126	70	20,4
Nuptialité ‰	15	13	14,4
Taux net de reproduction [1]	95	91	124
Nombre d'étrangers (millions)	1,1	2,2	2,7
Pourcentage d'étrangers	2,9	5,8	5,4
Population totale (millions)	39,6	42	50

Déplacement et concentration de la population

La répartition géographique des Français montre la survivance de très anciens foyers de peuplement mais aussi d'importants changements : la population est devenue beaucoup plus mobile. Elle tend à se concentrer dans quelques lieux ou axes privilégiés. Paris a cessé d'être le seul foyer attractif.

★ *La densité est très inégale :*
La moyenne nationale est de 92 au kilomètre carré, mais on n'a que 15 habitants au kilomètre carré en Lozère (avec 77 000 habitants) ou

---

1. Rappelons que l'accroissement est assuré quand le taux est supérieur à 100.

17 (avec 87 000) dans les Hautes-Alpes. On trouve par contre plus de 400 habitants au kilomètre carré dans le Rhône ou le Nord, plus de 4 000 dans les départements de la banlieue parisienne... et près de 25 000 à Paris même. La fameuse ligne Le Havre-Marseille délimite une France deux fois plus peuplée à l'est qu'à l'ouest. Non que manquent les taches blanches à l'est : on les trouve, comme avant la guerre, dans les Alpes du Sud, les plateaux de l'est et du sud-est du bassin parisien, la Lorraine méridionale. Mais le mouvement démographique reste toujours plus favorable à cette partie orientale du pays.

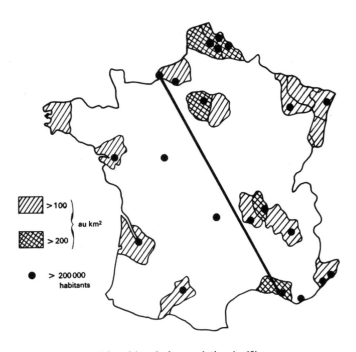

Répartition de la population (1968).

★★ *L'évolution inégale tend à créer de nouveaux contrastes :*
Deux causes à ces contrastes :
Première cause : le mouvement naturel de la population ; la plus forte natalité (jusqu'à 22 ‰) se trouve dans le quart nord-est du pays, la Normandie s'ajoutant à cet ensemble, ainsi que les marges bretonnes (plus que la Bretagne elle-même qui décline en ce domaine). Le Sud-Est lui-même a des chiffres supérieurs au Sud-Ouest et au Centre (12 ‰ dans la Creuse), ainsi, entre les deux recensements de 1962 et 1968, seuls trois départements ont un solde naturel négatif : Ariège, Corrèze, Creuse. Il y a donc maintien d'une vieille tendance : la natalité plus faible au Sud et dans le Centre, tandis que la mortalité y est plus forte (17 ‰ dans la Creuse).
Deuxième cause : surtout le solde migratoire. On migre toujours de la campagne vers la ville (combien de villages à moitié vides en France !),

de la province vers la région parisienne (beaucoup plus que vers la capitale elle-même désormais), d'une région en difficulté vers une région dynamique.

Les régions perdantes sont d'une part les plus rurales : Ouest et Centre (mais il faut noter que depuis 1965 la Bretagne, renversant un courant séculaire, conserve ses hommes) mais aussi quelques régions industrielles en reconversion : tels le Nord et la Lorraine.

La concentration due à ce double mouvement, naturel et migratoire, fait apparaître les caractères suivants :

— grand développement d'un axe Paris-Lyon-Méditerranée : un tiers des Français habite dans les trois régions de Paris, Rhône-Alpes, Provence-Côte d'Azur ;

— développement très sensible du Sud-Est et assez notable de cer-

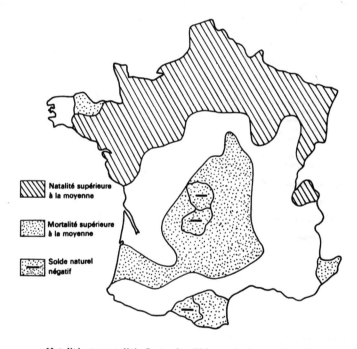

Natalité et mortalité. Carte simplifiée sur la base 1962-1968.

taines parties du Sud-Ouest : rôle des rapatriés et des migrations, beaucoup plus que de la natalité ;

— développement ralenti de la région parisienne (déclin de Paris proprement dit), du Nord et de l'Est où cependant l'excédent naturel assure le progrès.

Au total donc situation assez nuancée et montrant, outre les contrastes, des *signes de changements de tendance :*

— le progrès du Sud (pour des causes assez diverses);

— le ralentissement des progrès de Paris, Nord et Lorraine, vieux **centres industriels;**

— la **fin** de l'émigration bretonne qui semble liée au succès de l'industrialisation;
— le maintien du déclin pour le Centre.

Carte très schématique
tenant compte
1) du mouvement naturel
    de la population
2) du solde migratoire

Accroissement à l'est
de cette ligne :

✕ très important

+ important

◯ Régions en évolution :

⊕ croissance ralentie

⊕ évolution plus favorable

Les tendances démographiques.

★★★ Les progrès de l'urbanisation.

On sait que c'est vers 1930 que la population urbaine a, en France, dépassé la population rurale. En 1945 elle n'atteignait encore que 53 %. En 1968 : 66 %. Si la moitié des communes n'ont pas 300 habitants (structure administrative inadaptée au progrès), les deux tiers des Français habitent donc la ville.

Face au déclin des communes rurales et surtout des plus petites d'entre elles, *la croissance des villes est générale*, mais ce sont celles de 100 000 à 200 000 habitants qui augmentent le plus (+ 14,4 % entre 1962 et 1968); parfois l'augmentation est extraordinaire : plus de 25 % entre 1962 et 1968 pour Grenoble, Aix, Montpellier, etc. La France ne compte pourtant toujours qu'*un nombre modeste de très grandes agglomérations*.

94	agglomérations de plus de	50 000 habitants	= 50 % des Français
49	—	—	100 000	—	= 40 % —
21	—	—	200 000	—	= 30 % —
5	—	—	500 000	—	= 27 % —
3	—	—	1 000 000	—	= 24 % —
1	—	—	8 000 000	—	= 16 % —

Paris reste un cas à part : ville toujours énorme : 8 200 000 habitants pour l'agglomération, mais qui diminue dans ses limites municipales : Paris avait 2 900 000 habitants mais en a perdu 100 000 entre 1954 et 1962, 200 000 entre 1962 et 1968 (perte de 7 %) et n'en a donc plus que 2 600 000. On retrouve cette tendance dans d'autres grandes villes, où se multiplient les bureaux plutôt que l'industrie et où l'on fuit une animation excessive tandis que se créent de nouveaux emplois à la périphérie.

La ceinture urbaine ne cesse en effet de s'étendre et sa population augmente de 17 % de 1962 à 1968, et même de 40 % dans l'Essònne! Augmentation due à l'immigration mais aussi à une natalité forte, les nouveaux venus étant souvent de jeunes ménages. On notera pourtant que l'augmentation totale de l'agglomération (8,3 %) n'est pas beaucoup supérieure à la moyenne nationale (+ 7 %) entre 1962 et 1968.

plus d'1/3 d'actifs
+ dans l'industrie
— dans l'agriculture

France industrielle et France agricole (1968).

Paris a cessé d'absorber à lui seul tout l'excédent de la population française comme ce fut le cas de 1880 à 1939. L'industrie n'y offre plus qu'un quart des emplois. La politique de décentralisation a donc été assez efficace. Il est vrai que le secteur tertiaire est de plus en plus essentiel dans la vie économique et, de ce point de vue, Paris demeure la capitale incontestée de la France.

★★★★ *Les activités économiques restent inégalement réparties.*

Peu de changement dans ce domaine. On vient de le dire : les emplois tertiaires se multiplient dans les grandes villes, Paris surtout, et les « métropoles d'équilibre ». Une France industrielle et une France rurale s'opposent toujours : à l'ouest de la ligne Le Havre-Marseille se trouvent les dix-neuf départements dont plus d'un tiers des habitants se vouent aux activités primaires. Record pour le Gers avec 51 %, la Creuse 50 %, la Lozère 47 %, le Cantal et la Mayenne 45 %, etc.

Mais dans la France industrielle se trouvent aussi les départements qui ont les meilleurs rendements agricoles et n'emploient qu'un très faible pourcentage de leur population dans le travail de la terre : ainsi le Nord 6 %, le Pas-de-Calais 13 %, l'Oise 13 %, l'Eure-et-Loir même 18 %.

L'activité industrielle occupe plus du tiers de la main-d'œuvre dans vingt départements... tous situés à l'est de la ligne Le Havre-Marseille : Belfort (48 %), le Doubs (46 %), la Loire (44 %), les Vosges (42 %), l'Aube et le Nord (40 %) viennent en tête. Ces forts pourcentages ne sont pas forcément le signe d'une industrie puissante et moderne.

II. ÉVOLUTION DE LA STRUCTURE PROFESSIONNELLE ET SOCIALE

La répartition de la population française et plus encore son évolution traduisent un changement de la structure professionnelle et, par conséquant, sociale : lent dans les lendemains de la guerre, il s'est accéléré au cours des années 60. Il a pris des caractères globalement **favorables** : activités moins pénibles, classes sociales moins tranchées; mais l'inégalité n'en demeure pas moins un caractère toujours marquant et de nouveaux problèmes sociaux sont à résoudre.

Les actifs

L'activité est le fait de travailleurs moins nombreux en pourcentage, mais faisant des travaux moins pénibles et plus rentables. *Le pourcentage des actifs n'a cessé de diminuer :*

1906 : 53 % de la population
1938 : 48 %   —
1954 : 45 %   —
1968 : 41 %   —

Causes : la situation démographique (pourcentage plus faible des « adultes » de 20 à 65 ans), la prolongation de la scolarité, l'amélioration du niveau de vie (retraite prise plus tôt), la place plus faible des agriculteurs dans l'ensemble des actifs : à la campagne on travaillait dès le plus jeune âge et jusqu'à sa mort, et les femmes participaient à ces travaux. Noter que, dans l'ensemble des actifs, 35 % sont des femmes.

Mais si dans la population masculine on trouve 55 % d'actifs (contre 68 % en 1906), on n'en compte que 28 % chez les femmes [1]; parmi elles 10 % travaillent dans l'agriculture, 24 % dans l'industrie, 66 % dans le tertiaire. (A comparer aux chiffres de 1906 : 39 % des femmes « actives » dont presque la moitié dans l'agriculture et plus du tiers dans l'industrie.)

Le temps de travail a diminué, mais relativement peu. Légalement, avec sa semaine de 40 heures, plus un nombre assez important de jours chômés, le Français est l'un des plus favorisés. Mais par le jeu des heures supplémentaires, très recherchées pour accroître le revenu, il travaille en fait 46 heures par semaine, battant le record du Marché commun! Naturellement le temps varie selon les secteurs : plus long dans l'industrie que pour de nombreux agriculteurs (moyenne annuelle) et généralement plus fatigant.

L'évolution des secteurs d'activité montre clairement les progrès du secondaire, surtout du tertiaire : activités mieux rémunérées; le primaire diminue beaucoup laissant à ceux qui s'y adonnent, avec des terres plus vastes, des revenus plus élevés qu'autrefois. (Naturellement il s'agit toujours de moyennes.)

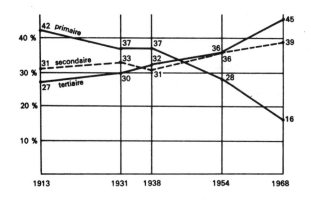

Les secteurs d'activité (1913-1968) : pourcentage de main-d'œuvre.

	1913	*1931*	*1938*	*1954*	*1968*
Secteur I	42 %	37 %	37 %	28 %	16 %
— II	31 %	33 %	31 %	36 %	39 %
— III	27 %	30 %	32 %	36 %	45 %

La France a cessé d'être le vieux pays rural qu'elle était, non seulement en 1914 mais encore en 1939.

La structure socio-professionnelle de la population s'est bien modifiée (chiffres arrondis) :

---

1. Se reporter à la pyramide des âges ci-dessus.

	1954		*1968*	
Agriculteurs...........	5 100 000 = 27	%	3 000 000 = 15	%
dont salariés.........	1 200 000 = 6	%	600 000 = 3	%
Ouvriers	6 600 000 = 34	%	8 000 000 = 38	%
Patrons industrie et commerce..............	2 300 000 = 12	%	2 000 000 = 10	%
dont petits commerçants	1 300 000 = 6,6	%	1 000 000 = 5	%
Employés	2 000 000 = 11	%	3 000 000 = 15	%
Cadres moyens	1 100 000 = 6	%	2 000 000 = 10	%
Cadres supérieurs, professions libérales.....	550 000 = 3	%	1 000 000 = 5	%
Salariés	12 000 000 = 64	%	15 600 000 = 77	%

On voit nettement le déclin des agriculteurs et des petits commerçants; le progrès des salariés en général, et en particulier des employés et des cadres moyens. Un quart des « actifs » est dans l'une ou l'autre de ces deux catégories. Le pourcentage des ouvriers [1], fait notable, n'a guère augmenté de 1962 à 1968 (passe de 37 à 38 %). Pourquoi ? La France n'est pas assez « industrielle »; la productivité plus forte suffit à augmenter la production; enfin les emplois industriels sont moins liés qu'autrefois à la « production » proprement dite qu'à l'organisation de cette production, ce qui est le rôle des cadres.

Les classes sociales

Moins tranchées qu'autrefois — l'évolution technique tendrait à les **rapprocher** — elles gardent cependant des caractères toujours bien distincts.

★ *Des facteurs d'égalisation* sont venus peu à peu atténuer les contrastes sociaux [2] : instruction moins mal répandue, niveau de vie plus élevé, éventail des revenus moins ouvert, généralisation des assurances, urbanisation, grands moyens d'information, emprise de l'administration et rôle de l'État, conditions de travail et de vie moins dissemblables, tendant peu à peu à rapprocher leur rythme, développement du salariat, etc.

Pour la France, en particulier, ce dernier facteur revêt une importance spéciale; quel changement dans ce pays de petits producteurs indépendants : agriculteurs, artisans, commerçants, dans ce pays de petites entreprises où l'employé « était de la maison »!... Les salariés ne représentaient que 36 % des travailleurs en 1906; ils sont déjà 58 % en 1931; mais 64 % en 1954, 77 % en 1968 : 15 200 000!

Un tiers d'entre eux sont alors sans qualification, une bonne moitié sont qualifiés et 14 % environ sont des agents de maîtrise, techniciens, cadres, ingénieurs [3]. La pénétration du salariat dans les milieux les plus

---

1. Parmi ces ouvriers sont comptés ceux qui travaillent dans des entreprises classées dans le secteur tertiaire. D'où le pourcentage élevé (38 % en 1968) alors que l'ensemble du secteur secondaire donne 39 %, cadres divers inclus.

2. Ceux-ci n'ont pas pour autant disparu : on les soulignera plus loin (§ suivant).

3. D'après une enquête de l'INSEE de 1969.

instruits n'est pas le fait le moins important. L' « indépendance économique », ou prétendue telle, disparaît.

★★ *Cadres et indépendants.*

Les « *milieux d'affaires* » — la grande bourgeoisie comme on disait
autrefois — échappent évidemment à cette remarque. Détenant toujours une grande partie de la fortune nationale, actionnaires de nombreuses sociétés, ils gardent entre leurs mains le destin économique du
pays mais doivent compter avec le contrôle ou les directives de l'État.
Il est vrai que leurs relations politiques sont étendues. Trente-deux ans
après le Front populaire, vingt-quatre ans après les rêves socialistes de
la Libération, on ne voit pas que leur influence ait beaucoup diminué.

Les « *cadres supérieurs* » *et les professions libérales* restent après ces
« milieux d'affaires » la catégorie la plus aisée, la plus instruite, la plus
« libre ». Importante dans les villes et particulièrement à Paris (mais
possédant presque toujours une « résidence secondaire »), elle a soit la
responsabilité pratique des affaires, soit celle des « services » les plus
importants. Plus diverse d'origine qu'on ne le croit souvent, elle n'en
tient pas moins, par héritage, une part notable du patrimoine français
et souvent les revenus du capital s'ajoutent pour elle à ceux du travail.

Ce travail existe cependant. Il est plus contraignant qu'autrefois,
plus harassant, comme le montre la fréquence des maladies nerveuses
ou cardiaques. Un autre changement est l'aspect plus « salarié » du
travail. Enfin, il semble que la mentalité soit plus ouverte qu'autrefois.
Quels que soient les effets de cette évolution, cette catégorie n'en
apparaît pas moins comme privilégiée aux yeux des autres. On se rappellera pourtant qu'en son sein on peut trouver aussi bien un patron
qu'un médecin de campagne, un professeur d'université qu'un avocat
sans causes.

Les *cadres moyens, techniciens, employés forment la* « *nouvelle classe
moyenne* » : un bon quart des Français (un sixième seulement en 1954).
Catégorie devenue la plus représentative du progrès social et d'une
civilisation où « le bureau » prend le pas sur l'atelier ou la terre. Catégorie issue très souvent de milieux plus modestes.

La promotion individuelle en est le principal élément d'unité.
Attentifs à préserver leur ascension sociale, ces cadres ou employés
achètent à crédit un appartement et limitent le nombre de leurs enfants
afin de mieux pouvoir les pousser dans les études. Les conditions
de travail sont plus pénibles qu'autrefois : heures supplémentaires,
tension nerveuse, « parcellisation » même de ce travail dans des bureaux
de plus en plus complexes, anonymes, et pour des tâches de plus en
plus soumises au critère du rendement. La menace du chômage en
cas de « compression de personnel » n'est pas le moindre motif d'inquiétude.

Les fonctionnaires, du moins, n'ont pas cette crainte. Ils sont un
million et demi dont près de la moitié à l'Éducation nationale alors
qu'en 1950 ils n'étaient qu'un million dont un quart dans l'enseignement.

Les « *indépendants* » *dont le nombre diminue* sont peut-être les principales victimes de l'évolution économique : artisans, au nombre d'environ 800 000, petits commerçants, petits patrons de l'industrie et du
commerce... Catégorie si nombreuse et si bien intégrée à l'économie de

1900! Mais le progrès technique, la concentration des entreprises, l'urbanisation sont sans appel. Non que ces « indépendants » soient condamnés : il est des « métiers » irremplaçables, la sous-traitance semble riche d'avenir. Mais globalement il faut s'adapter ou disparaître. La concurrence, le poids des charges sociales, parfois un état d'esprit rebelle à l'évolution imposent leur loi. Les prétendus « indépendants » le sont fort peu !

★★★ *La « nouvelle classe ouvrière »* le serait-elle davantage ? L'ouvrier s'est longtemps caractérisé par sa dépendance de travailleur prolétaire à l'égard du capital. Si cette situation n'a guère changé, une évolution se manifeste pour d'autres caractères non moins représentatifs du « monde ouvrier ».

Le nombre des ouvriers n'augmente plus beaucoup. Ils sont huit millions, 38 % des actifs ; c'est la classe sociale la plus nombreuse. Mais elle est diverse.

La diversité se manifeste à plus d'un égard. D'abord un cinquième seulement sont des femmes, mais ce pourcentage peut être beaucoup plus fort dans certaines industries, le textile par exemple. Ensuite, si un million et demi travaillent dans de grandes entreprises de plus de cinq cents personnes, il en est 600 000 dans de petites entreprises de moins de dix salariés. En outre, sous le vocable d' « ouvriers » on rassemble aussi bien des manœuvres (22 % du total), des « OS » : ouvriers spécialisés sans véritable formation professionnelle (40 % du total), des ouvriers qualifiés, des contremaîtres, des techniciens. Le progrès technique agit très différemment sur chacune de ces catégories. Il est aussi la source de bien des différences quant aux revenus, aux mentalités.

L'évolution technique agit en effet sur l'organisation du travail. Le travail à la chaîne qui « parcellise » le labeur de l'ouvrier spécialisé reste toujours très fréquent. Mais l'automatisation favorise de nouveaux emplois, de nouvelles méthodes : on voit ainsi au niveau des « ouvriers d'entretien » réapparaître la vision globale du travail ; il en est de même au niveau supérieur du « contrôle » où s'ajoute une importante responsabilité. Ainsi décline pour l'homme « en bleu » le « travail parcellaire »... qu'il verra se développer au contraire, si, devenu « col blanc », il entre comme technicien au bureau d'études. Mais il aura alors la satisfaction d'être devenu, en quelque sorte, un « employé ».

Aussi, tandis que diminue le rôle des ouvriers spécialisés et des ouvriers qualifiés, les conditions de travail rapprochent de ceux-ci les « techniciens »... qui pourtant s'assimilent de plus en plus aux employés. A l'opposé réapparaît avec « l'entretien » un ouvrier plus « complet » que cet OS, si caractéristique du milieu du siècle. La « nouvelle classe ouvrière » est écartelée.

Les conditions de travail sont donc très inégales. Mais globalement se sont-elles améliorées ? Les lois sociales se sont multipliées depuis la guerre ; avec la Sécurité sociale, tous les risques sont couverts. Mais l'ouvrier, en dépit des comités d'entreprise dont le rôle n'a pas été ce qu'on avait imaginé, n'a certainement pas l'impression de participer à l'organisation de son travail. La durée effective du travail, elle-même, malgré les 40 heures légales, s'allonge de 4 % entre 1949 et 1968, car on souhaite gagner davantage : la moyenne est de 46 heures hebdomadaires, mais certains en « font » 50, parfois 55.

Le rythme du travail s'accélère; la machine, le travail à la chaîne entraînent des « cadences » que l'on en vient peu à peu à qualifier d'infernales. Se rendre à son atelier ou en revenir le soir est, dans les grandes villes, surtout Paris, de plus en plus fatigant, abrutissant (« métro, boulot, dodo », dit-on au moment des grèves de 1968!). Encore l'atmosphère est-elle très différente d'une entreprise à l'autre : bonne ou au contraire très mauvaise dans la petite entreprise alors que la grande offre un climat plus terne surtout pour ceux qui restent soumis à la « parcellisation » du travail : « déshumanisation » du travailleur, anonymat. Du moins donne-t-elle en général une plus grande sécurité pour l'emploi. Ce vieux problème de l'emploi réapparu dans les années 30, oublié après la guerre, est très préoccupant pour beaucoup (activités en déclin, reconversions, regroupements d'entreprises); il dépasse souvent en acuité la question du salaire.

Le revenu a certes progressé puisqu'on estime que le pouvoir d'achat du salaire horaire moyen a doublé de 1949 à 1968. Son niveau de vie permet à l'ouvrier français d'avoir la télévision et, surtout s'il est **jeune, sa voiture. Il faut compter dans le revenu les prestations sociales** qui peuvent augmenter le salaire de 30 à 40 %. Ainsi l'ouvrier qualifié parisien a-t-il un revenu à peu près égal au revenu national moyen.

Cependant, globalement, l'ouvrier reste relativement « pauvre ». D'autre part, les écarts sont notables entre Paris et telle province (en Lozère revenu deux fois moindre), entre branches industrielles (chimie, pétrole beaucoup plus favorables que textile ou cuir), entre hommes et femmes (l'écart tend plutôt à se creuser en dépit de la loi). Il faut tenir compte aussi des heures supplémentaires bien payées. Enfin, si au début de 1968 12 % des ouvriers ont un salaire supérieur à 1 250 F par mois, il en est 25 % qui touchent moins de 650 F. Problème essentiel que celui de ces petits salaires alignés sur le « SMIG » : « salaire minimum interprofessionnel garanti ».

Les revendications portent donc sur les salaires; les plus bas sont jugés scandaleux, mais on tient tout de même à ce que leur hausse éventuelle se répercute sur les plus élevés. On revendique aussi de plus en plus sur les conditions du travail, « les cadences ». On veut enfin « participer » davantage au lieu d'être un rouage de l'usine.

Cette idée de participation se retrouve même à l'égard du syndicat; le nombre des syndiqués reste assez faible : trois millions et demi environ, partagés entre de nombreuses « centrales »; on n'écoute pas toujours leurs chefs, on préfère souvent les actions « à la base », les « grèves sauvages », ces grèves qui restent l'arme essentielle des travailleurs mais dont le succès, par leur fréquence même, n'est pas toujours assuré. Beaucoup, au fond d'eux-mêmes, les réprouvent, mais n'osent pas toujours s'en désolidariser.

La mentalité ouvrière en est la cause. L'idée de frustration, d'exploitation, se maintient. Le sentiment de solidarité reste vif, favorisé par la tradition de lutte, les conditions de vie et de travail, l'adoption généralisée du langage marxiste, l'adhésion au syndicat. L'idéal ouvriériste est loin d'avoir disparu.

L'idéal révolutionnaire subsiste lui aussi; l'autorité est de plus en plus mise en cause, la volonté de modifier les rapports sociaux reste vivace. Mais que de courants divers pour proposer des méthodes et des buts! D'une gauche toujours plus extrême à une gauche figée dans une idéologie traditionnelle, du désir de « tout casser » à une réflexion sur

des solutions nouvelles, c'est en fait la diversité de la « classe ouvrière »
que l'on retrouve. Combien d'ouvriers sont vraiment révolutionnaires ?
Et se proclamer tel, n'est-ce pas souvent chercher à se donner bonne
conscience ?

En fait, entrée, elle aussi, dans la « société de consommation », la
classe ouvrière française en subit, malgré elle peut-être, toutes les
conséquences : elle vit mieux mais à l'occasion perd son mordant et,
avec l'individualisme qui lui est lié, son unité.

★★★★ *Les paysans* forment toujours un monde un peu à part, mais
la diversité de ce groupe social est loin d'avoir diminué.

Les caractères d'ensemble ? C'est d'abord la diminution rapide du
nombre des agriculteurs. Ils ne sont plus que 15 % des actifs, soit trois
millions en 1968 contre cinq en 1954, et sept et demi en 1945. L'exode
vers la ville s'est poursuivi à un rythme qui atteint environ 150 000
personnes par an. Comme ce sont les jeunes surtout qui partent, le
paysan français est très souvent âgé; le chef d'exploitation a en moyenne
53 ou 54 ans. 18 % de la population agricole ont plus de 65 ans (contre
12,6 pour l'ensemble des Français).

Le niveau de vie a nettement augmenté : le confort du logement, la
télévision, la voiture sont fréquents. Mais il reste peu supérieur à la
moitié de la moyenne nationale. Il progresse... mais moins vite que
celui des autres catégories. La production agricole en effet croît sensiblement grâce à la modernisation des méthodes, mais cela se traduit
dans la pratique par : 1° la diminution du prix de vente alors que
monte le prix des produits industriels consommés (les termes de
l'échange sont donc défavorables); 2° l'endettement croissant puisqu'il
faut de plus en plus investir (machines, engrais, bâtiments, etc.).

Une grande nouveauté en 1968, par rapport à 1914 ou même à 1939,
c'est que le paysan n'est plus délaissé par les pouvoirs publics. Depuis
1960 principalement, une politique agricole a été mise sur pied. De multiples aides, subventions, primes sont versées; des interventions de
toutes sortes favorisent regroupements, développement de certaines
productions, commercialisation, etc. Si les résultats peuvent être
discutés, la volonté est manifeste : intégrer le paysan dans la vie économique moderne.

La diversité du monde paysan vient cependant apporter des limites
à l'efficacité de cette action et des nuances appréciables dans le tableau
d'ensemble du monde paysan.

C'est d'abord le déclin de la catégorie des ouvriers agricoles : ils ne
sont plus guère que 400 000, au niveau de vie très bas (le salaire sera
fortement revalorisé après la crise de mai 1968); déclin aussi des
« aides familiaux » : femmes et surtout enfants qui se tournent vers
d'autres emplois; au contraire se développe un groupe de nouveaux
salariés, employés dans les multiples organismes agricoles.

Quant aux chefs d'exploitation, quelles différences entre eux : celui
qui a 100, 200 hectares ou davantage dans les plaines limoneuses du
Bassin parisien, vrai industriel de la terre, celui qui a 10 hectares ou
moins au fond de la Bretagne ou de la Gascogne, celui qui a 70 ans et
celui — beaucoup plus rare — qui en a 30, celui qui a un diplôme technique (moins de 1 %) ou qui a au moins reçu une certaine formation
technique (7 % au lieu de 4 % en 1955), et celui qui n'a même pas son
certificat d'études primaires (près de 60 % !); celui qui modernise

activement ses méthodes et celui qui épie l'échec de ce dernier... pour se féliciter d'avoir été prudent !

Cette extraordinaire diversité se traduit dans la multiplication des syndicats agricoles qui tantôt veulent défendre la petite exploitation familiale (le MODEF), tantôt l'agriculture moderne (le CNJA), tantôt veulent préserver l'unité de la profession (la FNSEA qui est le plus important syndicat), etc. [1].

Le paysan pris dans une évolution profonde : voilà l'explication fondamentale ; il est, de gré ou de force, entraîné et soumis à l'industrie et à l'industrialisation des méthodes, intégré à un groupement — lui qui était si individualiste — dépendant d'une économie d'échanges à l'échelle toujours plus vaste. D'où le malaise, l'inquiétude, souvent l'amertume, d'autant plus que le poids politique diminue avec le nombre.

Les paysans restent cependant dans une société qui, tout entière, se transforme et s'unifie, un élément original et stabilisateur.

L'inégalité : les problèmes sociaux

L'évolution des activités et des catégories sociales n'a pas fait disparaître l'inégalité. Elle l'a parfois atténuée, parfois aggravée. De nouveaux problèmes sociaux sont même apparus, l'un des plus voyants étant celui des « jeunes ». La situation est donc assez complexe. On peut la présenter sous les cinq aspects suivants.

★ *Problèmes liés à la structure économique et sociale.* Il s'agit ici du très vieux problème ouvrier. Moins criant qu'au XIXe siècle il continue, sous des formes renouvelées, à se poser, soit en termes de niveau de vie, soit en termes de situation sociale : dépendance à l'égard du capital, en dépit des lois sociales. Il s'agit aussi du problème paysan : ici encore niveau de vie inférieur de presque moitié à la moyenne nationale; d'autre part, sentiment d'être entraîné dans une évolution qu'on ne peut maîtriser : celle qui diminue le rôle des « activités primaires » et condamne les individus face aux groupes organisés.

Ce dernier trait est le plus caractéristique et il dépasse le seul monde paysan pour concerner d'une façon générale tous les « indépendants » : ceux de la terre, ceux du petit commerce, les artisans, les petits patrons. Ils ont un peu l'impression d'être des survivants d'un autre âge, sentent que l'évolution se fait contre eux. Il faut, vers 1968, appartenir à un groupe, s'intégrer à une organisation, ne plus être un « individu »!

★★ *L'inégalité de richesse et d'instruction* est cependant un phénomène beaucoup plus important, car il est des « indépendants » qui ont tout de même une situation enviable. *Il y a toujours des pauvres.* La pauvreté est une notion relative, mais on estime que 20 % des Français tout de même manquent encore de ce qu'on peut considérer comme l'essentiel; on les trouve surtout parmi les paysans et le monde des

---

1. MODEF : Mouvement de défense des exploitants familiaux, né en 1959. CNJA : Centre national des jeunes agriculteurs, 1956. FNSEA : Fédération nationale des syndicats d'exploitants agricoles, dès 1946. On verra avec plus de précision les différents syndicats agricoles au chapitre XXXII, § 11.

petits retraités : ouvriers, employés, personnel de service. *L'écart s'est creusé dans les salaires et les revenus :* entre 1956 et 1966 le salaire réel des cadres a augmenté de moitié environ, celui de l'ouvrier moyen du tiers. C'est le retard des bas salaires, accrochés au SMIG, qui paraît le plus grave; il est pire pour les ouvriers agricoles liés au SMAG[1]. Le SMIG n'a augmenté que de 43 % de 1949 à 1967. La crise de mai 1968 obligera à un tel relèvement que d'un seul coup on passera de 43 à 91 %! et de ce fait 4 % des salariés seulement auront un salaire inférieur à 500 francs par mois au lieu de 20 % avant la crise. Preuve d'un retard devenu inadmissible.

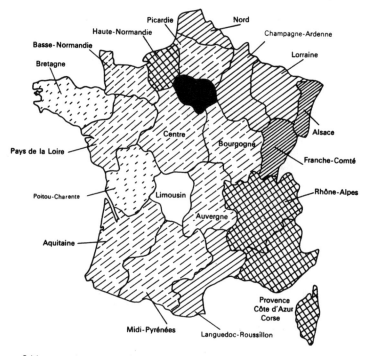

Salaires nets annuels moyens en francs 1967 d'après l'Annuaire statistique de la France 1969

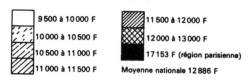

9 500 à 10 000 F	11 500 à 12 000 F
10 000 à 10 500 F	12 000 à 13 000 F
10 500 à 11 000 F	17 153 F (région parisienne)
11 000 à 11 500 F	Moyenne nationale 12 886 F

Les circonscriptions d'action régionale et les salaires.

---

1. SMIG : Salaire minimum interprofessionnel garanti. SMAG : Salaire minimum agricole garanti.

La disparité des salaires s'est aggravée aussi entre hommes et femmes, passant d'environ 7 % en 1956 à 10 % en 1966. L'écart atteint parfois 20 à 30 % dans le commerce, mais il y a égalité dans la fonction publique (ce qui y attire les femmes). Disparité aussi entre régions : en 1967, salaire moyen de la région parisienne, 17 153 francs par an; en Provence 12 778, dans le Limousin 9 926, pour une moyenne nationale de 12 886. Le système des zones de salaires autant que la nature différente du travail contribuent à ces écarts. Au total, la France est, de tous les pays industriels, celui où les écarts de rémunération sont les plus marqués.

Toutefois, si l'on considère l'ensemble des revenus y compris les prestations sociales (qui représentent un cinquième des ressources des ménages), 80 % des Français n'ont pas avec la moyenne nationale un écart supérieur à 30 %. Les catégories extrêmes, en haut ou en bas de l'échelle, s'en font d'autant plus remarquer : cadres supérieurs, 5 000, 10 000 francs par mois ou beaucoup plus; ouvriers agricoles, parfois 300 francs, vivant encore pour 10 % d'entre eux dans des maisons sans électricité ou ne disposant que d'un feu dans l'âtre.

Multiples sont les conséquences de l'inégalité pour le niveau de vie, la consommation, l'épargne, la santé, etc. Mais une des plus graves concerne *l'instruction.* En 1968-1969, parmi cent étudiants de l'enseignement supérieur, on compte environ :

0,8 %	d'enfants d'ouvriers agricoles	(environ 2 % des actifs)	
12 %	— d'ouvriers	— 38 %	—
9,5 %	— d'employés	— 15 %	—
13,5 %	— de patrons de l'industrie et du commerce	— 10 %	
18 %	— de cadres moyens	— 10 %	—
26 %	— de cadres supérieurs	— 5 %	—

Certes, il y a un progrès — et sensible — dans cet accès à l'enseignement supérieur, et surtout secondaire. Mais le progrès apparaît encore modeste et insuffisant dans la mesure où cet accès est devenu la condition essentielle du progrès social et économique. Il y a là un blocage sociologique redoutable pour le développement de la France.

Les « transferts sociaux », la « redistribution des revenus » sont donc limités en dépit de la Sécurité sociale, des allocations diverses. Ils atténuent les contrastes mais ne les font pas disparaître, parfois même ils peuvent être plus favorables aux plus aisés : ce sont par exemple les cadres supérieurs qui dépensent le plus pour leur santé alors que les cotisations à la Sécurité sociale sont plafonnées.

★★★ *Le problème des familles* pourrait paraître résolu par l'importance des mesures prises à leur égard depuis la guerre. En fait, ces mesures (allocations, quotient familial pour l'impôt, etc.) n'ont jamais assuré l'égalité absolue, et d'autre part l'aide consentie a été peu à peu érodée; elle a diminué en valeur relative.

Prenons le cas des ressources du ménage d'ouvrier spécialisé qui travaille 40 heures, en donnant l'indice 100 au ménage sans enfant[1].

---

1. D'après un article de *Population et Sociétés* de juillet 1971.

	1950	1960	1970
Indice pour le ménage sans enfant	100	100	100
— — avec 2 enfants	95	84	77
— — — 3 —	100	85	77
— — — 4 —	93	84	75

La charge d'une famille nombreuse, même si elle est allégée par rapport à l'avant-guerre, reste sérieuse. On sait que les familles sont plus nombreuses aux deux extrémités de l'échelle sociale.

★★★★ *Problèmes liés à l'âge* : ils semblent plus nouveaux. *Pour les adultes actifs* il s'agit surtout de la menace qui pèse sur l'emploi, de la nécessaire reconversion, parfois du recyclage : fini le temps de l'activité assurée dans la même entreprise ou dans un cadre de vie figé.

Le « troisième âge », c'est-à-dire les personnes âgées : voilà un problème récent. Il s'explique par l'allongement de la vie, l'abaissement de l'âge de la retraite, la structure toujours moins patriarcale de la famille (isolement des vieillards), la modicité de leurs revenus. Ainsi en 1966, sur 5 800 000 personnes de plus de 65 ans, un million ne disposaient, comme seul revenu, que de l'allocation de 2 400 francs par an (moins de 200 F par mois) versée par le Fonds national de solidarité. On comprend l'amertume de ces « vieux » après une vie de labeur.

Le problème des jeunes n'en est pas moins posé. Ceux-ci manifestent bruyamment leur mécontentement, leur opposition à l'ordre établi; beaucoup « contestent » la société et certains rêvent de tout détruire pour pouvoir bâtir un monde idéal. C'est parmi les étudiants que se déclenchera l'explosion de mai 1968. Pourquoi ? [1]

Les jeunes sont plus nombreux, on l'a vu, ils tiennent donc physiquement une plus grande place dans la société. Ils voudraient que leurs responsabilités soient en rapport avec cette importance.

Ils sont en effet beaucoup plus ouverts qu'autrefois à tous les problèmes de leur temps à cause de la facilité de l'information et parce que l'éducation n'a plus guère de sujets réservés.

Les jeunes ont connu pour la plupart une vie sans adversité, sans difficulté matérielle ni même — souvent — morale. Cela est vrai surtout pour les enfants de la « bourgeoisie », beaucoup plus « contestataires » que ceux des ouvriers par exemple. Ils supportent donc mal toute contrainte, toute limite à leur liberté et réagissent avec vigueur lorsque, un jour ou l'autre, lors de l'adolescence, ils affrontent les réalités de la vie d'adulte.

Les adultes, précisément, ne les y ont guère préparés. L'éducation a souvent été sacrifiée; le cadre de vie imposé à ces jeunes ne satisfaisait pas aux besoins conscients ou inconscients de l'enfance. Les jeunes ont été souvent les victimes de l'incompréhension ou de l'égoïsme de leurs aînés. Et ceux-ci ont même su les utiliser ou les manœuvrer faci-

---

1. Beaucoup d'articles et d'ouvrages ont été consacrés à la question. On lira avec profit le livre d'Alfred Sauvy : *La révolte des jeunes*, 1970, éd. Calmann-Lévy.

lement pour leur profit économique ou politique. Ils les ont flattés ou exploités, mais trop souvent se sont désintéressés de leur avenir et n'ont pas su les intégrer dans la vie active (le chômage des jeunes).

L'idéalisme inné de la jeunesse s'est révolté là-contre. Idéalisme généreux : quel jeune ne rêve de bonheur, d'égalité et ne se révolte contre toutes les formes d'injustice ? Idéalisme mythique aussi : tout est possible à tous! Gratuité! Pas de sélection, pas même d'orientation, mais emploi garanti! Idéalisme qui, se heurtant au mur de la réalité, se réfugie dans la drogue intellectuelle (que de théories!) ou la drogue tout court.

Victimes de leur temps, les jeunes forment désormais une classe, mal à l'aise dans la société des adultes : longtemps malthusienne, cette société n'a pas su aménager pour les jeunes la place qui devait être la leur. Surtout, elle ne les a pas préparés à s'intégrer à cette société de plus en plus soumise aux contraintes de l'organisation, et ne leur a pas fait comprendre les nécessités de cette organisation.

★★★★★ *Un malaise général de la société* existe en effet. La rapidité de l'évolution, l'incertitude de l'avenir, une conscience plus vive des injustices en sont sans doute les causes. Mais aussi le matérialisme ambiant et les besoins toujours croissants qu'engendre la « société de consommation ».

III. LES FRANÇAIS
DANS LA SOCIÉTÉ DE CONSOMMATION

Société de consommation, société d'abondance... Les Français sont parvenus à ce stade. Mais plus il est facile de consommer, plus on désire consommer! Donc *société de besoins*, mais besoins plus élevés d'ordre culturel; et, pour ceux-ci, nécessité d'avoir et de savoir utiliser les loisirs. *Société de loisirs* par conséquent.

La vie matérielle

★ *Mesure difficile du niveau de vie.*

On discute beaucoup sur le progrès du niveau de vie; sans le nier on l'apprécie de façon divergente. En effet, il y a d'abord de profondes inégalités selon les catégories ou les individus : on les a déjà soulignées. Ensuite la hausse du niveau de vie crée sans cesse de nouveaux besoins, jamais totalement assouvis et qui sont à l'origine d'un sentiment d'insatisfaction.

Et puis, sur quels critères se fonder pour mesurer ce niveau de vie ? On peut avoir télévision et voiture, mais vivre dans un taudis et se mal nourrir; la voiture absorbe souvent une part effrayante du salaire. Ce dernier peut nécessiter d'épuisantes heures supplémentaires de travail (en moyenne 46 heures de travail hebdomadaire pour le salarié de 1968 : c'est beaucoup). On doit souvent compter sur d'importantes prestations sociales : elles peuvent ajouter jusqu'à 30 ou 40 % au salaire! La femme doit avoir un emploi, etc.

Au total, niveau de vie plus élevé mais souvent conditions de vie plus pénibles, quand ce n'est pas insatisfaction.

★★ *Le pouvoir d'achat* n'en a pas moins augmenté très sensiblement. Calculé sur le salaire horaire moyen, il *a doublé de 1949 à 1968.* Exprimé par les ressources réelles, le niveau de vie moyen a doublé à peu près depuis l'avant-guerre, quadruplé depuis 1900. Situation analogue à celle des pays développés, mais assez remarquable pour la France, pays où le nombre des actifs est resté pratiquement stable depuis le début du siècle. Signe d'un accroissement correspondant de la productivité.

★★★ *La structure des dépenses* reflète la hausse du niveau de vie :

	1950	*1968*
Alimentation......................	46 %	30 %
Habillement	14 %	10 %
Habitation........................	13 %	20 %
dont logement	3,5 %	10 %
Hygiène et santé	5,5 %	12 %
Transports et télécommunications...	6,5 %	10 %
Culture et loisirs	6,3 %	8,5 %
Hôtels, cafés, divers..............	8,7 %	9,5 %

On voit sensiblement diminuer la part des produits de première nécessité : alimentation et habillement, au profit de dépenses moins « vitales » mais liées à une existence plus évoluée : meilleur logement, soins médicaux, déplacements.

Le recul relatif des dépenses alimentaires (moins d'un tiers des dépenses totales; prévision pour 1985 : un sixième) est cependant très variable selon les catégories sociales : ainsi pour les agriculteurs le pourcentage est 39 % (dont un tiers en autoconsommation) alors que pour les cadres supérieurs il descend à 19 %. Parmi les produits alimentaires le pain représente moins d'un dixième (on n'en consomme plus que 79 kg par an), les boissons un sixième : le vin retrouve,·après l'avoir dépassé, son chiffre de 1939 : 116 litres par an, car on se tourne davantage vers d'autres boissons. La consommation de beurre est passée de 5,3 à 9 kg par an, celle de fromage a doublé : 12,5 kg au lieu de 6,2.

Si l'accroissement absolu des dépenses concernant l'alimentation est modeste (4,6 % par an entre 1950 et 1965) il est beaucoup plus fort pour l'automobile (13 %) et surtout pour l'équipement du foyer, notamment la télévision (4 %).

★★★★ *Le développement de l'équipement privé* est, d'une façon générale, un des aspects marquants de la « société de consommation ». Quel que soit le niveau approximatif des chiffres ci-dessous, ils donnent un ordre de grandeur intéressant pour 1968.

Automobile	50 %	des ménages contre	22 %	en	1955
Télévision	58 %	— —	4 %	—
Radio	90 %	— —	73 %	—
Réfrigérateur	67 %	— —	12 %	—
Machine à laver	45 %	— —	9 %	—

Ces moyennes prouvent un niveau de vie matériel en amélioration sensible. La voiture notamment est devenue « indispensable », 8 % des ménages, même, en ont deux. Elle est désormais aussi répandue à la campagne qu'à la ville; tout au plus y est-elle en général plus vieille et de moindre cylindrée. Mais *ces moyennes cachent d'assez grandes disparités* :
— d'une part entre régions : ainsi le taux des voitures dans le Nord est le plus bas de France. Dans la région parisienne il n'atteint même que 45 %! Effet des difficultés de circulation; pour le téléphone par contre c'est 33 % à Paris... alors que la moyenne nationale n'est que de 15 et que le chiffre tombe entre 8 et 9 % pour la Bretagne ou le Nord;
— d'autre part entre groupes sociaux : si pour les professions libérales et les cadres supérieurs 58 % ont le téléphone, on tombe à 5 % pour les salariés agricoles (bien que 41 % d'entre eux aient une voiture contre 88 % pour les cadres supérieurs).

★★★★★ *Progrès trop lents du logement.*

On sait le grand retard de la France en fait de logement au lendemain de la guerre. Le progrès est certain à partir des années 60. Il reste insuffisant.

Le confort du logement est désormais recherché, tant à la ville qu'à la campagne, mais les chiffres suivants montrent qu'il y a encore fort à faire.

	1954	*1968*
Eau courante	58 %	91 %
W.-C. intérieurs	27 %	52 %
Baignoire ou douche	10 %	48 %

En 1968, 42 % des logements ont à la fois des w.-c. intérieurs et une douche, mais le chiffre tombe à 20 % dans les communes de moins de 1 000 habitants pour atteindre 53 % dans les villes de plus de 20 000; 19 % dans la Creuse, mais 70 % dans les Alpes-Maritimes. Un quart des ménages seulement disposent du chauffage central. Ces chiffres sont à comparer avec la construction de logements neufs.

La construction de logements a évidemment été beaucoup plus importante dans les régions en expansion démographique et dans les villes. De 1948 à 1968 on a construit 4 500 000 logements (mais les Allemands en ont fait le double!) : ils représentent en 1968, 29 % des logements occupés, mais 39 % dans les communes de plus de 20 000 habitants, 13 % dans celles de moins de 1 000. Le rythme de construction en 1968 est aux environs de 420 000 par an. C'est trop peu, bien qu'on en ait construit plus en quinze ans que pendant le demi-siècle précédent. Mais un tiers des Français seulement sont convenablement logés.

Le Français dépense nettement plus pour son loyer qu'autrefois... **Mais le loyer moyen reste de 600 francs pas mois. Il y a pourtant un grand** écart entre le vieux logement dont le loyer reste fixé très bas par la loi et le logement récent, moderne, où les prix ont été libérés et sont très élevés. Il manque surtout des loyers moyens... pour les Français moyens. Beaucoup dans ces conditions préfèrent accéder à la propriété en recourant au crédit. Cela n'est pas sans entraîner une forte spéculation sur les terrains, et le profit des « promoteurs ».

★★★★★★ *L'insuffisance des équipements collectifs* est à prendre en considération pour juger de la vie matérielle des Français.

Dans le domaine du *logement* le retard est visible : les logements sociaux, en dépit d'un effort, restent les parents pauvres : ainsi en 1968 sur 415 000 logements neufs on ne compte que 151 000 HLM. Certes l'allocation-logement a été instituée, qui incite les Français à se mieux loger; des prêts spéciaux ont facilité, cette même année 1968, la construction de 117 000 autres logements... Mais les « immeubles grand standing » qui n'intéressent qu'une minorité de Français se multiplient relativement beaucoup plus vite. Et les immeubles collectifs, quels qu'ils soient, sont un pis-aller : 70 % des Français, révèle une enquête, souhaitent une maison individuelle.

Le retard en matière d'*équipement hospitalier* est grand aussi, à l'heure où les progrès de la médecine rendent les soins plus coûteux et où la « demande » croît très vite. Même chose pour les *équipements sportifs*, restés insuffisants. Il s'agit là en quelque sorte de satisfaire la « consommation ». Mais c'est une consommation qui devient « productive » si elle permet l'épanouissement de l'individu. A plus forte raison apparaît le caractère productif si l'on considère ces grands équipements collectifs que sont *le téléphone ou les autoroutes :* ici le retard prend souvent un aspect tragique.

Instruction, vie culturelle et loisirs

La société de consommation se définit surtout par ses bases matérielles sinon matérialistes. Mais on constate qu'à défaut de faire de la vie culturelle son but suprême, elle suppose un minimum d'instruction.

★ *Les progrès de l'instruction.*

La IIIe République finissante avait, avec Jean Zay, cherché à démocratiser l'enseignement. Mais la IVe lui laissa prendre un grand retard alors que montait la « vague démographique ». A la Ve revient le mérite d'avoir donné à l'Éducation nationale une place beaucoup plus importante dans le budget de l'État [1] :

1952	7,4 % du budget	= 1,56 % du PNB
1957	10 % —	= 1,98 % —
1967	16,3 % —	= 3,44 % —

On verra plus loin toutes les insuffisances, l'effort n'en existe pas moins. Il a permis d'accueillir tant bien que mal — souvent plus mal que bien — le flot montant de la vague : d'abord dans le secondaire, qui absorbe 40 % des dépenses, puis dans le supérieur.

Le gonflement des effectifs scolaires est dû à la démocratisation plus qu'à la natalité : 75 % déjà des enfants suivaient l'enseignement jusqu'à l'âge de 16 ans avant qu'on n'en proclame l'obligation (1967).

---

1. Voir J.-C. Asselin : *Le budget de l'Éducation nationale, 1952-1967,* PUF, 1969.

Pour les étudiants du Supérieur, leur nombre croissant est aussi très éloquent :

1939......	70 000	1960......	300 000
1950......	130 000	1968......	600 000

L'augmentation de 1958 à 1968 est de 124 % (à peu près comparable à celle du secondaire). Avec 17 % d'étudiants parmi ses jeunes gens, la France est de loin le premier pays d'Europe. De 1951 à 1967 le total des scolarisés est passé de 6 600 000 à 11 500 000. Presque un Français sur quatre est à l'école, 17 % d'une classe d'âge sont reçus au baccalauréat en 1967 contre 8 % en 1958 et 3 % en 1938.

2 % des Français continuaient leurs études après l'âge de 13 ans en 1910. En 1967 c'est un quart qui les poursuivent au delà de 16 ans. La *démocratisation*, le progrès sont indiscutables.

★★ Les insuffisances de l'instruction sont cependant dénoncées, et violemment. *L'inégalité des chances :* en 1967, on l'a vu, 12 % seulement des étudiants du Supérieur sont enfants d'agriculteurs ou d'ouvriers alors que ceux-ci sont 54 % de la population. On objectera que 50 ans plus tôt le pourcentage ne dépassait pas de beaucoup 0 %. Mais le progrès est jugé trop lent et certains dénoncent en outre la « culture bourgeoise » qui serait inaccessible aux milieux populaires.

L'inefficacité de l'enseignement est mise en cause : méthodes désuètes, contenu inadapté à la vie moderne, mauvaise préparation à l'entrée dans la vie active, le tout s'expliquant soit par l'insuffisance des équipements, soit par les maîtres trop peu nombreux ou trop mal adaptés. Le résultat, c'est l'abaissement du niveau des études, les échecs scolaires : avant 1968 on a autour de 60 % de reçus à un baccalauréat pourtant de moins en moins exigeant. Dans le Supérieur, les échecs sont beaucoup plus nombreux et les étudiants qui s'y pressent dénoncent la « sélection ».

Le faible niveau d'instruction générale reste encore surprenant en France. Sans doute l'afflux vers les lycées et les universités relèvera-t-il peu à peu les pourcentages. Mais, d'après le recensement de 1968, voici quel pourcentage de Français possédait les diplômes suivants :

	CEP [1]	BEPC [1]	baccalauréat	diplômes supérieurs
Actifs................	43,2 %	8,0 %	4,1 %	3,8 %
Inact. (de + de 14 ans)	33,7 %	5,9 %	2,2 %	1,2 %
Total —	36,1 %	6,6 %	3,0 %	2,5 %

Le retard de l'instruction scientifique, technique et professionnelle déjà noté dans l'entre-deux-guerres s'est à peine comblé. Dans l'enseignement supérieur, sur les 600 000 étudiants de 1968, 125 000 environ font des sciences, autant font du droit ou des sciences économiques; 200 000 sont en lettres, 100 000 en médecine. En 1966 ont été créés les I. U. T. (Instituts universitaires de technologie) : ils n'ont encore que 12 000 inscrits alors qu'ils s'intègrent bien à la vie économique.

L'enseignement technique reste « boudé »; les lycées techniques

---

1. CEP : Certificat d'études primaires. BEPC : Brevet d'études du premier cycle de l'enseignement du second degré.

agricoles au nombre de 25 en 1960 sont 69 en 1968. Ils n'ont que 46 000 élèves; 135 000 il est vrai avec les établissements privés... C'est encore bien peu. La formation professionnelle est aussi mal assurée dans le commerce : moins de 10 % des services commerciaux ont des diplômés moyens ou supérieurs, 20 % des ingénieurs n'ont qu'un niveau secondaire.

C'est toute l'économie française qui est conditionnée par cette situation. Les étudiants affluent... mais d'une part s'enfoncent dans des voies, littéraires surtout, dépourvues de débouchés; d'autre part se heurtent, même dans les autres voies, à des débouchés étroits parce que la modernisation de l'économie, si notable qu'elle ait été, a suivi un rythme moins rapide que la démocratisation de l'enseignement.

★★★ *Médiocrité de la vie culturelle.*

Le Français porte peu d'intérêt aux questions sérieuses, difficiles et par là même austères : faute d'instruction sans doute il ne connaît pas et souvent ne veut pas connaître économie, finances, et vrais problèmes politiques. Il s'en remet à l'anecdote, aux slogans, aux mythes — alors qu'il est électeur et que sa vie est conditionnée par ces graves questions. L'ignorance est semblable pour ce qui le concerne directement : une enquête de 1971 révèle que 43 % des Français ignorent ce qu'est l'échelle mobile des salaires, alors que 75 % sont salariés et que tous demandent que les salaires « rattrapent le coût de la vie » (... et si possible le dépassent!).

La télévision est devenue le grand moyen d'information, de distraction, d'instruction, supplantant le journal et même la radio. « L'éducation populaire » pourrait trouver là une arme extraordinaire puisque 58 % des ménages en 1968 ont la télévision et que la moitié d'entre eux la regardent tous les jours et un quart y passent toute leur soirée [2]. Il existe de bonnes émissions qui montrent ce qu'on pourrait être capable de faire...

La lecture, l'art n'intéressent qu'un nombre bien faible de Français. En 1970 :

    38 % ne lisent jamais de livre;
     9 % seulement fréquentent une bibliothèque;
    17 % seulement possèdent plus de cent livres;
     7 % peignent, dessinent, sculptent, brodent;
   1,3 % jouent un instrument de musique;
    70 % n'ont jamais été au concert;
    50 % au théâtre ni même au cinéma.

Du point de vue culturel, le Français n'est pas encore du XXe siècle. L'économie a marché plus vite que la culture. C'est là une des causes de la crise de civilisation. C'est un des thèmes de ceux qui contestent la « société de consommation ».

★★★★ *La diversité des loisirs* reflète le niveau culturel, le niveau de vie et aussi la permanence de vieux caractères français.

Les distractions favorites restent le jardinage, la pêche ou la chasse, la partie de boules (vogue dans les années 1950 et 1960), le bricolage.

---

2. Enquête de l'INSEE, fin de 1967.

Près de 2 millions de Français bricolent tous les jours ou presque. 3 millions et demi vont au café tous les jours et autant jouent au tiercé. Il en est 6 millions qui tiennent une collection et presque autant qui s'adonnent à la photo ou au cinéma. Le sport prend une place croissante : on le pratique, ou l'on suit les épreuves sur le terrain ou « à la télé ». Mais 1 adulte sur 3 seulement sait nager.

Les voyages font partie désormais de la vie. 2 Français sur 3 sont allés à l'étranger ; 1 sur 12 part régulièrement en week-end. Les jeunes voyagent plus que les adultes. La plupart pratiquent le camping (2 millions de campeurs, parmi les adultes). Le voyage est rarement culturel ; on tient cependant à « faire » les châteaux de la Loire, les gorges du Tarn, etc. ; à l'occasion aussi les « boîtes de nuit » de Paris, quand on « y monte ».

Le tourisme est lié aux vacances, mais aussi au niveau de vie. Beaucoup se contentent d'aller à la campagne dans la famille, ou dans la maison qui, du fait de l'exode rural, reste les volets clos 11 mois sur 12. Plus de 7 % des ménages possèdent une résidence secondaire, héritée ou achetée : il s'agit surtout de citadins avides de calme et de verdure. 43 % des Français (1970) partent en vacances : les quatre cinquièmes en été, le reste été et hiver ou même hiver seulement (2 %). Mais en été un dixième seulement va à l'hôtel.

La civilisation des loisirs existe-t-elle en France ? Elle apparaît. Mais on peut faire quelques remarques :

— on travaille en France plus que dans des pays comparables ;

— tous n'ont pas également accès à ces loisirs ;

— les formes de loisirs sont très diverses : il en est de traditionnelles (bricolage, lecture), d'humbles, de plus récentes mais coûteuses (un Français sur quarante seulement va aux sports d'hiver) ;

— avoir des loisirs ne suffit pas ; il faut savoir les occuper. C'est à la ville que le problème se pose avec le plus d'acuité ; chez les jeunes aussi, surtout dans le cadre si souvent factice et froid des constructions modernes. La délinquance juvénile, en progrès si rapide, s'y alimente. Elle est un dérivatif pour tromper l'ennui. Cette civilisation des loisirs, liée à la société de consommation, reste à créer. Elle peut être très enrichissante ; elle peut aussi engendrer le pire.

Caractères permanents et nouveaux caractères

Dans quelle mesure survit ou se transforme la vieille civilisation française, liée à une certaine forme de société ?

★ *Certains facteurs de division s'atténuent.* Ainsi *l'opposition entre la ville et la campagne* sans avoir disparu — on l'a souligné — est et sera de moins en moins marquée. *Le facteur religieux* a perdu de sa virulence : la tolérance progresse, « l'ouverture », le « dialogue », les idées de plus en plus sociales de l'aile marchante de l'Église, le renouveau de la foi contribuent autant que les progrès de l'indifférence à mettre fin aux affrontements religieux. 90 % des Français sont baptisés catholiques. Un quart d'entre eux, parmi les adultes, pratique plus ou moins régulièrement, les chiffres étant plus élevés à la campagne et dans la moitié nord de la France ; courant ancien, non sans quelques changements toutefois (déclin en Bretagne).

Les facteurs sociaux de division comptent encore, mais sont peut-être

moins voyants : la richesse, le revenu, l'esprit de classe s'étalent moins
Effet de la démocratisation, du progrès de l'instruction. L'éducation
et l'idée qu'on s'en fait semblent parfois démarquer davantage les
Français.

★★ *Maintien ou apparition d'autres facteurs de division.*

Un vieux facteur de division n'a pas disparu : c'est *le facteur politique*, idéologique. Les Français se classent toujours à droite ou à
gauche, tous affirmant leur volonté de progrès social. Mais la classification se fait sur le moyen d'y parvenir... et les affirmations les plus
catégoriques ne correspondent pas toujours aux réalités profondes.
Comme au temps d'Herriot, le Français n'a-t-il pas, encore, le cœur à
gauche et le portefeuille à droite ?

Plus nouvelle, bouleversant les catégories traditionnelles, apparaît
l'opposition entre les « *organisés* », qu'il s'agisse des syndiqués, des
membres de coopératives agricoles, des milieux d'affaires, etc., et les
« *inorganisés* » : artisans, simples paysans, petits commerçants : se
sentant à contre-courant de l'évolution, ils manifestent de plus en plus
leur opposition mais, politiquement mal définis, sont l'objet de maintes
surenchères. Il en va de même pour *les jeunes* qui forment un groupe de
plus en plus nombreux, distinct, intéressant pour les partis politiques
mais dont... la jeunesse et le renouvellement rapide atténuent l'efficacité.

★★★ *Survivance de vieux caractères français.*

Malgré ces nouveautés dans le domaine de la division se perçoit le
maintien de vieilles structures sociologiques ou mentales.
La société française reste rigide quelle que soit la nouvelle sélection
créée par le succès dans les études ou les affaires; elle est peu mobile,
elle évolue plus lentement que toute autre. Le Français garde le goût
de la situation acquise, du privilège et, quoi qu'il en dise, de la hiérarchie et d'un certain ordre. Au fond, il reste attaché au passé.

Toujours profondément *individualiste et épris de liberté*, voulant
faire tout ce qu'il désire, il n'en souhaite pas moins secrètement un
cadre où s'insérer pour être mieux protégé quitte à le maudire dès
qu'il en éprouve la moindre gêne. L'État est le plus important de ces
cadres. Quel Français ne le dénonce ?

Impulsif mais avisé, généreux mais prudent, le Français est toujours
aussi difficile à définir; pour certains, décevant; pour d'autres, atta-
chant; incompréhensible pour la plupart.

★★★★ *De nouveaux caractères d'unité* sont nés dans le quart de
siècle qui a suivi la guerre : *l'esprit d'entreprise* a reparu; stimulé par
l'enrichissement et la soif de consommation, le Français s'est mis au
travail; il fait les heures supplémentaires qu'il refusait en 1936, il est
redevenu dynamique.

Il n'en éprouve pas moins un *certain malaise*, comme beaucoup de
ses contemporains, plus peut-être, devant la disparition des cadres
d'autrefois et des valeurs traditionnelles, devant l'incertitude de
l'avenir; il s'inquiète sur le bénéfice final du mouvement qui l'entraîne.

Mais enfin, alors qu'en 1914 les Français cherchaient surtout à préserver ce qu'ils avaient, qu'en 1939, désorientés, ils s'interrogeaient, en
1968 ils vont de l'avant!

Chapitre XXX

L'ÉCONOMIE FRANÇAISE VERS 1968

La profonde mutation subie par l'économie française depuis 1945 n'a pas fait disparaître totalement toutes ses faiblesses. Si les caractères sont, en gros, favorables vers 1968, surtout par comparaison à 1939, bien des insuffisances subsistent, notamment au niveau des structures. Toutefois une volonté de renouveau, un dynamisme évident sont à l'œuvre pour y remédier. C'est un fait notable, même si les résultats sont inégaux. L'État dans cet effort joue un rôle déterminant dont il est intéressant d'apprécier non seulement la portée, mais aussi la finalité.

C'est donc par rapport à l'effort accompli qu'il convient d'étudier l'économie française vers 1968.

I. LES CARACTÈRES FAVORABLES

Activités en progrès, assez bonne place dans le monde, bonnes bases financières : voilà ce qui apparaît favorable.

Progrès et diversité des activités

La diversité est ancienne, le progrès plus récent; il s'accompagne de modernisation.

★ *Progrès et modernisation.*

Le progrès économique est visible vers 1968. Il résulte de ce dynamisme qui a caractérisé la France depuis la guerre et qui l'oppose si bien à la situation d'avant 1945. On en a vu en détail tous les aspects. Ce qu'il faut dire, dans le panorama qui est fait ici, c'est que la tendance générale est, précisément, au progrès dans tous les domaines. On se contentera de rappeler quelques chiffres [1].

Depuis 1938, la production est multipliée par :

    2   pour l'agriculture,
    3,5 pour l'industrie,
    4   pour les importations,
    5   pour les exportations.

---

1. Pour plus de précisions, se reporter au début du paragraphe III du chapitre XXVIII.

Depuis 1950, le progrès annuel est d'environ :

4 % pour l'agriculture,
7 % pour l'industrie.

Depuis 1960,   10 % pour le commerce.

De 1954 à 1968 le PNB, à prix constants, a augmenté de 3,9 % par an et par personne.

Vers 1968, on atteint un rythme approximatif de doublement en :

20 ans pour l'agriculture,
14 ans pour l'industrie,
8 ans pour le commerce,
15 ans pour le PNB,
20 ans pour la consommation.

On notera tout particulièrement le progrès de l'industrie et du commerce : deux grandes activités d'un pays moderne. Ainsi, entre 1960 et 1968, double en volume la production de l'industrie chimique et de la construction électrique, le commerce fait plus que doubler. Le retard de la France, aggravé par la guerre et ses suites, se comble peu à peu, bien qu'il y ait encore beaucoup à faire. Pour l'agriculture le progrès est plus mesuré, comme il est normal pour une activité primaire et très ancienne. Mais ce qui frappe surtout, pour elle, c'est sa modernisation.

La modernisation en effet a accompagné le progrès. Nécessité urgente ! Certes vers 1968 on est encore bien loin du but poursuivi. Mais enfin le branle a été donné. C'est justement dans le domaine agricole que la chose est la plus nouvelle. Il y a désormais en France une « politique agricole ». Ses choix ou ses résultats peuvent être discutés. Elle a du moins le mérite d'exister depuis 1960 environ : la modernisation des structures (aménagement foncier, aide au départ des agriculteurs âgés, encouragement à l'association, etc.), l'amélioration de la qualité, l'effort de commercialisation en sont les principaux caractères.

Pour l'industrie, la volonté est à peu près la même : plus forte concentration, développement des secteurs de pointe, pénétration des marchés étrangers. Là aussi on n'a pas atteint le bout de la route, mais la route est tracée vers 1968. C'est une notable différence avec 1938.

★★ *Équilibre des activités.*

Voilà un *caractère ancien de l'économie française ;* il s'est perpétué. Bien sûr l'agriculture a perdu en place relative : elle ne donne plus en 1968 que 7,3 % de la PIB (production intérieure brute), alors que, dix ans plus tôt, c'était encore 10,5 % ; mais cette activité reste tout de même très importante, très caractéristique, surtout par rapport aux autres pays d'Europe. 15 % d'agriculteurs c'est encore beaucoup face aux 39 % de main-d'œuvre industrielle.

Toutes les activités agricoles possibles sont représentées, l'élevage ayant pris largement la première place dans le revenu paysan (60 % environ vers 1968) à côté de la grande culture (blé, betterave...) ou des cultures spécialisées (vigne, fruits, légumes, etc.).

De même l'industrie offre un échantillonnage complet, des activités minières (fer) ou de première transformation (acier) jusqu'aux produits finis les plus délicats (horlogerie) ou les plus luxueux (soieries); ou encore des activités traditionnelles (le textile reste toujours en bonne place) jusqu'aux industries de grande consommation (industries alimentaires) ou de pointe (nucléaire, aérospatiale...) en passant par la mécanique ou la chimie, la construction automobile ou électrique, etc. La France est aussi le pays des transports très denses, du tourisme (même si elle équilibre de justesse sa balance en ce domaine), du commerce intérieur et extérieur, elle a un réseau bancaire développé, etc. Le seul gros point faible pour elle est le déficit énergétique : on y reviendra.

Chiffre des principales productions.

	1913	1938	1968
Blé (millions de quintaux)	87	81	148
Orge — —	10	11	90
Maïs — —	5	5	52
Vin (millions d'hectolitres)	44	63	65
Bovins (millions de têtes)	15	15,6	21,4
Ovins — —	16	9,9	9,6
Porcs — —	7	7,2	9,7
Chevaux — —	3,2	2,7	0,8
Charbon (millions de tonnes)	40	47	42
Pétrole raffiné — —	—	8	80
Électricité (milliards de kwh)	2	20,4	117
Fer (millions de tonnes)	22	35	55
Acier — —	4,6	6,2	20,4
Automobiles (unités)	45 000 ·	230 000	2 076 000
Flotte en service (millions de tx).	2,4	2,9	5,4

Cette omniprésence, *on en voit les avantages et on en sait les inconvénients :* si les crises économiques sont atténuées, car il est rare qu'elles puissent toucher à la fois tous les secteurs, la modernisation est difficile, car toutes les branches la sollicitent et l'investissement ou l'aide de l'État risquent de s'éparpiller. Il semble toutefois que depuis l'aube du siècle l'évolution ait été favorable, car dans cet équilibre la balance penche tout de même : or, désormais, c'est du côté des activités les plus modernes.

De toutes les plus grandes Puissances du monde la France est sans doute la seule à avoir dans toutes les activités des résultats aussi équilibrés, ainsi que les États-Unis... mais évidemment très loin derrière eux.

Place honorable dans la compétition internationale

Dans le domaine de la production, dans les échanges de tous ordres qui s'opèrent dans le monde et où chaque pays cherche à équilibrer ce qu'il fournit et ce qu'il reçoit, la France a retrouvé une assez bonne place.

★ *Au niveau de la production la France se classe, en moyenne, au cinquième ou sixième rang mondial,* derrière les États-Unis, l'URSS, le Japon (dont le PNB dépasse celui de la France en 1967), l'Allemagne et l'Angleterre. Quatrième en 1914, cinquième en 1939, sixième pour l'industrie en 1968 : il y a donc recul mais par rapport à des pays beaucoup plus peuplés, et d'autre part l'écart industriel avec l'Angleterre se comble peu à peu. L'année 1967, où le PNB japonais a dépassé le PNB de la France, a vu en revanche celui de la France surclasser celui de l'Angleterre. Il est vrai qu'en certains domaines (raffinage pétrolier, textiles chimiques par exemple), la France est parfois dépassée par l'Italie.

L'industrie est essentielle pour le classement des grandes Puissances. La France donne un peu plus de 4 % de la production industrielle du monde. C'est modeste. La France semble quelque peu sous-industrialisée; c'est grave dans un Marché commun où voisinent l'Allemagne (7,5 %) et bientôt l'Angleterre (5,7 %). Sixième pour la sidérurgie ou l'industrie chimique, la France améliore sa position pour la construction automobile (cinquième puis quatrième à partir de 1969), la construction navale (cinquième), aéronautique (quatrième), l'aluminium (quatrième). Elle est la seconde pour la construction des ordinateurs. Son importance est variable selon les textiles (du troisième au septième rang), mais elle les fabrique tous en abondance, ce qu'on trouve assez rarement ailleurs.

L'agriculture reste très puissante. La France est troisième pour la viande, le lait, la betterave sucrière, deuxième pour le fromage et l'orge. Pour le vin, elle perd en 1967 sa première place au profit de l'Italie. Son sixième rang pour le blé est très honorable quand on voit les dimensions des pays qui la précèdent.

Pour le commerce la France, avec 6 % du total mondial, est encore quatrième, surclassant l'Union soviétique et même le Japon qui ne la dépassera qu'en 1969.

★★ *La balance commerciale est désormais à peu près équilibrée.* C'est un changement appréciable après de longues décennies. Certes les déficits sont possibles mais ils n'ont pas la régularité d'autrefois; leur ampleur est limitée (les années 1968 et 1969 faisant exception pour des raisons particulières) : en dix ans, cinq années ont été bénéficiaires, contre deux seulement pendant les treize années précédentes.

Ce résultat favorable a été obtenu dans un climat de concurrence plus vive, grâce à l'abaissement des barrières douanières, et s'incrit dans un essor assez remarquable du commerce : progrès annuel d'environ 10 % dans les années 60. Vers 1968 les importations ont à peu près quadruplé depuis 1938, les exportations quintuplé. C'est environ 14 % du PNB qui maintenant sont exportés (Allemagne 23 %, États-Unis 5 %).

Il faut noter toutefois que la tendance à l'excédent commercial s'atténue. On peut se demander si elle n'était pas trop liée aux effets bénéfiques de la dévaluation de 1958.

★★★ *La technique française est dans une moyenne correcte.* Il faut parler de moyenne, car *le niveau est en fait très variable.* Automobile, aéronautique, gros matériel électrique, industrie nucléaire, recherche pétrolière, aluminium, d'autres encore, tiennent de ce point de vue une très bonne place dans le monde. On remarque qu'il s'agit d'industries modernes. D'intéressants contrats ont pu être passés à l'étranger; les ingénieurs français y sont recherchés.

Malheureusement il n'en est pas toujours de même dans les industries plus traditionnelles : textile (mais c'est très variable), certaines industries alimentaires, ou même sidérurgie, mines, industrie chimique. A plus forte raison dans l'agriculture, où se côtoient les méthodes les plus modernes et les plus archaïques, dans le commerce, où les Français ont encore beaucoup à apprendre en matière de *marketing*, de service après-vente, etc. Quant aux techniques de gestion, que de différences selon les entreprises ! On en trouve parfois d'excellentes ; l'ordinateur est souvent à leur service. Au début de 1968, la France en a presque 3 000 (cinquième parc mondial).

La productivité française est donc très inégale selon les branches. Mais dans l'ensemble elle est moyenne. En 1966, celle des États-Unis, la meilleure du monde, la dépasse de 70 %. C'est mieux que le Japon (200 %), l'URSS (100 %), l'Angleterre (80 %), moins bien que l'Allemagne (60 %), la Suède (40 %).

Toutefois son progrès est rapide, car le retard, au départ, était grand : calculé depuis 1950, dans l'agriculture le rythme est de 7 % par an ; dans l'industrie, le chiffre est variable : modeste dans le bâtiment, moyen dans la mécanique, important dans la chimie ; en moyenne à peu près 5 % ; dans le commerce 4 %. Il semble, vers 1968, que l'on ait acquis pour l'industrie un rythme de progrès satisfaisant : 6 %, supérieur à celui de la plupart des pays industriels (Allemagne, Angleterre, États-Unis) ; ce chiffre a augmenté encore après 1968.

Cette productivité accrue est obtenue souvent à partir de *techniques d'origine étrangère* ; la France ici n'a pas une situation très brillante, achetant brevets ou licences beaucoup plus qu'elle n'en vend. Le grand pourvoyeur est l'Amérique, comme pour les autres pays, mais l'Allemagne ou l'Angleterre ne sont pas absentes. Le déficit de ce poste est lourd.

Faut-il mettre en cause *la recherche* ? En 1968 elle est en importance la quatrième du monde (après États-Unis, URSS, Angleterre) ; les sommes qu'on y consacre atteignent 2,5 % du PNB, pourcentage doublé en dix ans. L'État assure désormais 70 % des dépenses. Des résultats remarquables ont été obtenus en matière de recherche fondamentale mais aussi dans certaines applications chimiques, biologiques, mécaniques.

La faiblesse principale, c'est la lenteur des applications pratiques : soit par pure négligence (on se satisfait de la découverte pour elle-même), soit faute de liaison entre le chercheur (du CNRS, de l'Université) et l'utilisateur, soit parce que près de la moitié des dépenses de RD (recherche-développement) émane d'une vingtaine de sociétés, jalouses de bénéficier seules de leurs inventions ; les autres n'ont pas les moyens de se lancer dans cette voie. L'État se préoccupera bientôt de « vulgariser » les résultats de la recherche.

★★★★ *Ni colonisée ni colonisatrice en matière de capitaux*, la France tient encore ici une position moyenne.

L'investissement étranger en France, assez important entre 1958 et 1962, a été ralenti ensuite et contrôlé par volonté délibérée du général de Gaulle. Certains secteurs sont colonisés : le raffinage pétrolier (mais le gouvernement veille à ce que l'étranger n'en contrôle pas plus de 50 %) ou les ordinateurs (90 %), une bonne part du caoutchouc, des machines, de la construction électrique, de certains produits chimiques, des industries alimentaires (40 %) — mais 7 à 9 % seulement des entreprises seraient à domination étrangère à la fin de 1968; l'industrie à elle seule relèverait pour 15 % de l'étranger si l'on compte les participations minoritaires.

Ces capitaux étrangers sont, pour presque la moitié, d'origine américaine. Beaucoup viennent aussi du Marché commun, notamment d'Allemagne puis de Belgique. La France est plus favorable à ces derniers pays; elle recherche même souvent leurs investissements en vue d'étayer, par association, certaines sociétés françaises. A l'égard des Américains, l'attitude peu à peu est devenue moins hostile, plus sélective; le souhait est que les Américains ne prennent pas de position dominante et se soumettent aux impératifs du développement régional ou national : la France est consciente de la nécessité de ces mouvements de capitaux mais refuse la colonisation.

Elle n'est guère non plus colonisatrice, bien qu'au cours des années 60 ses investissements à l'étranger aient beaucoup augmenté et — fait notable — sous forme d'investissement direct (sociétés sous domination française). Mais en 1967 ses investissements à l'étranger ne représentent que 0,4 % de son PNB, chiffre le plus faible des grands pays industriels. C'est le Marché commun qui attire le plus désormais, suivi des autres pays d'Europe, du Canada, puis des pays sous-développés. Mais pour les simples investissements de portefeuille (achat d'actions), les États-Unis restent le domaine principal bien qu'en diminution; pour l'investissement direct, rares sont ceux qui, comme Péchiney, parviennent à s'implanter dans ce pays. Les industries souvent dominées par les Français sont l'aluminium, le verre, le ciment, les textiles chimiques, l'appareillage électrique, le pétrole, etc.

En 1968, pour la première fois, les investissements directs des Français à l'étranger ont dépassé ceux des étrangers en France. Mais on estime la somme cumulée des premiers à 15 ou 20 milliards de francs; celles des seconds entre 20 et 25. Situation donc qui est au détriment de la France, mais l'avantage lui revient pour l'investissement de portefeuille — très difficile à chiffrer. En tout cas, les mouvements de capitaux, qu'il s'agisse de placements ou de dividendes, laissent à la France un solde favorable.

Au total, la France a assez d'investissements étrangers chez elle pour être stimulée sans crainte pour son indépendance (sauf peut-être pour les ordinateurs); elle en a assez à l'étranger pour en tirer profit mais sans figurer pour autant au rang des toutes premières puissances impérialistes.

★★★★★ *La balance des paiements* exprime en définitive la position de force ou de faiblesse d'un pays dans la compétition internationale. On sait combien sous la IVe République il avait fallu souvent recourir à l'emprunt extérieur pour parvenir à l'équilibre. La situation s'est très nettement améliorée depuis lors. Les excédents sont devenus la règle. Les différents postes : commerce, mais surtout services et capitaux, apportent leur bénéfice. Il faudra la grave crise de 1968 et ses séquelles de 1969 pour trouver un déficit. Mais 1970 ramènera l'excédent auquel on s'était habitué.

Ainsi ont pu grossir les réserves et se fortifier le franc. Certes l'excédent commercial, tout comme les entrées de capitaux, tend à diminuer alors qu'augmentent les investissements français à l'étranger (= sortie de capitaux) et que piétinent désormais les avoirs officiels. Il n'en est pas moins vrai que la situation financière est saine au début de 1968.

BILAN CUMULÉ DES ANNÉES 1959-1967
(en millions de dollars) [1].

Entrées :

Commerce extérieur et services......................	4 453
Mouvements de capitaux étrangers (investissements)...	4 219
Divers (entrées à court terme, etc.)..................	1 635
	10 307

Sorties :

Mouvements de capitaux français...................	852
Remboursements de dettes par la France..............	2 740
	3 592
Solde = accroissement des réserves et créances.........	6 715

Bases financières saines

★ *Le franc est solide :* c'est là un des acquis essentiels de la Ve République. À l'égard de l'extérieur, toutes les dettes ont été remboursées, souvent par anticipation. La France équilibre ses balances, elle attire les capitaux. Aussi les réserves en or et devises se sont-elles accrues rapidement alors qu'elles étaient nulles fin 1958, lors de la dernière dévaluation. Elles atteignent désormais autour de 30 milliards de francs (soit environ 6 milliards de dollars). Pour près des neuf dixièmes elles consistent en or. La France en a le deuxième stock monétaire mondial, après les États-Unis... mais dans ce dernier pays le stock diminue rapidement (12 milliards en 1968).

Cette diminution, la France en a une part de responsabilité, car la force de sa monnaie lui a permis de lutter contre la prépondérance du dollar, excessive et échappant aux règles imposées aux autres pays. Si elle a cessé avant 1968 de faire convertir en or les dollars qu'elle reçoit, elle mène ardemment bataille pour la réforme du système monétaire mondial, qui fait la part trop belle aux États-Unis. Mal suivie par ses partenaires, elle ne peut empêcher, à la conférence de Stockholm en mars 1968, la création de « DTS » (droits de tirage spéciaux) aussi favorables aux États-Unis que l'établissement de deux cours pour l'or : l'un monétaire, fixé par rapport au dollar, l'autre libre.

Ainsi la bataille livrée par le franc est à demi perdue dès avant la crise française de mai 1968. Cette crise, très anticapitaliste dans les mobiles de ses acteurs, devait indirectement renforcer sur le coup la puissance du dollar en affaiblissant très sérieusement le franc. Celui-ci ne pouvait plus être aussi agressif. Mais sur le fond les thèses françaises se sont trouvées justifiées, car s'il a gagné sur le plan des principes face au franc, le dollar a perdu dans la pratique face au mark et

---

1. D'après un article de *L'économie*, février 1969.

au yen... Et le franc lui-même, comme on le verra [1], se rétablira face à lui, mais au prix d'une nouvelle dévaluation en août 1969.

★★ *L'épargne française reste forte*, stimulée par l'enrichissement et la stabilité monétaire. Pourtant son niveau — environ 22 % du PNB et, pour les ménages, 13,8 % de leur revenu en 1967 — demeure inférieur à celui d'autres pays [2] et n'a pas l'importance relative qu'il avait en 1914. Il est suffisant cependant pour alimenter l'économie nationale... à condition d'un *emploi judicieux. Mais ce n'est pas toujours le cas.*

Une grande partie est convertie en or. Les Français détiendraient un quart de l'or mondial non monétaire! Une autre partie se tourne vers les placements « quasi liquides », rapidement mobilisables, selon les pourcentages suivants au 31 décembre 1966 [3] :

> 41,4 % sous forme de dépôts bancaires,
> 11,3 % à la Caisse nationale de crédit agricole,
> 8,8 % aux comptes courants postaux,
> 27,1 % dans les caisses d'épargne,
> 11,4 % en bons du trésor.

Cette forme d'épargne est devenue la plus répandue : elle en représente les trois quarts.

Enfin certains épargnants achètent des valeurs mobilières, actions ou obligations. Ils sont environ 4 millions. Mais un tiers seulement en tire un revenu assez notable, détenant 90 % du total. Les actionnaires français sont les plus vieux du monde (58 ans en moyenne, contre 50 en Angleterre, 47 aux États-Unis) et ils sont peu nombreux : un Français sur 22, contre un Allemand sur 13, un Américain sur 7.

En somme, *les traits caractéristiques* déjà relevés pour le début du siècle n'ont pas disparu : le Français reste fidèle à la thésaurisation, il accumule les objets (la terre aussi!), l'or; il met son argent à la caisse d'épargne (31 millions de livrets fin 1967), plus rarement à la banque (un des taux les plus bas d'Europe); encore plus rarement se risque-t-il au jeu de l'investissement capitaliste.

Une évolution est à noter cependant pour les placements : dans la mesure où il ne recherche pas la liquidité, l'épargnant français se tourne désormais plus vers les actions et moins vers les obligations; il détient surtout des valeurs françaises (75 % du portefeuille en 1963 contre 37,5 % en 1934).

★★★ *L'armature bancaire s'est consolidée*, à la fois par une plus grande mobilité de l'argent (les banques gèrent des fonds toujours plus considérables), par une action de l'État [4] qui, entre 1965 et 1967, a pris des mesures telles que les banques puissent intervenir davantage dans

---

1. Ces questions monétaires seront reprises dans leur contexte international au chapitre XXXI, paragraphe II; dans le contexte de la crise française de 1968 au chapitre XXXII, paragraphe III; dans le détail de leur évolution au chapitre XXXIII, paragraphe II.
2. Si l'on tient compte cependant de cette sorte d'épargne forcée que sont les cotisations sociales, le Français reste le plus grand épargnant du monde.
3. D'après un article de *Banque* de janvier 1972.
4. Voir au chapitre XXI, fin du paragraphe IV.

la vie économique, enfin par un regroupement plus ou moins spontané de celles-ci.

Les banques sont moins nombreuses mais plus solides [1] :

	Fin 1965	*Fin 1970*
Banques de crédit à long et moyen termes..	22	36
Banques d'affaires.......................	40	20
Banques de dépôts.......................	255	245
Total	317	301

La concurrence s'affirme entre elles. Parmi les banques de dépôts, la BNP (Banque Nationale de Paris) résultant d'une fusion de 1966 est la sixième du monde, surclassent le Crédit lyonnais et la Société générale. Parmi les banques d'affaires, deux grands groupes dominent : l'un autour de la Banque de Paris et des Pays-Bas (avec Worms, Compagnie bancaire, etc.), l'autre autour de Suez — Union des mines. La lutte est engagée entre les deux pour le contrôle de CIC (Comptoir industriel et commercial, première banque de dépôts non nationalisée).

La séparation entre banques de dépôts et banques d'affaires est beaucoup moins affirmée qu'autrefois. Les banques d'affaires peuvent désormais recevoir des fonds à vue ou à court terme ; les banques de dépôts, inversement, des fonds à terme supérieur à deux ans. Aussi la lutte est-elle vive pour drainer une épargne que la banque cherche à faire fructifier à son profit : de 1965 à 1970 plus de 2 000 agences ouvrent leurs portes, offrant des services toujours plus diversifiés à leur clientèle.

Peu à peu les dépôts augmentent, non seulement les dépôts à vue, qui ne rapportent rien à leurs titulaires, mais aussi les dépôts à terme qui rapportent aux titulaires mais aussi aux banques. Formant ce qu'on appelle de la « quasi-monnaie », ils sont injectés par celles-ci dans l'économie, sous forme de crédit, ou vont grossir les participations que les banques peuvent avoir dans les entreprises. Les banques de dépôts peuvent même depuis 1966 consacrer jusqu'à 20 % de leur capital à des prises de participation.

Ainsi l'épargne française à tous les niveaux doit-elle mieux servir l'économie. Ces importantes transformations de la banque française vers 1968 renforcent en effet les bases d'une économie qui ne manque pas d'atouts. Ces atouts, la France les trouve dans ses finances comme dans ses productions. Encore faut-il savoir les utiliser ! Il s'agit de voir maintenant si toutes les activités le font et répondent à ces caractères globalement favorables.

II. QUALITÉS ET DÉFAUTS DES ACTIVITÉS

La France souffre de certaines déficiences graves. La principale concerne les sources d'énergie. Il en est d'autres au niveau des productions ou des services. Mais elle est engagée aussi, vers 1968, dans un

---

1. Article de *Banque*, janvier 1972.

effort de valorisation et elle ose affronter la concurrence. Qualités et défauts semblent s'équilibrer.

Insuffisances de certains produits et services

★ *Le déficit en énergie et en matières premières.*

Le déficit énergétique de la France est pratiquement structurel depuis les débuts de la révolution industrielle. Loin de se résorber il s'aggrave. Il a longtemps été égal à un tiers environ des besoins. Il était couvert alors surtout par des *importations de charbon.* Le pétrole peu à peu a pris une plus grande place tandis qu'on stimulait la production des bassins charbonniers français. Cela jusque vers 1960, date à laquelle le déficit est toujours du tiers.

Mais depuis 1960, alors que le charbon compte de moins en moins (un tiers de l'énergie en 1968), que la mise en valeur du potentiel hydro-électrique s'achève et que l'électricité nucléaire ne joue qu'un rôle encore négligeable, le déficit prend des proportions catastrophiques, plus de 50 % après 1965 ; 59 % en 1968 ; 67 % en 1970 ; 75 % prévus pour 1975 ; 80 % pour 1980. On espère pouvoir ensuite en rester à ce pourcentage. La crise de l'énergie (1974) remettra tout en cause.

Mis à part le Japon, la France est le seul grand pays industriel à connaître cette situation. *Le pétrole* (la moitié de l'énergie en 1968) *auquel s'est vite joint le gaz* en sont les responsables puisque la France en est très peu pourvue (Lacq est relativement modeste). Elle doit donc compter sur une importation coûteuse, en partie dominée par des sociétés étrangères malgré le développement de la CFP (Compagnie Française des Pétroles) et d'Elf-Erap ; elle est dans une situation de grave dépendance pour ces produits de première nécessité. La diversification des approvisionnements, menée à bien sous la Ve République, n'atténue qu'en partie ces défauts, d'autant plus que les principaux fournisseurs, de l'Algérie au golfe Persique, appartiennent à un monde instable et prompt à revendiquer.

Dans ces perspectives, *le recours à l'énergie nucléaire* est nécessaire. Des centrales fonctionnent déjà, utilisant, en 1968, la « filière française » à uranium naturel. Mais elles ne sont pas encore compétitives. Le plutonium semble une voie d'avenir ; la France domine la recherche dans ce domaine.

Le déficit en matières premières est moins lourd. Mais les deux principales richesses, le fer et la bauxite, sont devenues des handicaps au développement : l'importation est déjà plus avantageuse! Il faut d'autre part continuer à acheter des minerais non ferreux, la laine et le coton, les phosphates, du bois, etc. Pour le soufre, par contre, la France, grâce à Lacq, est devenue exportatrice.

★★ *Certaines productions agricoles et industrielles* restent anormalement faibles. Ainsi les oléagineux que la France a pris l'habitude d'acheter en Afrique ; les progrès récents du colza ne comblent pas le déficit. La situation s'est améliorée pour le riz et même pour le blé dur, elle pourrait être encore meilleure. Plus surprenant est *le déficit en viande* depuis 1964 ; en sont responsables les moutons, les chevaux et surtout les porcs ; les exportations assez largement bénéficiaires de bœuf n'équilibrent pas la balance globale. Situation tout à fait anormale; le prix de la viande fixé trop bas par rapport aux autres produits agricoles, les méthodes d'élevage désuètes l'expliquent cependant.

A l'inverse, des résultats favorables apparaissent pour limiter certaines surproductions : résorption des excédents en vin (depuis l'indépendance algérienne), écoulement mieux assuré du blé grâce à l'exportation, du sucre grâce à une certaine limitation; l'État se dispense désormais de la distillation coûteuse et inutile.

Pour les produits industriels les insuffisances concernent moins les biens de consommation que les biens d'équipement. Parmi les premiers, on notera pourtant la déficience relative des textiles chimiques, du cuir, du papier.

Les biens d'équipement s'exportent de plus en plus (presque un quart des exportations en 1968), mais les importations croissent plus vite : elles représentent également un quart des achats de la France à l'étranger et la balance accuse un déficit de 4 % à cette date. La dégradation du commerce de cette branche est très rapide et à peu près unique parmi les pays industriels. C'est que la production nationale en est insuffisante. Pour les machines-outils la France est bien le sixième producteur mondial, mais elle ne fabrique que le quart de ce que produit l'Allemagne. Ses progrès, assez remarquables cependant, ne lui ont pas permis d'atteindre les objectifs fixés par les Plans. Même dans un domaine comme l'aéronautique, où elle fait assez brillante figure, elle doit encore recourir à certains équipements américains ou anglais.

★★★ *Valeur inégale des transports* [1].

Le chemin de fer garde sa primauté et donne généralement satisfaction au prix de lourdes subventions accordées par l'État après suppression de voies peu rentables (36 000 km en service). Il assure environ 42 % (en tonnes-kilomètres) du trafic marchandises, en partie à cause de l'éternel retard de la voie d'eau (9 %) et malgré le rôle de plus en plus important de la route (37 %) et des oléoducs (12 %).

C'est sur les points suivants que se porte l'attention :

— *la rentabilité :* l'insuffisance de la voie d'eau oblige les produits pondéreux à recourir à des moyens plus coûteux, chemin de fer surtout; là où elle existe, c'est-à-dire en beaucoup d'endroits, car elle est dense, cette voie d'eau ne permet trop souvent que des transports lents (trop d'écluses). L'État dépense beaucoup soit pour subventionner la SNCF, soit pour moderniser les diverses infrastructures (réseau routier presque trop dense) et cependant la coordination à laquelle il veille est loin d'être parfaite. Enfin les compagnies aériennes — Air France principalement — sont traditionnellement en déficit. On notera pourtant l'essor d'Air Inter;

— *la modernisation* est visible partout mais apparaît surtout avec :

• la traction ferroviaire : électrification ou diéselisation pour 90 % du trafic;

• l'aménagement de quelques voies d'eau à grand gabarit : Moselle (1963), voie Dunkerque-Valenciennes (1970), Rhône (retard

---

1. On ne peut que renvoyer au chapitre xxvii, paragraphe I, pour ce qui concerne chaque mode de transport en particulier. On se contentera ici de dégager quelques vues d'ensemble, valables vers 1968.

sur les prévisions), Rhin (1970). Reste à les relier entre elles et notamment à assurer la grande liaison Méditerranée-mer du Nord;

• le développement d'un réseau d'oléoducs (principalement Le Havre-Paris et Marseille-Strasbourg) et de gazoducs à partir de Lacq, de la Lorraine ou du Havre;

• la transformation de la flotte : bateaux spécialisés et de plus en plus gros. Flotte rajeunie (moins de 10 ans en moyenne) mais assez modeste avec ses 5,4 millions de tonneaux en 1968 (la dixième du monde);

• l'aménagement considérable des plus grands ports : agrandissement, approfondissement, installation de vastes zones industrielles, développement des liaisons vers l'intérieur. La création de « ports autonomes » gérés par l'État permet de concentrer sur eux les investissements nécessaires;

• la construction d'autoroutes (environ 1 000 kilomètres en service en 1968) et l'amélioration du réseau routier traditionnel.

Cette dernière évocation montre toutefois les insuffisances de la modernisation.

— *Les difficultés de la circulation automobile* sont devenues un caractère notable. Tous les pays les connaissent, mais la France peut-être davantage, ayant une voiture pour quatre habitants (cinquième parc mondial) et manquant cruellement d'autoroutes. La densité remarquable du réseau routier n'y remédie pas. La circulation urbaine est non moins difficile et les travaux de dégagement des villes trop lents, quelle que soit leur importance à Paris, Lyon et autres grandes agglomérations.

★★★★ *La distribution* a gardé ses défauts passés : lourdeur, nombre excessif d'intermédiaires, *multitude de détaillants*. 676 400 établissements commerciaux sont recensés en 1966 dont 556 000 commerces de détail; 11 seulement emploient plus de mille salariés; près de 300 000 n'en ont aucun. Un million de personnes au total sont dans le « détail ». Certes le petit commerçant de village est parfaitement utile et nécessaire. Mais c'est en ville que cette pléthore est condamnable. Elle est source, en effet, de prix élevés; elle rend difficile la variété, sinon la qualité du choix; elle suppose un grand nombre d'intermédiaires.

Aussi bien, faute de s'être développés ou associés à temps, ces petits commerçants ont-ils dû affronter *la terrible concurrence des commerces capitalistes intégrés* dont l'essor est très rapide dans les années 60. Les ventes au détail en 1966 se partagent le chiffre d'affaires comme suit :

— commerces indépendants isolés (415 000)...........   71,18 %
— commerces associés.............................   9,47 %
— commerces intégrés (40 000)....................   19,35 %
   dont grands magasins ou magasins populaires........   7,21 %
     sociétés à succursales.......................   6,02 %
     ventes par correspondance....................   0,73 %

La concentration s'opère donc peu à peu, s'accompagnant de capitalisme : en 1950 les indépendants assuraient encore 90 % des ventes. *De nouvelles techniques commerciales* accompagnent cette évolution : le libre service (pratiqué par plus de 17 000 établissements mais par seulement 4 % des indépendants, la déspécialisation, l'augmentation des surfaces de vente : la supérette (120 à 400 m²), le super-marché (400 à 2 500 m²), l'hyper-marché (plus de 2 500 m²). De puissants groupes financiers dominent ces « magasins à grande surface », que l'on retrouve dans les plus grandes villes. Celles-ci connaissent aussi la formule des « centres commerciaux » : on en compte 600 en 1967. La publicité, tout naturellement, est plus facile et plus efficace pour ces formes nouvelles du commerce.

Les intermédiaires restent nombreux en dépit de cette concentration — toute relative — du commerce. C'est dans le domaine de l'alimentation qu'ils se maintiennent le plus. Ainsi le « circuit » de la viande est-il très complexe à cause de la structure artisanale de la production comme de la vente au détail; l'État a cherché à y remédier en réorganisant le réseau d'abattoirs en 1965. Le développement des SICA (Sociétés d'intérêt collectif agricole) pour les fruits et légumes pourrait être une amélioration profitable à tous et notamment aux producteurs : ce n'est pas à eux que reviennent les plus grosses marges bénéficiaires!

Le coût et l'anarchie de la distribution sont en effet les caractères dominants. Coût parce qu'il y a en amont trop de producteurs, en aval trop de détaillants, ce qui rend facile le maintien de nombreux intermédiaires. Anarchie parce qu'il y a de grandes différences entre les grossistes comme entre les détaillants : les uns peuvent se permettre d'accorder de substantielles remises sur des prix purement artificiels et tout de même très rémunérateurs; les autres font faillite : 50 000 établissements ont dû fermer leurs portes entre 1960 et 1970. Mais il reste encore en France 2 500 000 personnes dans la distribution!

★★★★★ *Le tourisme* prend parmi les services une importance croissante. La France, comme on sait, dispose en ce domaine d'atouts considérables. Mais vers 1968 elle en tire mal parti. Alors que les Français vont de plus en plus à l'étranger, les étrangers ne séjournent que relativement peu en France. Pour attirer les uns et les autres, un effort est entrepris par les pouvoirs publics. Il s'agit d'une part d'améliorer l'équipement hôtelier tout en maintenant des prix attractifs, d'autre part d'aménager de nouvelles régions : ainsi le littoral languedocien, bientôt celui d'Aquitaine, ou la Corse dont le retard est grand en la matière.

Le développement du tourisme est lié au niveau de vie, mais aussi à la propagande, au renom. Il y a beaucoup à faire dans cette voie. La France vers 1968 est arrivée au point critique : la balance touristique est parfois déficitaire, ce qui est un recul notable par rapport à l'avant-guerre. Il n'en est heureusement pas de même dans d'autres domaines.

Valorisation et concurrence

Donner plus de valeur à ses activités et à ses produits, leur faire affronter la concurrence internationale ont été des buts poursuivis avec constance. Les résultats apparaissent assez positifs.

★ *Développement des activités les plus modernes.*

Autrefois pays surtout agricole, la France a vu l'industrie et les services obtenir des progrès plus rapides que l'agriculture.

CONTRIBUTION A LA PIB A PRIX CONSTANT
(en milliards de francs aux prix de 1963).

	1959	*1967*
Agriculture, sylviculture.............	30,792	38,464
Industries agricoles et alimentaires...	18,669	26,769
Autres industries..................	99,578	170,282
Bâtiments et travaux publics........	26,335	49,022
Transports, services, commerce......	106,030	163,284
Total	281,404	447,821

Parmi les industries, les plus dynamiques sont les plus modernes; elles rattrapent peu à peu les autres. Si, en tête, viennent toujours par leur chiffre d'affaires le bâtiment et les travaux publics puis les industries agricoles et alimentaires, enfin les industries mécaniques, l'industrie chimique a pris la quatrième place en 1966 (et en son sein la chimie organique dépasse la chimie minérale depuis 1961). Le textile n'est plus que le cinquième, déjà talonné par la construction électrique. Après les industries de première transformation des métaux (sidérurgie, aluminium, etc.) on note les progrès très rapides de la construction automobile. Enfin la construction aéronautique a surclassé la construction navale.

Cependant la compétitivité des diverses industries est très variable. D'après une enquête gouvernementale de 1969 :

10 % sont surcompétitives : pneus, verre, mesure électrique, lunetterie, sidérurgie;
25 % sont compétitives : construction navale, aéronautique, automobile, chimie organique, pharmacie, articles de sport, boissons;
32 % sont marginales : textile, chimie minérale, cuir;
33 % sont catastrophiques : industries agricoles et alimentaires, construction électrique (sauf certaines branches), camions.

Pour l'agriculture, l'évolution est moins caractéristique, faussée par le mécanisme de la fixation autoritaire des prix : ainsi les céréales gardent-elles une très grande importance dans le revenu agricole de 1967 (plus de 14 %) ainsi que le lait (près de 20 %) alors que la viande fait 39 %. L'élevage au total donne 61 %, pourcentage qui diminue un peu tout en étant beaucoup plus fort qu'en 1938 (46 %).

★★ *Des produits plus élaborés* se vendent mieux. L'effort était nécessaire dans ce domaine; les résultats sont encore inégaux.

Ainsi *pour l'agriculture*, la législation de 1964 veille à ce que seuls les vins de bonne qualité puissent être commercialisés; le développement des groupements de producteurs contribue au même résultat, notamment pour les fruits. Mais trop de produits sont encore de qualité médiocre. C'est ce qui explique qu'au blé français les Allemands continuent souvent de préférer des « blés de force » américains qu'ils paient cependant plus cher; de même les fruits italiens, sur ce même marché, l'emportent-ils sur les produits français. A l'inverse, la France est imbattable pour la qualité de ses vins.

Mais, à cette exception près et peu d'autres, l'agriculture offre trop de produits bruts et *les industries alimentaires* sont en retard. Leur modernisation en cours est efficace pour les produits laitiers. Mais trop souvent dans les autres secteurs elle est le résultat d'une mainmise de l'étranger, à moins que la France ne soit envahie par les produits élaborés qui en viennent.

Pour les autres industries, la situation est meilleure. On peut citer par exemple l'importance des aciers spéciaux dans la sidérurgie, la production de navires très spécialisés (la France est le principal producteur de méthaniers), la qualité des avions ou hélicoptères, de certains gros équipements électriques. Dans l'industrie textile non seulement la qualité est de tradition (soie, laine, lin), mais les tissus sont métissés, apprêtés... pour répondre aux vœux d'une clientèle toujours plus exigeante. Mais c'est surtout avec les industries de pointe que la France a su valoriser sa production au prix d'un dur affrontement avec d'autres pays : ordinateurs, industrie nucléaire ou aérospatiale.

★★★ *Les termes de l'échange*, dans ces conditions, sont meilleurs : on vend davantage de produits élaborés, donc de haute valeur, alors qu'on achète de préférence des produits bruts. Ainsi exporte-t-on moins de fer ou de fonte et davantage d'aciers fins ou d'automobiles; on importe du pétrole brut mais on vend du pétrole raffiné. Il serait souhaitable de pouvoir faire de même pour les produits agricoles, dont moins d'un cinquième seulement sont exportés sous forme élaborée.

STRUCTURE DU COMMERCE EXTÉRIEUR

	Importations		Exportations	
	1938	*1967*	*1938*	*1967*
Énergie	20 %	13 %	2 %	3 %
Produits bruts............	38 %	15 %	30 %	8 %
Produits manufacturés......	15 %	59 %	54 %	74 %
Produits alimentaires........	27 %	13 %	14 %	15 %

L'amélioration générale des termes de l'échange est loin d'être aussi forte que dans les pays voisins. On peut constater qu'aux importations les produits manufacturés prennent une place considérable. Mais il est vrai que tous les pays en sont là, plus ou moins : c'est le signe de l'enrichissement et aussi de la nécessaire ouverture à la concurrence.

★★★★ *La France affronte la concurrence.*

C'est un des caractères les plus positifs de l'économie française vers 1968.

Sur le plan monétaire la concurrence est acceptée depuis la suppression, en 1959, du contrôle des changes et, dans les années suivantes, jusqu'en 1967, des dernières entraves subsistantes. Dans le domaine des investissements étrangers la liberté est moins grande, mais on a vu que c'est uniquement pour éviter une « colonisation ». C'est pour le commerce que les mesures et les résultats sont les plus intéressants.

La libéralisation du commerce, après des tentatives rendues difficiles par le climat inflationniste, a été systématique à partir de 1959. La mise en œuvre du Marché commun a été ici déterminante. D'une part, tous droits de douane ont disparu entre les six partenaires à la date du 1er juillet 1968 (et même en 1967 pour certains produits agricoles). D'autre part, la France se soumet aux contraintes du tarif extérieur commun à l'égard des pays tiers, tarif qui, étant une moyenne entre celui de chacun des Six, se trouve en général inférieur à celui qui la protégeait antérieurement.

La France accepte les risques de cette concurrence, même au cours de la difficile année 1968 où seules quelques mesures indirectes de protection sont prises. Elle use très rarement de la « clause de sauvegarde » prévue par le traité de Rome. Elle accepte, comme ses partenaires, les abaissements douaniers décidés en 1967 à l'issue du *Kennedy round*. Elle limite peu à peu ses contingentements à l'égard de pays dont la concurrence est considérée comme plus ou moins anormale : le Japon et les pays de l'Est.

Elle donne souvent à son commerce la forme nouvelle de la « coopération » : ainsi précisément avec l'URSS et avec nombre de pays sous-développés. Si elle y trouve l'avantage de pouvoir exporter davantage, soit des produits, soit des techniques, elle accepte en revanche de recevoir à des prix plus que concurrentiels les produits de ces pays-là.

Certaines industries savent bénéficier de cette libéralisation. Non seulement elles affrontent victorieusement cette concurrence à l'intérieur mais elles pénètrent vigoureusement chez les autres. Ainsi l'automobile représente à peu près 10 % des exportations françaises.

En 1967 sont exportés environ :

>15 % de la construction électrique,
>20 % de la chimie et du textile,
>30 % de l'acier,
>40 % des voitures et des avions,
>50 % des bateaux.

Ces pourcentages augmenteront encore dans les années suivantes, sauf pour les bateaux et l'acier. Bien sûr, les importations peuvent se rapprocher des exportations. Mais ce n'est pas du tout le cas pour l'automobile, l'aéronautique ou le textile. On peut noter que les exportations d'armement sont sur le point de prendre une vigoureuse expansion. L'essor des exportations industrielles peut continuer, si l'on sait qu'en 1969 la France n'en assure que 7,6 % du monde, contre 18 % pour l'Allemagne.

L'agriculture multiplie aussi ses exportations : en dix ans les importations ont augmenté de moitié, mais les exportations ont triplé. La balance si longtemps déficitaire est enfin équilibrée en 1968. Les céréales, dont presque un tiers de la production est exporté, représentent un tiers des exportations agricoles.

Cet essor s'explique pour une bonne part par les subventions dont bénéficient les produits agricoles : elles représentent 20 % de leur prix. Le Marché commun qui contribue à ces subventions est aussi le grand débouché de ces produits.

★★★★★ *L'élargissement des courants d'échanges* accompagne les progrès du commerce. Le caractère le plus frappant est justement l'importance prise par le Marché commun. Il n'est pas loin en 1968 de représenter la moitié des échanges au lieu d'un tiers environ dix ans plus tôt. L'Allemagne, à elle seule, assure un cinquième de tout le commerce français. La balance française est déficitaire à son égard et le devient à l'égard de tout le Marché commun à partir de 1967.

A l'inverse le commerce est bénéficiaire avec les pays de la zone franc, mais ce domaine privilégié, s'il maintient son importance en chiffres absolus, a beaucoup perdu en valeur relative : 27 % en 1938 32 % en 1958, 14 % en 1967, 10 % en 1970, l'Algérie restant en tête. Ce domaine facile qu'était l'ancien empire colonial a donc été supplanté par le Marché commun, un peu moins facile, car s'il n'y a pas de droit de douane à l'exportation, il n'y en a pas non plus à l'importation et la France a affaire ici à de sérieux concurrents !

La pénétration en Europe de l'Est est un autre fait intéressant même si elle ne donne que 4 à 5 % du commerce total ; commerce très bénéficiaire. Bénéfice aussi dans le domaine plus traditionnel des autres pays d'Europe (environ 15 % avec l'AELE). Le lourd déficit habituel se maintient avec les États-Unis (10 % des importations, mais 5 % des exportations). Il reste de bien faibles pourcentages pour l'Amérique latine ou l'Asie : un effort de pénétration s'y fait jour, particulièrement en Chine et au Japon.

On conclura de ce tableau : 1° que le déplacement des courants d'échanges de « l'Afrique française » d'autrefois vers le Marché commun n'a qu'un prolongement insuffisant vers le reste de l'Europe et du monde, en dépit de résultats positifs ; 2° que la France est devenue plus sensible aux aléas de la conjoncture des grands pays industriels puisque ceux-ci absorbent la part essentielle des 14 % de sa production qu'elle exporte.

III. LES DÉFAUTS DE STRUCTURE

Plus que les défauts liés aux activités, ce sont les défauts de structure qui sont les plus graves dans l'économie française. On pense surtout à l'insuffisance de l'investissement, aux problèmes de l'entreprise, à l'inégalité du développement.

Insuffisance de l'investissement

La productivité et l'emploi sont certainement limités en France par l'insuffisance de l'investissement.

★ *Le niveau de l'investissement reste faible :* c'est un caractère ancien. Il ne dépasse les 20 % du PNB que depuis 1958 pour n'atteindre encore que 22,5 % en 1967, chiffre inférieur à celui des grands concurrents (25 % souvent, et même plus de 35 % pour le Japon) ; encore l'investissement productif ne représente-t-il qu'environ les deux tiers du total.

La structure de l'investissement a bien changé depuis le début du siècle. *L'État* y tient maintenant un rôle de premier plan. Sa part directe est d'à peu près un cinquième (elle a diminué sensiblement depuis 1945) mais par l'aide qu'il accorde, par le rôle de canal auquel il s'astreint, il arrive à contrôler la moitié du total. On évoquera ici le rôle du FDES (Fonds de développement économique et social) alimenté à l'occasion par des « emprunts d'équipement » ou celui d'organes publics ou semi-publics comme le Crédit National, le Crécit foncier, la Caisse des dépôts et consignations, etc. Cette dernière, drainant les dépôts des caisses d'épargne, des caisses de retraites, etc., est un grand investisseur, notamment en matière de logements sociaux. Ces organismes spécialisés assurent une part croissante de l'investissement : 13,4 % en 1967.

Les entreprises en assurent cependant beaucoup plus, mais ce qu'elles peuvent investir par elles-mêmes, c'est-à-dire par autofinancement, atteint difficilement, dans l'industrie, 65 % du total. Chiffre trop faible : le Ve Plan (1966-1970) souhaitait 70 %... C'est encore trop peu. Car pour le reste il faut recourir à un crédit coûteux : *le crédit bancaire*. Vers 1968 il prend beaucoup d'extension ; il en résulte un plus grand investissement, mais aussi un plus grand endettement des entreprises.

L'investissement par *les particuliers* est modeste dans la mesure où, comme on l'a vu, ceux-ci préfèrent garder leur épargne pour les trois quarts sous forme liquide (caisses d'épargne, dépôts à vue).

★★ *Causes de la médiocrité de l'investissement.*

La pauvreté de la France n'est pas à envisager, comme explication, à la différence de nombre de pays sous-développés. Tout au plus cet argument a-t-il pu avoir quelque valeur pour les lendemains de la Libération, non pour les années 50 ni surtout 60. Les raisons sont plutôt les suivantes :

La consommation est relativement trop forte : c'est un caractère ancien, explicable sans doute par la richesse naturelle de la France.

Le goût pour la thésaurisation reste toujours vivace : or, argent liquide, comptes à vue facilement mobilisables.

Le désintérêt pour la pratique économique : cette tendance tenace fait qu'on étudie l'économie d'un point de vue théorique, juridique, très souvent critique, mais qu'on ne cherche pas à vivre directement de cette économie ni à la faire vivre ; qu'on n'y voit pas la source de l'enrichissement réel. Même état d'esprit qui pousse vers les études théoriques littéraires et non techniques. Différence visible avec les États-Unis, l'Allemagne, le Japon, l'URSS! Spéculation intellectuelle sur l'économie, non pas spéculation économique.

Spéculation financière aussi. Car de l'argent est gagné et surtout par ceux dont la consommation ne peut plus croître que modérément. Où va-t-il ? Il s'investit peu, mais il garde une extrême mobilité ; réfugié dans les banques il passe facilement les frontières à l'affût des gains de change. L'époque est propice, avec le désordre monétaire lié à l'inflation du dollar. En 1968 et 1969, c'est par milliards qu'en quelques jours ces capitaux flottants (pas tous français d'ailleurs) iront vers la Suisse, l'Allemagne ou la Hollande, menant la France à la dévaluation.

L'investissement en valeurs étrangères est une autre façon de s'assurer de meilleurs revenus. Avec de plus grosses sociétés, avec un capitalisme plus libre, ces valeurs rapportent de meilleurs dividendes. A la Bourse de Paris, en revanche, les valeurs françaises restent maussades.

L'investissement immobilier — terrain et construction — est le seul qui, dans les années 60, ait montré un réel dynamisme. Il a capté cette énergie qui a manqué à l'investissement productif. C'est que, d'une part, la spéculation a joué sur les terrains permettant de bons profits ; que, d'autre part, les particuliers au niveau de vie meilleur ont consacré une part croissante de leur épargne au logement.

La faiblesse des marges des entreprises leur interdit trop souvent de pratiquer l'investissement qu'elles savent nécessaire. Recourir au crédit, comme on l'a vu, est coûteux et l'État « encadre » celui-ci de façon plus ou moins rigoureuse pour contrôler les prix.

Le rôle de l'État a-t-il été suffisant enfin pour stimuler l'investissement ?

★★★ *Le rôle de l'État* a été certes déterminant. Au lendemain de la guerre il a assuré l'essentiel de l'investissement. Depuis il a cherché à se libérer de cette charge directe... dont il assure encore environ un cinquième.

Mais *il a multiplié les incitations* auprès des particuliers. Pour les familiariser avec les valeurs boursières, il a créé en 1964 les SICAV (sociétés d'investissement à capital variable). Jusqu'à la fin de 1967 le succès reste modeste : elles n'ont réussi à collecter que 300 à 500 millions par an pour une épargne liquide ou à court terme passant entre ces deux dates de 105 à 164 milliards de francs.

L'épargne-logement, en vigueur à partir de 1966, connaît beaucoup plus de succès : plus d'un milliard en 1966, plus de deux en 1967. En 1965 a été créé le système de l'avoir fiscal qui permet aux actionnaires de déduire de leur revenu imposable une part des dividendes perçus ; en 1966 le contrat d'épargne exonère de l'impôt les épargnants qui s'interdisent de toucher à leurs fonds pendant 5 ans. De 1965 à 1967, les importantes réformes bancaires ont eu pour but d'injecter dans l'économie des capitaux trop mobiles.

Pour aider les entreprises, l'État lance des emprunts d'équipement, accorde prêts et bonifications d'intérêt en faveur de l'investissement, détaxations fiscales ; il réforme le marché des obligations et le système bancaire en vue de faciliter l'accès aux capitaux ; en 1966 il a organisé le « crédit-bail » ou *leasing* qui permet le louage de matériel avec promesse de vente.

L'État intervient donc beaucoup pour favoriser l'investissement, mais il y a aussi *ce qu'il n'a pas fait*. On peut remarquer par exemple que son action pour limiter la spéculation foncière par la création de ZAD (zone d'aménagement différé) a été modeste. Il a laissé d'autre part toute liberté aux mouvements de capitaux, selon la règle du libéralisme.

Finalement, *si les résultats sont décevants c'est parce que :*

1º l'État joue le jeu de la confiance vis-à-vis des détenteurs de capitaux. Or ceux-ci trouvent le profit trop faible en France et l'État trop envahissant, sinon trop « socialiste » ;

2º nombre d'épargnants sont encore parfaitement étrangers aux questions d'investissement ;

3º les entreprises, qui sont affrontées à la nécessité vitale de l'investissement, sont souvent incapables d'y procéder, faute de moyens effectifs.

Les problèmes de l'entreprise

La cellule de base de l'activité économique reste l'entreprise. Vers 1968, en dépit d'un mouvement de concentration, l'entreprise française souffre toujours de sa dimension insuffisante; elle fait preuve de circonspection devant l'évolution; elle se plaint des charges qu'elle doit supporter.

★ *La petite taille des entreprises* reste un trait caractéristique de la France. Cette petite taille se déduit de leur très grand nombre :

En 1967 . . . .   1 754 173 entreprises industrielles et commerciales,
    —   . . . .   1 689 800 exploitations agricoles [1],
En 1966 . . . . . .   729 125 établissements industriels [1],
    —   . . . .   676 460   —   commerciaux,
    —   . . . .   374 654   —   de prestations de service.

L'exploitation agricole occupe en moyenne deux « actifs ». Pour les autres établissements, la moyenne est de onze mais l'inégalité est grande :

Établissements occupant		*Nombre d'établissements*	*Nombre de salariés*
0	salarié	908 362	
1 à 9	salariés	859 764	2 055 365
10 à 49	—	108 215	2 215 195
50 à 99	—	15 028	1 033 721
100 à 499	—	12 109	2 382 615
500 à 999	—	1 209	815 252
1 000 et plus	—	550	1 221 946

Parmi les 200 premières sociétés non américaines du monde, classées selon leur chiffre d'affaires, on ne compte en 1968 que 20 entreprises françaises : Renault (19e rang), CFP (26e), Péchiney (34e), Citroën (35e), Rhône-Poulenc (39e), Peugeot (52e), CGE = Compagnie Générale d'Électricité (53e) etc.

Il faut cependant savoir apprécier ces chiffres : une société peut être de bonne taille mais posséder beaucoup d'établissements (usines...) de peu d'importance chacun. C'est souvent le cas en France. D'autre part, beaucoup de sociétés ont des liens entre elles ou même sont, sous des noms différents, les filiales d'une autre : c'est fréquent dans la chimie, le textile, etc. Enfin il faut considérer que très souvent trois ou quatre sociétés donnent à elles seules près de la moitié de la production, quand ce n'est pas davantage : ainsi pour l'aluminium, la sidérurgie, la construction automobile, aéronautique et navale, le caoutchouc, le pétrole (ne parlons pas des secteurs nationalisés : charbon, électricité, etc.). Mais on est loin de là pour l'industrie du bâtiment ou les industries alimentaires, le textile ou la mécanique.

En conclusion, la France a des entreprises trop nombreuses, donc de

---

1. Enquête du ministère de l'Agriculture et de l'INSEE *(Annuaire statistique, 1969)*.

trop peu de poids — mais dans chaque branche ou presque quelques-unes d'entre elles ont une position très dominante, « oligopolistique ».

★★ *Le mouvement de concentration* tend d'ailleurs à renforcer cette domination de quelques grosses entreprises.

Les causes en sont à rechercher dans les inconvénients d'une dispersion excessive. On l'a ressenti surtout pendant les années 60 lors de l'ouverture des frontières, singulièrement dans le cadre du Marché commun. De toute façon, la pression du progrès technique — nécessaire mais coûteux — la rendait inévitable. S'il y a accélération, c'est surtout à cause d'un retard longtemps accumulé dans ce domaine.

Vers 1968 le mouvement de concentration bat son plein, encouragé par les pouvoirs publics. Ceux-ci y voient un moyen d'empêcher les entreprises françaises de tomber sous la domination étrangère, notamment américaine. Désormais cette concentration ne concerne plus tant les petites ou moyennes netreprises que les très grosses dont on souhaite qu'elles équilibrent celles d'Allemagne ou d'Angleterre.

L'État a lui-même donné l'exemple en regroupant plusieurs des sociétés qu'il contrôlait (Erap en 1966; Société chimique des charbonnages (SCC) en 1968). Il a incité les autres à l'imiter par des mesures fiscales ou boursières : les OPA (offres publiques d'achat) depuis 1966 permettent à une société dynamique de prendre le contrôle d'une autre.

Les formes de la concentration ont été diverses. La grosse entreprise peut résulter de l'absorption de sociétés plus petites, parfois anciennes filiales. Elle a pu aussi se former par fusion d'entreprises de taille équivalente; c'est un cas fréquent vers 1968. Très souvent aussi c'est un holding qui « coiffe » l'ensemble; la participation d'une grande banque d'affaires est presque inévitable.

Mais il est des cas plus modestes : certaines entreprises se contentent de mettre en commun quelques-uns de leurs services, la commercialisation par exemple, et gardent par ailleurs leur autonomie. C'est ce que favorisent les GIE (groupements d'intérêt économique), institués en 1967 pour aider les petites entreprises.

Beaucoup de petits commerçants réalisent de même entre eux des groupements d'achat pour pouvoir baisser leurs prix de vente, face aux magasins à « grande surface ». De même dans l'agriculture l'État a-t-il favorisé par ses lois, depuis 1960, l'association des agriculteurs dans les formes les plus diverses : coopératives, groupements de producteurs, SICA (Société d'intérêt collectif agricole), GAEC (Groupement agricole d'exploitation en commun), CUMA (Coopérative d'utilisation de matériel agricole), GIE (Groupement d'intérêt économique), etc. C'est d'ailleurs dans l'agriculture que le mouvement de concentration est à la fois le plus urgent et le plus rapide : sur près de 2 300 000 exploitations en 1954, 600 000 ont disparu jusqu'en 1967.

★★★ *La gestion de l'entreprise* est devenue un facteur primordial de sa compétitivité. Elle dépend pour beaucoup de la mentalité du chef d'entreprise. Chez l'artisan, le petit commerçant, le paysan, celle-ci est souvent un frein au progrès. Combien refusent de s'adapter à l'évolution! Beaucoup, il faut le dire à leur excuse, n'en ont ni les moyens financiers ni les possibilités techniques. Leur formation intellectuelle ne les y prédispose pas non plus. Enfin l'âge compte aussi : le chef d'exploitation agricole a 53 ans en moyenne. D'autres, en revanche, prennent les risques nécessaires, jouent le jeu de l'association et souvent réussissent fort bien.

Dans l'industrie, le problème est d'une autre ampleur. Entouré de cadres de valeur, habile à juger les tendances du marché, jouant du crédit à bon escient, le « patron », petit ou grand, peut fort bien mener sa barque.

Mais trop d'entreprises accumulent les faiblesses : organisation défectueuse, gestion sans rigueur, absence de « stratégie », insuffisance du *marketing*, autoritarisme borné, salaires trop inégaux, générateurs d'un mauvais climat social, etc.

L'entreprise française, inscrite dans un cadre libéral — quelles que soient les contraintes imposées par l'État — suppose, comme celle des autres pays capitalistes, initiative et qualités personnelles, organisation et adaptation. Les qualités humaines sont nécessaires. La qualité de la gestion compte souvent bien plus que la taille de l'entreprise.

★★★★ *Les charges pesant sur l'entreprise* sont l'objet de discussions passionnées. Pour les uns l'entreprise est écrasée d'impôts, de charges salariales et sociales, de contraintes et même de brimades de la part de l'État ; elle est incapable dans ces conditions d'investir et d'affronter la concurrence des entreprises étrangères. Ainsi, en 1967, la marge bénéficiaire des 500 premières entreprises n'est-elle que de 1,72 % du chiffre d'affaires (1,93 en 1966), alors qu'aux États-Unis elle atteint 4 à 12 % selon les activités. Pour les autres au contraire il n'en est rien, les profits restent considérables, au moins en ce qui concerne les plus grosses entreprises ; pour les entreprises moyennes, c'est une question d'organisation et on ne recherche, en montrant la faiblesse des bénéfices, que des prétextes, pour ne pas verser aux salariés la juste rémunération de leur travail.

Sans vouloir à tout prix « couper la poire en deux », on peut dire qu'il y a du vrai dans les deux positions. Tout dépend de l'entreprise considérée : sa spécialité, sa taille, la qualité de son organisation lui permettent de subsister et de se développer ou la contrarient. Contentons-nous de renvoyer aux conclusions d'une étude de l'INSEE (parue en septembre 1969), comparant les charges de l'entreprise française à celles des autres pays du Marché commun :

— *frais de personnel* (salaires et charges sociales) : ce sont les moins lourds du Marché commun (sauf l'Italie) de 1959 à 1966 ; ils représentent 48 % de la valeur ajoutée (en Allemagne 51 %). Les hausses consenties en 1968 ne paraissent pas devoir modifier le tableau, car elles se sont accompagnées de la suppression du versement forfaitaire de 5 % sur les salaires et d'un accroissement de productivité ;

— *charges salariales par tête* (y compris charges sociales, impôts liés aux salaires, etc.) : la France a les plus faibles après l'Italie en ce qui concerne les ouvriers, mais les plus fortes pour les employés. La moyenne des deux montre que seule l'Allemagne dépasse la France. Toutefois, dans les industries les plus modernes, c'est la France qui vient en tête pour le poids des charges. On voit donc ici la nécessité d'accroître la productivité : c'est ce qui se passera après 1968, alors que le poids des charges tendra à s'aggraver ;

— *charges fiscales :* difficiles à comparer, le système d'impôt étant très différent d'un pays à l'autre : c'est la France qui a les impôts indirects les plus élevés (73 % des rentrées fiscales en 1966) mais on sait que le principal d'entre eux, la TVA, si elle est collectée par l'entreprise, est payée par le consommateur, que d'autre part la taxe sur le chiffre d'affaires n'est pas levée sur les produits exportés. Quant à l'impôt sur le bénéfice des sociétés, en 1967, il représente 8,4 % des rentrées fiscales, soit plus que l'Allemagne (7,9 %) mais moins que les autres pays (aux États-Unis c'est même 20 %). La pression fiscale totale est plus faible en France (22,9 % du PNB en 1967) qu'aux Pays-Bas et qu'en Allemagne (24,4 %);

— *charges financières*: assez faibles; les intérêts à verser ne représentent que 2,5 % de la valeur ajoutée de l'industrie. Le taux d'autofinancement n'est pas tellement supérieur dans les 5 autres pays. En France, par contre, on recourt plus fréquemment à l'escompte dont le taux augmente plus vite entre 1966 et 1969 que dans les autres pays;

— *coût de l'énergie*: supérieur en France; seule l'électricité à haute tension est moins coûteuse... mais la très haute tension est très coûteuse;

— *frais de transports* difficiles à comparer, les chemins de fer semblant toutefois moins onéreux qu'ailleurs, sauf en Italie.

Au total les charges des entreprises françaises, conclut l'INSEE, sont comparables à celles des autres pays du Marché commun, plus fortes qu'en Italie, mais plus faibles qu'en Allemagne. La situation n'est donc pas défavorable; mais elle est variable selon les secteurs, les charges étant peut-être plus lourdes pour les secteurs de pointe.

★★★★★ *Conséquences des défauts de l'entreprise française.*

A tort ou à raison l'entreprise française est souvent, dans la pratique, en position de faiblesse face à ses concurrents. C'est un héritage ancien et toujours aussi dommageable pour l'économie nationale. En effet :

— la trop petite entreprise a des frais généraux relativement lourds, des bénéfices plus faibles, une moindre possibilité de conquérir une clientèle éloignée; elle est plus sensible à la conjoncture;

— l'entreprise française investit peu;

— elle ne peut ou ne veut se livrer à la recherche qui est coûteuse;

— elle ne s'occupe pas encore assez de l'exportation. Un quart des exportations françaises est assuré, en 1969, par 26 entreprises et les trois quarts par 4 766, sur un total de 30 414 firmes exportatrices. Mais parmi celles-ci moins de 7 % font plus de la moitié de leur chiffre d'affaires à l'exportation. Relativement la petite entreprise qui réussit à exporter fait mieux. En conclusion, la grosse entreprise est nécessaire pour le commerce extérieur, mais en France elle n'y obtient pas les résultats attendus.

L'inégalité de développement

Comme les autres pays industriels, la France est affrontée à ce nouveau problème : le progrès, indéniable, ne profite pas également à tous.

★ *Aspects de l'inégalité.*

Entre les entreprises et par conséquent entre les hommes: les plus petites ou les moins dynamiques des entreprises stagnent, obtiennent ou versent des revenus médiocres.

Entre les activités : les plus modernes se développent vite et font vivre leurs employés. Ce n'est pas le cas pour les activités traditionnelles : certaines industries comme le textile; mais surtout l'agriculture. Quels qu'aient été les efforts, celle-ci ne parvient ni à se moderniser rapidement, ni à assurer à ses travailleurs un revenu bien supérieur à la moitié de la moyenne nationale.

Entre les régions : d'une part la région parisienne garde une place excessive par rapport au reste du pays. D'autre part s'opposent une France plus riche à l'est d'une ligne Le Havre-Marseille et une France plus pauvre à l'ouest, deux fois moins peuplée, trois fois moins industrialisée. Au sein de ces deux ensembles bien des différences subsistent encore, souvent liées au degré d'industrialisation ou même à l'ancienneté de celle-ci.

Pour l'agriculture, les différences tiennent surtout à l'inégalité des conditions naturelles. En effet l'industrie a désormais une localisation beaucoup plus souple, elle essaime ses usines dans les zones rurales, soucieuse surtout de la qualité des transports. L'agriculture par contre reste — bien qu'un peu moins qu'autrefois — soumise aux contraintes naturelles.

★★ *L'effort d'égalisation et d'aménagement régional* est très visible vers 1968, les résultats sont inégaux.

Aider les activités en difficulté est un premier moyen. L'agriculture en est la principale bénéficiaire; elle est en France en position tout à fait particulière face aux autres branches de l'économie : l'État partage ses subventions entre les hommes (jeunes et vieux), les terres que l'on restructure, les équipements que l'on modernise, les produits dont on soutient les marchés, les régions (zones de rénovation rurale, créées en 1967, aide particulière à l'agriculture de montagne). Les charges budgétaires décuplent ainsi entre 1959 et 1969, pour atteindre 12 % du budget. L'aide totale représente en 1968 un quart de la valeur de la production agricole et chaque agriculteur reçoit en moyenne dix fois plus qu'un travailleur sans emploi.

L'État aide aussi certaines industries : il subventionne les plus récentes comme celle des ordinateurs (plan Calcul), les plus anciennes comme la construction navale, les industries alimentaires, les charbonnages, il donne sa garantie aux crédits consentis à la sidérurgie (plan professionnel de 1966). Cette aide revient à soutenir les régions où ces activités sont particulièrement représentées : bassins houillers du Nord ou du Massif Central, Lorraine sidérurgique, région Nantes-Saint-Nazaire, etc.

L'Aménagement du territoire encadre cette politique : le FIAT (Fonds d'intervention pour l'aménagement du territoire), créé en 1964, répartit les subventions de l'État. Celles-ci varient d'une région à l'autre suivant la gravité de la situation; elles sont destinées à la reconversion, c'est-à-dire en général à l'industrialisation. Des organismes locaux comme les SDR (sociétés de développement régional) apportent aussi leur contribution. Des sociétés d'économie mixte s'efforcent de moderniser certaines régions agricoles.

Voulant rendre vigueur à la province, on a créé en 1955 des « circonscriptions d'action, régionale » qu'on appelle encore régions économiques. Vers 1968 ces vingt et une régions prennent vie. Elles deviennent le cadre normal de la politique de développement. Le Plan s'y adapte, il est « régionalisé ». Le problème est de savoir quel degré d'autonomie accorder à ces régions — problème non seulement économique mais aussi politique. Ces régions sont-elles même de taille convenable ? On en discute. Un certain regroupement peut s'opérer puisque c'est autour de huit « métropoles d'équilibre » qu'on pense pouvoir créer un contrepoids à la puissance excessive de Paris.

Les résultats de cette action ne sont pas négligeables vers 1968. La province retrouve vie; l'industrie gagne les régions dépourvues; la Bretagne a désormais un solde migratoire positif, le Sud-Ouest se réveille, etc. Mais des problèmes nouveaux apparaissent : on craint désormais de trop freiner la croissance de Paris dont on aspire à faire le pôle de l'Europe. Les villes moyennes semblent avoir été trop sacrifiées au profit des métropoles d'équilibre; la reconversion des régions minières est plus difficile que prévu; la situation des régions frontières comme l'Alsace devient alarmante, face au dynamisme des voisins; l'industrialisation elle-même est-elle le grand remède alors que les activités tertiaires assurent un meilleur niveau de vie ?

★★★ *Le tableau des grandes activités régionales* traduit le maintien ou l'atténuation, selon les cas, des caractères passés.

Le Massif Central dans son ensemble stagne. Il reste rural, mais ses paysans partent en grand nombre. Ses rares industries liées aux mines sont en difficulté. Ses transports insuffisants freinent le progrès.

L'Ouest et le Sud-Ouest sortent par contre de leurs difficultés. Les paysans y représentent souvent encore un tiers de la main-d'œuvre, mais l'agriculture s'y modernise (bon rendement du blé en Bretagne); surtout l'industrie gagne, non sans difficultés ou à-coups : automobile et électronique en Bretagne, aéronautique et chimie autour de Bordeaux, Toulouse ou Lacq. Les revenus salariaux y augmentent plus vite que dans le reste de la France... sans atteindre encore la moyenne nationale. Mais l'infrastructure des transports, notamment en Bretagne, est toujours déficiente, et l'emploi n'est pas toujours bien assuré dans la région nantaise.

Le Sud-Est connaît un bel essor dans la région lyonnaise, les Alpes du Nord, la côte méditerranéenne. Les cultures spécialisées, les travaux d'irrigation, la reconversion en cours du Languedoc sont des succès pour le monde rural. L'industrie est attirée par le dynamisme de l'axe Lyon-Grenoble ou Lyon-Marseille; l'essor de Fos va commencer : attrait des grands ports. Le tourisme enrichit la Côte d'Azur, la côte languedocienne en cours d'aménagement, les Alpes.

Le quart nord-est au contraire a plus ou moins perdu son dynamisme : inégalités agricoles (il y a bien des régions pauvres), difficile adaptation des vieilles industries de la Lorraine ou du Nord, relatif blocage de l'Alsace. Autoroutes et grandes voies d'eau semblent urgentes. Du moins le Nord bénéficie-t-il de l'ouverture sur la mer avec Dunkerque, et le Marché commun est favorable à Strasbourg.

La région parisienne reste le centre vital de la France. On peut, pour l'agriculture, y inclure les riches terres limoneuses de la périphérie. La Champagne désormais compte parmi les régions riches et elle s'industrialise avec Reims. De même Amiens ou Orléans, car la décentralisation industrielle s'est faite surtout dans une région assez proche de Paris. La grande ville elle-même se spécialise dans le tertiaire alors que foisonnent de multiples activités dans sa banlieue envahissante. Banlieue qui tend à annexer la vallée de la Seine jusqu'à Rouen et Le Havre dont le port s'étend.

Ainsi Paris demeure-t-il le grand pôle économique de la France, mais l'activité tend d'autre part à se regrouper vers les grands axes de circulation et vers les grands ports — preuve de l'importance qu'ont prise les échanges dans une France plus moderne.

IV. A LA RECHERCHE D'UN SYSTÈME ÉCONOMIQUE

La place de l'État

L'État fait vivre un million et demi de fonctionnaires. Mais on s'occupera plutôt ici de sa place dans l'économie. Or elle est considérable, moins parce que l'État est lui-même producteur que par l'action qu'il entend mener pour stimuler et pour encadrer le développement.

★ *L'État produit.* Les nationalisations de 1944-1946 ont fait passer sous son contrôle quelques-uns des secteurs vitaux de l'économie. En 1968, outre les grandes banques, il tient toujours charbon, électricité, gaz, énergie nucléaire, chemins de fer, l'essentiel des transports aériens avec Air France, les transports parisiens avec la RATP, les grands ports, les mines de potasse d'Alsace, une grande partie de l'armement, du pétrole, de la construction aéronautique (Sud et Nord-Aviation, Snecma), mais aussi de la construction automobile (Renault), de l'industrie chimique (carbochimie, industrie de l'azote), de la construction, etc.

Certes les entreprises qui gèrent ces diverses activités jouissent-elles d'une certaine autonomie — variable d'ailleurs — mais l'État n'en est pas moins détenteur du capital et fait vivre ainsi plus d'un million de personnes, soit 5 % des actifs; ils représentent dans les branches productives non agricoles 13 % de la main-d'œuvre, 12 % de la PIB, 32 % des investissements... et l'État draine en faveur de ses entreprises 85 % de ses propres subventions.

★★ *L'État assiste et stimule.*

L'assistance prend un caractère social à l'égard des vieux agriculteurs, par exemple, auxquels on verse l'IVD (indemnité viagère de départ), mais l'incidence économique est évidente puisqu'ils peuvent ainsi laisser la terre à des exploitants plus jeunes et dynamiques. Il en est de même pour les subventions d'investissement que l'État accorde aux coopératives, à l'artisanat, aux petites et moyennes entreprises.

Les interventions directes de l'État revêtent bien des formes :
— aide systématique à l'agriculture notamment par le contrôle du FASASA et du FORMA [1];
— prêts sur fonds publics par le FDES (Fonds de développement économique et social), qui souvent bénéficie d'emprunts publics d'équi-

---

1. FASASA : Fonds d'action sociale pour l'aménagement des structures agricoles : action sociale. FORMA : Fonds d'orientation et de régularisation des marchés agricoles : soutien des cours. Pour plus de détails se reporter au chapitre XXV, paragraphe II.

pement; son aide va moins qu'autrefois aux entreprises nationalisées;
— subventions d'équipement (agricole, touristique, industries aussi diverses que l'alimentation et la construction navale);
— primes, bonifications, subventions diverses dans le cadre de l'aménagement du territoire;
— participation et aide à la recherche;
— soutien financier à de vastes programmes (sidérurgie 1966; plan Calcul 1966) présentant un intérêt national;
— participation en capital (Sociétés d'économie mixte, SDR : sociétés de développement régional);
— garanties données à certains souscripteurs.

Au total, en 1967, parmi les investissements de l'État :
57 % sont des investissements en faveur de l'État lui-même, ou des subventions aux collectivités locales;
18 % sont des participations aux investissements des sociétés nationales;
25 % à ceux du secteur privé.

Les interventions indirectes sont souvent aussi précieuses :
— mesures fiscales favorisant l'autofinancement des investissements;
— mesures favorisant la concentration ou l'association;
— réforme du crédit, des banques, du marché obligataire, etc.;
— on pourrait aussi bien citer la participation du CNCE (Centre national du commerce extérieur) pour la promotion des exportations, etc.

Le rôle stimulant de l'État est particulièrement accusé dans la place qu'il occupe dans la « recherche » (70 % des dépenses) et dans les secteurs de pointe : nucléaire, ordinateurs, espace, exploitation des océans, etc.

Ces actions multiples — on n'a mentionné ici que les plus importantes — font de l'État vers 1968 un des moteurs fondamentaux de l'activité. Il a déjà été dit qu'il contrôle directement ou indirectement la moitié des investissements : rien ne peut mieux prouver à quel point il peut stimuler l'économie.

★★★ *L'État encadre* toute la vie économique, et ce trait caractéristique du XXᵉ siècle, particulièrement accusé en France, est peut-être le plus notable. C'est toute la politique économique, financière, sociale qu'il faudrait évoquer ici! On en dégagera trois éléments primordiaux.

Le Plan représente l'encadrement économique par excellence. Le système de planification, né des nécessités de l'après-guerre (plan Monnet 1947-1950/1952), est désormais bien au point. De ce système, on a gardé les caractéristiques du début : concertation des intéressés, souplesse, empirisme. Le plan est indicatif et non impératif.

Mais la planification a évolué : vers 1968 (on en est alors au Vᵉ Plan 1966-1970) elle cherche plus l'établissement d'un cadre harmonieux pour le développement — c'est la planification en valeur — qu'un accroissement systématique et quantitatif; elle sélectionne les moyens : investissement, équipements collectifs, aménagement du territoire (à cet effet le plan est régionalisé); elle a des préoccupations sociales plus affirmées (logement par exemple).

Cette évolution qui se veut réaliste, adaptée au progrès, est le fait d'un choix politique et par conséquent discuté. L'encadrement de l'économie est en effet très large; l'initiative privée doit s'y manifester librement; bref le libéralisme y trouve son compte. Dans quelle mesure le Plan agit-il donc en profondeur sur l'activité et, par son intermédiaire, sur les structures de l'économie et de la société ? En 1968, la question est posée. Mais si l'on discute sur la planification française (assez admirée à l'étranger), on n'en remet pas le principe en cause.

Le contrôle des prix est, en revanche, l'objet de vives critiques. On peut dire qu'il est de règle depuis la fin de la guerre, puisqu'on a pu dénombrer 25 000 arrêtés à ce sujet de 1945 à 1972! Les prix agricoles sont souvent très rigoureusement fixés (blé, lait, etc.) à la fois pour assurer le niveau de vie paysan et pour en limiter l'incidence sur les prix alimentaires.

Pour les prix industriels il y a eu une grande libération en 1960, afin de répondre aux conclusions du plan Rueff-Armand. Mais dès 1963 les dangers inflationnistes rendaient nécessaire un «plan de stabilisation». Depuis cette date le contrôle est rétabli. Certes ledit plan a été assoupli : après les « contrats de stabilité » de 1965 (liberté contrôlée au lieu de blocage), on en est depuis deux ans en 1968 aux « contrats de programme » dont la carrière devait durer dans la pratique jusqu'en 1972 : le mécanisme consiste à laisser une plus grande liberté de prix aux entreprises harmonisant leurs investissements, leurs salaires... avec les directives du Plan.

Quelle est l'importance économique de cette réglementation des prix ? Elle semble assez peu efficace (à preuve les multiples arrêtés). Elle a pu être gênante : l'essor du début des années 60 a été freiné à partir de 1963 et avec lui le progrès social — mais peut-être a-t-elle effectivement mis fin au processus inflationniste et par là sauvé la monnaie et le pouvoir d'achat ? Toujours est-il qu'elle reste depuis la guerre une manifestation caractéristique du rôle de l'État dans la vie économique.

La politique des revenus de même. Depuis 1950 on est revenu officiellement à la liberté du salaire dans le cadre des conventions collectives. Celles-ci n'ont cessé de se multiplier depuis lors au niveau régional ou national, ou à celui des entreprises (plus tardivement). Mais l'État intervient tout de même de deux façons.

D'une part, il pèse sur le niveau des salaires : il détermine un salaire minimum, le SMIG, lié à l'indice des prix (indice plusieurs fois remanié; en 1968 on en est à celui des « 259 articles » mis au point en 1963); il cherche à fixer en accord avec les syndicats les salaires du secteur nationalisé selon le mécanisme de la procédure Toutée, qui devait fonctionner de 1965 à 1969; il accorde volontairement des hausses semestrielles à ses propres salariés.

D'autre part, il procède à une « redistribution » de la richesse. En effet, d'un côté il prélève l'argent des plus riches par le jeu de l'impôt progressif sur le revenu ou des cotisations de Sécurité sociale; de l'autre, il répartit ces fonds d'une façon plus égalitaire ou volontairement favorable aux plus déshérités : ainsi des allocations de la Sécurité sociale, des équipements sociaux (HLM, etc.), des aides de toutes sortes qu'il distribue.

Cette politique des revenus est une nécessité sociale et économique; elle est difficile à réaliser, elle se heurte à l'hostilité de tous : riches ou entreprises qui s'estiment brimés, syndicalistes qui ne veulent pas perdre leur liberté de contestation, bénéficiaires qui en dénoncent les insuffisances... Elle n'en est pas moins un élément déterminant de toute la vie économique par ses multiples répercussions.

L'État serait-il donc le maître absolu dans la France de 1968 ? Il ne le semble pas si l'on considère la place qu'y tiennent toujours les intérêts privés.

Les intérêts privés : le capitalisme

★ *Le cadre capitaliste* demeure dans la France de 1968.

L'appel à l'intérêt privé est le fait même de l'État. Dans les années 60 il a multiplié les mesures pour stimuler l'investissement privé, « régénérer » la Bourse. Soucieux d'équilibre budgétaire, il a relativement diminué son rôle dans l'entraînement de l'économie. Ce faisant, il a harmonisé son attitude avec celle des autres pays du Marché commun car l'intégration progressive dans ce vaste ensemble devient un des éléments essentiels de la politique économique de la France.

La liberté d'entreprise reste la règle générale. Cette liberté permet aussi bien la création que la disparition ; elle explique aussi les difficultés de nombreuses entreprises. Elle entraîne la concentration en faveur des plus grosses alors que périclitent les petites ou moyennes. Elle rend possible, quel qu'en soit le contrôle, la pénétration étrangère qui est même parfois sollicitée par ses bénéficiaires.

L'évolution des entreprises obéit aux lois du capitalisme : le monde de la finance se rend maître, peu à peu, de la production.

★★ *De la société industrielle au holding.*

La multiplication des holdings est très frappante vers 1968 ; ce mouvement, qui n'est pas nouveau, s'accélère : telle société industrielle, familiale à l'origine, devient une société anonyme, par apport de capitaux étrangers à la famille. De cette nouvelle société la famille ne possède plus que la majorité des capitaux. Revendant une partie de ses actifs sous forme d'actions, elle peut placer ses capitaux frais dans d'autres affaires. L'ensemble de ses intérêts (dans la société qui porte son nom et qui n'est plus qu'une filiale, et dans les diverses autres où elle a pénétré) est confié à un holding créé pour l'occasion.

Les causes de ce mouvement ? Cause technique, car il faut de plus en plus de capitaux pour répondre au progrès technique ; perspective européenne : grossir l'entreprise pour qu'elle fasse poids face à ses rivales ; recherche de sécurité : on évite le risque de tout perdre s'il y avait nationalisation de telle branche ; on se « déspécialise » en participant à des activités nombreuses, plus modernes, plus riches d'avenir.

Les « groupes financiers » naissent ainsi : Peugeot à partir de l'automobile, Dassault à partir de l'aéronautique, Michelin à partir du caoutchouc, de Wendel qui, pour l'acier, devient société anonyme en 1952, alors que Schneider a fait de même en 1949, etc. Ce groupe Schneider reste un des plus puissants. Ses intérêts concernent d'abord la sidérurgie grâce à ses propres filiales (Société métallurgique de Normandie, Mosellane de sidérurgie, etc.) grâce à ses participations minoritaires dans Usinor, Arbed au Luxembourg, Sidmar en Belgique, etc. ; ensuite la construction électrique (liens avec le groupe belge Empain et la société américaine Westinghouse) ; la construction navale (France-

Gironde); l'automobile (participation à Saviem); l'industrie nucléaire (Framatome); la banque (Banque de l'Indochine, Banque de l'Union européenne).

★★★ *Groupes financiers et banques d'affaires.*

L'interpénétration des groupes financiers et des banques est complexe; elle se renforce constamment. Les groupes détiennent des actions des banques; les banques participent de plus en plus à la création des holdings, toujours plus avides de capitaux. Aucune grande opération de fusion d'entreprise, aucune grande « affaire », aucune OPA (offre publique d'achat, en Bourse) ne peuvent se réaliser sans la participation d'une banque. La banque, d'autre part, pourvoira au crédit nécessaire pour de nouveaux investissements. Aussi la banque joue-t-elle un rôle primordial au conseil d'administration de la société; il est rare cependant qu'elle y soit majoritaire — mais l'on sait que le très grand nombre des actionnaires n'y participe pas.

La Banque de Paris et des Pays-Bas (Paribas) reste la principale dans la France de 1968. En 1967, par son bilan, elle égale l'ensemble des trois banques d'affaires qui la suivent : Banque de l'Indochine, Banque de Suez, Banque de l'Union parisienne (dominée il est vrai par la précédente, dont les progrès sont visibles). Elle dépasse de beaucoup les autres, quelquefois très anciennes : Worms, de Neuflize, Dreyfus, Rothschild, etc. Paribas est sans doute la première banque d'affaires européenne.

L'activité est double : proprement bancaire et industrielle. Paribas se scinde d'ailleurs en 1968 (certains disent que c'est pour se prémunir contre d'éventuels risques de nationalisation) en une banque de dépôts, un holding pour gérer ses valeurs industrielles françaises, un holding pour ses valeurs étrangères. Le tout étant placé sous un holding général.

Sur le plan bancaire, elle cherche à multiplier les liens avec les autres banques : banque de l'Indochine (qui devient banque de dépôts en 1968), Worms, Compagnie bancaire, Union bancaire et industrielle (groupe Pont-à-Mousson). Elle engage avec Suez la lutte pour contrôler le CIC (Comptoir industriel et commercial), mais en 1971, perdant la bataille, elle reçoit en échange 80 % du capital de la Banque de l'Union parisienne contrôlée jusqu'alors par Suez et 250 000 actions de la CFP (Compagnie française des pétroles).

L'activité industrielle est, en effet, non moins importante. Directement ou par l'intermédiaire de ses sociétés d'investissement, Paribas est présente dans la sidérurgie (Usinor, Wendel-Sidelor, Pompey), la construction électrique (CSF, CEM, etc.), les ordinateurs (Bull), la construction navale (chantiers de Bretagne), l'atome (Indatom), etc. La dispersion des investissements est caractéristique de la stratégie de Paribas.

Cette dispersion s'étend à l'étranger. La banque est très puissante en Belgique; elle a de grands intérêts en Angleterre, Allemagne, Espagne et en Amérique. Elle est une puissance mondiale.

★★★★ *Les liens internationaux* sont un des grands caractères du capitalisme. Les sociétés, banques ou groupes français sont imbriqués étroitement à leurs homologues étrangers. D'une part, ils y détiennent des intérêts, comme de Wendel dans les charbonnages allemands, ou Schneider dans la sidérurgie luxembourgeoise, etc.

D'autre part, l'étranger détient des intérêts en France. Certains sont très visibles, par exemple la domination à 79 % de Chrysler sur Simca, parce qu'il s'agit d'investissement direct fait d'un seul coup ou presque. D'autres le sont moins. Si Philips par exemple a une filiale française, il y a aussi un groupe Philips qui possède des actions de nombreuses sociétés. Combien ? Il est impossible de le savoir, pas plus qu'on ne sait l'origine du capital de nombreuses sociétés françaises (Péchiney, CGE, etc.).

Ces mêmes étrangers détiennent une part plus ou moins considérable du capital des grandes banques « françaises ». Ainsi les Anglais sont puissants chez Worms, très liée à Paribas. L'expression « grand capitalisme international » n'est pas un vain mot.

★★★★★ *Les effets* de cette situation ?

L'influence étrangère est très difficile à mesurer. On a déjà vu que l'étranger contrôlerait au total, directement ou indirectement, participations minoritaires comprises, 15 % de l'industrie française. Mais un chiffre brut ne donne pas une image exacte de l'influence réelle. Celle-ci est souvent occulte. On comprend en tout cas l'effort du gouvernement pour limiter au moins l'investissement direct.

L'État lui-même est-il maître dans sa direction de l'économie nationale ? Ou seraient-ce les grands groupes qui feraient la loi ? Ou qui la feraient faire par l'intermédiaire de l'État ? Questions fondamentales.

Il semble d'abord que la technique commande. Dans l'économie de marché il faut des entreprises rentables. Il faut par exemple pour installer une nouvelle usine de la place, des transports, de la main d'œuvre qualifiée. La volonté d'aménagement du territoire risque fort de se heurter à ces impératifs.

Mais au delà de la technique, c'est finalement l'intérêt privé qui a chance d'avoir le dernier mot. Les capitaux cherchent avant tout la rentabilité, le profit. L'industrie est de moins en moins liée aux matières premières, de plus en plus aux capitaux. Son implantation s'en ressent. Citons Claude Prêcheur [1] : « Lorraine-Escaut, malgré de sérieuses difficultés, eût tant bien que mal maintenu ses usines en activité, peut-être par attachement à la région qui en avait été le berceau. Dès l'instant où elle fut absorbée par Usinor, les perspectives d'Usinor se révélèrent différentes, les conditions de rentabilité de l'affaire également, d'où le délestage opéré progressivement dans le bassin de Longwy »... et le problème de l'emploi qui en naquit.

Libéralisme, socialisme, technocratie ?

★ *Libéralisme ?*

Oui, sans aucun doute pour le cadre général. La France reste ainsi fidèle au « monde occidental ». Son attachement traditionnel à l'indi-

---

1. Dans *1968, L'industrie française à l'heure du Marché commun* (éd. Sedes, 1969), auquel l'ensemble de ce paragraphe doit beaucoup.

vidualisme, tout l'héritage de ses structures l'y ancrent profondément. L'acceptation du Marché commun accentue même cette tendance. Au demeurant, bien des choix opérés, bien des déviations acceptées prouvent cette volonté de libéralisme. On a voulu diminuer la tutelle de l'État dont le « dirigisme » était jugé étouffant et n'aurait été nécessaire que pour la reconstruction de l'après-guerre; on a essayé de libérer les prix pour les laisser s'établir en vérité; le retour du contrôle a été médiocrement contraignant. L'État diminue son rôle dans l'investissement pour faire appel à la relève par le capital privé.

Dans le domaine social, les conventions collectives représentent pareillement une liberté d'accord entre les entreprises et les travailleurs. L'impôt progressif lui-même est plafonné, tout comme les cotisations à la Sécurité sociale. Le système fiscal d'ailleurs ne laisse qu'une faible part à l'impôt sur le revenu (18 %) alors que les impôts indirects — aveugles à l'égard des différences de ressources — représentent 73 % des rentrées. La redistribution des revenus elle-même finit en partie par bénéficier davantage aux plus aisés : les plus riches sont ceux qui se soignent le mieux... avec l'aide de la Sécurité sociale, et qui s'instruisent le plus; de même que ce sont les plus gros agriculteurs, ceux qui ont le plus de produits à vendre, qui bénéficient le plus du soutien des cours par l'État.

★★ *Des aspects socialistes* existent malgré tout puisque cette action de redistribution économique ou sociale représente 21,6 % du PNB en 1967, contre 18 % dans le reste du Marché commun. D'autre part l'État intervient, contrôle, stimule, possède lui-même une notable partie de l'appareil productif. De toute l'Europe occidentale, la France est sans doute le pays où l'État tient le plus de place.

Le Plan lui-même, quelle que soit son évolution, existe et les entreprises, ne serait-ce que pour bénéficier des contrats de programme, en tiennent compte; elles ne peuvent ignorer totalement la réglementation des prix et elles s'en plaignent. La politique des revenus est une autre contrainte pour elles.

Bien mieux, l'entreprise doit accepter l'existence des inspecteurs du travail dont l'intervention est fréquente, celle des comités d'entreprises créés en 1945 et dont le rôle, faible jusqu'alors, est renforcé en 1966. Allant plus loin le gouvernement met sur pied en 1967 l'intéressement des travailleurs aux profits de l'entreprise. Ces deux dernières institutions, chères au général de Gaulle, peuvent avoir d'amples développements.

On retrouve là les conceptions plus ou moins socialisantes de son gouvernement provisoire avant 1946. La tendance se renforcera-t-elle après 1968 ? Ce n'est pas impossible, car le Général parle désormais de la « participation », qui deviendra son idée maîtresse lors de la crise de 1968. Cette participation est alors réclamée par une fraction de l'opinion, qui n'est pas celle de droite. On peut avoir l'impression que le courant socialiste, très fort en 1945, affaibli très vite pour diverses raisons à partir de 1946-1947, va renaître.

★★★ *La technocratie* est souvent dénoncée comme étant le vrai caractère du système français. Sous ce vocable un peu mystérieux pour l'opinion on désigne tout ce qui, dans les décisions, a un caractère abstrait, purement économique, inhumain. Qu'en est-il exactement ?

Il est vrai que les « technocrates » issus de l'ENA (École nationale d'administration, créée en 1945) sont nombreux soit au ministère, soit dans le haut personnel administratif. On loue souvent leur compétence, mais on dénonce leurs vues théoriques. Le rôle volontairement diminué du Parlement, avec la constitution de 1958, leur laisse la partie belle. Les grands choix sont faits dans les cabinets ministériels ; la discussion politique est rare et peu utile dans la pratique puisque la majorité est assurée (inconditionnelle, disent les opposants) ; au pis aller on peut comme en 1967, imposer les décisions par ordonnance. Les hauts fonctionnaires seraient devenus les milieux dirigeants. Et l'économie serait réglée selon les critères d'école sans tenir un compte suffisant des réalités humaines.

On objectera qu'il existe une politique de « concertation ». Mais quelle en est la valeur réelle ? Concertation de pure forme. Les résultats de la procédure Toutée déçoivent les syndicats. Les CODER, qui au niveau régional sont consultés pour la planification, n'ont pas pouvoir de décision définitif, faute d'une réelle déconcentration.

Mais alors quel système ?

★★★★ *Quel système ?*

Un peu libéral, un peu socialiste, un peu technocratique ? Pseudo-libéral, mais certes moins maladroit qu'avant 1939.

Pseudo-socialiste, dans la foulée de 1936, mais moins idéaliste ; ou de 1945, mais moins contraignant.

Pseudo-technocratique précisément parce qu'à demi libéral et socialiste. C'est pourquoi on peut difficilement parler d'un « système », car le terme suppose un ensemble cohérent de principes et la rigueur dans leur application.

Ce qui semble caractéristique, c'est là volonté de concilier :

— les vertus du libéralisme (initiative, liberté) et celles du socialisme (organisation, évolution contrôlée pour éviter les à-coups, progrès social) ;

— l'économie de marché d'une part, garante de liberté et de concurrence favorables au dynamisme ; les nécessités techniques d'autre part qui rendent inévitable la constitution de grandes sociétés prenant vite une position d'oligopole et soumises au capitalisme international ;

— l'intérêt national que, selon les principes du général de Gaulle, il n'y a pas de raison de sacrifier, et l'internationalisme qui est inhérent au libéralisme, nécessaire à l'essor économique, indispensable dans une certaine mesure, pour la construction européenne.

Ces caractères complexes, la volonté de rattraper un retard accumulé, la tradition politique même de la France condamnent l'État à intervenir sans cesse mais modérément, à tenir compte des impératifs économiques mais à ne pas négliger les impératifs sociaux et humains. Ce jeu est difficile, l'adaptation constamment nécessaire, la réussite discutée.

Chapitre XXXI

LES FACTEURS UNIVERSELS D'ÉVOLUTION

Chaque pays, journellement, peut le constater : il est de moins en moins maître de son propre destin ; il subit l'influence de facteurs universels.

Dans le derniers tiers du xxᵉ siècle, les facteurs universels les plus marquants semblent être le progrès technique et la poussée sociale, qui sont très liés. A l'échelle des rapports internationaux la prépondérance américaine est un autre facteur déterminant pour le monde entier, mais plus spécialement pour le monde libéral capitaliste auquel appartient la France. Toutefois, la volonté de construire un monde nouveau peut apporter un correctif important à cette prépondérance : la France doit avoir dans ses efforts de développement une perspective de plus en plus européenne et même mondiale. Elle peut aussi, à l'occasion, souffrir des dérèglements mondiaux.

I. LA PRESSION TECHNIQUE ET SOCIALE

Ce n'est pas par hasard que les mouvements sociaux, pour ne pas dire socialistes, ont pris une ampleur considérable depuis l'âge de la machine. La révolution technique les conditionne. En cette fin du xxᵉ siècle leurs liens apparaissent de plus en plus étroits ; en outre leur influence combinée est de plus en plus forte sur le destin de chaque nation.

La montée sociale est irrésistible. Elle apparaît par l'action des groupes, des masses. La collectivité veut non seulement bénéficier du progrès, mais participer à sa genèse, à son développement [1]. Comment la France échapperait-elle à ce vaste mouvement ?

Le progrès technique

★ *Ses caractères* les plus intéressants, parmi d'autres, sont :

Son accélération : le rythme est extraordinaire, le progrès est plus rapide au cours des vingt dernières années que durant tout le siècle précédent. Pourquoi ? Rapports toujours plus étroits entre découverte scientifique et réalisation technique (grande différence avec l'époque préindustrielle) ; organisation toujours améliorée de la recherche, avec

---

1. Cf. François Perroux : *Industrie et création collective*, 2 volumes, Paris, PUF, 1964 et 1970.

de grands moyens intellectuels et financiers ; divulgation rapide des découvertes, ne serait-ce que par la vente de licences; puissants moyens de réalisation. Une véritable course s'instaure entre la conception et l'utilisation et il arrive souvent qu'une machine soit déjà démodée quand elle commence à fonctionner, ou encore que sa complexité soit telle qu'on ne sache pas en tirer tout de suite tout le parti possible. L'ordinateur en est le meilleur exemple.

Son extension à tous les domaines, à toutes les activités. Le progrès se répercute en chaîne : telle invention, tel système indispensable pour conquérir la Lune sera utilisé ensuite dans l'industrie. Telle machine industrielle s'adaptera à l'outillage agricole; l'ordinateur bouleverse à la fois l'industrie, les transports, tous les « services ». Il est de fait que souvent les progrès sont devenus plus remarquables dans les activités primaires et tertiaires que dans les secondaires, chose inimaginable naguère. Ainsi personne ne peut échapper à cette course au progrès. Malheur à ceux — petits paysans, artisans, commerçants indépendants — qui veulent l'ignorer!

Son coût ferait-il du progrès technique un véritable luxe ? Coût énorme de la recherche, achat dispendieux de licences, investissements gigantesques pour pouvoir produire en grande série, prix exorbitant de certaines réalisations (gros ordinateurs, usines nucléaires, avions supersoniques, fusées lunaires...) viendraient-ils bloquer le progrès technique ?

On répondra que : 1° les frais engagés ont des « retombées » sur l'ensemble de l'économie; 2° tous les progrès techniques ne sont pas aussi coûteux que les plus spectaculaires d'entre eux; 3° il existe des moyens de diminuer quelque peu ou d'amortir rapidement les investissements : le meilleur de ces moyens est de multiplier le nombre des bénéficiaires du progrès technique. On peut le voir en étudiant quelques conséquences de ces progrès techniques.

★★ *Les conséquences générales.*

Le cadre dans lequel s'inscrit le progrès évolue et doit évoluer de plus en plus. D'abord on passe de la concurrence entre les entreprises — selon les règles du libéralisme — à leur concentration : concentration horizontale permettant à deux ou plusieurs entreprises similaires de rechercher ou de produire ensemble à moindres frais; concentration verticale permettant par l'intégration des « activités aval » ou « amont » de tirer un plus grand profit des inventions et de leurs applications pratiques.

Ensuite on voit souvent l'insuffisance des moyens à l'échelle de son pays et l'on passe ainsi d'une optique nationale à la coopération internationale : les frontières politiques sont en désaccord avec les nécessités techniques, financières, commerciales; sauf pour les deux Grands, la coopération s'impose et il est maint domaine où les États-Unis et l'Union soviétique eux-mêmes sollicitent la coopération.

Enfin, et c'est une des conséquences les plus intéressantes, on doit passer du profit privilégié (un individu, une entreprise, une nation) au profit généralisé, social, universel : inévitablement les bénéficiaires du progrès technique se multiplient, ne serait-ce que dans l'intérêt de ceux qui sont à son origine.

Les méfaits du progrès technique sont soulignés par beaucoup. Comme on vient de le dire, il risque d'entraîner des troubles, suscités par tous ceux qui estiment qu'ils n'en bénéficient pas assez vite; il accuse le divorce entre les privilégiés et les autres, à l'échelle de la nation ou du monde. Il risque d'absorber une part excessive des dépenses pour un profit aléatoire, tardif ou même illusoire.

Il entraîne souvent un chômage technologique que les pays les plus évolués techniquement n'ont pas su maîtriser. L'opinion est très sensible à cet aspect de la question et sur cet argument en arrive parfois à condamner tout progrès sans voir que tôt ou tard il finira par permettre d'autres progrès, par libérer l'homme d'anciennes servitudes... Mais n'en crée-t-il pas de nouvelles ?

La technique par ses puissants moyens transforme peu à peu le visage de la nature et est responsable des multiples nuisances qui aggravent les conditions de vie. Dès lors est posé le problème de l'environnement qui, en quelques années, est devenu la préoccupation essentielle des civilisations mécanisées.

Au-delà même c'est la « société de consommation » qui est mise en cause : ses moyens, ses buts, son sens profond. L'homme inquiet s'interroge sur son avenir. Le progrès technique entraîne l'homme; l'homme n'a pas maîtrisé le progrès technique.

★★★ *Conséquences propres à la France.*

La France ne saurait échapper à toutes ces conséquences, bonnes ou mauvaises. Elles les a ressenties peu à peu, mais il n'est pas exagéré de dire que c'est surtout vers 1965-1970 que les effets en ont été mieux perçus. C'est qu'à ce moment de son histoire elle était pleinement entrée dans la civilisation du xxᵉ siècle, ayant rattrapé son long retard.

On dira simplement que la France peut éprouver, plus que d'autres États, une difficulté d'adaptation due à certains « blocages » légués par l'histoire, au tempérament individualiste de son peuple, à la structure de ses entreprises, à son esprit, plus souvent spéculatif qu'utilitariste, au fait qu'elle est un pays où, autrefois, « on savait vivre ».

A l'inverse, elle dispose, semble-t-il, des possibilités intellectuelles requises, elle n'est pas, financièrement, parmi les États les plus démunis et, si l'on en croit la réputation qu'elle a pu se faire à l'étranger, elle ne serait pas dépourvue d'une certaine générosité : parviendrait-elle donc à donner un visage humain à cette civilisation technique ? C'est la question fondamentale, pour les Français, dans ce dernier tiers du xxᵉ siècle.

La poussée sociale

★ *Ses causes.*

Le legs historique n'est pas à négliger. Un mouvement aussi puissant et aussi ancien que les luttes sociales ne peut que se maintenir et se développer par le jeu des forces acquises. C'est même la raison pour laquelle il est toujours encombré de mythes puisés dans le passé mais toujours vivants..., souvent pour le malheur des intéressés eux-mêmes.

Le progrès technique a, en effet, modifié mais aussi renouvelé et renforcé les causes et les conditions de lutte. Stimulant la productivité il a abaissé le prix des produits, les rendant plus accessibles à tous. Quel ouvrier de 1914 aurait pu rêver avoir une automobile ? Quel ouvrier de 1968 n'est pas révolté à l'idée qu'il n'en peut avoir une ? Multipliant l'information et les moyens de lutte, le progrès technique rend plus sensible l'inégalité sociale et plus efficace la lutte menée pour la faire disparaître.

La démocratisation va dans le même sens ; elle accepte par principe cette poussée sociale, elle la laisse devenir envahissante, parfois incontrôlable.

L'instruction semble être un facteur déterminant de cette évolution nécessaire, tôt ou tard inévitable, elle est le grand agent de la libération humaine. Aussi la démocratiser réellement, lui laisser la possibilité de faire jaillir d'elle-même toutes ses ressources, en accepter toutes les conséquences : voilà ce que réclament la plupart des hommes et ce qui oblige tous les États.

★★ *Les buts de la poussée sociale* se sont diversifiés. Ils se cantonnaient autrefois dans la revendication simple mais vitale d'un salaire minimum et d'une durée de travail raisonnable. La recherche de la sécurité de l'emploi a été de tous les temps. Mais voici désormais des revendications nouvelles.

C'est d'abord l'accession à *une vie matérielle convenable* : alimentation, vêtement, logement, équipement domestique, loisirs.

Mais *le cadre de la vie* devient aussi un but essentiel de la poussée sociale. Et dans ce domaine toutes les catégories se retrouvent : il faut vaincre ses nuisances qu'engendre la société de consommation, bruit, pollution, etc., préserver un « environnement » dont on découvre toute la valeur tant sur le plan individuel, l'habitat par exemple, que sur le plan collectif : équipements urbains, conditions de transport, grands aménagements.

A ces revendications générales les travailleurs ajoutent celles qui leur sont propres : les déplacements journaliers longs et épuisants, les « cadences infernales » de la chaîne... créent de nouveaux asservissements : il faut donc aussi améliorer *les conditions de travail* qui ébranlent la santé. C'est toute la civilisation mécanique qui est mise en cause et, à travers elle, dans les pays libéraux avides de rendement, le système capitaliste.

Enfin *une plus grande générosité* envers tous les hommes de tous les pays, un sentiment de solidarité envers toutes les causes où se manifeste l'injustice, une sensibilisation à tous les problèmes internationaux nés de la lutte pour l'égalité ou l'indépendance — cette prise de conscience universelle donne vraiment à la poussée sociale une dimension nouvelle et de nouveaux effets.

★★★ *Les effets sont multiples*, à la mesure des causes et des buts.

Pour l'économie, quel levier ! Produire toujours plus par des méthodes plus efficaces, abaisser les coûts et les prix, découvrir les énormes marchés potentiels, les envahir, les susciter au besoin par une publicité qui ne recule devant aucun moyen, adapter les circuits de distribution, promouvoir de nouveaux « services »...

Sur le plan financier comment l'État oserait-il pratiquer une politique de déflation qui, pour sauver une monnaie toujours plus dépréciée, endiguerait une telle marée ? Monnaie faite pour être dépensée... à crédit et non pour être thésaurisée par une minorité de privilégiés ! Ce n'est plus le capital qui commande, c'est la consommation. La monnaie est de plus en plus le moyen de celle-ci, de moins en moins l'expression de celui-là.

Dans l'ordre politique la rigueur est rendue plus difficile, l'autorité est plus contestée. Il faut un contact plus étroit avec « la base ». L'administration doit être plus proche des administrés. L'information devient primordiale.

Dans le cadre international enfin l'État pourrait-il résister à ces mouvements universels d'opinion, à ces campagnes qui ignorent les frontières ? Mais cet État, depuis un quart de siècle, il s'est trouvé, de gré ou de force, dans un camp. Doit-il y rester, en sortir, chercher à en modifier les caractères ? Pour ce qui est de la France il s'agit du « camp américain ». Elle en subit les avantages et les inconvénients, elle en ressent toutes les influences.

II. LA PRÉPONDÉRANCE AMÉRICAINE

Elle n'est pas nouvelle, elle est seulement moins discrète, elle paraît à beaucoup moins utile.

Dans le domaine technique et économique

★ *Les manifestations* sont ici aveuglantes et la prépondérance ne semble pas, en dépit d'un déclin relatif ou sectoriel, devoir prendre fin de si tôt.

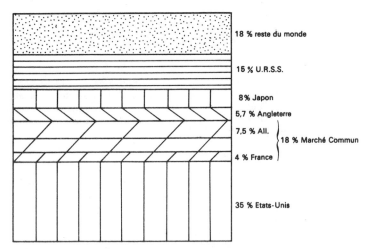

18 % reste du monde

15 % U.R.S.S.

8 % Japon

5,7 % Angleterre

7,5 % All. }
} 18 % Marché Commun
4 % France }

35 % Etats-Unis

Pourcentage des grands États dans l'industrie mondiale (1968).

La puissance globale saute aux yeux. En 1968 la production américaine représente en gros un tiers de celle du monde entier pour moins de 6 % de la population du globe. Quant à la puissance technique qu'on ne peut mesurer en chiffres, elle est écrasante. On pourra évoquer quelques retards (la filière nucléaire au plutonium), quelques branches où la technique est dépassée parfois par l'étranger (certaines machines-outils ou la sidérurgie), quelques échecs (l'avion supersonique), mais des exemples prouvent la faculté de les rattraper ou de les compenser rapidement, telle dans les années 60, face aux Soviétiques, la conquête de l'espace.

C'est que *les méthodes américaines* se sont toujours révélées les plus efficaces : leur rationalisation atteint un degré inconnu ailleurs, donnant au travail américain une productivité supérieure à n'importe quelle autre. Le Japon seul est parvenu en certains cas, dans les années 60, à faire aussi bien et parfois mieux.

Les industries de pointe sont devenues les plus représentatives de la puissance des États-Unis et de la qualité de leurs méthodes. Elles supposent en effet organisation, capacité scientifique, moyens financiers. Or l'atome, l'ordinateur, l'espace, pour ne pas parler de la chimie ou de la biologie, tiennent les clés de l'avenir.

Le capitalisme donne ici ses meilleurs effets et tient ses meilleurs gages. Selon sa loi il étend sa puissance non seulement sur son pays d'origine mais — et de plus en plus — sur les autres.

★★ *Les effets, pour les autres*, ont été et restent déterminants.

Un profit évident tout d'abord. Nul doute que le monde entier, et spécialement le monde non communiste, a bénéficié d'une partie de la richesse des États-Unis : commerce important, imitation et utilisation des procédés américains, accès un jour ou l'autre aux découvertes américaines. Selon les mécanismes du système libéral, les progrès et les profits de l'élément moteur — ici des États-Unis — se répercutent sur l'ensemble des hommes. Mais selon quelle proportion et à quel prix ?

Le drainage des richesses semble, en effet, une contrepartie non négligeable. Richesses naturelles telles que les mines exploitées par les sociétés américaines, richesses humaines ce qui est plus grave : le célèbre « drainage des cerveaux ». Les autres pays n'auraient dans cette optique que le rôle de manufacturiers et de consommateurs.

La colonisation, si souvent dénoncée sous le nom de néo-colonialisme, accompagne ce drainage. D'une part tous les pays du monde sont déficitaires vis-à-vis des États-Unis dans leur balance des brevets et licences (alors que les inventions brevetées peuvent être le fait de leurs nationaux travaillant en Amérique!). D'autre part les investissements américains se multiplient dans les secteurs les plus intéressants de la production des autres États : pétrole, construction automobile, industries de pointe, services. Ces investissements directs [1], sous forme de filiales à majorité ou à 100 % américaines, représentent 7 milliards de dollars cumulés en 1946, 15 en 1950, 31 en 1960, 59 en 1968, 71 en 1970, 118 en 1975 : ils ont décuplé vers ce milieu du siècle.

---

1. L'investissement direct permet de dominer, jusqu'à 100 % en général, les entreprises qui en sont l'objet; l'investissement de portefeuille consiste seulement à acheter des actions d'une société; mais on ne prend pas le contrôle de celle-ci. Les

Leur importance en France cependant est assez modeste, bien que le Marché commun — en particulier l'Allemagne — les ait beaucoup attirés : sur les 59 milliards de 1968, la France ne représente que 1,9 soit à peu près 3 %. Cela permet aux Américains de contrôler comme on l'a déjà dit 3,5 % de l'ensemble des entreprises françaises non agricoles, sur un total de 7 à 9 % qui seraient sous domination étrangère.

Les profits de ces investissements peuvent être rapatriés aux États-Unis, mais il est préférable de les réinvestir sur place, quitte à les compléter par quelque emprunt en eurodollars. Il devient en effet de plus en plus avantageux pour les firmes américaines de produire à l'étranger où la main-d'œuvre est moins chère. C'est ce qu'ont bien compris les sociétés multinationales (tels les grands constructeurs automobiles) qui spécialisent leur production dans chaque pays, au mieux des conditions locales, et pratiquent une stratégie mondiale de leurs fabrications.

Les défauts structurels de l'économie des États-Unis (hausse des

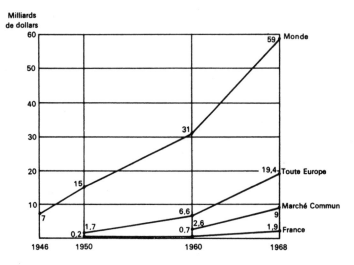

Investissements directs des États-Unis à l'étranger.

coûts, retards dans certains domaines, mentalité protectionniste) risquent de renforcer cette « colonisation » des pays les plus dynamiques par les grandes sociétés américaines.

Les structures nationales sont alors sérieusement perturbées, face à la concurrence de ces géants du capitalisme américain. Certes on recueille quelques « retombées » techniques et le coup de fouet de la concurrence peut n'être pas mauvais, mais il faut aussi très souvent entrer dans l'orbite du puissant rival ou s'associer avec quelque partenaire également menacé. Concentration inévitable, souvent génératrice de chômage et de difficultés d'adaptation.

---

investissements américains en Europe, de l'ordre de 25 milliards en 1968, sont, pour les deux tiers, des investissements directs, alors que les investissements européens aux États-Unis, d'un montant à peu près comparable, sont dans la proportion inverse. « Colonisation » dans un cas, non dans l'autre !

★★★ *Les effets à venir* ne sont pas moins impressionnants.

La dépendance semble la plus grave, si les États-Unis réussissent à devenir « le cerveau du monde ». Si leur technique seule, si leurs moyens financiers supérieurs leur permettent de rester les maîtres de l'espace, c'est l'information qu'ils contrôleront par l'intermédiaire de leurs satellites. Quel moyen d'influence! S'ils sont seuls capables de concevoir, fabriquer, utiliser les ordinateurs les plus perfectionnés, c'est toute la vie économique qui est entre leurs mains. On peut multiplier les exemples.

Toutefois, vers 1968-1970, les États-Unis ressentent peu à peu la concurrence des autres pays, leur retard dans certains domaines et des défauts de structure, le tout se traduisant par la crise du dollar.

Le risque de pressions multiples sur les autres États, quand ceux-ci viennent à menacer la prépondérance américaine, se manifeste alors et tendra fort à se développer. Certes les États-Unis offrent parfois une collaboration ou le partage de certains « secrets » mais à quel prix (enrichissement de l'uranium) ou à quelles conditions d'infériorité (projet de satellite ou de fusée)?

La défense du point de vue américain peut être plus ou moins imposée, même si elle ne correspond pas aux intérêts des partenaires. On le voit à partir de 1973-74 avec les problèmes du pétrole et des matières premières. Avec ces produits, ce sont les rapports entre pays riches et pays pauvres qui sont en cause. Face à ces derniers, l'Europe se sent entraînée dans le sillage américain, quels que soient les efforts de la France pour l'éviter.

Le bouleversement de l'ordre économique mondial est à envisager. Cet ordre reposait depuis 1945 sur les deux principes très liés du libéralisme en matière commerciale (c'est le principe du GATT) et de la fixité des taux de change entre les monnaies qui en est le meilleur atout. Cet ordre avait été voulu par les États-Unis parce qu'il leur était alors le plus favorable. Les conditions ayant changé, comment cette Puissance ne chercherait-elle pas à en imposer un autre dont les prémices apparaissent vers 1968 : renforcement du protectionnisme américain, accords limitatifs avec d'autres pays (Japon surtout), fluctuation des taux de change?

La meilleure arme des États-Unis reste, en effet, la crainte éprouvée par les autres pays d'une vaste récession américaine qui, à l'instar de celle de 1929, déferlerait ensuite sur le monde. Que ne ferait-on pas pour l'éviter, quitte à sauver ou renforcer leur prépondérance?

Une autre arme puissante, bien qu'émoussée apparemment depuis 1971, est toujours l'arme monétaire : le dollar.

Dans le domaine monétaire : le rôle du dollar

La monnaie est devenue au XXᵉ siècle une arme essentielle des gouvernements tant pour leur politique intérieure (on se rappellera les idées de Keynes)[1] que pour leur politique extérieure. Les États-Unis ont abondamment usé de cette arme. Par sa force d'abord, par sa faiblesse ensuite, le dollar a encadré et entraîné le système financier et économique du monde. Il risque de le faire longtemps encore.

---

1. Voir au chapitre XXIII, paragraphe II.

★ *Le dollar s'est imposé depuis 1945 en dépit d'un affaiblissement progressif.* Les Américains ont su, en effet, user de leur puissance initiale.

La puissance initiale du dollar était incontestable. Il était garanti en effet par :

• le stock d'or des États-Unis, égal en 1945 aux deux tiers de l'or mondial et couvrant plus de la moitié de l'émission des billets ;

• la force exceptionnelle de cette monnaie qui, depuis 1934, n'avait jamais été dévaluée et était restée jusqu'à fin 1958 la seule à être librement convertible ;

• son rôle de monnaie de réserve (Gold Exchange Standard), admis depuis la conférence de Gênes de 1922, et d'autant plus renforcé que les autres monnaies et surtout la livre sterling s'affaiblissaient ;

• la puissance de l'économie américaine, symbolisée par les chiffres de production très supérieurs à ceux des autres pays, l'excédent de la balance commerciale, la faculté d'adaptation et de développement.

Mais peu à peu le dollar s'affaiblit, confronté aux autres monnaies qui deviennent à leur tour librement convertibles (1ᵉʳ janvier 1959).

Mais le monde réagit peu, malgré l'opposition du général de Gaulle [1]. Le dollar permet en effet le maintien de la puissance américaine voulue par beaucoup de pays et, d'autre part, favorise le développement de l'économie soit par les investissements américains, soit par l'augmentation des réserves des banques centrales. Dans celles-ci, l'or joue un rôle déclinant (52 % en 1968, 17 % en 1976) tandis que croissent les positions de réserve au FMI et surtout les devises, c'est-à-dire avant tout les dollars.

RÉSERVES EXTÉRIEURES MONDIALES
en milliards de dollars.

	1958	1963	1968	1976
Or	38,0	40,2	38,9	35,4
Devises	17,4	22,5	31,9	152,3
DTS				8,7
Position de réserve au FMI	2,6	3,9	6,5	17,2
Total	58,0	66,6	77,3	213,6

Dans ces conditions le dollar semble trop précieux pour qu'on ne sauvegarde pas sa puissance.

★★ *Des expédients imposés peu à peu au monde préservent donc la position du dollar* et viennent modifier insensiblement l'esprit et la réalité du système monétaire institué par les accords de Bretton Woods

---

1. Revoir le chapitre XXI, paragraphe III.

en 1945 [1], c'est-à-dire permettent en gros aux États-Unis d'exporter leur inflation sans en subir les inconvénients, et sans être contraints de dévaluer [2].

- *Les accords de swaps* en 1961;
- *les bons Roosa* (1962);
- *les accords généraux d'emprunt* en 1961 avaient abouti à la création du « pool de l'or »;
- *l'augmentation des quotes-parts au FMI* en 1958, 1964, 1969, 1976 permet d'opérer de plus forts tirages sur celui-ci;
- *la création de DTS* (droits de tirage spéciaux) : le principe en a été admis à la conférence de Rio de Janeiro en 1967, la France y mettant certaines conditions (notamment que le Marché commun avec 15 % des voix au FMI puisse y bloquer les décisions, ce qui sera accepté). La création effective des DTS est décidée à la conférence de Stockholm (mars 1968).

Les DTS sont des crédits consentis par le FMI, proportionnellement aux quotes-parts de chaque pays (crédits qui sont donc importants pour les États-Unis, voire pour les autres pays riches, mais très faibles pour les pays sous-développés).

- *le double cours de l'or* a été adopté peu avant Stockholm, à la conférence de Washington, grande faveur faite aux États-Unis : un cours officiel, 35 dollars l'once, selon la définition du dollar depuis 1934 (le pool de l'or, devenu inutile, peut alors disparaître) et pour les particuliers, un cours libre qui variera selon la loi de l'offre et de la demande. Ce double cours sera abandonné en novembre 1973. Mais grâce au cours officiel, figé par rapport au dollar, ce n'est plus l'or qui est l'étalon, c'est le dollar! Celui-ci peut échapper aux rigueurs établies en 1945. Il peut échapper à la dévaluation, quel que soit le déficit de la balance américaine des paiements. Ce sont les autres monnaies qui se définiront par rapport au dollar, quitte à devoir se réévaluer.

★★★ *L'affaiblissement du dollar a eu d'importantes répercussions sur le monde.*

Les effets fâcheux sont nombreux. Tout d'abord l'inflation américaine a permis cette « colonisation » du monde par les investissements ou crédits venus des États-Unis. Par là même cette inflation s'est exportée. Les autres pays ne sont plus maîtres de leur politique financière, de leur monnaie : les prix montent dangereusement, à partir de 1968 surtout.

La masse des eurodollars croît à un rythme vertigineux pour atteindre 50 à 60 milliards de dollars en 1971, 200 en 1975. Ces capitaux flottants courent d'un pays à l'autre selon le taux de l'intérêt.

Capitaux flottants, ils alimentent, conjugués à d'autres facteurs, une intense spéculation en faveur des monnaies les plus fortes — le mark notamment qui doit être réévalué une première fois de 9,29 % en octobre 1969 — et contre les monnaies les plus faibles dont le franc.

---

1. Se reporter au chapitre XXI, paragraphe III.
2. Jacques Rueff a souvent dénoncé les vices de ce système abâtardi. Cf. son dernier ouvrage avant la crise du dollar de 1971 : *Le péché monétaire de l'Occident*, Paris, Plon, 1971.

★★★★ *La crise du dollar depuis 1971.*

Les États-Unis subissent la stagflation.

Le président Johnson avait pratiqué une politique budgétariste, c'est-à-dire s'était servi du budget pour favoriser le mouvement économique. Idée keynésienne. Mais le recours excessif à cette méthode, l'inflation grandissante ont fini par mener les « monétaristes » américains à critiquer les thèses de Keynes. Or Nixon succède à Johnson.

Le président Nixon suivit donc d'abord une politique monétaire plus restrictive, mais la récession qui s'ensuivit le poussa à user à nouveau d'une politique financière plus facile. Malheureusement cette reprise de l'inflation ne s'accompagna pas d'une très nette reprise économique, bien que les prix et les salaires aient rapidement monté : phénomène de stagflation, c'est-à-dire stagnation dans l'inflation.

Le 15 août 1971, Nixon décide la suspension officielle de la convertibilité du dollar. Tandis qu'à Stockholm, en 1968, il ne s'agissait que d'un engagement librement consenti par les banques centrales de ne pas demander la conversion de dollars ou devises en or, la décision, cette fois, est unilatérale.

Le 18 décembre 1971 le dollar est dévalué à la conférence de Washington. La dévaluation atteint 7,89 %, ce qui donne à l'once d'or le cours de 38 dollars au lieu de 35.

Le 13 février 1973, le dollar doit être dévalué une seconde fois : La première dévaluation s'est en effet révélée insuffisante pour redresser l'économie et désarmer la méfiance à l'égard de la devise américaine. Finalement donc Nixon se résigne : le dollar est cette fois dévalué de 10 % (l'once d'or passe ainsi officiellement de 38 à 42,22 dollars).

★★★★★ *Les effets des dévaluations américaines pour le monde.*

La façon brutale et unilatérale dont avaient procédé les Américains, sauf lors de la conférence de Washington en décembre 1971, a indisposé nombre de pays : on ne subissait que trop la loi du plus fort. Par ailleurs les décisions américaines ont entraîné de graves conséquences pour la plupart des pays :

• *beaucoup de monnaies, très dépendantes du dollar, doivent être dévaluées*, notamment dans les pays sous-développés. A l'inverse le mark est, une fois de plus, réévalué.

• *la compétitivité des produits américains* est accrue par la dévaluation du dollar. Les États-Unis espèrent ainsi rééquilibrer leur balance commerciale (et ils y réussissent de fait en 1973) mais cela se fera aux dépens de leurs partenaires. La France, qui vend assez peu aux États-Unis et dont la monnaie n'a pas été réévaluée, n'est pas la plus touchée dans cette affaire.

• *le prix du pétrole* est traditionnellement exprimé en dollar. Atteints dans leurs revenus par la dévaluation de cette monnaie, les États exportateurs décident de relever le prix en 1972. De nouveaux relèvements auront lieu en 1973, pour la même raison, et surtout à l'occasion de la guerre israélo-arabe. Mais cette hausse du prix affecte assez peu les États-Unis, dont le pétrole national, coûteux, se voit ainsi rentabilisé; il affecte beaucoup plus l'Europe ou le Japon, très gros importateurs.

● *le Marché commun, en outre, est atteint dans ses forces vives,* puisque l'écart entre les monnaies des Six s'est accentué par le jeu des dévaluations ou réévaluations ; cette situation entraîne deux conséquences graves.

D'une part il faut établir des « montants compensatoires », entre les États membres pour compenser les différences aggravées des prix des produits agricoles. Ceux-ci sont en effet exprimés en « unités de compte » équivalentes au dollar. Les montants compensatoires rétablissent un certain équilibre des prix mais ils ne sont rien d'autre qu'un droit de douane intérieur, ce qui est tout à fait contraire aux règles du Marché commun.

D'autre part l'unité monétaire de l'Europe qu'on avait espéré pouvoir réaliser en 1978-80 s'avère impossible : loin de se rapprocher, la valeur des diverses monnaies diverge de plus en plus et plusieurs d'entre elles doivent, à leur tour, se mettre en état de flottement : après la lire en janvier 1973 ce sera le franc en janvier 1974.

On avait pourtant bien essayé en mars 1972 de former un bloc monétaire cohérent à neuf (puisque l'Angleterre se joignait dans ces moments-là au Marché commun); ce bloc (baptisé « serpent communautaire ») décidait en mars 1973 :

— de ne pas tolérer une marge de fluctuation supérieure à plus ou moins 1,125 % entre les monnaies des États membres, moyennant l'entr'aide du FECOM (Fonds européen de coopération monétaire);

— de ne plus soutenir le dollar, qui était ainsi mis en état de flottement.

Mais que peut faire ce « serpent communautaire » si la majorité des États membres s'en détache, leur monnaie se mettant en état de flottement ? En avril 1979, le remplacement du « serpent » par le SME (système monétaire européen) avec marge autorisée de 2,25 % vise à créer un bloc solide autour d'un « écu » européen. Mais l'Angleterre n'en fait pas partie, et le mark y apparaît trop puissant.

★★★★★ *Le désordre monétaire mondial*

Les dévaluations précipitées du dollar ont aggravé la crise monétaire parce qu'elles ne se sont pas accompagnées des mesures d'assainissement nécessaires.

Les bases du désordre semblent, hélas, bien établies à partir de 1973.

— Masse d'eurodollars qui croît vertigineusement (800 milliards au début de 1979) et est condamnée à errer, le dollar restant inconvertible, les États-Unis se refusant à le soustraire à la circulation. Dans ces conditions l'inflation règne sur le monde.

— Fluctuation de la plupart des monnaies, dont deux des plus importantes : la livre et le dollar [1]. Cette fluctuation, les Américains souhaitent la voir adoptée par tous les pays.

— Volonté délibérée des États-Unis de ne pas remédier aux causes profondes de la crise (parce que le prix en serait trop élevé pour eux), à savoir l'inflation américaine qui en quelques années atteint des chiffres inimaginables, et l'absence d'un étalon monétaire mondial, qui pourrait être l'or.

---

1. Fluctuation de fait préparée par la non-convertibilité (décrétée en août 1971) et consacrée par la décision des Dix de ne plus soutenir le dollar (mars 1973) : ce qui marque la fin du Gold Exchange Standard.

Le problème de l'or est ainsi au centre des débats, lors des diverses conférences réunies dans l'espoir de mettre fin au désordre monétaire. On notera que le FMI semble dépassé dans ces débats. C'est en petits comités que les positions s'affirment, notamment entre les Dix ou, plus encore, entre les Cinq : États-Unis, Angleterre, France, Allemagne, Japon.

La suite des discussions ne peut être évoquée ici dans tous ses détails. On mentionnera seulement :

— la conférence de Rome (janvier 1974) qui consacre l'échec final de la réorganisation du FMI.

— la conférence de la Jamaïque (janvier 1976) met fin au cours officiel de l'or, systématise le flottement des monnaies en tolérant une marge de + ou — 4,5 %, ou même davantage après justification, définit les nouvelles parités en DTS, favorise une plus grande facilité de crédit. Triomphe de l'inflation!

Mais le problème se complique avec :

— l'interférence des « pétrodollars » (dollars détenus par les États pétroliers) dans ce jeu complexe;

— les variations du cours du dollar. Il est admis (réunion de Rambouillet à la fin de 1975) qu'un soutien réciproque interviendra en cas de variations « erratiques » des différentes monnaies, mais cela reste très vague...

— la multiplication du crédit international, passé aux mains des banques, surtout américaines, où affluent les pétrodollars.

Manifestation éclatante de la prépondérance américaine! Le règne du dollar, à l'époque de sa solidité, a été un levier pour le monde libéral; quel rôle jouera-t-il, acculé à la défensive? Ne sera-t-il pas, tout comme l'économie américaine, plus dangereux dans cette situation qu'au temps où l'un et l'autre étaient triomphants? Or toute la puissance politique des États-Unis est à son service.

Dans le domaine politique

★ *Sauveurs et gendarmes du « monde libre »*, voilà ce qu'ont voulu être et ce qu'ont été les Américains depuis 1945. Ils s'en enorgueillissent et le « monde libre », c'est-à-dire le monde non communiste leur en est, le plus souvent, reconnaissant. Les États-Unis estimaient avoir la lourde mission d'empêcher partout l'expansion du communisme.

La prépondérance politique des États-Unis sur la plus grande partie du monde est en tout cas indéniable; elle est acceptée par les gouvernements qui voient dans cette Superpuissance le *chef de file du monde libéral*. Quittes à critiquer les excès du système capitaliste tels qu'ils se montrent outre-Atlantique, ils sont trop attachés à la plupart de ses caractères pour ne pas accepter le « leadership » américain.

C'est pourquoi, sans parler des multiples moyens classiques de la diplomatie, de la finance ou de l'économie, la force des États-Unis se manifeste par leur présence militaire dans toutes les mers du globe, par l'existence, en 1969, de 429 bases américaines principales (plus 2 972 secondaires) dans 119 pays, où se répartissent un million et demi de leurs soldats.

★★ *Les formes de l'influence politique américaine ont changé* dans les années 70.

La rivalité croissante entre l'URSS et la Chine en est une cause primordiale. Il est adroit pour les États-Unis de jouer entre les deux grandes Puissances un rôle d'arbitre. Ainsi Nixon laisse admettre la Chine à l'ONU en 1971 et rend visite à Mao aussi bien qu'à Brejnev en 1972. Il laisse l'Allemagne fédérale « normaliser » ses rapports avec l'URSS, et le Japon négocier des accords commerciaux tant avec celle-ci qu'avec la Chine. N'est-il pas sûr que l'un et l'autre resteront de fidèles alliés ? Et ne faut-il pas, dans ces conditions, se décharger sur eux de certaines responsabilités ?

Le « désengagement » américain est le point essentiel de la « doctrine Nixon ». Il apparaît visiblement dans la malheureuse affaire du Vietnam : en 1973, par les accords de Paris, les États-Unis sortent de la guerre; en 1975 ils laissent les communistes occuper tout le pays. C'est une défaite pour les Américains. Mais elle semble compensée par leurs succès au Moyen-Orient. S'ils ont soutenu Israël dans sa quatrième guerre contre les Arabes en octobre 1973, ils ont été assez habiles ensuite pour imposer leur médiation et établir de bons rapports avec l'Égypte. Celle-ci, grâce à eux, signe la paix en 1979.

C'est que *les États-Unis disposent de puissants atouts*, au moment où le camp socialiste est coupé en deux :

— puissance économique mais faiblesse militaire de l'Allemagne et du Japon qui ont toujours besoin du « parapluie américain »;

— lenteur d'une construction européenne, que contrarient trop d'intérêts divergents : à tout instant, il est bien facile de les revigorer!

— faiblesse et division du monde sous-développé, y compris les Arabes, quelle que soit pour ceux-ci la puissance, plus apparente que réelle, que donne le pétrole;

— état de crise dans le monde qui, aux moments cruciaux, favorise le réflexe de serrer les rangs.

De tout cela les États-Unis jouent avec habileté. Dans un monde plus divisé que jamais, ils restent la première Puissance. La prépondérance politique qu'ils manifestent depuis 1945 a changé de caractère; elle devient plus subtile. Face à de nouvelles données internationales, les Américains ont su, de leur propre faiblesse, tirer une nouvelle force, poussant leurs alliés à les soutenir et à épouser leur cause.

La politique américaine reste bien l'élément déterminant de la marche du monde dans les années 70. Récalcitrante ou résignée, la France, tant qu'elle n'aura pu susciter ou utiliser de nouvelles conditions, semble condamnée à s'en accommoder...

III. LES LIENS AVEC LE MONDE

La construction de l'Europe

★ *L'intérêt de cette construction* a été ressenti dès 1950. Il ne s'est pas démenti. L'Europe a été et reste une création continue; l'esprit européen a pris des formes diverses, plus sentimentales au début, plus réalistes ensuite. Les controverses ont été nombreuses. Les méthodes à adopter, le cadre, les limites géographiques ont été l'objet de discussions passionnées. De Gaulle a été accusé d'être, au nom du nationalisme, le fossoyeur de l'Europe; pour d'autres il a été le vrai Européen, mais prudent et soucieux d'éviter que l'Europe ne se noie dans l'atlantisme.

Quoi qu'il en soit, l'Europe, non sans à-coups, s'est constituée. Elle reste un des éléments les plus dynamiques du monde. Ses membres ne peuvent plus déterminer leur politique, leur économie, leurs finances sans référence à elle. Il y a là une servitude compensée par de nombreux avantages.

Sur le plan économique, l'Europe unie est un immense marché comparable à celui qu'offrent les États-Unis aux producteurs américains. Par ses compétences et ses capitaux, elle peut dans le domaine de la recherche et de l'innovation faire aussi bien qu'eux, à condition de s'organiser dans ce dessein. Par les qualités de ses cadres et de ses travailleurs, elle peut fabriquer autant et aussi bien. Sa productivité pourrait rapidement être aussi bonne. La coopération, le regroupement, l'unification en sont les seules mais difficiles conditions.

Il en est de même dans le domaine monétaire : unie, l'Europe pourrait avoir une monnaie faisant un utile contrepoids au dollar. Politiquement enfin, l'Europe unie pourrait jouer le même rôle et retrouver dans le monde l'influence qu'elle a peu à peu perdue depuis 1914.

★★ *L'adaptation à la concurrence* reste dans la pratique la conséquence la plus immédiate de la construction européenne. Les droits de douane internes ayant achevé de disparaître en 1968 — quelques exceptions mises à part et notamment pour l'agriculture — l'économie française doit coûte que coûte faire preuve de dynamisme; les prix doivent être compétitifs.

Tous les secteurs ne semblent pas, au départ, jouir des mêmes avantages ou des mêmes possibilités d'adaptation. L'agriculture a de belles perspectives si elle opère une profonde « restructuration »; l'industrie peut paraître faible face à celle de l'Allemagne sinon des autres partenaires pour tel ou tel secteur, mais ses atouts ne sont pas négligeables.

La concentration des entreprises industrielles, mais aussi agricoles, est la conséquence la plus apparente du développement de la concurrence. Dans beaucoup de cas — non dans tous — seule la grande entreprise est viable. La concentration a été, sur le plan économique, un des grands faits des années 60 et s'est étendue aux plus grosses firmes autour de 1968. Prenant une forme presque toujours nationale, elle prouve qu'elle est loin d'être parvenue à son terme.

★★★ *La limitation de souveraineté* est, dans la pratique, ce qui est le plus difficile à réaliser même si on est prêt à s'y soumettre. L'État se voit en effet dessaisi de toutes les armes dont il disposait pour créer ou maintenir un certain cadre politique, économique ou social. Des efforts patients risquent d'être compromis en faveur de résultats plus ou moins aléatoires. L'État français, dont on a vu combien, au cours des ans, il s'était incrusté dans toute la vie économique, ressent particulièrement ces difficultés. Il ne peut plus, en tout cas, agir en dehors de cette perspective européenne ou même est déjà soumis à d'impératifs règlements européens.

Donnons quelques exemples : prix des produits agricoles les plus importants, aide aux agriculteurs, aide aux régions, subventions aux entreprises nationalisées, règles de concurrence entre les différents moyens de transport, politique monétaire. etc. Dans tous ces domaines, *l'État n'est plus libre.*

★★★★ *Quelle Europe construire?* C'est là le problème crucial.

Sera-t-elle libérale ou socialiste? Elle a choisi le libéralisme. Mais celui-ci évolue au cours des ans. D'autre part, si un changement de majorité apparaît dans un ou plusieurs des principaux États membres, le choix peut être bouleversé, l'unité européenne remise en cause. Se profile aussi à l'horizon la perspective des rapports à établir avec l'Europe de l'Est. Celle-ci s'intéresse de plus en plus au Marché commun. Jusqu'où peut-on aller pour concilier deux systèmes aussi différents, alors que l'intérêt économique d'un rapprochement est évident, sinon même l'intérêt politique ?

Les relations avec URSS et États-Unis se posent alors. L'URSS, longtemps réticente, finit par reconnaître l'existence du Marché commun, ne serait-ce que pour mieux contrôler les contacts qui pourraient s'établir entre la communauté orientale (le CAEM) et la communauté occidentale.

Mais les États-Unis? Ceux-ci surveillent jalousement tout progrès « européen ». Pour eux l'Europe doit s'intégrer à l'atlantisme. L'indépendance ne peut être acceptée. Lorsqu'ils proposent une nouvelle « charte atlantique » en 1973, ils ne cachent pas que l'Europe (à laquelle ils joignent le Japon) doit se cantonner dans un rôle régional, laissant les grandes affaires du monde à la discrétion des États-Unis. Sur le plan économique ils ne cessent de dénoncer l'union douanière européenne, et particulièrement le Marché commun agricole. A l'heure de la crise du pétrole et de la crise du dollar, ils ruinent facilement la difficile construction européenne.

L'unité interne de l'Europe, menacée par ses problèmes extérieurs, l'est aussi par des écarts croissants entre États membres, alors que se répand la crise depuis 1974 et que les vues ne sont pas les mêmes quant à l'adhésion de nouveaux États méditerranéens.

La vision mondiale des problèmes

Il est fini le temps où, comme en 1914, la France pouvait, heureuse, vivre quelque peu repliée sur elle-même; le temps où, dans les années 30, elle pensait qu'avec son Empire elle formait un puissant ensemble destiné à quelque autarcie; le temps enfin de la reconstruction d'après guerre où, dans la priorité donnée à ses problèmes économiques et sociaux, elle gardait une vision nationale des choses, adoptait des méthodes inflationnistes encore acceptables dans une économie peu ouverte, et comptait même sur l'Union française pour assurer son essor et maintenir son rang mondial.

Peu à peu, mais surtout avec la cinquième République, la vision est devenue mondiale. Cette optique a été féconde. Il ne paraît pas qu'elle puisse être remise en cause. Elle est lourde de conséquences.

★ *Dans le cadre général du monde.*

La nécessité d'une perspective mondiale saute aux yeux. La rapidité des transports a rapetissé le monde; le développement d'une économie d'échanges, à laquelle s'ouvrent de plus en plus tous les pays y compris les pays socialistes eux-mêmes, condamnerait ceux qui s'y refuseraient à une stagnation inacceptable. S'ouvrir au monde c'est conquérir de nouveaux marchés, mais aussi s'ouvrir au progrès, c'est répondre à l'attente des autres pays et spécialement des sous-développés, c'est se donner enfin une plus grande influence politique et un plus grand poids moral.

Les conséquences de cette ouverture peuvent donc être favorables. Elles peuvent aussi être redoutables. Il faut accepter les aléas de la concurrence. Il faut être de taille à rivaliser avec les plus puissants. On sait la faiblesse relative des entreprises françaises face aux « géants » américains, mais aussi anglais, japonais ou allemands : en 1968 la première société française (Renault) n'est que la dix-neuvième parmi les grandes sociétés non américaines! Sur un point particulier, on notera également que la France risque de dépendre de plus en plus de la prospérité de l'Allemagne. Celle-ci n'absorbe-t-elle pas un cinquième de ses exportations dès 1968 ?

Enfin la vision mondiale des choses enchaîne la France aux grandes crises du monde : on va revenir dans un instant sur cet aspect de la question.

★★ *Dans le cadre particulier de chaque groupe de pays*, la perspective prend souvent un aspect politique plus qu'économique.

Vis-à-vis des pays sous-développés, une nouvelle attitude s'est manifestée depuis que de Gaulle a mis fin aux vestiges de la domination coloniale. La France a acquis dès lors une certaine réputation que la diplomatie de la cinquième République s'est efforcée de préserver. Politiquement il y a là un atout pour elle. Économiquement elle en tire aussi des avantages en obtenant souvent la préférence face aux concurrents, au besoin en offrant de meilleures conditions à ses partenaires.

Mais justement cet avantage peut être la source d'obligations ou de servitudes. Pour maintenir des liens avec l'ancien empire colonial, il faut faire bien des concessions; les anciennes colonies appartenant au monde sous-développé, il faut à l'égard de celui-ci montrer une générosité supérieure à celle des autres pays; faudra-t-il même en leur faveur, renoncer à telle production, à telle protection, accepter, pour tels produits industriels, leur nouvelle concurrence ?

A l'égard des pays socialistes, de Gaulle avait pratiqué une large politique d'ouverture pour contrebalancer l'influence américaine. La France en a tiré de surcroît des profits économiques. Elle entend les préserver. Mais d'autres cherchent à l'imiter. Et jusqu'où pourra aller ce rapprochement avec l'URSS, alors que cherche à se définir une construction européenne ? Rapprochement et construction qui établiront quels rapports *avec les États-Unis ?* A d'aussi vastes questions est soumise en particulier toute l'action non seulement politique, mais aussi économique du gouvernement français. C'est un cadre où elle doit s'intégrer.

Le choix d'un certain système économique et social résulte finalement de cette vision mondiale des problèmes. A choisir délibérément le « camp américain », on s'oriente fatalement vers un libéralisme et un capitalisme à l'américaine. A vouloir se rapprocher surtout des pays de l'Est, il serait difficile d'échapper à un socialisme croissant. A jouer en priorité la carte du Tiers Monde, on risque d'en partager surtout les faiblesses.

L'enchaînement aux grands problèmes du monde

Le problème du prix du pétrole et des matières premières, la crise qui s'abat sur le monde en 1974 n'épargnent pas plus la France que les autres pays et montrent combien lui échappe la maîtrise des événements.

★ *La crise du pétrole et des matières premières.*
Le prix du pétrole quadruple en un an, du début 1973 au début 1974. Il aura même quintuplé jusqu'à la fin de 1975. Amorcée en 1972, sinon un peu avant, cette hausse exceptionnelle s'explique par :
— la dépréciation du dollar : les États producteurs veulent la compenser par l'augmentation du prix, puisque celui-ci est exprimé en dollars ;
— la quatrième guerre israélo-arabe (octobre 1973) : les États arabes « punissant » par ce moyen les pays acheteurs qui ne soutiennent pas leur cause.
En toile de fond, trois autres causes :
— la solidarité des grands exportateurs, regroupés dans l'OPEP (Organisation des pays exportateurs de pétrole) cartel qui révèle son efficacité ;
— la passivité — certains disent la complicité — des grandes sociétés pétrolières anglo-saxonnes : elles acceptent les nationalisations plus ou moins complètes auxquelles les soumettent les pays producteurs. Ceux-ci en effet, devenus les maîtres du prix (pour leur part : le « brut de participation »), le font monter. Les grandes sociétés peuvent en faire autant pour la part de production qui leur revient (« le brut de concession ») et réalisent donc des bénéfices plus substantiels qu'autrefois ;
— la politique énergétique des États-Unis : avec un prix élevé du pétrole mondial, le pétrole américain, d'extraction plus coûteuse, est rentabilisé, la recherche et la mise en œuvre de nouvelles sources d'énergie (atome et autres) s'avère plus facile, donnant aux États-Unis un certain délai pour que ces énergies nouvelles puissent, après 1980, prendre la relève du pétrole.
En conclusion on voit combien la France — même si à certains moments les Arabes ont été moins sévères à son égard et lui ont consenti d'intéressants contrats industriels — dépend d'une conjoncture mondiale qui lui échappe.
Avec les matières premières, le problème est du même ordre. Le cours

de ces produits est extrêmement variable. Pour une bonne part il dépend de la conjoncture mondiale et de la demande des Américains. Mais aussi, considérant les succès remportés par l'OPEP, les producteurs des principales matières ont cherché, surtout à partir de 1973, à former entre eux des cartels similaires. Ces cartels sont difficiles à réaliser, mais agiront peu à peu sur les prix. Ils concernent l'étain, le cuivre, la bauxite, le fer, le mercure, les phosphates, le caoutchouc, le bois, etc.

★★ *La crise mondiale de 1974*, à plus forte raison, fait sentir à la France tout le poids de la dépendance.

La prospérité avait régné depuis la guerre, rarement interrompue depuis 1948, sauf dans certains pays qui, comme les États-Unis, avaient connu quelques récessions passagères. Mais la France en particulier avait bénéficié d'une longue prospérité, compensant par un accroissement de productivité assez remarquable le chiffre stagnant de sa population active [1].

Cette prospérité globale du monde industrialisé s'explique par le haut niveau de l'investissement (auquel l'État participe souvent lui-même), les progrès de la technologie, le bas prix des matières premières après 1952, et du pétrole surtout dans les années 60. Enfin la monnaie était abondante, sans liquidité excessive.

Ces conditions réunies étaient-elles exceptionnelles ? L'enrichissement des pays riches reposait-il sur l'appauvrissement relatif des pays pauvres ? C'est ce que soutiennent certains. Toujours est-il que les conditions ont changé assez brutalement dans les années 70. La crise menace d'abord, retardée par quelques mesures maladroites qui en ont peut-être rendu la solution plus difficile. Elle éclate visiblement en 1974, se prolonge en 1975, s'atténue en 1976, se poursuit en 1977 et au-delà.

Les causes de la crise [2] sont à rechercher d'abord dans l'inflation : il y a excès de liquidités mondiales, puisqu'elles font plus que quadrupler entre 1960 et 1973. On en sait la raison fondamentale : les États-Unis se refusent à racheter contre or ou devises les dollars qu'ils émettent (eurodollars).

Cette inflation directe entraîne une inflation indirecte : l'inflation par les coûts. En effet, que ce soit par habitude ou pour suivre le rythme des prix qui montent, les salaires continuent à augmenter; les charges sociales ou fiscales également, car l'État élève son budget, ne serait-ce que pour stimuler la reprise. Il y est contraint car les mesures déflationnistes qu'il a pu se risquer à prendre n'ont engendré que le phénomène de la stagflation : pas de reprise économique...mais toujours inflation. Tant il est vrai qu'on ne peut se résigner de nos jours à un vaste chômage qui apurerait la situation, ni à des méthodes autarciques qui permettraient apparemment d'échapper à une crise mondiale.

Le caractère universel de l'économie est donc là, lui aussi, pour expliquer la généralisation de la crise. La concurrence est âpre, même, peu à peu, de la part des pays pauvres. Quant aux riches, les différences structurelles entre leurs différents secteurs sont aussi un facteur favorable au développement de la crise.

---

1. Cf. Carré, Dubois et Malinvaud, *La croissance française*, éd. Le Seuil, 1972.
2. Il va sans dire que les opinions divergent. Il semble pourtant difficile de nier le rôle majeur de l'inflation...

En 1974 la crise révèle tous ses aspects : envolée des prix et cependant chômage [1]; croissance nulle (et même négative aux États-Unis : — 2 %, et au Japon : — 3 %); plafonnement de la production de pétrole et diminution de 5 % de sa consommation; chute des cours en Bourse alors que s'effondre le marché financier; comment oserait-on investir dans un climat aussi incertain ? déficit des balances des comptes atteignant 60 milliards de dollars, commerce international menacé, l'accroissement en volume n'étant que de 4,5 % au lieu de 13 % en 1973.

Les remèdes à la crise sont difficiles à trouver puisqu'on ne veut pas renoncer à l'inflation. Il s'agit, pense-t-on, de « recycler » les pétrodollars, c'est-à-dire de les réinjecter dans l'économie. Il s'agirait aussi d'aider massivement les pays pauvres; gros consommateurs virtuels, leur demande ne pourrait que favoriser la production des pays industrialisés. On pourrait aussi songer à remettre sur pied un système monétaire digne de ce nom... Mais ce serait aussi renoncer à l'inflation et accepter une meilleure répartition de la richesse mondiale.

Jeu complexe où les intérêts nationaux gardent la première place, où la puissance et les moyens de pression restent l'élément déterminant...

. . . .

Prise dans ce tourbillon universel qui caractérise notre époque, la France doit donc s'y adapter. Elle veut essayer aussi, comme les autres États, de contrôler, de guider ce tourbillon afin de préserver les intérêts des Français sinon ceux des autres hommes. Elle a conscience — qui ne l'aurait ? — de la difficulté de l'entreprise car, il faut le répéter, pas plus que les autres pays, la France n'est désormais pleinement maîtresse de ses destinées.

Alors qu'en 1914 l'État français était soucieux de la défense des intérêts particuliers — survivance du XIXe siècle —, alors qu'en 1945 il faisait porter tous ses efforts sur la renaissance de la France pour la mettre au rythme du XXe siècle, le voici affronté, dans une vision prospective maintenant inévitable, mais aussi dans une interdépendance grandissante, au problème de son inclusion dans une civilisation universelle, celle du XXIe siècle! En un demi-siècle, que d'étapes aura dû parcourir la France!

_____

1. On notera la grande différence avec la crise de 1929, la plus grave du siècle avant celle de 1974 : après 1929 les prix avaient baissé et le chômage était beaucoup plus considérable.

Chapitre XXXII

LES FACTEURS POLITIQUES
DE L'ÉVOLUTION

Le cadre politique de la nation est à la fois conséquence et facteur de son évolution économique et sociale. Pour la France, ce cadre, depuis 1958, est celui de la Vᵉ République. Dominé par la haute personnalité du général de Gaulle, ce cadre est sérieusement ébranlé en 1968. Le cadre tient cependant, survit à la démission du Général en 1969, prend des caractères nouveaux avec la présidence de ses successeurs.

Ainsi va la vie politique. Mais celle-ci, de moins en moins, ne peut se permettre d'ignorer l'opinion, les partis ou les syndicats.

I. L'OPINION ET LES POUVOIRS PUBLICS

Relations réciproques

★ *L'opinion : revendications et refus.*

Les revendications des Français sont assez semblables à celles des autres peuples. On a déjà vu combien l'idée de progrès était importante en cette fin du xxᵉ siècle. C'est autour de cette notion que se fait l'accord. On se divise par contre sur les moyens d'y parvenir, le rythme nécessaire, les finalités à lui assigner. Faut-il aller jusqu'à l'égalisation parfaite ? Là encore, division !

Les Français accordent volontiers la priorité aux problèmes sociaux : c'est ce que révèle une enquête de l'IFOP en juin 1969 : 39 % d'entre eux voient là le problème capital; pour 18 % ce sont les questions agricoles ou économiques; pour 13 % la politique intérieure; pour 6 % seulement la politique étrangère [1].

Parmi *les refus* des Français il y a très souvent l'intervention de l'État : la gauche l'accuse d'être au service du capitalisme, la droite d'être plus contraignant qu'utile. Et cependant tous souhaitent sa protection dans les moments difficiles.

Faute d'un enseignement adapté ou parce qu'on se refuse à considérer l'intérêt général, l'opinion, comme on l'a déjà dit, est fort mal informée des nécessités techniques ou économiques. Les nécessités démographiques lui sont maintenant un tout petit peu moins étrangères. Mais elle voit toujours fort mal le lien entre progrès social et progrès industriel : d'après une enquête de la SOFRES de 1970, si

---

[1]. Naturellement les pourcentages sont en rapport avec les problèmes du moment de l'enquête. Ils n'en sont pas moins assez caractéristiques.

34 % des Français sont pour l'accélération de l'industrialisation, 55 % sont contre et 13 % ne s'estiment pas concernés [1].

Il est vrai que, pour beaucoup, l'industrialisation représente à court terme une mutation des activités aux dépens des « indépendants », un travail standardisé, un cadre de vie discutable, trop souvent une perte d'emploi. Il y a donc refus de l'évolution, soit qu'on n'en veuille pas les conséquences, soit qu'on n'en voie que quelques-unes.

Naturellement, selon sa préférence pour tel ou tel régime social ou politique, on jugera différemment, mais dans la plupart des cas il y a, à la base, une méconnaissance des données.

★★ *Le rôle de l'État.*

Face à ces revendications ou refus, l'État ne peut rester indifférent, mais naturellement il agira selon ses moyens et les intérêts qu'il défend. A côté de l'intérêt général, bien des intérêts particuliers, divergents, le sollicitent. Et l'État est toujours accusé, quel que soit le parti au pouvoir, de desservir une fraction de la population.

Il semble qu'une de ses tâches les plus urgentes soit de faire connaître à l'opinion ce qu'est la vie économique, ce que sont ses rouages et ses exigences. Il semble aussi qu'il trouverait facilement l'appui de l'opinion si nombre de problèmes étaient abordés selon une optique humaine et non purement technique voire technocratique. Mais de toute façon se pose le problème des moyens d'information.

Moyens d'information et moyens d'expression

★ Les *moyens d'information* sont nombreux. Mais quelle est leur valeur ? Servent-ils ou desservent-ils l'opinion ? Sont-ils au service du gouvernement ? Question fondamentale si l'on admet que l'information est le quatrième pouvoir !

L'indépendance, en la matière, est quasi impossible. La *presse* d'opinion en est l'illustration : les multiples journaux nés après la Libération ont disparu les uns après les autres, soit parce que la clientèle est plus avide de « sensationnel » que d'études sérieuses, soit qu'elle préfère garder sa liberté de jugement plutôt que de suivre la doctrine d'un parti, soit à cause de la concurrence de la télévision, soit que les moyens financiers des uns écrasent la faiblesse des autres.

Les journaux ne peuvent « tenir » que grâce aux subventions de leur parti, s'il est riche, ou surtout grâce à la publicité. Celle-ci ira de préférence aux journaux les plus lus. Pour être les plus lus, la qualité ne suffit pas. Il est de fait que la concentration capitaliste de la presse s'accentue vers 1975-77, stimulée par les nouvelles possibilités techniques. La presse au service « des puissances d'argent » est dénoncée par la Gauche. De Gaulle, accusé de pratiquer une politique de droite par cette même Gauche, dénonçait l'hostilité systématique de toute la presse à son égard. Il arrive au gouvernement (1974) d'aider certains journaux d'opinion (différente), en proie à des difficultés.

---

1. SOFRES : Société française d'enquêtes par sondage. IFOP : Institut français d'opinion publique.

La *radio et la télévision* sont devenues plus influentes que la presse dans le domaine de l'information [1]. Sont-elles « indépendantes », ou « au service du pouvoir » ? L'opposition dénonçait fortement leur partialité au temps du général de Gaulle. Une réorganisation a eu lieu après son retrait et l'ORTF (Office de radiotélévision française) est bientôt devenu la RTF (1974) morcelée en sept organismes permettant une plus grande autonomie. La liberté totale semble impossible. Mais l'opinion est favorable aux émissions de type « face à face » où s'affrontent deux hommes de tendance opposée. L'audition et surtout la vision peuvent exercer une grande influence sur le radio-téléspectateur. Les hommes politiques le savent et ne négligent pas ce moyen. Soucieux de l'opinion, le gouvernement crée en 1976 un « *Service d'information et de diffusion* » qui élaborera quelques grands dossiers ; en 1977 il se lance dans une campagne d'information pour tout ce qui concerne le nucléaire.

Les Français s'inquiètent aussi beaucoup des menaces que *les moyens informatiques* font peser sur les libertés fondamentales.

★★ *Les moyens d'expression.*

Si la radio et la télévision permettent de former, d'alimenter l'opinion, elles lui donnent aussi le moyen de s'exprimer par *les interviews, les reportages.* La responsabilité de la RTF est grande ici, car l'équité commande un égal accès à cette possibilité. Les « Français silencieux », comme on a dit en 1968, trouvent qu'on accorde une place excessive à l'extrémisme ou au sensationnel, et le reproche inverse est fait par « l'autre camp » : le « pouvoir » endort l'opinion.

Les *sondages* sont devenus en quelques années une méthode très intéressante pour connaître les sentiments des Français sur les questions les plus diverses comme aussi bien leur mentalité, leurs préoccupations, leurs activités, leur consommation, etc. Les instituts de sondage, officiels ou privés, se sont multipliés. Bien que portant sur des effectifs peu nombreux, leurs enquêtes permettent de se faire une idée très valable, car les méthodes s'affinent. A défaut de rigueur scientifique il y a là, avec une marge d'erreur toujours possible, une approximation satisfaisante. L'homme politique doit en tenir compte. Mais on dénonce le rôle que peuvent jouer ces sondages, en période électorale.

Les *élections* restent pourtant l'élément majeur d'expression. La prétendue « dépolitisation » des Français sous la cinquième République n'a pas empêché la mobilisation de l'opinion pour ces suprêmes affrontements ; les batailles électorales restent toujours vives ; les résultats souvent incertains.

L'importance de l'enjeu est telle que des méthodes électorales nouvelles ont fait leur apparition pour les élections législatives ou présidentielles : le recours à des sociétés spécialisées dans les campagnes publicitaires. Procédé de type américain, coûteux, réservé aux groupements disposant de solides assises financières et qui pourrait mener à une simplification de la vie politique française en diminuant le nombre de ces groupements. Mais comment s'affirmeront les nouveaux courants ?

---

1. Fin 1967, 22 millions et demi de Français lisent tous les jours un quotidien, 25 et demi écoutent la radio.

D'*autres moyens* restent accessibles à la masse qui cherche, de plus en plus, à se faire entendre : pétitions, lettres ouvertes, campagnes de signatures, locales ou nationales. La « liberté d'expression » est hautement revendiquée, quelle qu'en soit la forme ou le cadre où elle veut s'exercer. Depuis 1968 les distributions de tracts sont un fait quotidien dans la rue, aux portes ou à l'intérieur des usines, des universités, des lycées. Les manifestations sont très fréquentes aussi; elles rassemblent facilement des milliers, parfois des dizaines de milliers de personnes pour les causes les plus diverses, nucléaire en tête.

L'opinion se manifeste donc avec une véritable exubérance. C'est le signe à la fois de la démocratisation et des transformations profondes de la société : bouleversée dans ses structures, elle cherche à exprimer ses inquiétudes et ses aspirations.

L'opinion et la mutation de la France

Beaucoup de problèmes sollicitent l'opinion : cadre politique, cadre de vie ou de travail. Il en est qui sont devenus primordiaux : ceux qui sont liés à l'évolution démographique et économique. Si, en effet, l'économiste est satisfait de voir augmenter la population française, si les jeunes plus nombreux viennent grossir une main-d'œuvre trop longtemps stagnante, s'ils forment un « marché » en pleine expansion, si les entreprises les plus dynamiques se restructurent, essaiment, se déplacent, dans la pratique ces grands changements liés aux mutations de la France suscitent des problèmes quotidiens auxquels l'opinion est extrêmement sensible.

★ *Le problème de l'emploi* a la priorité pour l'opinion comme pour l'État. On rappellera que la main-d'œuvre en France, stagnante ou déclinante depuis le début du siècle, s'est remise à augmenter dans les années 60, en partie grâce aux rapatriés et aux étrangers, mais de plus en plus, à la fin de la décennie, grâce au croît naturel.

1901	20 482 000	actifs
1954	19 492 000	—
1962	19 630 000	—
1968	20 440 000	—
1975	21 775 000	—

Le croît naturel se manifeste par le pourcentage plus élevé des jeunes de moins de 20 ans dans la population totale :

30 %	en 1936
30,7 %	en 1954
33,1 %	en 1962
33,8 %	en 1968
32 %	en 1975

Il est prévu que, de 1970 à 1985, la main-d'œuvre doit croître de 200 000 unités par an, c'est-à-dire presque 1 %. Dans le même temps, la mécanisation et la productivité s'accroissent. On a déjà dit qu'à long terme il y a là un facteur de création de nouveaux emplois (liés à de nouveaux besoins), mais dans l'immédiat il faut assurer la transition, c'est-à-dire *assurer l'emploi, spécialement des jeunes*. Avec le glissement prévu du secteur primaire vers le secondaire ou le tertiaire, c'est au total 5 millions d'emplois qu'il faut créer de 1970 à 1985.

La crise, à partir de 1974, est venue aggraver sérieusement le problème du chômage. Plus de 5 $\%$ des actifs en sont victimes. Mais l'opinion s'inquiète aussi des jeunes à la recherche d'un premier emploi.

★★ *Le cas particulier de la main-d'œuvre immigrée.* Celle-ci fait rarement figure de concurrente pour la main-d'œuvre française, car elle se cantonne en général dans des emplois auxquels les Français répugnent. Elle tient pourtant une place considérable dans l'économie nationale avec, en 1974, 12 $\%$ des effectifs de l'industrie. Sur 4 millions d'étrangers, presque la moitié sont des actifs. Les pouvoirs publics doivent contrôler et orienter l'immigration, assurer la formation professionnelle, loger et instruire ces étrangers et leur famille.

L'opinion s'intéresse de plus en plus au sort des immigrés, prenant conscience de ce qu'elle leur doit et se scandalisant souvent de leurs conditions de vie ou de travail. Les partis d'extrême-gauche alimentent sur ces thèmes une partie de leur propagande. Mais, avec le chômage, des sentiments racistes latents peuvent reparaître.

★★★ *Le glissement d'un secteur d'activité vers un autre* est un aspect majeur du progrès économique. La population agricole (secteur primaire) doit continuer à diminuer, mais cette diminution a sans doute atteint son maximum dans les années 60. Désormais elle doit être plus lente. On envisage un taux de population agricole inférieur à 10 $\%$ au lieu de 15 $\%$ en 1968. Les pouvoirs publics ne peuvent qu'admettre l'intérêt porté par les agriculteurs à cette question, brûlante pour eux.

Le secteur secondaire doit croître en chiffre absolu mais garder, en pourcentage, une certaine stabilité. La « société industrielle » que s'efforce d'édifier le gouvernement comprendra de plus en plus de diplômés et l'industrie fera beaucoup plus appel aux compétences ou aux capitaux qu'à la main-d'œuvre proprement dite, grâce à une productivité accrue. C'est pourquoi à l'intérieur du secteur industriel un important glissement d'une activité à l'autre est à favoriser. Mais cela est lié à l'instruction et à la formation professionnelle : il faut donc les développer. ... tout en développant le travail manuel.

Le secteur tertiaire est le grand gagnant de l'évolution et cela n'est pas près de cesser. C'est environ les trois quarts des nouveaux emplois qu'il doit absorber. Parmi ceux-ci beaucoup doivent être des emplois féminins. Dans sa politique d'aménagement du territoire, l'État pourra se servir de ce progrès du tertiaire pour rééquilibrer la France.

★★★★ *La répartition géographique* évolue aussi en effet. Tantôt il faut encourager cette évolution : trop de travailleurs végètent, sous-employés, dans une région pauvre. Mais selon les cas, il faut soit orienter ces travailleurs vers d'autres régions, soit, ce qui semble préférable, mais non toujours possible, attirer dans ces régions en difficulté de nouvelles activités pour les accueillir.

Tantôt, au contraire, l'attraction d'une grande région économique risque d'être trop forte; il faut la limiter, la contrôler : on pensera à la banlieue parisienne ou au Midi méditerranéen qui a vu sa population augmenter de 17 $\%$ entre les recensements de 1962 et de 1968.

Tantôt enfin il faut relancer l'économie d'une région dont les bases économiques sont bouleversées par l'évolution : ainsi du Nord charbonnier et de la Lorraine sidérurgique. A moins qu'il ne s'agisse de régions frontalières dont la main-d'œuvre peut être attirée par de meilleures conditions offertes à l'étranger : on retrouve ici la Lorraine mais aussi l'Alsace et d'autres régions encore. En 1971, c'était 78 500 frontaliers qui travaillent hors de France, en 1975, 90 000.

La mobilité de la population existe donc, mais ne s'exerce pas toujours dans le sens souhaitable. Il faut la favoriser, mais aussi orienter convenablement ces 10 % d'actifs qui, chaque année, changent d'employeurs vers 1970, leur donner une meilleure formation professionnelle, ce qui éviterait que 300 000 d'entre eux soient contraints de partir pour une autre région.

★★★★★ *Les problèmes régionaux et nationaux* en seraient atténués. Ils prennent une place grandissante dans l'opinion. Certaines *régions* se sentent dépérir faute d'emplois. Elles accusent Paris de les sacrifier. Victimes d'un régime jugé trop centralisateur, elles veulent retrouver leur personnalité. L'opinion s'enflamme facilement sur ce thème, la politique s'en mêle. Après la Bretagne, c'est l'Occitanie puis la Corse qui réclament avec violence une plus grande autonomie.

Du niveau régional la revendication descend souvent au *niveau local*. L'autoroute doit passer ici, la centrale nucléaire ou la raffinerie de pétrole ne pas être installées là... Chaque citoyen se sent concerné par les problèmes de *l'environnement*, veut participer aux grandes décisions. Parmi celles-ci, *le choix nucléaire* est le plus contesté. Plus ou moins bien informée, l'opinion s'insurge et manifeste contre la prolifération des centrales. Signe de vitalité mais aussi de difficultés pour le gouvernement qui doit tenir compte de l'intérêt général face à des réclamations souvent inconciliables, soutenues par des groupements, syndicats ou partis.

II. LES GROUPEMENTS, SYNDICATS ET PARTIS

Multiplication et rôle des groupements

La mode est au développement de groupes ou organisations de toutes sortes. Les plus récents débordent souvent les plus anciens.

Des groupes de pression sont parfois officiellement constitués pour défendre telle cause. La cause peut être locale : préserver un espace vert, empêcher l'installation d'une usine, favoriser les équipements urbains, la construction d'une autoroute, etc.; la cause peut être aussi nationale : défense des intérêts paysans, aide aux mal-logés, libertés de l'avortement ou quelque autre grand thème. C'est au moment des élections que ces groupes sont les plus actifs, cherchant à mettre les candidats dans leur camp, et en embarrassant plus d'un.

Il existe aussi maints groupes de pression non officiellement constitués, souvent occultes, et ce ne sont pas les moins puissants : sociétés, milieux d'affaires, « puissances d'argent » agissent par leur « poids économique », leurs multiples relations. Le réseau de leurs influences s'étend de l'administration locale aux rouages de l'État et parfois de la vie internationale.

L'Église est un des corps constitués, dont la voix est la plus écoutée. Abandonnant résolument toute position pouvant la faire taxer de conservatisme, elle cherche, en France surtout, à faire connaître son point de vue favorable à l'homme face aux problèmes posés par l'évolution économique. Localement, il est fréquent qu'elle prenne parti dans le cas du logement, des immigrés, de la fermeture d'une usine, etc. Sur les grands points de la morale chrétienne elle reste fidèle à ses positions concernant la contraception, l'avortement, etc., à l'heure où s'instaure une plus grande liberté de fait.

Soumise elle aussi aux bouleversements de notre époque, elle n'est pas sans en subir les secousses : des prêtres contestataires la quittent, la trouvant trop timorée; des catholiques s'insurgent contre son *aggiornamento* jugé excessif. Deux faits s'imposent cependant, importants pour la vie politique : l'Église s'est attiré les sympathies de la gauche; elle reste une force morale avec laquelle il faut compter.

Les syndicats et les partis sont évidemment mêlés de beaucoup plus près à l'action politique. Ils en restent les foyers les plus dynamiques, les premiers prenant même parfois l'avantage sur les seconds.

Les syndicats (jusqu'en 1978)

★ *Leur importance relative.*

Voués à la défense du monde des travailleurs, les syndicats jouent depuis 1968 un rôle accru. Sans doute parce que, plus que les partis, ils sont en contact direct avec « la base », ce rôle prend une teinte politique plus marquée qu'autrefois : le gouvernement doit, de plus en plus, compter avec eux.

L'augmentation de leurs effectifs l'explique pour une bonne part. Quels sont-ils ? Question très controversée. En dehors des syndicats agricoles, peut-être 3 millions et demi avant mai 1968 et entre 4 et 4 et demi (5 en 1976 ?) depuis. Chiffre difficile à préciser parce que les « centrales » disent ce qu'elles veulent et parce qu'un tiers peut-être des syndiqués ne paient pas régulièrement leur cotisation.

Chiffre faible au total : 20 à 25 % seulement des salariés français appartiennent à un syndicat : c'est la proportion la plus faible parmi les pays industrialisés. Individualisme, crainte de s'engager, cotisation jugée trop élevée, refus de certaines prises de position syndicales.

La division syndicale est peut-être aussi un élément d'explication. Division ancienne, aggravée par l'évolution économique.

★★ *Les grandes centrales* défendent essentiellement les intérêts ouvriers, mais elles ont peu à peu étendu leur champ d'action au monde des employés, des cadres, parfois des agriculteurs.

La CGT (Confédération générale du travail) demeure le plus ancien et le plus puissant des syndicats. Elle déclare plus de 2 millions d'adhérents après 1968 (en 1977 : 2,4). Depuis longtemps déjà et notamment avec l'actif secrétariat de Georges Séguy a des liens étroits avec le parti communiste. Révolutionnaire dans sa doctrine, elle peut être réformiste dans sa tactique. Elle est implantée surtout dans la moitié nord de la France, et est bien représentée dans la métallurgie, les mines, la chimie, le textile. Elle cherche à pénétrer le milieu des « cadres », où elle est plus faible, et le domaine des services.

Solidement organisée, structurée, fière de son passé et de son importance, mais peut-être trop attachée aux revendications traditionnelles, elle est parfois critiquée par les militants les plus impatients, et débordée par la CFDT. Aussi en 1971 s'efforce-t-elle de se montrer un peu plus « démocratique » dans ses méthodes ou proche de sa « base ».

La CFDT (Confédération française démocratique du travail), née de la scission de la CFTC en 1964, a autour de 600 000 adhérents au début de 1968, mais 900 000, annonce-t-elle, au début de 1977. Ayant abandonné toute référence chrétienne depuis 1964, elle garde en son sein des représentants de l'ancienne vague (beaucoup de femmes ; forte implantation en Alsace-Lorraine), mais gagne des adhérents parmi les jeunes et les « gauchistes », hostiles à une CGT jugée trop rigide et trop proche du parti communiste. Depuis 1970, et avec son secrétaire Edmond Maire, elle est devenue officiellement socialiste, voulant la « propriété sociale des moyens de production » et l'autogestion. Elle affirme son idéal démocratique notamment pour la planification, se veut proche de la « base », insiste plus pour l'amélioration des conditions de travail que pour le seul salaire ; elle agit souvent en communion avec le PSU, voire les milieux trotskistes.

FO (Force ouvrière), née de la scission de la CGT en 1947, serait passée de 500 000 à 1 000 000 d'adhérents entre 1968 et 1977. Sous le secrétariat d'André Bergeron, elle renforce ses tendances réformistes (et non révolutionnaires, ce qui l'oppose de plus en plus aux communistes), défend des buts essentiellement professionnels, est favorable aux conventions collectives, à la gestion paritaire (avec le patronat) des grands organismes sociaux. Elle est bien représentée chez les fonctionnaires et les cadres.

La CFTC (Confédération française des travailleurs chrétiens) a préservé son indépendance depuis 1964, en affirmant sous la direction de Jacques Tessier sa fidélité aux encycliques sociales de l'Église Avec environ 200 000 adhérents elle garde de solides bastions en Lorraine et dans le Nord chez les mineurs, et gagne de nouvelles positions dans divers secteurs.

La CFT (Confédération française du travail), née après 1968, déclare 200 000 adhérents. Elle regroupe des syndicats autrefois indépendants. Elle est violemment attaquée par d'autres syndicats qui l'accusent d'être à la solde du pouvoir, mais a du mal à faire reconnaître officiellement sa représentativité. Elle est implantée surtout dans l'industrie automobile. Elle affirme défendre la dignité humaine, la libre entreprise, l'apolitisme. Elle passe en 1975 sous le secrétariat d'Auguste Blanc. Éliminé, M. Simakis fonde l'Union française du travail. En 1977, la CFT devient *CSL (Confédération des syndicats libres)*.

★★★ *Les syndicats autonomes ou catégoriels se sont multipliés.*

La FEN (Fédération de l'Éducation nationale) est le plus puissant des syndicats autonomes avec 400 000 adhérents en 1968 et 500 000 en 1972, et le plus important des syndicats d'enseignants. Défendant les trois ordres d'enseignement : le primaire avec le *SNI (Syndicat national des Instituteurs)*, le secondaire avec le SNES *(Syndicat national de l'enseignement du second degré)* et le supérieur avec le SNESUP la FEN n'est pas à l'abri des querelles corporatives et est l'enjeu de luttes politiques serrées entre les communistes, les gauchistes de diverses obédiences, les modérés.

L'UNEF (Union nationale des étudiants de France) est le principal syndicat étudiant. Puissant jusqu'à la crise de mai 1968, il est depuis miné par les divisions (scission avec création de l'UNEF-Renouveau) et subit la concurrence d'une dizaine d'autres groupements.

La CGC (Confédération générale des cadres), dirigée de 1945 à 1975 par André Malterre puis par Yvan Charpentié, a progressé à la mesure du développement de la catégorie qu'elle défend, passant de 200 000 à 325 000 adhérents entre 1968 et 1977. Parmi ceux-ci, des ingénieurs, des employés, des représentants, des enseignants. Hostile à la théorie de la lutte des classes, elle veut également se tenir à l'écart de la politique et se montre méfiante envers l'État, dont elle dénonce la fiscalité.

Divers syndicats sont nés spontanément pour défendre certains intérêts. Ils se sont multipliés à l'occasion de la crise de 1968, mais n'ont pas toujours eu un grand développement. D'autres sont nés de nouvelles scissions. Ainsi, face à la CGC qui s'en tient strictement à la défense des cadres, est apparue en 1969 *l'UCT (Union des cadres et des techniciens),* voulant plus d' « ouverture » vers les autres catégories, et réclamant avant tout la réforme de l'entreprise. Mais c'est un échec.

La FAC (Fédération autonome des cadres) s'est séparée en 1947 de la CGT pour défendre les cadres de la SNCF. On trouve aussi des « autonomes » à la RATP (Régie autonome des transports parisiens).

Le CID-UNATI (Comité d'information et de défense-Union nationale des travailleurs indépendants) regroupe, en 1970, deux mouvements, d'abord distincts, de défense des « indépendants ». Succédant au « mouvement de La Tour du Pin », ils reprennent sous la direction de Gérard Nicoud les thèmes qu'avait défendus en son temps Pierre Poujade : sauvegarde du petit commerçant, de l'artisan, menacés par l'évolution économique, lutte contre le fisc. Mouvement non dépourvu de violence, malgré une plus grande souplesse affirmée à partir d'avril 1970; il gagne de nombreux adhérents (près de 200 000, dit-il, en 1975). Mais Gérard Nicoud connaît la prison. Il existe un groupement plus modéré, l'UNCA (Union nationale des commerçants et artisans).

★★★★ *Force et faiblesse des syndicats.*

Les syndicats sont affaiblis par leurs divisions : leur grand nombre en témoigne. La division porte aussi bien sur les buts (CGT et CFDT sont les seuls à affirmer nettement leur idéal révolutionnaire alors que les autres sont, à des degrés divers, plus ou moins réformistes) que sur la tactique; éternel problème : la violence, la grève à outrance ou, au contraire, par le biais de conventions collectives acceptées, provisoirement, une collaboration avec un système que l'on condamne ?

La faiblesse tient aussi à l'évolution générale : des catégories nouvelles de travailleurs apparaissent, les cadres surtout ont pris une grande importance; comment s'adapter à leurs revendications nouvelles et les harmoniser avec celles des autres, avec ces vieux thèmes qui ont su faire l'unanimité mais sont devenus une cause de division (apparition de syndicats catégoriels, spécialisés)? Quelles relations aussi avoir avec les partis politiques ? On était très méfiant à leur égard avant 1914; des rapprochements ont eu lieu depuis, écartant d'éventuels adhérents; mais les prises de position politiques sont plus fréquentes (la CGT et l'Union de la Gauche en 1973).

Problèmes d'ordre interne : les syndicats manquent de militants. Trop rares, ceux-ci vieillissent sous le harnais, se « bureaucratisent », risquent d'être peu ouverts aux questions nouvelles. Sont-ils suffisamment « formés »? Être propagandiste ne suffit plus; il faut se pénétrer des notions techniques de la vie moderne, connaître les rouages de l'entreprise, de l'économie nationale et même mondiale. La formation des cadres du syndicalisme est une tâche primordiale et difficile. Les syndicats s'y adonnent désormais.

Les moyens financiers ne sont pas non plus à la mesure des ambitions; on ne peut élever les cotisations, jugées déjà trop lourdes, et fort mal payées. Du coup, les campagnes de propagande, le soutien apporté aux grévistes ne peuvent être que limités.

Enfin, problème plus nouveau : les cadres syndicaux tiennent moins bien leur « base ». Celle-ci « conteste », veut plus de spontanéité, déclenche des « grèves sauvages ». Les plus importants mouvements de grève, tel celui de 1968, partent souvent d'une « base » impatiente, qui refuse les mots d'ordre officiels du syndicat et les déborde fréquemment.

La force des syndicats se retrouve lorsque les grands principes semblent remis en cause; par-delà les divergences, les syndicats sont unanimes quand semblent menacés la liberté syndicale ou le droit de grève, atteint le pouvoir d'achat; les troupes sont vite mobilisées aussi pour défendre l'emploi. L'unanimité s'est faite ainsi en 1968, et lors de grands conflits comme celui de Lip, entreprise horlogère mise en autogestion avec grève de neuf mois (1973).

Même si les divergences subsistent, on peut aussi observer des accords entre grandes centrales sur un certain nombre de points précis. Ainsi le rapprochement amorcé dès 1966 entre CGT et CFDT s'est-il renouvelé en 1970 sur le thème de la liberté syndicale, l'emploi, le retour aux 40 heures, les salaires, l'avancement de l'âge de la retraite.

Certes les deux grandes centrales restent souvent rivales et une lutte sourde se livre entre elles; mais le gouvernement doit tenir compte de cette coalition à l'heure où les syndicats semblent mieux mobiliser les troupes que ne le font les partis politiques, où les partis de gauche cherchent à faire avec eux un front commun des « forces démocratiques ». Les syndicats deviennent des interlocuteurs exigeants pour parvenir avec l'État et le patronat aux grands accords concernant l'emploi, la formation, la retraite, etc.

★★★★★ *Les syndicats agricoles* ont pris depuis longtemps leurs caractères propres; ils sont parfois concurrencés par les grandes « centrales » mais surtout se multiplient face aux profondes mutations subies par l'agriculture française : l'unité du monde agricole est désormais nettement remise en cause. Et si un syndicat, la FNSEA, aspire toujours à le représenter dans sa totalité, les autres prennent plus ou moins parti pour tel ou tel type d'exploitant.

La FNSEA (Fédération nationale des syndicats d'exploitants agricoles) est l'organisation qui, depuis 1946, est la plus représentative (800 000 adhérents déclarés en 1972). Avec Michel Debatisse, secrétaire puis président, elle opère un véritable tournant en 1968-1969 : cessant de défendre le monde agricole comme un tout uniforme (ce qui la faisait accuser d'épouser surtout le point de vue des gros agriculteurs), elle reconnaît en fait l'existence de plusieurs types d'exploitants, réclame une aide différenciée selon les types ou les régions, s'occupe désormais des structures, souhaite une hiérarchie des prix qui adapterait mieux l'offre à la demande. Sans oublier la grande exploitation dynamique, elle affirme vouloir aussi défendre la petite. Elle accepte la concertation avec les pouvoirs publics; elle est attachée au Marché commun agricole. Mais elle doit lutter contre des syndicats rivaux.

Parmi ceux-ci, certains s'intéressent surtout à *la grande agriculture moderne :* ainsi *le CNJA (Centre national des jeunes agriculteurs)* animé à ses débuts en 1956 par Michel Debatisse, groupe que d'aucuns ont accusé d'être soutenu par le gouvernement. Progrès technique, organisation professionnelle, prix mieux hiérarchisés sont ses principaux thèmes. *Le CENAG (Centre de l'agriculture d'entreprise)* est né fin 1969 pour défendre l'agriculture moderne qui devrait, selon lui, être la principale bénéficiaire de l'aide publique. La grande entreprise est défendue face au fisc par *le GEA (Groupement des entreprises agricoles)* constitué (1971-73) par Marc Darbonne.

La défense de la petite entreprise familiale est au contraire le but poursuivi par *le MODEF (Mouvement de défense des exploitants familiaux),* devenu la *Confédération nationale des exploitants familiaux* en 1976; apparu en 1959, syndicat en 1975, il a, sous M. Nègre, des rapports assez étroits avec le parti communiste; défendant l'agriculture familiale, il est hostile aux groupements d'agriculteurs, et hostile au Marché commun. Recrutant des adhérents d'abord parmi les agriculteurs âgés, il gagne peu à peu chez les plus jeunes. S'est séparé de lui en 1972 *le MARF (Mouvement agraire et rural français)* avec M. Doumeng; il veut lutter contre le capitalisme d'État et le Marché commun agricole, défendre les petites coopératives et mutuelles.

Les éléments les plus violents mettent l'accent sur la nécessité de relever les prix agricoles en les indexant sur le coût de la vie afin de parvenir à la parité du revenu des agriculteurs et des autres catégories sociales. Ce sont des dissidents de la FNSEA qui ont fondé ces divers mouvements : *l'Union des syndicats indépendants paysans* (1968) animée par M. Dorgères, inquiet du glissement à gauche de la FNSEA et *a fortiori* du MODEF ; *la FFA (Fédération française de l'agriculture)* (1969), condamne l'intervention de l'État dans les structures agricoles défend la libre initiative. Le *Comité de Guéret,* par contre, est de tendance socialiste et se montre partisan de la violence pour régler les problèmes agricoles. De même les *Paysans travailleurs,* nés en 1974 d'une scission du CNJA. En 1975 apparaît le *MONATAR (Mouvement national des travailleurs agricoles et ruraux)* qui se proclame « dans la mouvance de la Gauche ».

Les revendications du monde agricole traduisent les bouleversements qu'il subit. Moins discrètes qu'autrefois elles peuvent ressembler à celles des ouvriers. Elles ne peuvent être ignorées du gouvernement... qui doit aussi écouter les doléances du patronat.

★★★★★★ *Les organisations patronales* ne sont pas très nombreuses; elles se multiplient cependant.

Le CNPF (Conseil national du patronat français) est depuis 1946 le principal porte-parole d'un patronat dont l'évolution est lente (cf. en

1965 le manifeste [1] d'inspiration très libérale, hostile aux interventions de l'État). En 1966, Paul Huvelin prend la présidence du CNPF, succédant à Georges Villiers. Il doit affronter les grandes grèves de 1968, négocier les accords de Grenelle dans des conditions difficiles, car il ne représente pas la totalité du patronat; il doit surtout reconsidérer les structures du syndicat et les buts qu'il poursuit.

La structure était très lâche : c'était surtout un groupement d'associations professionnelles aux intérêts particuliers ou divergents. La représentativité était limitée, au moins au niveau des moyennes entreprises. Les positions, les orientations étaient trop souvent défensives, prudentes, protectionnistes.

La réforme d'octobre 1969 dessine de nouveaux caractères au CNPF. Désormais il se donne pour but moins la défense du patronat que le développement des entreprises, ce qui suppose de sa part une véritable politique industrielle; il a l'ambition d'être auprès du gouvernement comme du monde du travail le représentant de toutes les entreprises, ce qui nécessite un renforcement des structures du syndicat. L'État n'y est pas hostile puisqu'il souhaite la représentativité des syndicats afin de rendre plus facile la conclusion et l'exécution des conventions collectives. Le CNPF, ainsi renforcé, bien pris en main par M. Ceyrac en 1974, n'en est pas moins affronté à des problèmes sérieux, car les intérêts qu'il doit défendre sont très divers.

Des groupements particuliers sont nés, qui s'efforcent d'orienter le patronat dans des voies nouvelles : le *Centre des jeunes dirigeants d'entreprise* (appelé avant 1968 *Centre des jeunes patrons*) veut un plus grand dynamisme, un effort scientifique, technique, professionnel et de meilleurs rapports sociaux; c'est ce que réclame aussi le groupe *Entreprise et progrès* créé en 1969 et qui souhaite également des entreprises plus ouvertes vers les jeunes, mieux connues du public, acceptant la participation des travailleurs à la direction.

L'AGREF (Association des grandes entreprises françaises, 1969) ne cherche à regrouper que quelques dizaines de très grosses firmes, celles qui, pratiquement, entraînent toute l'économie. Les PME sont défendues par leur *CGPME (Confédération générale des petites et moyennes entreprises)* dirigée par Léon Gingembre et représentée au sein du CNPF. Les intérêts sont souvent très divergents entre ces entreprises de taille modeste et les plus grosses. A plus forte raison en est-il de même pour les entreprises purement artisanales, défendues par le *CICA (Comité interconfédéral de coordination de l'artisanat)*, présidé par M. Lecœur. En 1977 sont fondés les *GIR (Groupements Initiative et Responsabilité)*, rassemblement, en dehors des syndicats ouvriers ou patronaux, des classes moyennes favorables à une société de type libéral.

Deux conclusions s'imposent : d'une part le patronat, comme les autres catégories, se regroupe, s'organise, et devient donc un partenaire plus sérieux dans les discussions avec les autres syndicats ou avec l'État; d'autre part apparaît un plus grand dynamisme, favorable à l'économie tout entière : on n'est plus dans l'entre-deux-guerres! le patronat semble décidé à jouer la carte du développement industriel.

---

1. Voir au chapitre xx, paragraphe III.

Les partis (jusqu'en 1978)

Cadre traditionnel de la vie politique, les partis restent toujours très nombreux ; cet émiettement n'empêche pas depuis la cinquième République l'existence d'un « fait majoritaire ».

★ *Les conditions d'action.*

Les Français adhèrent peu volontiers à un parti ; le parti semble même avoir perdu son audience au profit du syndicat. Ce désintérêt limite beaucoup les possibilités d'action des partis qui manquent de moyens financiers, notamment pour leur presse. Chacun d'entre eux, même s'il a peu d'adhérents, est en outre très souvent affaibli par des divisions internes, qui peuvent aller jusqu'à la scission. Le parti communiste se distingue des autres par le nombre de ses adhérents, ses bonnes finances, la diffusion de son journal *(l'Humanité)*, ses structures rigides.

Le régime de la cinquième République s'est imposé, malgré la violente opposition que lui témoignaient les partis, à ses débuts. Non seulement les gaullistes, mais une partie de « l'opposition » admettent désormais l'importance du président, son élection au suffrage universel. La pratique du référendum reste discutée mais l'opinion y est favorable dans sa majorité.

La stabilité politique étant acquise, les partis ont une action parlementaire beaucoup moins importante que naguère, à la fois parce que le pouvoir présidentiel est considérable et parce que la majorité qui se dégage aux élections législatives ne semble pas devoir être sérieusement inquiétée.

Une bipolarisation de fait s'instaure en effet peu à peu : majorité gravitant autour du gaullisme ; opposition, affaiblie par ses divisions, mais dont le parti communiste — même s'il n'est pas le mieux représenté à l'Assemblée nationale — reste l'élément le plus stable et le mieux organisé dans le pays. Avec cette structure simplifiée le problème pour l'extrême-gauche est de savoir si l'on a intérêt à jouer le jeu parlementaire, comme le fait le parti communiste, ou à tenter l'action illégale, la révolution. C'est l'apparition du gauchisme, de « l'ultra-gauche » qui est un fait politique très notable depuis 1968, même si les effectifs des partis les plus révolutionnaires sont très faibles et leur audience limitée, en dépit de manifestations très voyantes. Les « Français silencieux » restent de loin les plus nombreux. Il a fallu la grande secousse de mai 1968 pour les mobiliser... tardivement (élections de juin).

★★ *Le gaullisme* s'est affirmé peu à peu comme la première force politique du pays ; renforcé, par contrecoup, par la crise de 1968, il a survécu à la mort du Général (1970) en se diluant quelque peu. *Il trouve son unité* dans les grands thèmes qu'avait défendus de Gaulle : stabilité de l'État, indépendance nationale, progrès économique et social. La difficulté pour lui, après que le Général eut assuré lui-même l'essentiel de son programme, est d'allier l'ordre et le mouvement, et autour de quel grand thème mobilisateur ?

Une autre difficulté est d'assurer son identité dans une conjoncture politique qui, évoluant assez vite après 1969, l'oblige à tenir davantage compte de ses alliés.

L'évolution politique l'affaiblit. Déjà Pompidou, successeur de de Gaulle à la présidence de la République, rappelle Valéry Giscard d'Estaing au gouvernement : or celui-ci avait été écarté par le Général et il avait contribué par sa position lors du référendum de 1969 à la chute de de Gaulle. Cette ouverture vers la droite libérale, la souplesse du nouveau président inquiètent une fraction des gaullistes. L'inquiétude s'accroît lorsque, à son tour, Giscard d'Estaing accède à la présidence, en 1974, s'entourant de centristes qui, naguère, s'étaient montrés résolument anti-gaullistes. Et sa victoire n'a été rendue possible que par la défaite d'un gaulliste authentique : Jacques Chaban-Delmas.

Ainsi les gaullistes ne sont-ils plus qu'un élément de la « majorité présidentielle » qui s'est constituée au deuxième tour des élections pour triompher — de justesse — du « candidat unique de la Gauche » (François Mitterrand).

Des tendances diverses vont, de ce fait, se manifester au sein du mouvement. Les « gaullistes orthodoxes » se retrouvent dans l'UDR (Union pour la défense de la République). Avec des hommes comme Michel Debré ils restent très attachés à un État fort, à une grande indépendance nationale, à des prises de position énergiques.

Mais il est une gauche gaulliste qui n'accepte pas les compromis auxquels se livrent Pompidou puis, surtout, Giscard d'Estaing. Il en résulte des schismes successifs. Plus particulière sera l'attitude de Michel Jobert : ministre des Affaires étrangères pendant la dernière année de la présidence de Pompidou (1973-74) il ne cessera, ensuite d'attaquer le gouvernement de Giscard d'Estaing et fondera (1974) le « Mouvement des démocrates » : il réclame l'effort et la participation individuels, la fermeté du pouvoir, la générosité à l'égard des hommes (y compris ceux du Tiers Monde), l'indépendance nationale.

La droite gaulliste se regroupe au sein des RI (Républicains Indépendants) qui, après 1974, apparaissent beaucoup plus giscardiens que gaullistes. Avec la présidence de Giscard d'Estaing c'est d'une véritable course au Centre dont il s'agit, sinon même vers les socialistes.

Jacques Chirac, devant cette évolution, et bien qu'aux élections de 1974, il ait soutenu Giscard d'Estaing et fût devenu Premier ministre, démissionne en août 1976. Rénovant le gaullisme, il fonde le RPR (Rassemblement pour la République) qui fait disparaître l'UDR. Il réclame plus de fermeté, plus d'ouverture sociale, plus d'indépendance nationale, prenant ainsi ses distances à l'égard du « giscardisme ».

★★★ *Le Centre et le giscardisme.*

Le Centre fut d'abord faible, divisé. Jean-Jacques Servan-Schreiber rassembla les radicaux modérés, chercha, dans le Mouvement réformateur (1971) à les regrouper avec le Centre démocrate de Jean Lecanuet. L'un et l'autre se retrouvèrent dans la « majorité présidentielle » en 1974, mais J.-J. S.-S. la quitta bientôt tandis que le second allait fonder le Centre des démocrates sociaux en 1976. Ce CDS, le PR (Parti républicain) de J.-P. Soisson, nouveau nom (1977) des RI, et J.-J. S.-S. se rassemblent, face au RPR et pour les élections de 1978, dans l'UDF (Union pour la démocratie française), giscardienne.

Le giscardisme, pivot du Centre, est devenu un courant politique de plus en plus distinct du gaullisme. L'ayant quelque peu absorbé vers 1974, il s'en trouve séparé lorsque J. Chirac fonde le RPR. Libéral avant tout, sans doctrine très nette, souple, ouvert sur sa droite (mais le vieux CNIP, Centre national des Indépendants et Paysans hésite) comme sur sa gauche où il appâte certains radicaux et socialistes modérés, il semble ressusciter quelque peu la « Troisième Force » du temps de la Quatrième République, tout en prenant un visage de droite.

★★★★ *La Gauche* reste son ennemie comme celle du gaullisme. Elle l'accuse de tenir l'État comme son bien ; elle dénonce sa politique économique et sociale « réactionnaire », favorable au capitalisme, sinon soumise « au grand capital ». Elle réclame le socialisme. Mais sous ce vocable unificateur, que de conceptions s'affrontent !

Le parti socialiste (PS) représente l'aile droite (si l'on excepte les radicaux). Il cherche à se renouveler depuis qu'a disparu officiellement en 1969 la vieille SFIO. Le congrès d'Épinay-sur-Seine en 1971 marque la volonté de changement et de dynamisme. Portant à sa tête François Mitterrand — plus proche des « clubs » que de la SFIO dans le passé — le parti cherche à regrouper sur des thèmes moins idéologiques qu'autrefois tous ceux qu'inquiètent et la rigueur du parti communiste et les violences des gauchistes, quitte à tenter d'habiles rapprochements avec ceux-ci pour être en position de force face au premier. Il y réussit.

Le parti communiste français (PCF) reste en effet, et de loin, la force la mieux organisée de la Gauche sous la direction de Waldeck-Rochet puis de Georges Marchais : parti très structuré, doctrine « scientifique » bien établie, discipline assurée de ses nombreux adhérents. Bien que certaine distance puisse être prise à l'occasion vis-à-vis de la politique soviétique notamment lorsqu'on parle d'eurocommunisme (1976), le PCF reste, aux yeux de beaucoup, trop inféodé à Moscou, trop longtemps favorable à une dictature étouffante du « prolétariat ». Mais aussi, à l'inverse, trop « révisionniste » désormais, trop modéré selon le point de vue des plus révolutionnaires.

Les gauchistes débordent peu à peu le PCF : sous ce nom, qui triomphe en 1968, se multiplient les groupes ou groupuscules d'extrême-gauche. Leur unité tient à leur volonté révolutionnaire qu'ils entendent non seulement affirmer mais aussi prouver dans l'action quotidienne (le PCF est accusé de jouer le jeu du pouvoir) ; à leur confiance dans « la base », la masse, le peuple, et non dans un parti bureaucratisé ; à leur foi dans la spontanéité, plus que dans les mots d'ordre officiels d'un état-major ; à leur volonté d'établir un socialisme humain, fraternel, libertaire. D'où leur désir d'unir action syndicale et politique.

Parmi la douzaine de groupes qui le constituent, on peut mentionner :
— le PSU (parti socialiste unifié) de Michel Rocard, mouvement antérieur à 1968, favorable à l'autogestion ouvrière et au développement des luttes sociales ; miné par ses dissensions, il éclate en 1974 ;
— les groupes trotskistes, dont la « Ligue révolutionnaire » d'Alain Krivine, ou « l'Alliance marxiste révolutionnaire » (scission 1974) ;
— les « prochinois », « maoïstes » : la « gauche prolétarienne » d'Alain Geismar a été dissoute en 1970, mais le journal *La cause du peuple*, animé par le philosophe Jean-Paul Sartre, en diffuse les idées, ainsi que d'autres publications ou groupes (« Ligne rouge ») ;
— plusieurs mouvements anarchistes (« Organisation révolutionnaire anarchiste », etc.).

Le problème de l'unité de la Gauche est évidemment aggravé par cette floraison de groupes divers. Problème ancien : comment établir une « plate-forme » commune, un programme de gouvernement alors que socialistes et communistes s'opposent sur la forme à donner au socialisme et sur la politique extérieure ? Quel point d'entente trouver avec les gauchistes à part la haine commune envers le régime ? Comment, en sens inverse, (mais la question ne se pose même pas pour « l'ultra-gauche »), s'unir avec les plus modérés des socialistes et les moins modérés des radicaux : c'est le vieux problème du Front populaire. Du moins parti socialiste et parti communiste s'entendent-ils sur un programme commun de gouvernement (juin 1972).

Les élections renforcent l'Union de la Gauche, sur la base du « programme commun » de 1972. Aux législatives de 1973, radicaux de gauche avec Robert Fabre, socialistes et communistes sont unis mais, malgré leur gain de voix, restent minoritaires. Aux élections présidentielles de 1974, François Mitterrand, candidat unique de la Gauche, est battu, mais de peu : 49 % des suffrages. Avec lui, le PS progresse (Michel Rocard le rejoint), rééquilibrant la Gauche aux dépens du PCF.

La scission de la Gauche éclate lorsqu'il s'agit d'actualiser le programme commun en vue des élections législatives de 1978 ; les points de friction portent sur l'ampleur des nationalisations, la politique des salaires, la défense. Les communistes sont accusés de ne pas vouloir prendre les risques de gouverner, les socialistes de chercher surtout à freiner le PC. L'Union hâtivement rétablie entre les deux tours de scrutin est battue.

III. LA VIE POLITIQUE (jusqu'en 1978)

Calme depuis 1958, la vie politique de la cinquième République a été marquée brusquement par la grave crise de 1968 aux effets durables, puis par la démission du général de Gaulle en 1969. Elle retrouve un rythme plus régulier ensuite, sous la présidence de Georges Pompidou et de Valéry Giscard d'Estaing.

La crise de 1968

Éclatant en mai, se prolongeant en juin, faisant sentir ses conséquences immédiates tout au long de l'année, et même jusqu'en 1969, la crise de 1968 a marqué profondément la France. Bien qu'elle puisse apparaître comme une révolution manquée, ses effets lointains semblent considérables.

★ *Déroulement de la crise.*

La crise commence chez les étudiants : ils dénoncent la sclérose de l'Université, mais aussi tout le système économique et social. Les manifestations sortent du cadre des facultés et, de plus en plus violentes, gagnent la rue. Les bagarres tournent à l'émeute avec barricades ; les affrontements avec la police (à Paris, la nuit du 10 au 11 mai surtout) sont si durs qu'en signe de protestation est organisée une manifestation de masse le 13 mai : elle regroupe étudiants, ouvriers, partis d'opposition. La révolution menace.

Le mouvement ouvrier tient alors la vedette; les grèves déferlent sur la France à partir du 14, se généralisent vers le 20. En leur point culminant (début de juin), elles toucheront neuf à dix millions de travailleurs (infiniment plus qu'en 1936). Le pays est totalement paralysé. Elles se déroulent toutefois dans le calme, bien que les organisations syndicales semblent souvent débordées par « la base ». Ce débordement est attesté par le rejet, de la part des grévistes, des « accords de Grenelle » conclus le 27 mai entre un gouvernement qui semble aux abois, un patronat incapable de résister, des syndicats qui profitent d'une position de force. Les grèves dureront encore un mois, ne prenant fin qu'après la conclusion de nouveaux accords, encore plus favorables aux ouvriers, au niveau des branches industrielles ou des entreprises.

La crise est politique. Les manifestations, les barricades, les heurts avec la police se succèdent journalièrement, à Paris d'abord, puis en province, le 24 mai notamment. La crise atteint son paroxysme entre le 28 et le 30 mai. D'une part, au Parlement, les partis d'opposition mettent en cause un gouvernement qui paraît moribond (le 24 mai l'annonce par de Gaulle d'un référendum sur la « participation » a été de nul effet), et François Mitterrand pose nettement sa candidature au pouvoir. D'autre part, les gauchistes tiennent plus visiblement la rue, sans s'occuper beaucoup du Parlement. A leur manifestation du 27 mai, au stade Charléty, participe Pierre Mendès-France qui, lui aussi, cherche à rassembler les forces de gauche et se propose pour former un gouvernement. Les gauchistes pénètrent de plus en plus le monde étudiant et ouvrier, contestant tout l'ordre social.

Désorientée, l'opinion est brusquement reprise en main par de Gaulle: quittant Paris le 29 mai pour s'assurer d'un éventuel recours aux forces militaires, il prononce un discours énergique le 30. Quelques heures plus tard, une manifestation sur les Champs-Élysées lui apporte la caution de la majorité des Français. Le reflux politique du mouvement commence. Les grèves continuent cependant puis s'essoufflent tandis qu'apparaissent les divergences entre PCF et gauchistes. La dissolution de l'Assemblée nationale (prononcée le 30 mai) amène les élections de fin juin : elles sont un véritable raz de marée gaulliste (358 sièges sur 485; majorité absolue pour la seule UDR).

★★ *Causes et caractères de la crise.*

Dans l'ordre immédiat ce sont les problèmes universitaires qui ont donc été à l'origine de la crise : l'agitation était très vive depuis plusieurs mois à l'Université, notamment à Nanterre à partir de mars. Dépassant les revendications purement universitaires, elle avait pris dès l'origine un caractère politique (rôle de Cohn-Bendit, Geismar, Sauvageot). Il en a été de même pour le mouvement ouvrier qui est allé bien au-delà des classiques revendications de salaire ou de travail.

Des causes plus profondes doivent donc être recherchées : à quoi furent dus le succès rapide du mouvement, son extension à toute la France, une France qui, au début, paraît ou favorable ou résignée ? A des raisons économiques et sociales d'abord : depuis la mise en œuvre du plan de stabilisation en 1963 le progrès est plus lent, le pouvoir d'achat augmente peu, le niveau des plus bas salaires devient injustifiable, l'emploi est menacé : fait nouveau, oublié depuis les années 30. La crise donc extériorise un sourd mécontentement.

Raison politique aussi : l'opposition au gouvernement, minoritaire par définition au Parlement, retrouve sa force « à la base » et manifeste sa puissance dans la rue ou à l'usine. Les partis d'opposition, même s'ils ne sont pas toujours écoutés par cette base, sont heureux de pouvoir s'appuyer sur cet élan. Or le gouvernement, au début, est visiblement débordé, incapable de contenir le mouvement. La situation est devenue « insaisissable » comme devait dire le général de Gaulle.

Le reflux est rapide cependant, puisqu'on note le tournant dès le 30 mai. Pourquoi ? Là aussi une cause immédiate et des causes profondes. Dans l'immédiat, l'action de de Gaulle qui, au moment opportun, crée le choc psychologique capable de retourner la situation : il « disparaît » le 29 mai et par son discours de trois minutes, le 30, mobilise en sa faveur une opinion de plus en plus inquiète de la tournure prise par les événements.

Causes profondes ? La force des institutions, sinon de cet État qui semblait chavirer quelques jours plus tôt, mais qui a à sa tête un chef prestigieux. La quatrième République aurait-elle pu surmonter une telle crise ? Une grande majorité de Français opposés aux bouleversements et aux révolutions et sur lesquels s'appuie le régime : les paysans, qui n'ont pas bougé pendant la crise, la province, mais aussi un très grand nombre de Parisiens comme l'a prouvé la manifestation gaulliste du 30 mai. Les faiblesses des opposants ont fait le reste : surpris eux-mêmes par l'ampleur du « mouvement contestataire », ils n'ont pu, en quelques jours, organiser une véritable révolution, surmonter leurs divisions et faire leur unité.

La crise de mai 1968 est avant tout *le triomphe de la spontanéité*. Elle a été ressentie par beaucoup d'abord comme une libération, sinon comme une fête ; optimiste, idéaliste, elle n'est pas sans rappeler 1848. A certains ouvriers qui occupaient les usines, mais surtout aux étudiants qui occupaient la Sorbonne ou l'Odéon, à nombre de lycéens ou autres jeunes qui occupaient les lycées, elle est apparue comme l'aube de temps nouveaux où tous les principes, toutes les contraintes, toutes les autorités pouvaient être « contestés », remis en cause, où le pouvoir serait « à l'imagination ».

La crise a en effet des conséquences, immédiates ou lointaines, dans tous les domaines : ainsi dans l'ordre intellectuel ou artistique, le courant favorable à la liberté la plus absolue n'a-t-il pu qu'être renforcé ; de même la réforme universitaire de septembre 1968 s'inscrit dans un courant assez voisin [1]. Évoquons plus particulièrement ici les conséquences sociales, économiques et financières, politiques.

★★★ *Les conséquences sociales* sont les plus immédiates. On en trouve l'essentiel dans les accords de Grenelle du 27 mai 1968, complétés par les accords conclus en juin au niveau des branches d'industrie ou des entreprises. Globalement, on parvient aux résultats suivants :

— *d'importants avantages pratiques, matériels*, pour les ouvriers : augmentation de salaire de 14 à 17 % environ, mais beaucoup plus sensible pour les bas salaires, car le SMIG est relevé de 35 %, suppression des zones de salaires, diminution d'une à deux heures du temps de travail (à échelonner sur plusieurs années), promesses pour l'emploi,

---

1. On en reparlera au chapitre XXXVI, consacré aux questions sociales. Pour tous les détails relatifs aux diverses conséquences de la crise, se reporter aux chapitres et paragraphes traitant respectivement des questions sociales, financières, économiques, politiques. Seules les grandes lignes sont évoquées ci-après.

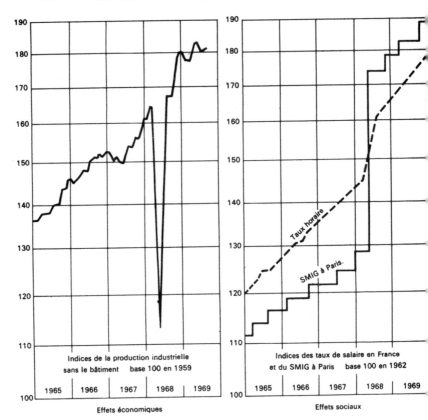

Les effets de la crise de 1968 (d'après l'Annuaire statistique de la France - 1969).

amélioration de la Sécurité sociale, révision des conventions collectives. Ces succès sont dus, pour une bonne part, à la CGT. Pour les agriculteurs, les accords de Varenne permettent de relever le SMAG au niveau du SMIG;

— *des avantages de caractère moral :* l'accroissement du droit syndical dans l'entreprise. Cela est à mettre plutôt à l'actif de la CFDT. Le gouvernement de son côté, répondant à la revendication générale, a mis l'accent sur la « participation » : ira-t-on jusqu'à la « cogestion »?

— *conséquence plus lointaine,* plus importante pour l'avenir : l'ébranlement des rapports sociaux; pour les travailleurs un sentiment de force comparable à celui qu'ils avaient éprouvé en 1936, l'idée qu'on pourra refaire un mai 1968; pour la jeunesse, une prise de conscience de ses problèmes, de son poids dans la nation, un sentiment de classe face aux adultes et aux « mandarins »; pour beaucoup l'idée de la « contestation » permanente.

★★★★ *Les conséquences économiques et financières* risquaient d'être redoutables : la production industrielle est tombée en effet de 30 % en mai, de 20 % en juin, soit une perte de 3 à 4 % sur une année entière — l'équivalent de 15 milliards de francs; les coûts augmentent avec les hausses de salaires, menaçant surtout les petites entreprises; le déficit commercial est sérieux, contribuant, avec les sorties de capitaux, à faire fondre les réserves de la Banque de France : 1 milliard et demi en mai, 1 milliard en juin en dépit d'un retrait de 4,4 milliards au FMI. La France doit recourir à d'autres *emprunts internationaux*, mais c'est pourtant de 12 milliards et demi que ses réserves auront été amputées du début de mai à la fin de septembre. Toute la politique financière de la Ve République est remise en cause, et le dollar peut en profiter.

Le mark aussi, car *la spéculation internationale* bat son plein. Elle culmine en novembre en sa faveur, et contre le franc. La reprise économique, en effet, a été assez peu rapide, bien que stimulée par la hausse du pouvoir d'achat : en septembre (passé les congés), on retrouve le niveau de production d'avril, mais les bases en sont fragiles : si la hausse des prix est relativement modérée (+ 3,1 % entre juin et décembre), le gouvernement a pris le risque d'accepter le déficit pour stimuler la reprise et, par là, l'activité et le pouvoir d'achat : il a supprimé le 4 septembre le contrôle des changes qu'il avait institué le 31 mai, il a recouru à l'emprunt extérieur, il a limité par des contingentements, mais non empêché, le déficit commercial, il a présenté un budget gravement déficitaire, il a stimulé le crédit.

Mais la crise de mai, la spéculation en faveur du mark, l'inquiétude soulevée chez nombre de possédants par la « participation » prônée par de Gaulle ont fait sortir de France 17,7 milliards de francs du 2 mai au 21 novembre. Chacun à cette date s'attend à la dévaluation. Mais le 23, après la conférence monétaire de Bonn et ayant obtenu un nouveau crédit international, de Gaulle annonce, à la surprise générale, que *la parité du franc est maintenue*. Les sévères mesures prises aussitôt (rétablissement du contrôle des changes, limitation du déficit budgétaire, strict contrôle des prix, etc.) permettent effectivement un assez bon rétablissement de la monnaie : 1 milliard de francs rentrent en décembre.

Économiquement et financièrement l'année 1968 se terminait convenablement, vu ce qui s'était passé : la production intérieure brute avait pu augmenter quand même de 4,6 %, chiffre évidemment inférieur à celui des années précédentes; les entreprises avaient dans l'ensemble, grâce à un effort de productivité, absorbé assez facilement les hausses de salaires; le pouvoir d'achat avait augmenté de 9,6 % au lieu de 2,7 % en 1967; la consommation des ménages de 7,5 %. Le point noir restait le commerce extérieur (couverture à 91 %) et le franc demeurait très fragile, bien qu'en voie de redressement. Le déficit affectant la balance des paiements atteignait 15 841 millions. En dépit des lourds emprunts contractés, les réserves n'étaient qu'à 20,7 milliards de francs, soit 10 de moins qu'un an plus tôt. Ces résultats, bons ou médiocres, étaient la conséquence d'un certain choix politique.

★★★★★ *Les conséquences politiques de la crise.*

De Gaulle opère un tournant à gauche après les élections de juin. Il tire des événements de mai la leçon que la population est avide de « participation », que ce soit dans l'entreprise, à l'Université, **dans** le cadre de la région. Idée qui revient à un thème qui lui est cher : trouver une voie moyenne entre le capitalisme et le communisme. Voulant d'autre part conserver à leurs bénéficiaires les avantages acquis en mai et juin, il se risque à cette politique difficile de la « fuite en avant » évoquée ci-dessus : stimuler l'expansion sur des bases financières fragiles... et alors que les détenteurs de capitaux sont inquiets à l'idée de la participation.

Succédant à celui de Georges Pompidou, c'est, après les élections de juin, le ministère Couve de Murville qui doit mener à bien cette tâche ardue. Aux finances François Ortoli facilite le crédit, prépare un budget déficitaire et doit assurer le plein emploi moyennant un remaniement conjoncturel du Ve Plan ; à l'Éducation nationale Edgar Faure obtient le vote à l'unanimité de sa loi assurant l'autonomie des Universités et l'organisation de la participation des étudiants et des professeurs.

La crise monétaire de novembre est surmontée sans dévaluation et les deux mois qui lui font suite offrent des perspectives encourageantes de redressement. Ainsi le régime a tenu, les grands principes sont saufs. L'orientation vers un gaullisme de gauche peut être riche de conséquences.

L'affaiblissement du régime n'en est pas moins évident. D'une part l'opposition — celle du Parlement, comme celle de l'usine — a pu, en mai, prendre conscience de sa force.

De Gaulle lui-même a été ébranlé. Le mouvement de mai a semblé, à un certain moment, devoir tout emporter, l'État était sans prise sur l'événement. Situation évidemment humiliante pour l'homme d'Etat qu'était de Gaulle et qu'il a profondément ressentie tant qu'il n'eut pas repris la situation en main, le 30 mai.

Toutefois il est malaisé de mesurer exactement l'ébranlement subi : il eût fallu que le temps ne manquât pas au Général, pour qu'on pût apprécier dans quelle mesure il avait finalement surmonté l'épreuve. Épreuve qui, pour lui, après tout, n'en fut qu'une parmi beaucoup d'autres !

Démission du général de Gaulle (avril 1969)

La situation économique et financière reste difficile au début de 1969. A partir de février les réserves en devises recommencent à diminuer ; la pression sur les prix reste forte, la balance commerciale préoccupante. La partie engagée par le gouvernement sera-t-elle gagnée ?

C'est sur le plan de la région que de Gaulle est décidé à engager le processus de la participation. Il propose une *vaste réforme régionale.* Les représentants des différentes catégories économiques et sociales sont invités à constituer, aux côtés des élus, des conseils locaux chargés d'assurer le développement de la région ; au sommet, à Paris, le Sénat réformé serait comme l'émanation suprême de cette représentation (avec des membres élus par les conseils locaux et d'autres « délégués par les grandes branches d'intérêt et d'activités »).

Ce premier pas vers la « participation », inquiétante pour la majeure partie de la droite, dénoncée par la gauche comme n'en étant qu'une caricature, à moins qu'il ne s'agisse d'une habileté pour intégrer les syndicats dans le « système », cette réforme du Sénat, citadelle traditionnelle des notables locaux, la complexité même du projet, dont le texte était très long, laissent prévoir une rude bataille politique. De Gaulle l'affronte cependant en soumettant son projet au référendum. Il annonce clairement qu'un résultat négatif amènerait sa démission immédiate.

Le 27 avril 1969 le référendum repousse le projet par 53,17 % des voix ; quelques heures plus tard, à l'aube du 28, de Gaulle démissionne.

Tombé sur une belle cause, sans déplaisir peut-être, le Général se retire dans sa propriété de Colombey-les-Deux-Églises où il s'enferme dans un silence altier. Il consacre son temps à la rédaction de ses mémoires. Mais ces mémoires, il ne les terminera pas : la mort le surprend le 9 novembre 1970.

Si de Gaulle est mort, le gaullisme lui survit et est toujours en France une force politique de première importance. Lui survivent aussi, avec l'honneur qu'il a rendu à la France en 1940, les fondations de la Ve République, toutes les bases qu'il a jetées dans l'ordre économique ou social, politique ou international, toutes les idées qu'il a lancées. Voué au culte des uns, honni par les autres, il a en tout cas marqué profondément la France. Pour longtemps ? Et pour son bien ? L'événement est trop récent et les passions trop vives pour qu'on ne laisse pas à chacun la liberté d'en juger.

La présidence de Georges Pompidou (1969-1974)

En juin 1969, Georges Pompidou qui avait été Premier ministre du général de Gaulle pendant six ans est élu par 58 % des voix pour lui succéder à la présidence de la République. Le gouvernement prend inévitablement des caractères nouveaux. La vie économique et sociale en subira l'influence.

★ *Un gouvernement plus à droite.*

C'est Jacques Chaban-Delmas qui devient Premier ministre. Si Michel Debré reste au ministère (à la Défense nationale), Maurice Couve de Murville ou André Malraux, vieux compagnons du Général, disparaissent de la scène politique. En revanche, Valéry Giscard d'Estaing y revient, avec le portefeuille des Finances et de l'Économie nationale, représentant de cette « droite gaulliste » libérale et européenne. On note aussi une ouverture vers le centre, non moins européen (Jacques Duhamel à l'Agriculture). Mais Edgar Faure préfère rester en dehors du ministère.

Un nouveau libéralisme s'instaure assez vite : l'État cherche manifestement à jouer un rôle plus modeste, plus discret, à laisser les choses suivre leur cours normal et les hommes s'organiser ou s'affronter plus librement. Le mot « participation » disparaît pour un certain temps du vocabulaire politique.

Dans le domaine économique, les entreprises doivent retrouver une plus large liberté. Ainsi les rapports sociaux seront-ils réglés par les conventions collectives conclues avec les syndicats. Tout au plus le gouvernement peut-il favoriser le développement de très grosses entreprises dans les secteurs clés afin de les mettre au niveau de leurs grandes rivales des autres pays.

★★ *Un gaullisme plus pragmatique.*

De Gaulle était l'homme des coups de théâtre, des déclarations fracassantes, c'était aussi l'homme des principes, intraitable et obstiné. Georges Pompidou est souriant et souple. Il adopte un style moins sévère. On pense un peu à Mazarin succédant à Richelieu. « Anti-de-Gaulle », a dit Louis Vallon... On peut en discuter, car l'homme est secret, habile et se dévoile lentement. Mais à peine est-il au pouvoir que ses décisions semblent effectivement prendre le contre-pied de celles de son prédécesseur.

Dans certains domaines particuliers, de Gaulle avait, avec opiniâtreté, défendu des idées difficiles, souvent coûteuses et qui avaient pu placer la France dans une position délicate sur la scène mondiale. Trois décisions de Georges Pompidou, en quelques mois, mettent fin à cette situation.

Dès août 1969 il fait procéder à une dévaluation du franc, de 12,5 %, à l'opposé de ce qu'avait voulu de Gaulle neuf mois plus tôt, mais dans des circonstances plus favorables. En décembre, à la rencontre de La Haye, il procède à la « relance de l'Europe », prévoyant l'approfondissement de la politique communautaire et préparant l'entrée de l'Angleterre dans le Marché commun, deux points sur lesquels son prédécesseur avait été prudent ou hostile ; il est vrai que les conditions en Angleterre ne sont plus les mêmes. Enfin, dans le même temps, il change totalement la politique nucléaire française, renonçant à la « filière française » à uranium naturel pour adopter la « filière américaine » à uranium enrichi — quitte à utiliser pendant un certain temps les licences d'outre-Atlantique.

En revanche, on observe que Pompidou réaffirme l'indépendance nationale, celle de l'Europe (surtout avec Michel Jobert aux Affaires étrangères (1973-74)) et qu'il reste fidèle à l'armement atomique — trois points principaux de la politique du général de Gaulle.

★★★ *Une volonté plus « humaine ».*

Pompidou veut que la France entre vraiment dans l'ère industrielle mais, avec Chaban-Delmas, veut aussi une « nouvelle société » faite de rapports confiants.

Car le progrès économique doit s'accompagner de progrès social. C'est dans ce dernier domaine que l'action du gouvernement est le plus marquée : en quelques années sont votées des lois sur l'emploi, la retraite, la durée du travail, la formation professionnelle, la mensualisation, l'éducation permanente, etc. D'autres mesures, d'autres lois.

Car ce progrès économique doit s'accompagner de progrès social. C'est dans ce dernier domaine que l'action du gouvernement est le plus marquée : en quelques années sont votées des lois sur l'emploi, la retraite, la durée du travail, la formation professionnelle, la mensualisation, l'éducation permanente, etc. D'autres mesures, d'autres lois concernent spécialement les plus humbles (vieillards, familles modestes), les catégories professionnelles affrontées aux plus grandes difficultés (petits exploitants agricoles, artisans et petits commerçants avec la loi Royer de 1973).

Le cadre de la vie et de l'activité est jugé assez important pour que soit créé en 1971 un ministère de l'Environnement. L'idée de politique régionale reparaît, mais on veut, par la loi de 1972, que la réforme s'amorce par « la base ».

★★★★ *Une situation plus difficile à la fin de la présidence (1973-74).*

Des dissensions au sein de la majorité, jamais absentes à vrai dire, se manifestent plus violemment dès 1972. En juillet un ministère Messmer succède au ministère Chaban-Delmas. Mais il subira lui-même deux remaniements. Gouvernement plus terne, qui ne parviendra pas à faire voter des lois, jugées importantes, sur l'avortement, l'abaissement de l'âge de la majorité, la réforme de l'enseignement, la « participation » : sur ces diverses questions, les partis qui soutiennent le gouvernement sont trop divisés.

Les élections de 1973 amènent une rude bataille. La « Gauche unie », nouveau Front populaire, progresse. La majorité gouvernementale, bien que regroupée pour la circonstance, doit compter sur l'appoint du Centre démocrate de Jean Lecanuet.

Les problèmes économiques et sociaux alourdissent le climat. Quoique la production continue à augmenter à un rythme satisfaisant (5 à 6 %), ainsi que le commerce, la hausse accélérée du prix des matières premières et du pétrole en 1973 compromet l'équilibre financier : les prix à la consommation montent de plus de 8 % en cette année 73. Tandis que le chômage redevient menaçant, l'inflation contraint la France, en janvier 1974, à mettre le franc en état de flottement (il sort du « serpent communautaire »).

L'avenir est sombre pour l'équilibre des comptes. Il l'est aussi pour le progrès économique et social. Il faut réviser en baisse le VIᵉ Plan.

La politique extérieure en devient plus difficile. La quatrième guerre israélo-arabe (octobre 1973) a été le prétexte pour les États pétroliers de limiter leurs livraisons et de hausser les prix. Aux Affaires étrangères depuis avril, Michel Jobert cherche avec eux le dialogue et convie le Marché commun à en faire autant. Mais celui-ci préfère suivre les États-Unis qui trouvent là l'occasion de refaire sous leur tutelle l'unité du monde occidental.

La construction européenne s'en trouve ralentie, sinon momentanément brisée. Les conférences de haut niveau n'aboutissent pas.

Déception pour Pompidou qui avait voulu relancer l'Europe. Difficultés pour la France, alors que toute action politique va se trouver paralysée par le décès assez subit du président en avril 1974, les luttes électorales, la mise en place d'un nouveau gouvernement en juin.

La présidence de Valéry Giscard d'Estaing

Avec de Gaulle le gaullisme avait absorbé la droite. Avec Valéry Giscard d'Estaing la droite absorbe les gaullistes. Pompidou aura marqué la transition.

★ *Le libéralisme giscardien.*

Au premier tour des élections présidentielles s'affrontaient de multiples candidats dont trois appartenaient à la majorité, preuve de ses divisions. Jacques Chaban-Delmas et Jean Royer battus, Valéry Giscard d'Estaing, républicain indépendant, reste seul en lice pour affronter au second tour le candidat unique de la Gauche : François

Mitterrand. Avec les voix gaullistes, centristes et de la droite, il l'emporte de justesse (50,70 % des suffrages).

L'homme [1] a su habilement mener la campagne, et séduire. C'est un aristocrate simple, aimant découvrir le peuple, libéral. Il se qualifie lui-même de traditionaliste qui aime le changement. Courtois, mais détaché, ouvert mais goûtant la réflexion, il se révèle assez solitaire et prend, après hésitations parfois, des décisions personnelles.

Sa politique traduit, bien sûr, son tempérament : politique de séduction car il aime le contact direct ; il se veut un président populaire ; il limite le protocole. Il est souple et empirique. Son pragmatisme le pousse à agir par petites mesures : il s'adapte à la conjoncture plus qu'il ne cherche à refondre les structures. C'est un libéral dans tous les sens du terme. On lui reprochera d'être attentiste, de « piloter à vue », etc.

Quelques thèmes guident son action : celui, par exemple, d'une « société libérale avancée » : la société française doit être débloquée ; notamment une plus grande liberté doit être donnée aux femmes (pour lesquelles est créé un secrétariat d'État à la condition féminine, avec Françoise Giroud), aux jeunes (la majorité est abaissée à 18 ans) ; tout ce qui peut ressembler à une censure est atténué ; la loi sur l'avortement est vite votée.

Autre thème : « le changement dans la continuité ». Affirmation de caractère plus politique, afin de ne pas effaroucher les gaullistes, alors que JJSS devient ministre des réformes... pour quelques jours seulement. Ou encore « la France veut être gouvernée au Centre ». De fait, Jean Lecanuet est nommé garde des Sceaux. Le Centre rejoint en force les Républicains indépendants de Michel Poniatowski, promu ministre d'État.

La « majorité présidentielle » fait peu à peu passer du gaullisme au « giscardisme ». C'est cependant un UDR, Jacques Chirac, qui devient Premier ministre.

★★ *Le gouvernement face aux épreuves (1974-1976).*

Les conditions politiques ont évolué et continueront à évoluer assez vite. Jacques Chirac reprend en main une UDR d'abord désorientée par l'échec électoral de Jacques Chaban-Delmas et veut s'affirmer comme le leader de la nouvelle majorité. Mais la rivalité n'est pas toujours sourde entre les UDR pointilleux et ces libéraux, de droite ou centristes, qui cohabitent dans la majorité. Ce qui est grave pour ces libéraux et pour le président de la République lui-même, c'est qu'il ne s'agit plus maintenant de gérer la prospérité, mais d'affronter des épreuves imprévues.

Les difficultés économiques et sociales deviennent pressantes. La crise de 1974 se traduit par une inflation qui fait monter les prix de 14 %, le chômage accable un million de personnes en 1975. Le prix du pétrole, qui a finalement quintuplé de 1973 à 1975, grève lourdement la balance commerciale.

---

1. Secrétaire d'État aux Finances de 1959 à 1962, ministre des Finances de 1962 à janvier 1966, période pendant laquelle il réalisa le « plan de stabilisation » de 1963. De Gaulle ensuite s'en sépare, alors qu'il affirme l'autonomie des « Républicains indépendants » au sein de la majorité. Il conseille de voter « non » au référendum de 1969 sur la réforme régionale. Ministre de l'Économie et des Finances sous Pompidou de 1969 à 1974.

Face à ces graves problèmes, le gouvernement doit, tout en révisant le programme énergétique, recourir à l'emprunt extérieur, faire voter des lois sur l'emploi (1974), aider les plus grosses sociétés industrielles comme le monde paysan, justifier son action. On lui .reproche en effet (et en particulier au ministre de l'Économie J.-P. Fourcade) d'avoir tardé à prendre les mesures fermes qui s'imposaient et le « plan de relance » de septembre 1975 est jugé insuffisant.

Les quelques décisions favorables à l'environnement (un ministère de la « qualité de la vie » a été créé), à la « modernisation du système éducatif », la mise en route de la politique régionale, de la réforme de l'entreprise ne semblent pas faire le poids face aux problèmes majeurs : économiques, sociaux, financiers, extérieurs.

Vis-à-vis de l'extérieur, la politique est difficile aussi. Elle reste apparemment assez fidèle aux principes gaullistes avec le ministre Jean Sauvagnargues. Mais depuis le départ de Michel Jobert les méthodes ont changé. Elles sont beaucoup plus souples. Le président de la République, le Premier ministre, maints autres ministres multiplient les voyages à l'étranger. Ils obtiennent en Orient d'avantageux contrats industriels. La volonté européenne est délibérément affirmée... mais elle pousse à bien des concessions.

Les objectifs de la politique extérieure n'auraient-ils pas été obviés ? La ligne n'en est pas nette. Sur les questions fondamentales, l'action a du mal à obtenir des résultats concrets. Les grands problèmes restent les mêmes et on se résoud à des compromis avec les États-Unis qui en tiennent souvent la clé : ainsi en est-il de la réforme du système monétaire mondial.

★★★ *Dégradation de la situation (1976-1978).*

Vis-à-vis de l'extérieur, qu'il s'agisse de l'attitude à l'égard des États-Unis, de l'Europe, du Tiers Monde, de la décolonisation des territoires encore français, la politique n'est pas nette. Elle montre plus de fermeté en Afrique, mais le prestige mondial de la France décline.

Les problèmes politiques intérieurs l'expliquent en partie. Tandis que s'affirme le caractère présidentiel du régime, la Gauche et les socialistes surtout progressent aux élections cantonales (1976) et municipales (1977). J. Chirac démissionne en août 1976, s'opposant aux pouvoirs croissants du Président de la République et voulant affirmer l'autonomie du gaullisme face au giscardisme. Il fonde le RPR en décembre, est élu maire de Paris en mars 1977. S'il reste « dans la majorité » face à une Union de la Gauche qui s'effrite pour les élections législatives de mars 1978, si, comme les autres partis il courtise les écologistes dont le poids politique va grandissant, il s'oppose souvent aux giscardiens du Parti républicain puis de l'UDF et au nouveau Premier ministre Raymond Barre.

La situation économique n'est guère redressée par ce dernier malgré son « plan » de septembre 1976 fondé sur la rigueur, la lutte contre l'inflation. Celle-ci persiste au rythme de 10 % l'an ; le plan s'atténue, vainement, pour enrayer un chômage d'environ un million de personnes ; le commerce est déficitaire ; après la chute de 1975 (— 3,5 %), la reprise économique de 1976 (de l'ordre de + 5 %) s'est essoufflée en 1977 (moins de 3 %). Technicien des finances plus qu'homme politique, R. Barre ne maîtrise pas une opinion divisée et sensible à la conjoncture. *Pourtant les élections de 1978*, où la Gauche est battue, améliorent la position du président. Mais le RPR reste la première force politique.

Ainsi évoluent les problèmes de la Vᵉ République... Après les tumultes de sa naissance, les travaux et les jours de ses premières années, l'orage de 1968, elle a pris, face à une opinion exigeante et vite inquiète, face à une opposition active et souvent bruyante, face à un monde perturbé dans ses profondeurs, des caractères qui se sont précisés ou ont évolué plus ou moins vite, plus ou moins profondément. Ils n'ont pas été sans modifier économie, société et visage de la France.

DEUXIÈME PARTIE

L'ÉVOLUTION ÉCONOMIQUE
JUSQU'EN 1978

On vient de voir la situation nationale ou internationale vers 1968, point de départ ou cadre pour le développement ultérieur de l'économie. On a considéré aussi le contexte ou l'action politiques, qui peuvent être déterminants. Il s'agit d'étudier maintenant l'évolution économique qui en est résultée.

Cette évolution, au départ, est fortement marquée par la crise de 1968 dont le premier effet a été une chute de production et un affaiblissement du franc. Les structures économiques ou sociales se sont finalement maintenues sans rester tout à fait les mêmes. Quant à l'activité, elle a retrouvé un rythme de progrès satisfaisant jusqu'à la crise mondiale de 1974 dont la France subit les effets, comme tous les autres pays, bien qu'un peu plus tard.

L'évolution d'ensemble est donc assez irrégulière. On s'en apercevra mieux en étudiant successivement la situation financière, largement conditionnée par les choix politiques ; puis le cadre dans lequel se meut l'économie : plusieurs changements sont venus en modifier les aspects ; enfin, au sein de l'activité nationale, la vie de chacun des grands secteurs, dont les mouvements et les résultats ne sont pas identiques.

Chapitre XXXIII

LES BASES FINANCIÈRES

On sait combien sont nombreux les liens qui unissent finances, économie et politique. On sait aussi que la politique financière a des relations et des implications à la fois intérieures et extérieures. Pour la France la complexité de cette situation est encore aggravée par la rapidité de l'évolution depuis 1968, tandis qu'à l'extérieur tout ce qui concerne monnaie ou finances se heurte au délabrement du système monétaire mondial [1].

On cherchera donc, dans les lignes qui suivent, à présenter d'abord le franc comme agent de la grande politique, tant intérieure qu'extérieure, puis on verra comment, dans la pratique, la monnaie a été mise au service de l'économie.

I. LE FRANC, AGENT DE LA POLITIQUE INTÉRIEURE ET EXTÉRIEURE

Pour la politique intérieure, on peut résumer ainsi :

— mai à novembre 1968, risque accepté de l'inflation ;

— novembre 1968 à août 1969 : déflation dans l'espoir d'un développement reposant sur des bases plus solides ;

— août 1969 à juin 1974 : « redressement » puis « accompagnement » dans la libéralisation et le danger de l'inflation (nombreuses mesures pour la freiner) ;

— été 1974 à été 1975 : « refroidissement » n'empêchant pas la stagflation (d'où quelque « relance » dès le printemps) ;

— de septembre 1975 à septembre 1976 : « relance », un peu freinée à la fin.

— depuis septembre 1976 : volonté de freinage (plans Barre) avec relances ponctuelles ; mais stagflation.

Ces grandes phases trouvent leur explication dans la politique suivie pour des raisons tant intérieures qu'extérieures par de Gaulle, Pompidou, Giscard d'Estaing.

De Gaulle : « la fuite en avant » et l'indépendance

De Gaulle a subi la crise de mai 68, l'a finalement surmontée, mais en a tiré la leçon profonde : le niveau de vie, et d'abord celui des plus humbles, doit s'élever, mais, surtout, la population et les travailleurs en particulier veulent participer davantage à tout ce qui les concerne. Le grand choix de de Gaulle, dans la dernière année de son gouverne-

---

1. On aura intérêt à se reporter au chapitre XXXI, paragraphe II pour tout ce qui concerne la situation monétaire dans le monde.

ment sera, avec un ministère plus à gauche que le précédent, le ministère Couve de Murville, de parvenir à la « participation ». Mais, autant qu'aux difficultés politiques, il va se heurter aux problèmes financiers que soulève une telle réalisation dans les conditions du moment : préserver les acquis de mai (ce qui coûte cher à l'économie nationale) ainsi que l'indépendance du franc, alors que la situation financière est fort mauvaise.

★ *Emprunts et « fuite en avant » (été 1968).*

La chute de l'industrie équivaut à deux semaines de production, soit 3 à 4 % du PNB. Celle du commerce est également sensible (les exportations ne progressent que de 15 %).

Les capitaux, inquiets, avaient fui la France, dès le mois de mai. La spéculation internationale joue contre le franc. La crainte d'une dévaluation poussait importateurs et banques à se tourner vers la Banque de France dont les réserves fondirent rapidement. C'est par l'emprunt que la Banque de France doit se rétablir. Ces emprunts se multiplient au cours de l'été, contractés auprès du FMI ou de pays amis. Mais les réserves n'en tombent pas moins entre la fin d'avril et la fin d'août de 34 à 22,7 milliards de francs. Du moins celles-ci semblent suffisantes pour préserver *l'indépendance.*

Ayant ainsi gardé ses arrières, et tandis que le niveau économique d'avril vient d'être retrouvé, de Gaulle et son ministre des Finances Ortoli jouent la politique de la confiance : en septembre ils se risquent à la « fuite en avant », c'est-à-dire qu'ils abolissent le contrôle des changes institué le 31 mai, présentent un budget en lourd déficit et facilitent le crédit pour stimuler la production, donc l'activité et le niveau de vie : *les acquis de mai-juin* pourront être maintenus. Politique audacieuse dans le climat politique intérieur — la « participation » a des adversaires de tous bords — et extérieur : l'attitude longtemps agressive du franc ne lui a pas fait que des amis et le désordre monétaire facilite la spéculation.

★★ *Refus de dévaluer et difficile rétablissement (novembre 1968-avril 1969).*

Il faut vite déchanter : la confiance n'est pas obtenue malgré la réduction hâtive du déficit budgétaire; la spéculation se déchaîne contre le franc (attirée par le mark), les pays amis se dérobent à la conférence de Bonn (20-22 novembre). Cependant de Gaulle (qui a tout de même obtenu un nouveau crédit), surprend le monde en déclarant, le 24, que *la parité du franc sera maintenue,* alors que chacun s'attendait à la dévaluation.

S'il a réaffirmé ainsi l'indépendance, pourra-t-il préserver les acquis de mai ? Il lui faut se résigner à une politique financière plus sévère, plus austère, avec contrôle des prix et des salaires, tout en encourageant les entreprises à produire et exporter.

Le rétablissement de la situation est assez sensible à la fin de l'année : le déficit budgétaire est encore diminué dans un cadre de déflation qui concerne aussi prix, salaires, changes; la fermeté française rassure les capitaux; ils rentrent et les réserves de la Banque de France remontent à 20,7 milliards à la fin de l'année (soit à peu près l'équivalent des emprunts contractés).

Mais la situation reste tendue, incertaine; le déficit commercial est inquiétant et, au printemps, la « surchauffe » de l'économie compromet la reprise qui se manifeste. Dans ce *climat précaire* le référendum sur la réforme régionale, où s'amorce avec beaucoup d'autres éléments la politique de « participation », s'avère difficile à gagner. Il est perdu et de Gaulle démissionne (28 avril 1969).

Les facteurs politiques, pendant cette dernière période du gouvernement du Général, ont joué autant que les facteurs financiers. Les ambitions élevées de de Gaulle pourront-elles être maintenues par son successeur ? Du moins le tempérament de celui-ci ne peut que le pousser à changer de méthodes.

Pompidou : l'industrialisation et la solidarité européenne

★ *La dévaluation nécessaire dans le nouveau cadre politique et économique.*

De fait *les conditions politiques* sont plus bouleversées qu'il n'y peut paraître. Certes Pompidou est un gaulliste — il a été longtemps ministre du Général — mais, outre qu'il n'en a pas la roideur, il se veut plus réaliste et est favorable à un désengagement de l'État en matière économique, sociale ou financière. Le grand programme de « participation » est mis sous le boisseau; le ministère de l'Économie et des Finances revient à Giscard d'Estaing encore plus souple et libéral. Le thème politique sera celui de « nouvelle société » que lance Chaban-Delmas.

Il faut développer en priorité l'industrie. La France n'a pas terminé encore sa révolution industrielle, commencée cependant au XIXᵉ siècle. Elle doit se hâter d'en achever les étapes; les structures doivent s'y adapter et aussi les mentalités. Bien conçue, cette industrialisation résoudra le problème de l'exode rural et celui de l'emploi.

L'arme financière, par là même, doit être précieuse. Mais elle suppose la dévaluation du franc. Les arguments ne manquent pas. Pourquoi — argument technique — s'acharner à défendre un franc qui paraît surévalué, se condamner à une politique de sévérité ou de contrainte alors qu'on redoute de grandes revendications sociales pour l'automne, se heurter — autre argument d'opportunité — à l'hostilité des autres pays ou à l'habileté des spéculateurs qui attendent impatiemment le résultat des élections allemandes de septembre.

Dévaluer, au contraire, c'est rétablir un sain équilibre monétaire, stimuler l'économie, faciliter donc le progrès social, mais aussi le remboursement des dettes qui représentent encore les deux tiers des 18 milliards de réserve en août. D'autre part sur des bases redevenues solides, la France pourra jouer un grand rôle dans le concert européen : bâtir l'unité monétaire, fondement du rapprochement politique.

Le 8 août 1969, préparée dans le plus grand secret, *la dévaluation* du franc est prononcée, atteignant 12,5 %.

Désormais le franc équivaut à 0,160 mg d'or fin au lieu de 180. Pour aider au succès de l'opération, la France a obtenu de nouveaux crédits internationaux. La réévaluation du mark, de 9,29 % en octobre, vient aussi, opportunément, mettre fin à la spéculation, pour quelque temps du moins.

Globalement la dévaluation est un succès, même si elle traduit une certaine facilité. Cette facilité s'intègre d'ailleurs dans un climat monétaire mondial du même genre!

★★ *Le rétablissement.*

L'économie se rétablit comme prévu (« plan de rétablissement » lancé en septembre) : dès l'automne 1969 et l'année suivante production et exportations, stimulées par la dévaluation, ont un rythme d'accroissement plus rapide. 1970 aura donc été l'année du rétablissement : la balance commerciale est équilibrée. L' « accompagnement », avec crédit plus facile, fait de 1971 l'année du bénéfice : la balance commerciale est excédentaire; elle le demeure en 1972 et 1973.

Les réserves se reconstituent ; dès novembre 1969 le solde mensuel est bénéficiaire. En fin d'année on parvient aux chiffres suivants :

      1969 : 21,3 milliards : réserves brutes
      1970 : 26,6   —   —
      1971 : 39,3   —   réserves nettes
      1972 : 42,2   —   —

Ce rétablissement présente pourtant un caractère fragile, puisqu'en partie lié à la spéculation qui, maintenant, joue en faveur du franc.
Le remboursement des dettes s'est fait rapidement. La Banque de France a pu se dégager vis-à-vis des banques commerciales françaises mais surtout à l'égard de l'étranger : les emprunts à court terme ont été remboursés entre septembre 1969 et juin 1970; les autres dettes, notamment à l'égard du FMI, ont été réglées peu à peu et, dès le 9 août 1971, la France s'est totalement libérée. Deux ans après la dévaluation, c'est un assez beau succès! Le franc est ainsi en position de force alors que culmine la crise du dollar, que s'ébauche l'unification monétaire de l'Europe, que se dégrade un peu plus le système monétaire mondial.

★★★ *La fermeté à l'égard du dollar.*

A l'égard du dollar la fermeté est requise.
Le franc, lui, va garder sa valeur... mais au prix d'une habileté : *le système du double marché du franc.* Ce système est instauré dès le 15 août 1971, c'est-à-dire le jour même où Nixon annonce la non-convertibilité du dollar :
— le « franc financier » flottera selon le marché monétaire, mais ne concernera que les mouvements purement financiers et les services (tourisme par exemple). Il pourra donc atteindre un cours élevé.
— le « franc commercial » restera par contre à son cours officiel, lié à l'or... mais l'or se définit, depuis 1968, par rapport au dollar. Ainsi, sans dévaluer, le franc, pour son commerce, trouve les mêmes avantages que lui donnerait une dévaluation parallèle à celle du dollar.
Les principes sont saufs, le commerce est sauvé. Mais n'est-ce pas, dans la facilité, une nouvelle source d'inflation? Et, face à un mark qui sera réévalué de 4,7 % en décembre, c'est pour le franc une dépréciation qui atteint 30 % depuis l'été 1969.

★★★★ *La construction monétaire de l'Europe* représente l'aspect le plus positif de l'action de la France. Elle a une *double signification :* d'une part, unifier l'Europe à partir d'un instrument commun, la monnaie; il s'agit d'appliquer un plan de février 1971 qui prévoyait de parvenir à l'unification monétaire, par étapes, en 1980. D'autre part, mieux tenir tête à l'empire du dollar en luttant non plus seul comme au temps de de Gaulle, mais en utilisant justement cette force européenne.

La réalisation de ce double objectif s'avère difficile, tant sont grands la force du dollar et les moyens d'action des États-Unis. Dans un premier temps des succès sont enregistrés : institution du « serpent communautaire » (avril 1972) à l'intérieur duquel les marges de fluctuation entre les monnaies seront bientôt limitées à + ou — 1,25 %; en mars 1973 décision d'un flottement communautaire de ce serpent vis-à-vis du dollar; puis en avril création du FECOM (Fonds européen de coopération monétaire) destiné à aider à court terme les monnaies européennes en difficulté.

Malheureusement les difficultés monétaires de l'année 1973, le flottement durable de la livre et de la lire et la dégradation du système monétaire mondial semblent condamner l'unification européenne. La fermeté, ou du moins la volonté constructive, pourront-elles être maintenues ?

★★★★★ *A l'égard de ce système monétaire mondial* le franc se révèle offensif mais très prudent et non sans jeter beaucoup de lest.

Pour ce qui est des DTS (droits de tirage spéciaux) la France, en octobre 1969, en ratifie le principe et comme les autres États se prépare à en toucher sa part.

Sur la question de la parité des monnaies la France s'était montrée longtemps intransigeante, défendant le principe des parités fixes. Elle y reste théoriquement attachée et, de ce point de vue, s'oppose toujours aux Américains qui souhaitent le flottement généralisé. Mais son ministre des Finances, Giscard d'Estaing, fait tout de même une concession majeure en proposant des parités fixes... mais ajustables.

Le problème de la place de l'or dans le système mondial se pose en toile de fond. Pour les Américains l'or doit cesser de jouer un rôle, pour les Français il doit en conserver un. Mais, là encore, on recule en souplesse.

En tout cas la réforme du système monétaire mondial est remise à plus tard, à la conférence de Rome (janvier 1974) qui se termine sur un constat d'échec, tant les positions restent divergentes. L'action de la France, aussi souple qu'elle ait été, s'est jusqu'alors révélée assez vaine.

★★★★★★ *Le bilan, en 1973, est décevant.*

A l'extérieur la spéculation reprend en faveur du dollar dont les deux dévaluations (1971 et 1973) stimulent la reprise commerciale. La France, dont la dévaluation est plus ancienne (1969), doit se résigner au désordre monétaire mondial.

A l'intérieur l'essor économique a été grand dans tous les secteurs, mais au prix d'une dangereuse inflation. Or c'est à la fin de l'année que survient la hausse subite du pétrole.

Giscard d'Estaing : les parades et la solidarité atlantique

★ *Le « giscardisme » financier et économique.*

La politique financière de la période précédente, même si elle se déroule sous la présidence de Pompidou doit beaucoup à *Valéry Giscard d'Estaing* qui est précisément ministre de l'Économie et des Finances pendant toute la période. Le début de l'année 1974 voit se perpétuer cette situation : les décisions qui sont prises alors relèvent pour une grande part du ministre, même si elles sont cautionnées par l'autorité de Pompidou. Celui-ci cependant vient à mourir en avril. Devenu un mois plus tard président de la République, l'ancien ministre des Finances laisse son successeur à ce poste — Jean-Pierre Fourcade — poursuivre sa politique, tout en lui donnant peut-être un cours plus ferme. C'est pourtant le manque de fermeté, le laxisme qui a été reproché à Giscard d'Estaing. Il pratiquerait le « pilotage à vue », comme peut en témoigner la succession rapide de phases quelque peu divergentes dans son action financière : les grandes lignes semblent se chercher.

D'une part, il s'agit du choix politique : au nom du libéralisme il ne faut pas trop forcer les choses ; au nom de la fidélité au monde libéral capitaliste, dont l'expression se retrouve dans une certaine dose d'atlantisme, il ne faut pas trop mécontenter l'Amérique.

D'autre part, il s'agit de contraintes qu'on peut qualifier de techniques, à savoir le cadre objectif dans lequel s'inscrit le choix politique. Or que voit-on ? L'inflation règne dans le monde, la réorganisation du système monétaire mondial est remise aux calendes grecques, le flottement des monnaies est un fait accompli, la crise s'abat sur le monde en 1974.

Telles sont les données. Face à elles, Giscard d'Estaing va mener à l'intérieur quatre actions successives qui ont plus un caractère de parade que d'application d'un choix raisonné. Elles s'inscrivent dans la perspective d'une certaine solidarité atlantique n'osant pas réellement se proclamer pour ce qui est de la politique extérieure.

★★ *Les phases de l'action intérieure*

● *De janvier à juin 1974 : la facilité.*

En janvier 1974 *le franc est mis en état de flottement,* c'est-à-dire que la France sort du « serpent communautaire » comme l'avaient fait précédemment l'Angleterre et l'Italie. Il s'agit là d'une sorte de dévaluation qui n'ose pas s'avouer.

Cette politique, de caractère inflationniste, se justifie par la préoccupation majeure : assurer la *défense de l'emploi* plutôt que celle du franc.

La mort inopinée de Pompidou vient renforcer ce caractère : ce n'est pas en période électorale que des mesures contraignantes et impopulaires sont prises ; mais l'inflation se développe dangereusement.

● *De l'été 1974 à l'été 1975 : une certaine rigueur.*

Il est urgent, en juin, de mettre un terme à cette période de facilité. Le gouvernement cherche à favoriser les exportations en multipliant les crédits commerciaux ou en concluant d'avantageux *contrats* industriels avec l'étranger (pays pétroliers en premier lieu) ; il incite les entreprises à *emprunter* sur le marché international des capitaux, et lui-même donne l'exemple s'adressant en particulier aux pays arabes tandis que s'*instaure une politique déflationniste.* Après quelques mesures timides, déjà prises en mars, est lancé en juin un « plan de refroidissement de l'inflation » et en septembre de nouvelles mesures, plus systématiques, viennent renforcer ses mécanismes.

● *De l'été 1975 à l'été 1976 : la relance intérieure.*

Le « refroidissement » a été en effet plus fort que prévu tandis que l'inflation reste excessive.

En septembre 1975 — trop tard sans doute malgré les premières mesures prises au mois d'avril — intervient un « plan de relance » : à la rigueur budgétaire succède un lourd déficit; 30 milliards de francs sont injectés dans l'économie. Déjà une certaine reprise semble se manifester, ainsi qu'à l'étranger. Mais il faut qu'en mars 1976 le franc sorte à nouveau du « serpent ».

● *Depuis l'été 1976 : fermeté intérieure.*

Succédant à Chirac, Barre impose la fermeté : il faut freiner l'inflation avant les élections de 1978. Le plan Barre (septembre 1976) augmente les impôts, bloque les prix, encadre le crédit. Une part des nouvelles ressources ira aux paysans victimes de la sécheresse. Le budget de 1977 doit être présenté en équilibre. Ceux de 1978 et 1979 ne le seront pas, car bien que les 2e et 3e plans Barre (avril 1977 et avril 1978) soient plus souples, ils maintiennent le blocage du pouvoir d'achat et la politique salariale devient plus sélective. Le chômage s'étend.

★★★ *A l'extérieur : grande souplesse de la politique monétaire.*

La mise en flottement du franc (janvier 1974) en est une première manifestation. Elle n'est en fait qu'une démarche tactique et annoncée comme provisoire pour un minimum de 6 mois. En réalité le flottement durera 1 an et demi.

La décision s'explique surtout par :

— la crainte de voir le franc redevenir la victime de la spéculation;

— la politique d'expansion économique de la France; sa volonté de maintenir l'emploi, la condamnait en quelque sorte à cette inflation.

Quant à la construction européenne elle est, bien sûr, une grande victime de la décision française. Mais comment faire cohabiter dans le même « serpent » un franc qui donne priorité à l'emploi et accepte une certaine dose d'inflation, et un mark qui soutient une politique déflationniste? L'absence de politique économique commune révèle au grand jour ses méfaits...

Le système du double marché du franc, devenu inutile, est supprimé en mars 1974.

La politique de concertation et de conciliation.

Sur les bases inexistantes d'un système monétaire mondial complètement désorganisé, face à la puissance des États-Unis, devant tenir compte de l'appui mal assuré de certains partenaires européens et de l'opposition de quelques autres... la souplesse paraît à Giscard d'Estaing la meilleure tactique : le franc autrefois agressif, naguère encore offensif, est devenu très conciliant!

La méthode change, s'adapte. Sans qu'on renonce aux forums internationaux, il est clair que les décisions pratiques ne peuvent être prises dans ce genre de réunions. Les grandes négociations qui se sont succédé depuis plusieurs années pour réformer le FMI le prouvent. A cet égard la conférence de Rome de janvier 1974 est décisive : bien que, seuls, 20 pays y aient été représentés ils acceptent la suggestion du représentant de la France, Giscard d'Estaing précisément, de tenir des réunions plus modestes, à cinq, pour essayer de rapprocher les positions divergentes (États-Unis, France, Angleterre, Allemagne, Japon).

Cette concertation convient bien au tempérament du ministre français bientôt devenu président de la République. Elle peut mécontenter certaines puissances moyennes (Italie, Canada, etc.), mais on est prêt, à l'occasion, à les faire rentrer dans l'aréopage, pour telle réunion, et leur appui peut se révéler précieux pour soutenir les thèses françaises.

Sur le fond la conciliation reste de rigueur puisque les positions n'ont guère changé : la France plaide toujours pour laisser à l'or au moins un certain rôle, à côté des DTS, et pour des parités fixes mais ajustables. Les États-Unis se refusent à toute fixation du prix de l'or, souhaitent se démonétisation dans un système de monnaies flottantes. A quels résultats pratiques parvient-on ?

★★★★ *Les demi-succès sans lendemain.*

La France peut se prévaloir de quelques succès en ce qui concerne l'or, mais l'opinion est partagée à cet égard. En revanche il est certain que le franc s'est redressé de temps en temps.

Le problème de l'or est resté au centre des discussions sur la réforme du système monétaire.

Un succès apparent : la conférence de Washington, en août 1975, reconnaît aux Banques centrales et au FMI le droit de vendre ou acheter de l'or à un prix proche de celui du marché, à condition que la masse globale de l'or détenu par les Dix et le FMI n'augmente pas.

Le 9 janvier 1975, appliquant l'accord de la Martinique, *la Banque de France procède à une réévaluation de son stock d'or.* Il est prévu qu'elle fera de même tous les six mois; la valeur du métal jaune sera calculée en fonction de la moyenne des cours internationaux des 3 mois précédents, au lieu de reposer sur le cours fictif de 42,22 dollars l'once. On passe ainsi de 42,22 à 171 ! La valeur du stock or, 19,6 milliards de francs selon l'ancien calcul, devient 75 milliards. En tenant compte des réserves en devises (dont les variations de cours, elles aussi, sont maintenant prises en compte) les réserves totales sautent de 36,9 à 92 milliards. Opération comptable peut-être mais qui, dans la pratique, donne à la France de grandes garanties pour les emprunts qu'elle contracte à l'étranger (emprunts d'État, emprunts des entreprises).

Le franc, mieux assuré, réintègre le « serpent communautaire » en juillet 1975. Ainsi prennent fin ses 18 mois de flottement; ainsi sont établies de meilleures bases pour une reprise éventuelle de la construction européenne.

En 1976, la situation se clarifie ; la France cède, puisqu'à la conférence de la Jamaïque, en janvier, elle accepte le flottement des monnaies et la suppression du cours officiel de l'or. En mars le franc sort à nouveau du « serpent communautaire ». Il continuera par la suite à se déprécier vis-à-vis du mark et oscillera selon la spéculation internationale. Du moins en avril 1979 il entrera dans le SME (système monétaire européen). L'endettement à l'égard du monde a repris : 25 à 30 milliards en 1977, dont plus de la moitié à court terme.

La souplesse à l'extérieur n'a pas favorisé la reprise intérieure. Les « plans Barre » successifs l'attestent. L'inflation s'est de plus en plus — le chômage croissant le prouve — commuée en stagflation. Et cependant bien des moyens monétaires ont été mis au service de l'économie nationale.

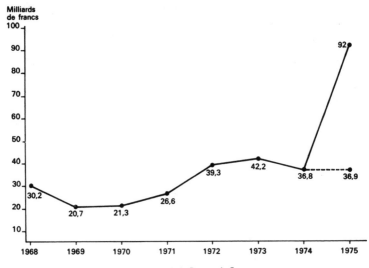

Les réserves de la Banque de France
au 1ᵉʳ janvier de chaque année (au 9 janvier pour 1975)

Commentaire du graphique

1° Il s'agit des réserves brutes, incluant par conséquent les crédits obtenus, notamment depuis l'été 1968 (remboursement terminé en août 1971). S'y ajoutent les créances sur le FMI (or et DTS) et éventuellement sur le FECOM (créé en avril 1973).

2° Le montant des réserves indiqué ici est relativement approximatif vu l'incertitude des renseignement officiels à certains moments et les tirages en francs que les pays étrangers peuvent effectuer au FMI, sans parler de la valeur variable des devises détenues en réserve.

3° Les sommes sont exprimées en francs courants. Ce franc a été dévalué le 8 août 1969 (de 12,5 %).

4° La valeur de l'or (qui compose une grande partie des réserves) a eu d'abord un caractère officiel (elle était liée elle-même à la définition d'un dollar stable). Après les deux dévaluations du dollar (en décembre 1971 et février 1973) et sa mise en flottement (mars 1973), cette valeur est instable et sujette à discussion. La réévaluation du stock d'or de la Banque de France, calculée sur un cours proche du change, le 9 janvier 1975, explique la hausse subite des réserves : le pointillé indique la valeur à cours constant à cette date.

II. LA MONNAIE AU SERVICE
DE L'ÉCONOMIE NATIONALE

L'action directe de l'État : la politique monétaire

★ *La masse monétaire.*

Il est certain que la masse monétaire, son volume disponible, influent sur l'activité économique. Peu de monnaie ? Voilà l'économie freinée, bloquée! Trop de monnaie ? C'est l'inflation, la dépréciation du franc, la montée des prix.

Or *la masse monétaire n'a cessé d'augmenter* depuis 1968 (elle dépasse les 800 milliards en 1976). L'accroissement annuel, limité à quelques points autrefois, atteint 6 % en 1969, 15 % en 1970, 17 % en 1971 et se tient désormais chaque année à des chiffres comparables mais qui déclinent de 18 % en 1974 à 13 % en 1976 et 11 % en 1978.

Cet accroissement est dû à la fois au mouvement économique interne (essor de la monnaie scripturale : effets de commerce, chèques) et au développement débridé de l'inflation mondiale qui multiplie les devises étrangères.

La monnaie scripturale prend une proportion envahissante dans la masse monétaire. Elle est stimulée par le besoin de crédit qu'appellent la construction de logements, la consommation, l'équipement des particuliers ou des entreprises, le prêt-bail, l'exportation etc. L'État va être amené à la contrôler (voir ci-dessous ce qui est dit de la politique du crédit). En effet, la monnaie fiduciaire en 1974 ne représente plus que 25 % de la masse monétaire contre 40 % 10 ans plus tôt!

Limiter l'émission de monnaie fiduciaire (billets de banque) est plus facile, mais cette politique, qui va dans le sens de la déflation, se heurte à la tendance générale de l'époque qui préfère une monnaie abondante, favorisant l'économie, à une monnaie rare qui, gardant sa valeur, pourrait bloquer l'essor (récession) ou menacer les exportations. D'autre part, la place des devises étrangères qui arrivent abondamment dans les réserves de la Banque de France contrarierait cette politique.

Encore la France pourrait-elle mieux s'y adonner que beaucoup d'autres pays puisque *l'or* continue à représenter une grande partie de ses réserves : 71 % à la fin de 1970, 52 % encore au début de 1974, soit plus de 3 000 tonnes. A cette date elle n'est dépassée en volume que par les États-Unis et l'Allemagne (mais pour celle-ci l'or ne représente que 16 % des réserves. Pour les États-Unis, officiellement 80 %... mais sans tenir compte des eurodollars).

Si donc l'État veut maintenir la valeur de la monnaie, il doit contrôler la monnaie scripturale et les mouvements de celle-ci comme de la monnaie fiduciaire : ce sera l'aspect interne de sa politique; mais il peut aussi agir sur un plan extérieur, c'est-à-dire dans les échanges de monnaie à travers les frontières.

★★ *Le contrôle interne*

Les moyens d'intervention de l'État ne manquent pas. Certains sont anciens, d'autres plus nouveaux.

L'emprunt intérieur est un moyen classique de la lutte contre l'inflation. L'État y a recouru, en janvier 1973 : emprunt de 6,5 milliards à 7 %, indexé sur l'unité de compte européenne en cas de dépréciation du franc, d'où le succès de l'émission. Nouvel emprunt, de 5 milliards, en mai 1975, à 10,5 %, émis par les organes de crédit parapublics mais garanti par le gouvernement, destiné à aider l'investissement des entreprises nationalisées et les PME. Autres emprunts : 2,5 milliards en juin 1976; 8 milliards en mai 1977 indexés sur l'UC européenne.

Le taux de l'intérêt, on le voit, peut être attrayant. Il s'agit de l'intérêt des grands emprunts, mais aussi du taux de base des banques et du taux de l'escompte (c'est-à-dire, en fait, du réescompte de la Banque de France). Celui-ci est l'objet de nombreux maniements : 3,5 % au milieu de 1968, 8 % en 1969; après avoir baissé à la fin de 1970, il remonte à 11 % à la fin de 1973, baissera ou se relèvera à nouveau en fonction de la politique conjoncturelle : élevé, il décourage l'inflation et attire les capitaux étrangers avides de profits; abaissé, il stimule le crédit, donc l'activité.

Les réserves obligatoires : c'est un système imaginé en janvier 1967, qui consiste à obliger les banques à laisser en réserve, auprès de la Banque de France, un certain pourcentage des sommes dont elles disposent; leurs possibilités de crédit sont ainsi limitées, ou au contraire stimulées si l'on abaisse le niveau de ces réserves. Il s'est avéré que ce système était plus efficace que le maniement du taux de l'escompte. On se doute que le niveau a varié en fonction des grandes phases de relance ou de refroidissement. Par exemple 15 % en août 1972, mais 2 % lors du plan de relance de septembre 1975. On a imaginé aussi, pour le rendre plus efficace de moduler le niveau des réserves en fonction du niveau des crédits accordés par la banque (juin 1972) ou de leur augmentation : le taux a pu atteindre 33 % de celle-ci (1972, 1974). Un système de « réserves supplémentaires » vient s'ajouter au précédent.

Le contrôle général du crédit apparaît donc comme la pièce maîtresse de l'intervention monétaire de l'État. Il revêt des formes très diverses concernant le taux de l'intérêt, le montant des réserves obligatoires, mais aussi les modalités de ce crédit, la durée dont il peut être l'objet, les domaines auxquels il peut s'appliquer. Il y a là tout un arsenal aux mains de l'État qui n'a cessé d'en user et d'en faire changer constamment, dans un sens ou dans l'autre, le degré d' « encadrement ». Politique qui n'est pas nouvelle mais qui contraste avec la liberté accordée en 1967. Schématiquement on peut dire que l'encadrement a été plus net à partir de novembre 1968 et très nettement renforcé à partir de décembre 1972 car les banques recouraient trop au marché monétaire pour accorder les crédits qu'on leur demandait.

L'État peut être enfin lui-même un distributeur de crédit par l'intermédiaire du FDES ou de l'IDI dont il peut augmenter les dotations ou stimuler les interventions; on y reviendra ci-dessous.

★★★ *Les relations monétaires avec l'extérieur* sont un autre moyen dont dispose l'État pour agir sur la masse monétaire et, par là, sur la valeur de la monnaie.

L'action sur le système monétaire mondial en est un premier aspect. Mais on a vu[1] combien il était difficile pour la France d'en obtenir une réorganisation qui permettrait de limiter l'inflation généralisée.

Le contrôle des changes relève par contre des possibilités d'intervention de l'État. Il ne s'y résoud que poussé par les événements, car cela est contraire à l'équilibre des relations mondiales et à la politique de la Ve République depuis 1959. Mais il faut s'y résigner le 31 mai 1968, tant la fuite des capitaux est préoccupante. Levé le 4 septembre il est rétabli le 24 novembre. Il sera maintenu lors de la dévaluation, en 1969, atténué en 1970, renforcé en août 1971 au moment de la crise du dollar, assoupli après la dévaluation de la devise américaine, aboli en août 1973 pour ce qui concerne les sorties de capitaux, rétabli lors du flottement en janvier 1974, renforcé lors du plan Barre en 1976.

Ces décisions successives répondent à deux objectifs : contrôler les mouvements de capitaux qui viendraient à contrarier la politique monétaire du moment; décourager la spéculation pour ou contre le franc.

---

1. Ci-dessus paragraphe I.

L'emprunt extérieur répond, lui aussi, à ces deux objectifs. On a déjà vu combien on y avait eu recours en 1968 ou 1969 pour sauver la monnaie. On se tourne encore vers lui en 1974 (pour combler le lourd déficit de la balance des paiements) (hausse du prix du pétrole). Mais le second objectif — à savoir limiter l'inflation sans briser les possibilités d'investissement (objectif bien lié au précédent, il faut le dire) — apparaît surtout en cette même année 1974-75 alors que sévit une inflation galopante.

A cette époque en effet le gouvernement encourage les entreprises privées, mais aussi publiques (EDF, Charbonnages) — et c'est là un fait nouveau — à emprunter à l'extérieur les capitaux dont elles ont besoin pour financer leurs investissements.

Si l'État lui-même, pour ses emprunts d'alors, se tourne volontiers vers les pays producteurs de pétrole, tel l'Iran ou Qatar, c'est au marché des eurodevises que s'adressent les entreprises, c'est-à-dire aux banques étrangères qui détiennent des eurodollars, des euromarks... et même des eurofrancs : toutes monnaies conservées en dehors de leur pays d'origine.

Toutefois, à partir de l'été 1975 cette politique est révisée. Le franc en effet est rétabli (il a réintégré le « serpent » en juillet), il ne faut pas qu'il se renforce trop, ce qui atténuerait sa compétitivité dans le commerce mondial. Le gouvernement en vient donc à encourager le remboursement anticipé des emprunts : la défense de l'économie (cf. en septembre le plan de relance) l'emporte à nouveau sur la défense de la monnaie... jusqu'au plan Barre; l'emprunt extérieur reprend alors.

L'action indirecte de l'État (prix, fiscalité, budget, etc.)

Si la politique monétaire s'est révélée, depuis 1968, être l'arme la plus employée, l'État n'en a pas moins continué à recourir à des moyens plus détournés, plus incitatifs, dont l'effet est peut-être moins immédiat mais s'ajoute à ceux que l'on escompte de l'action directe sur la masse monétaire. Son action sur les prix, sa fiscalité, sa politique budgétaire sont les plus connus, mais il en est beaucoup d'autres.

★ *De la politique des revenus à la politique salariale.*

La politique des revenus présente un caractère autoritaire. Il s'agit de maintenir dans des limites raisonnables la hausse de la masse globale des revenus notamment ceux des agents de l'État. Le but est double : assurer le progrès social, mais aussi l'équilibre économie-monnaie. L'État s'y était efforcé depuis 1965 dans le cadre de la procédure Toutée pour ce qui concernait le secteur nationalisé [1]. Le système avait suscité beaucoup d'opposition de la part des syndicats. Il est abandonné en 1969 et remplacé par celui des « *contrats de progrès* ».

Ce nouveau système lie l'augmentation des salaires à l'augmentation de la PIB d'une part, à celle des ventes de l'entreprise considérée d'autre part, à celle, enfin, du chiffre de personnel employé (donc à sa productivité). Les syndicats assureront la répartition de la masse salariale entre les catégories, mais s'interdisent pratiquement de recourir à la grève pendant les 2 ans d'application du contrat (sauf, en cas exceptionnel, après un préavis de 3 mois).

---

1. Revoir le chapitre XXII, paragraphe III.

EDF, SNCF, Charbonnages appliquent ces contrats. Mais les voici bientôt dénoncés par la CGT, puis la CFDT. C'est l'échec (1971).

Le système des conventions collectives est alors remis à l'honneur. Ne correspond-il pas mieux d'ailleurs à la perspective d'une économie plus libérale, désirée par Pompidou et plus encore par Valéry Giscard d'Estaing ? On sait que, dans ce cas, l'État laisse l'entreprise et les syndicats face à face, pour fixer les conditions du travail et les rémunérations. Le danger est que les entreprises, cédant trop facilement aux exigences des syndicats, accordent de trop fortes hausses de salaires.

Mais l'État n'est pas totalement désarmé. Il peut agir sur le mouvement des salaires par des incitations ou des décisions plus ou moins autoritaires. Il peut avoir *une politique salariale*. Il en a usé à maintes reprises : ainsi, lorsque, refusant de dévaluer en novembre 1968, il prend des mesures déflationnistes, il les tempère en assurant que les hausses de salaires prévues en mai seront maintenues.

A l'inverse, après quelques autres précédents, le plan Barre en 1976-77 cherchera à bloquer le pouvoir d'achat.

★★ *L'encouragement à l'épargne* se révèle plus efficace, correspondant mieux à une vieille tendance française. Elle est stimulée par le gouvernement lorsque l'inflation est menaçante : ainsi lors du plan de redressement qui accompagne la dévaluation de 1969, ou lors du plan de refroidissement de juin 1974 : le taux d'intérêt versé par les Caisses d'épargne, déjà plusieurs fois relevé, atteint, fin 1974, 7,5 %. Il n'en reste pas moins inférieur à celui de « l'érosion monétaire » (15 % cette année là).

Or l'épargne ne cesse pourtant de se développer !

Pour les « ménages », grâce à la hausse des salaires, elle représente, 12,7 % du revenu en 1959 mais 14,7 % en 1969, et 17,7 % en 1973, encore 15 % en 1975. Le livret de caisse d'épargne n'est pas seul à en bénéficier. On cherche d'autres comptes « qui rapportent » : épargne-logement, dépôt à terme, bons de caisse (tout ce qui forme finalement de la « quasi monnaie » facilement mobilisable). Tous ces comptes retiennent 43,6 % de l'épargne totale en 1970 au lieu de 23,7 % en 1966. Dans le même temps ont crû aussi les comptes en banque (qui passent de 96 à 164 milliards) : ils traduisent, entre autres choses, l'usage courant du chèque.

En 1970 l'épargne des ménages représente 42 % de l'épargne nationale. Ce qui peut paraître surprenant c'est que, dans les années qui suivent, marquées par l'inflation et la hausse des prix, l'épargne continue à croître. En fait elle devient une « *épargne de précaution* ». Ou bien elle traduit le désir de faire fructifier des capitaux que l'on déplace du compte en banque, où ils ne rapportent rien, au livret qui rapportera ; ou bien elle révèle une « anticipation » de caractère psychologique : mettre de l'argent de côté pour se prémunir contre la hausse attendue des prix, ou pour pouvoir réaliser un équipement domestique coûteux.

L'épargne se retourne en définitive contre l'épargnant, puisque le taux d'intérêt est inférieur au taux d'accroissement du coût de la vie ! Aussi certains demandent-ils l'indexation du taux de l'épargne sur ce dernier. Sans cette solution, l'épargne finit par devenir... un facteur d'inflation : on épargne pour pouvoir dépenser peu de temps après, donc l'entreprise — qui le fait — pourra augmenter ses prix, et ses salaires...

Ici encore l'État use d'une arme émoussée quand il cherche à enrayer l'inflation en encourageant l'épargne sur ces bases malsaines. C'est pourquoi à la fin de 1975, il diminue le taux d'intérêt des caisses d'épargne (6,5 % désormais) et lance des bons du Trésor à terme, à intérêt fortement progressif.

★★★ *La politique des prix* est-elle une meilleure arme ?

La libéralisation des prix reste l'idée fondamentale depuis 1960, selon les conclusions du rapport Rueff-Armand. Elle fait suite au long blocage de 1945 à 1960.

Mais les avatars furent nombreux :
— nouveau blocage en 1963 dans le cadre du « plan de stabilisation »;
— « liberté contrôlée » avec les « contrats de stabilité » en 1965 [1];
— « contrats de programme » de 1966 à septembre 1971. Avec ce système les entreprises fixent leurs prix librement à condition de suivre, dans leurs productions ou leurs investissements, les recommandations du Plan.

L'application ne fut pas aisée, contrariée non seulement par les difficultés du contrôle mais aussi par les désordres de l'économie, l'arrivée ou le départ des capitaux flottants : contrôle, relâchement, blocage (novembre 1968, par exemple) viennent désorganiser successivement le mécanisme.

— le système des « contrats anti-hausse » est lui aussi éphémère. Décidé en septembre 1971 et prévu pour six mois, il engage l'État à ne pas aggraver les charges qui pèsent sur les coûts de production de l'entreprise, en échange de quoi chaque profession limitera sa hausse de prix à un maximum de 0,2 % par mois.

Le régime de demi-liberté des prix (avril 1972) est finalement institué par un gouvernement attaché au libéralisme... mais qui ne peut, dans la conjoncture, l'établir parfaitement. Il souhaite cependant que ce nouveau régime soit définitif. C'est le système de « *programmation annuelle* » — pièce maîtresse de la réforme — qui autorise des hausses jusqu'à 3 % (4 % pour le commerce et les services) mais davantage pour tel produit si la limite n'est pas atteinte pour tel autre. L'État doit négocier ce marchandage avec l'entreprise, exemple caractéristique de « politique contractuelle ». Dans les autres cas les entreprises peuvent déposer des barèmes de hausses que le gouvernement accepte ou refuse. Mais les petites entreprises de moins de vingt employés ou certains secteurs à forte concurrence (photo, télévision etc.) ont la liberté totale de leurs prix.

Ce régime est précisé :
• pour l'industrie par le système des « *accords forfaitaires* » (septembre 1974) : il établit des contrats entre l'État et 210 branches professionnelles;
• pour le commerce, un nouveau mode de calcul des marges bénéficiaires est établi en novembre 1975;
• mais pour l'agriculture ? Ici la situation est toute différente, les prix des principaux produits étant fixés dans le cadre du Marché commun, à Bruxelles.

Les difficultés de la politique des prix sont évidents. Difficulté de les établir, de les faire respecter. Plaintes de ceux qui s'en estiment les

---

1. Cf. chapitre XXI, fin du paragraphe I.

victimes, à commencer par les paysans qui voient les prix industriels monter plus vite que les prix agricoles (le revenu paysan baisse en 1974). Moins aisés à contrôler, ce sont les prix des services qui montent le plus avec ceux des produits alimentaires (à la consommation plus qu'à la production). Quant aux produits industriels, ils augmentent moins, sauf pour les produits nouveaux... sur lesquels se rattrapent les entreprises. Aussi a-t-il été prévu (septembre 1974) que leurs prix devraient être proposés un mois à l'avance en vue d'être autorisés ou non.

L'État n'est donc pas totalement désarmé. Il peut d'ailleurs donner l'exemple en retardant la hausse des tarifs publics, en allégeant la TVA sur certains produits, en baissant les droits de douane sur d'autres. En mars 1976 et, plus encore, avec le plan Barre, beaucoup de prix industriels sont libérés — avec une procédure d'agrément (1977) qui limite leur hausse. La libération totale viendra en 1978 [1]. Mais toutes ces décisions, ces mesures successives prouvent à l'évidence la quasi-vanité d'une politique des prix en temps d'inflation généralisée.

★★★★ *La politique fiscale* est certainement plus efficace, bien que la fraude fiscale soit toujours très vivace en France. Le gouvernement ne cesse d'annoncer la lutte contre les fraudeurs. Ce fait même prouve que l'action menée peut répondre, non seulement à un objectif conjoncturel, mais aussi à un objectif structurel : améliorer la fiscalité.

Les mesures proprement conjoncturelles se sont fixé plus spécialement trois objectifs :

— stimuler l'activité menacée par la politique déflationniste : par exemple en novembre 1968 on a supprimé la taxe de 5 % sur les salaires, que devaient payer les entreprises;

— lutter contre l'inflation, au contraire, en augmentant les impôts ou en les faisant rentrer plus tôt (1974), ou en en créant de nouveaux, tel le « prélèvement conjoncturel » qui, décidé en 1974, devait frapper en 1975 les entreprises obtenant de trop grosses marges bénéficiaires;

— défendre les catégories sociales ou socio-professionnelles les plus atteintes par les mouvements économiques : agriculteurs au début de 1975, familles modestes, plusieurs fois de suite.

Les mesures structurelles visent justement deux buts principaux :

— l'équité fiscale : ainsi depuis 1968 ces milieux modestes sont l'objet d'attentions particulières tandis que les gros revenus sont moins épargnés qu'autrefois;

— l'aide à l'économie : investissement, exportations, PME etc.;

— la rationalisation de la fiscalité. On citera comme exemple l'impôt sur le bénéfice réel qui, depuis 1972, frappe obligatoirement les plus gros agriculteurs et pour lequel peuvent opter les autres; ou encore la taxe professionnelle qui, en 1975, vient remplacer la vieille patente, objet de nombreuses critiques. La nouvelle taxe doit diminuer les inégalités d'imposition et alléger les charges des petites entreprises ou de celles qui emploient une main-d'œuvre nombreuse. Elle est cependant critiquée par les collectivités locales dont la patente assurait une bonne partie des revenus. La nouvelle taxe risque de leur rapporter moins.

Les tendances générales de la fiscalité sont, au total, les suivantes :

— la progression du nombre des assujettis; elle est due à l'enrichisse-

---

1. Voir chapitre XL paragraphe II.

ment sans doute, mais aussi au fait que l'impôt est trop assis sur la hausse nominale des salaires; le revenu imposable triple de 1959 à 1969, son rendement quadruple. Le nombre des contribuables soumis à l'impôt sur le revenu est passé de 5,7 millions en 1960 à 12,7 en 1975 : environ 50 % des foyers;

— l'allègement est cependant souhaité par Giscard d'Estaing dans son plan de réforme fiscale de 1970. Depuis cette date l'augmentation est plus raisonnable. Contrairement aux autres pays du Marché commun on souhaite en France diminuer le poids de la fiscalité. Il représente, en 1972, 24 % de la PIB, contre 24,7 % en 1968. Il est vrai que les « cotisations sociales » obligatoires sont assez lourdes et vont croissant! Cumulées avec la fiscalité elles donnent 38,3 % de la PIB en 1968, 37,3 % en 1972 et 39,6 % en 1974; presque autant en 1978 : 39,4 %;

— une plus grande équité; par exemple dans le poids relatif de chaque impôt. Ainsi la TVA fournit environ la moitié du total. Impôt neutre... donc relativement lourd pour les contribuables modestes : on doit donc abaisser ses taux. Au contraire l'impôt sur le revenu, relativement peu progressif en France, doit devenir plus juste (un effort apparaît en 1974)... au détriment des hauts salaires et des revenus agricoles.

Dans le même esprit, la réforme de l'impôt foncier et plus encore la taxation des plus-values (impôt sur le capital) sont à l'ordre du jour en 1975 : la spéculation immobilière, les « valeurs-refuges » tels que l'or, les bijoux, les œuvres d'art etc., pourraient en être les victimes. Finalement l'impôt sur les plus-values (1976) est modeste et épargne les terres agricoles, les résidences principales, les obligations. La fraude fiscale, par le biais de la sous-estimation du revenu déclaré, s'élève en 1972 à 22 % pour les revenus fonciers, 56 % pour les bénéfices industriels et commerciaux, 77 % pour les bénéfices agricoles. Elle doit être combattue... Ces chiffres sont fournis, dans son premier rapport, par le Conseil des impôts, créé en 1971.

Les difficultés de la politique fiscale sont évidentes :

— d'un point de vue technique, la fiscalité est un maquis, la fraude est entrée dans les mœurs et bénéficie de bien des complicités; dans les temps de grande inflation l'arme fiscale est encore plus inopérante;

— du point de vue politique, il faut, de plus en plus, compter avec le cadre européen (allègement de la TVA); à l'intérieur du seul cadre français il faut opérer un choix : l'allègement est favorable à l'économie (... avec risque d'inflation), mais compromet la redistribution des revenus, perspective plus ou moins socialiste qui seule permettrait la réalisation des grands équipements collectifs.

★★★★★ *La politique budgétaire.*

L'action budgétaire de l'État peut avoir une influence considérable sur l'économie. On le sait surtout depuis Keynes.

Les conditions techniques du budget ont été améliorées. Pour l'établissement on recourt peu à peu (Debré l'utilise déja en 1968) au système dit RCB (rationalisation des choix budgétaires), voisin du PPBS américain (planning, programming, budgeting systems). Il s'agit d'un nouveau mode de présentation des dépenses, dont la rentabilité sera calculée par la méthode « coût-avantage ». Cette méthode fait appel à la recherche opérationnelle, à la pensée économique, à la réflexion. Elle suppose une prévision à long terme et un « décloisonnement » des perspectives.

L'État, améliorant ses méthodes, pourra jouer un rôle plus efficace dans l'économie.

Pour le fonctionnement on a, en des temps difficiles (juillet 1969), créé une sorte de masse de réserve, le « Fonds d'action conjoncturelle » qui pourrait servir à des financements imprévus, mais son rôle a été modeste. A été instituée aussi la « tranche opérationnelle du budget » : une part du budget de chaque ministère — 10 % environ — sera ou non utilisée, selon la conjoncture : perspective prudente en temps d'incertitude, et plus grande souplesse.

Les tendances du budget se lisent à travers les chiffres :

- la croissance, d'abord :

          1968 : 137 milliards
          1972 : 187   —
          1976 : 294   —
          1978 : 398   —

Elle s'explique avant tout par la dégradation de la monnaie. Mais en cours d'année il faut souvent établir un « collectif budgétaire » pour répondre à une hausse imprévue des dépenses. Certes, les rentrées fiscales sont en général supérieures à ce qu'on escomptait à cause de la hausse nominale des revenus et des prix à la consommation (ce qui accroît la TVA); mais cela n'est pas toujours suffisant. Le budget est alors modifié par des « lois de finances rectificatives ». La modification peut se faire en baisse (ce fut le cas, on l'a vu, à la fin de 1968, dans une optique de déflation); elle se fait plus souvent en hausse : deux bons exemples sont fournis par les années 1974 (compensation nécessaire à la hausse des prix du pétrole, action sociale en faveur des vieillards) et 1975 : cette année-là, trois lois de finances successives font passer le budget de 259 à 286 milliards.

- la recherche de l'équilibre budgétaire a été systématique de la part du ministre Giscard d'Estaing depuis 1969. On ne veut plus de déficit (ou, comme on disait, de découvert, d'impasse) comme pour les budgets de 1968 et de 1969. L'équilibre est en général obtenu, mais les « lois rectificatives » viennent souvent le compromettre. Les « résultats d'exécution » laissent apparaître un déficit de près de 2 milliards en 1971, beaucoup moins qu'en 1968 (11 milliards et demi) et surtout qu'en 1975 : 38 milliards. On se résigne à nouveau en 1977 à présenter un budget en déficit pour 1978;

- la place relative de la part du budget dans la PIB est alors remise en cause. La baisse était la tendance qui s'était amorcée sous la cinquième République mais il y avait eu une parenthèse de hausse de 1967 à 1969. La baisse revient donc à partir de 1970. L'année 75 vient tout bouleverser; depuis lors, compte tenu des « collectifs budgétaires », le budget représente 21 à 22 % de la PIB.

Il est évident que cette baisse, qui s'accorde avec la volonté de diminuer la pression fiscale, limite les possibilités d'investissement de l'État, donc éventuellement la réalisation des grands équipements collectifs, comme il a été dit plus haut.

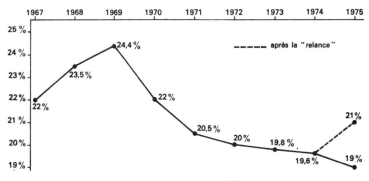

Part du budget dans la P.I.B.

Les choix budgétaires restent en tout état de cause le meilleur moyen dont dispose l'État pour consacrer ses ressources aux fins qu'il s'assigne. Ainsi le budget de 1969 prévoit :

27 % pour l'activité économique,
20 % pour l'action éducative,
17 % pour la défense nationale,
15 % pour l'action sociale.

L'État cherche à alléger ses dotations aux entreprises nationalisées. L'éducation nationale devient le premier poste du budget de 1971. Beaucoup considèrent que la part qu'elle s'octroie représente un maximum. Pour d'autres, elle est encore insuffisante. Certains veulent une action plus forte pour les grands équipements collectifs. La Défense nationale se plaint d'avoir été trop sacrifiée. La 3ᵉ loi de programme lui rend une meilleure place après 1977. Le ministère de l'Environnement fait remarquer qu'il ne dispose pour 1972 que de 0,10 % du budget (0,75 % en comptant ce qui se rapporte à l'environnement dans les autres ministères)... Enfin beaucoup de contribuables voudraient voir diminuer tous les impôts et augmenter toutes les dépenses de l'État.

★★★★★★ *Autres moyens d'intervention de l'État.*

En quelques mots on peut indiquer, pour terminer, que l'État garde en réserve de nombreux autres moyens indirects d'intervention :

— *le calendrier de versement* de certaines échéances peut être modifié. Ainsi en a-t-il été plusieurs fois pour l'impôt, avancé ou retardé;

— *la trésorerie* de l'État peut être soutenue ou au contraire bridée : la trésorerie des entreprises peut être affectée aussi par des décisions concernant l'amortissement, le versement des dividendes etc.;

— *les mesures d'ordre commercial :* l'État peut contingenter les importations comme en mai 1968 ou au contraire les encourager, pour peser sur les prix, comme en décembre 1973. Plus fréquemment il stimule les exportations en favorisant le crédit commercial;

— *l'action sur l'investissement :* celui-ci vient en effet favoriser l'activité; mais il peut aussi détourner de la consommation; il contribuera encore à rendre la France moins dépendante de l'extérieur pour ses approvisionnements.

Les banques ; l'investissement

L'investissement n'est pas seulement le fait de l'État; c'est aussi celui des entreprises, sans parler de celui des « ménages ». Les banques jouent alors un rôle majeur car l'investissement n'est souvent possible que grâce au crédit.

★ *Le développement des banques.*

La diversification des activités bancaires est un fait notable, qui prouve la vitalité de la banque française. Elle a été stimulée par les mesures prises en 1965-66[1]; on voit surtout se développer :

— les opérations en devises, évidemment favorisées par l'inflation d'eurodollars, les encouragements gouvernementaux à y recourir pour l'emprunt (1974-75), sans parler de causes plus modestes comme l'essor du tourisme international;

— la spécification vers les crédits commerciaux, encouragés encore par les pouvoirs publics. A cet égard on mentionnera particulièrement le rôle de la BFCE (Banque française pour le commerce extérieur) qui relève de l'État[2]. Mais les autres banques trouvent là un domaine idéal car le crédit n'y est pas encadré;

— le prêt-bail, système qui permet d'user, en location, d'un matériel dont on deviendra ensuite propriétaire; la location très coûteuse parfois (ordinateur etc.) rend nécessaire l'appel au crédit;

— le crédit ou l'investissement dans les activités plus anciennes mais de plus en plus rentables : immobilier, loisirs, hôtellerie;

— les assurances;

— l'information des particuliers et des entreprises : vrai « service » qui s'avère de plus en plus utile;

— les opérations classiques enfin, avec un développement du crédit aux entreprises et aux particuliers et la gestion de leur compte.

La multiplication des guichets est devenue nécessaire. Ils foisonnent dans toutes les villes, dans tous les quartiers. Ils étaient 3322 en 1950 et 5247 en 1968; ils sont 8862 en 1973. Avec ceux des banques populaires, plus de 10 000 (avec ceux des caisses d'épargne, du Crédit mutuel, du Crédit agricole, on arrive à 40 000).

L'organisation de la banque a été bouleversée par cet extraordinaire essor. Le recours à l'ordinateur est devenu un impératif absolu. La profession s'est profondément recyclée.

L'activité, trop stimulée peut-être, a fini par inquiéter les pouvoirs publics. Dans une première phase, qui va de 1966, date de la réforme très favorable du système bancaire, jusqu'à 1974, ce fut un essor facile, trop facile : c'est le temps d'une inflation peu endiguée; certes, le crédit est plus ou moins encadré, mais les banques savent échapper à certaines de ses contraintes par leurs opérations sur le marché monétaire; ainsi ont-elle l'habitude de compenser entre elles, leurs opérations à court terme; mais elles utilisent parfois ces compensations pour alimenter leur crédit à long terme !

Ce mouvement prend une ampleur inquiétante, surtout avec l'arrivée massive de capitaux internationaux. La Banque de France doit exercer un contrôle plus sévère et, en 1974, le gouvernement prend quelques

---

1. Se reporter au chapitre xxi, paragraphe IV.
2. On reviendra sur son rôle au chapitre suivant, paragraphe I.

mesures spectaculaires à l'encontre de certains responsables de grandes banques nationalisées. Le crédit est plus sévèrement encadré. En outre la gestion dispendieuse des multiples guichets, l'augmentation des frais généraux, viennent à réduire les marges bénéficiaires des banques. Cela ne peut que les pousser à une rationalisation plus sévère de leur gestion et à favoriser encore plus leur mouvement de concentration.

★★ *La puissance des banques : concentration et internationalisation.*

Les banques ont vu leur nombre diminuer pendant longtemps, mais depuis 1966 il tend à augmenter légèrement : 293 en 1967, elles sont 329 en 1973 (dont 28 banques d'affaires). Cette légère augmentation tient surtout aux banques de crédit à long et moyen termes qui passent de 24 à 54. A la fin de 1977 on arrive à 378 banques.

La puissance a augmenté parallèlement car il y a, à côté des créations, *un fort mouvement de concentration :* par exemple les banques d'affaires étaient 40 en 1965. La BNCI et le Comptoir national d'escompte, deux grandes banques de dépôt, ont fusionné en 1966 pour devenir la BNP (Banque nationale de Paris), qui ravit la première place au Crédit lyonnais, devient la première du Marché commun et la quatrième du monde (1973). On notera aussi l'essor du Crédit agricole qui, par son bilan, dépasse la BNP, tant ses activités se rapprochent de celles d'une banque : 1re banque française et 2e du monde en 1978.

On assiste à la formation de « *groupes bancaires* », c'est-à-dire au regroupement autour de chefs de file : Paribas [1], le groupe de Suez qui, après avoir pris le contrôle du CIC (Crédit industriel et commercial) en 1971, de la Banque de l'Indochine en 1972, et s'être assuré de nombreux intérêts dans les assurances ou de gros groupes industriels (Saint Gobain-Pont-à-Mousson) l'emporte finalement sur son grand rival. On citera encore le groupe NSM (Neuflize, Schlumberger, Mallet), le groupe Lazard, etc. Au total, en 1973, six groupes rassemblent 80 banques et représentent, 80 % du bilan des banques. Ils ont une taille mondiale et aident puissamment l'industrie française, chacun étant très lié à telle ou telle très grosse entreprise.

L'internationalisation des banques n'est pas surprenante : l'expansion commerciale y pousse, le marché de l'eurodollar ou des euromonnaies de même, ainsi que l'intégration du Marché commun, le développement des sociétés multinationales, les liens traditionnels du grand capitalisme international; plus récemment l'apparition des pétrodollars, l'appel au crédit étranger selon le vœu du gouvernement en 1974-75... Les raisons ne manquent pas. Il en résulte un triple mouvement.

D'une part, les banques françaises se rapprochent des banques étrangères : une coopération s'instaure entre la BNP, la Dresdner Bank et la Banca nazionale del Lavaro italienne, entre la Société générale et diverses banques du Marché commun, entre Crédit lyonnais, Commerzbank allemande et Banco di Roma italienne.

D'autre part, les banques françaises s'implantent à l'étranger : Marché commun, États-Unis, URSS même, fait nouveau (BNP par exemple) pays arabes depuis 1969 : ici la position de la France est particulièrement forte, favorisée par sa politique extérieure. La place financière de Paris est privilégiée vis-à-vis des Arabes.

---

1. Cf. ce qui en a déjà été dit au chapitre XXX, paragraphe IV.

Enfin les banques étrangères viennent aussi en France : elles financent leur clientèle nationale qui y est installée, notamment leurs multinationales, mais aussi les multinationales françaises. Beaucoup sont américaines, mais la plus puissante de toutes est la Banque commerciale pour l'Europe du Nord, soviétique, qui finance le commerce Est-Ouest.

★★★ *Les sources et le développement de l'investissement.*

A l'origine de l'investissement on trouve l'État, les entreprises ou les ménages. Le plus important pour l'économie est en général celui des entreprises. *L'État* cependant, par les entreprises nationalisées, l'administration et tout ce qu'il contrôle a une place considérable. En outre, maître de la politique monétaire et encadrant le crédit, il joue un rôle indirect, non moins primordial.

On a déjà dit comment, à certains moments, il avait pu stimuler l'investissement tout en freinant l'inflation, comment, à d'autres, il avait multiplié les facilités, y compris celle d'emprunter à l'étranger (1974-75), comment enfin il donnait lui-même l'exemple : 13 milliards investis dans les équipements publics lors du « plan de relance » de septembre 1975.

Pour les entreprises cette politique est une aubaine car elles ont parfois peine à investir par autofinancement. Celui-ci s'est bien développé jusqu'en 1970, représentant parfois 70 à 80 % de l'investissement, mais depuis 1971 ce chiffre s'est abaissé passant, pour les entreprises industrielles, d'une moyenne de 79 % en 1968 à 69 % en 1972 ; dans certains cas même 60 ou 50 % vers 1974. Il faut alors recourir au crédit : celui des banques, en général, est primordial mais à l'occasion l'État le fournit lui-même, du moins aux grosses entreprises : c'est le rôle du FDES (Fonds de développement économique et social). Ce rôle a décru peu à peu, faute de moyens, et le FDES s'est montré de plus en plus exigeant. Mais de nouvelles dotations depuis 1975 lui permettent de reprendre une très grande importance.

En 1970 a été créé l'IDI (Institut de développement industriel) qui, constitué par des fonds d'État ou bancaires, peut prendre des participations temporaires dans des entreprises viables mais en difficulté momentanée [1]. Les entreprises peuvent encore se tourner vers le Crédit national, le Crédit hôtelier, etc. ou vers le Crédit agricole si elles sont agricoles ou s'intéressent à la vie rurale (on a développé les facultés d'intervention de ce Crédit agricole).

Le recours au marché financier reste cependant très classique, bien qu'il soit moins important en France (égal à 3 % à peine du PNB) qu'à l'étranger (près du double en Angleterre ou aux États-Unis, du triple en Italie). On sait qu'il s'agit de l'émission d'actions (ce qui aboutit à augmenter le capital), soit de celle d'obligations (forme d'emprunt). Celles-ci croissent et représentent 84 % de l'émission en 1975.

Entre 1969 et 1973, au total, le financement de l'ensemble des entreprises s'est réparti comme suit :

> autofinancement 63 %,
> crédits bancaires ou d'État 31 %,
> marché financier 6 %,

---

1. On reviendra sur le FDES et l'IDI au chapitre XXXIV, paragraphe I, consacré aux interventions de l'État.

(le crédit bancaire est, pour les deux tiers, un crédit à court terme).
Quant aux « ménages » on a déjà vu comment ils avaient développé
leur épargne et, par là, leur faculté d'investir, notamment par l'achat
de biens durables : logement en premier lieu, mais aussi équipement
domestique. Ils sont plus attirés qu'autrefois par les valeurs mobilières;
les SICAV quadruplent leur collecte en 1968, la sextuplent en 1969
mais ne draînent encore, à cette date, que 5,7 % de l'épargne des
ménages. Actions et obligations sont plus appréciées que naguère.
Mais « l'épargne de précaution » limite le progrès.

Le développement total de l'investissement est cependant maintenu.
Il passe entre 1968 et 1974 de 25,6 à 26,3 % du PNB. C'est mieux que
les 20 % de 1959 ou les 23,5 de 1964! Il faut toutefois remarquer que
l'investissement productif, particulièrement utile pour l'équipement
industriel, voit sa croissance annuelle diminuer : de près de 13 % en
1969 elle tombe progressivement à 5 % en 1974. La crise de 1975
n'est pas là pour l'encourager. Elle amène une chute de tout l'investissement, et surtout par autofinancement (1975 : 55 %).

★★★★ *Les problèmes de l'investissement.*

Si l'investissement s'est bien développé depuis les débuts de la
cinquième République, c'est qu'il a fallu pendant longtemps remplacer
par le capital ce qu'une main-d'œuvre stagnante ne pouvait fournir.
En revanche on demandait à cette main-d'œuvre, grâce à des équipements plus modernes, d'avoir une meilleure productivité. Ainsi l'économie française est-elle devenue plus « capitalistique » et son progrès
a-t-il été lié au *développement du capital et de la productivité.*

Mais *de là, justement, sont nés des problèmes :*
— le problème de l'emploi s'est trouvé posé dans la mesure où, au
milieu, et surtout à la fin des années 60, les générations plus nombreuses sont arrivées sur le marché du travail;
— la rentabilité du capital a diminué, de son côté; il rapporte moins.
Deux raisons principales : l'augmentation des salaires et autres charges
depuis 1968; la rentabilité, plus difficile à améliorer pour les grosses
entreprises déjà très rationalisées. Il est vrai que la situation est variable
d'une industrie à l'autre, d'une entreprise à l'autre;
— l'efficacité du capital, c'est-à-dire son rendement, a diminué
aussi car un même équipement ou bien risque de chômer avec la diminution de la durée du travail (1 heure et demie dans l'industrie entre 1968
et 1972), ou bien de produire moins avec les limitations qu'imposent
le respect de l'environnement ou une plus grande sécurité du travail.
Point de vue social, humain, que l'on respecte de plus en plus... mais qui
est coûteux pour l'économie;
— l'orientation vers les secteurs « non productifs » se conçoit donc :
immobilier, assurances..., aussi bien de la part des entreprises que des
particuliers;
— le tarissement du marché financier dès 1973, aggravé en 1974, à
cause de la baisse des cours, pour les actions, et de la diminution de la
valeur boursière des obligations (liée à la hausse du taux de l'intérêt);
— l'inflation est finalement alimentée par ce mécanisme : soit que
l'investissement non productif se développe trop, soit que l'État, pour
le développer, l'encourage par des moyens trop faciles.

★★★★★ *Les relations étrangères de l'investissement.*

Elles se sont tout naturellement développées, dans le climat de l'époque.

L'investissement français à l'étranger a été croissant de 1968 à 1973, malgré le contrôle des changes (qui a pu d'ailleurs, à l'occasion, jouer en sa faveur). En 1968 il s'élève à 2,2 milliards; en 1969 il tombe à 1,4, mais reprend ensuite son ascension pour atteindre 4,3 en 1973 : c'est un doublement en six ans. L'investissement direct cumulé de la France la place à la fin de 1973 au quatrième rang mondial : on trouve en effet (exprimé en dollars) :

1. États-Unis : 107 milliards;
2. Angleterre : 29;
3. Allemagne : 11,9;
4. France : 10,9;
5. Japon : 10.

... Mais le Japon ravit à la France ce rang honorable dès 1974.

L'investissement français s'oriente de préférence vers l'OCDE (51 % en 1968 mais 67 % en 1973) et l'on note son attirance pour les États-Unis (18 % en 1973) où s'implantent de grosses entreprises (Péchiney, Michelin, etc.). Le Marché commun qui absorbe pourtant 56 % des exportations françaises ne retient que 26 % des investissements.

Par secteurs, trois domaines à peu près équivalents : un tiers pour l'industrie (au lieu d'un cinquième en 1968), un tiers pour l'énergie (au lieu de la moitié), un tiers pour les services (holdings, assurances).

L'investissement étranger en France est peu orienté vers l'énergie mais plutôt vers l'industrie pour un tiers environ, à l'occasion vers l'agriculture (vignobles par exemple), plus encore vers les transports, les services et l'immobilier où l'on note une véritable ruée des Anglais et bientôt des Arabes.

C'est cependant le Marché commun qui fournit les principaux investissements (60 %). Encore faut-il se rappeler qu'il s'agit très souvent de filiales américaines qui s'y sont installées, ce qui augmente d'autant la part propre des États-Unis (22 %). Les autres pays de l'OCDE représentent 15 % et le reste du monde 3 %.

Au total après une baisse en 1968-69 l'investissement a notablement remonté à partir de 1970, favorisé par le meilleur climat politique de la France, le rétablissement du franc, le marché de l'eurodollar, le recours de la France aux emprunts extérieurs. S'il ne se monte qu'à 900 millions de francs en 1968, il atteint 6 milliards en 1973, 8 en 1976, mais ralentit alors sauf pour les industries à forte productivité.

★★★★★★ *Les conséquences de ces investissements étrangers* sont bien nombreuses. On ne dégagera que les plus importantes.

La balance des capitaux reste positive : sauf en 1976, la France reçoit plus de capitaux étrangers qu'elle n'en place hors de ses frontières, ce qui est très favorable quand la balance des paiements est difficile à équilibrer; ainsi le solde des capitaux est de presque 2 milliards en 1973.

D'autre part, et cela est moins heureux, on peut craindre *une sorte de colonisation de l'économie française.* Celle-ci se serait-elle aggravée depuis 1968 ? [1] Il semble que oui. Au début de 1973 les 1029 entreprises industrielles dont l'étranger détient plus de 50 % du capital [2] représentent :

13,8 % de la main-d'œuvre ;
18,8 % de l'investissement industriel ;
20 % des ventes.

Mais c'est surtout par la concentration qu'apparaît ce caractère de « colonisation » : concentration

— sur les plus grosses entreprises : 20 % de celles qui emploient plus de 2 000 salariés, moins de 2 % pour celles qui en ont moins de 50 ;

— sur certains secteurs : pétrole et machines agricoles dépassent les 50 %, chimie, construction électrique, biscuiterie les 30 % ;

— au profit de certains pays, à savoir surtout *les États-Unis* qui parmi les entreprises sous domination étrangère s'assurent 30 % du total, avec 40 % de la main-d'œuvre et autant des ventes. On ajoutera que les Américains contrôlent en général une plus grande part du capital (plus de 70 % en moyenne) que les autres étrangers (46 %), car, on le sait, ils pratiquent surtout l'investissement direct.

La paralysie face aux sociétés multinationales est difficile à éviter. Leur autonomie est redoutable : elles s'approvisionnent en circuit fermé (ce qui augmente les importations), déplacent trop librement leurs capitaux (ce qui favorise l'inflation et la spéculation monétaire), expatrient, si elles le désirent, leurs revenus (menace pour la balance des comptes) ou au contraire les réinvestissent sur place (colonisation accrue), compliquent le problème de l'emploi (salaires trop attirants, licenciements trop arbitraires). En face de ces inconvénients il y a, bien sûr, à mentionner leur rôle dans l'exportation, dans l'accroissement de la productivité, dans la concurrence qui stimule les autres entreprises.

Pesant le pour et le contre, *le gouvernement s'est montré plus favorable* à l'investissement étranger, depuis le départ de de Gaulle. De toute façon cet investissement est libéré à l'égard des pays du Marché commun depuis 1971 (et réciproquement). Mais (et cela depuis 1967), pour les autres pays il est soumis à contrôle s'il dépasse 20 % du capital.

On constate que le gouvernement l'a encouragé s'il répondait à l'aménagement du territoire : ainsi Ford et Siemens s'installent à Bordeaux, les Allemands « colonisent » une Alsace sous-industrialisée, les Soviétiques sont même sollicités pour la sidérurgie de Fos... Mais si, en 1973, on laisse Höchst prendre Roussel-Uclaf, on empêche Westinghouse de mettre la main sur Jeumont-Schneider, comme on n'avait pas laissé Fiat s'emparer de Citroën en 1968. Il est vrai qu'en 1975 la CII s'intègre dans des conditions douteuses à Honeywell-Bull !

On a là un exemple du rôle que peuvent jouer les pouvoirs publics, non seulement dans le domaine proprement financier, mais dans celui de toute l'organisation économique.

---

1. Cf. chapitre XXX, paragraphe I.
2. Cf. article du *Monde* du 18 novembre 1975.

Chapitre XXXIV

LE CADRE ET LA VIE DE L'ÉCONOMIE

Les bases financières de l'activité sont importantes. Le cadre dans lequel elle s'inscrit ne l'est pas moins. Ce cadre, sans être totalement remanié, a subi des transformations assez notables tout de même après le départ de de Gaulle en 1969. Un plus grand libéralisme est apparu : l'intervention de l'État est plus discrète (sauf peut-être par sa politique financière, déjà mentionnée), la concurrence plus vive, le Plan moins rigoureux. En outre des événements d'origine extérieure, tels que la hausse des prix de l'énergie ou la crise mondiale de 1974, viennent bouleverser toute la vie économique.

I. L'ÉTAT FACE AUX STRUCTURES ET AUX ACTIVITÉS

La IVe République avait été dirigiste et, dans des circonstances difficiles il est vrai, son dirigisme n'avait pas été sans maladresse. La Ve République s'est voulue plus libérale, mais tant que de Gaulle est là, l'État garde un rôle important qu'il veut mettre au service de la productivité et de l'équilibre [1]. L'évolution est précipitée après 1968.

L'encadrement pour la rentabilité

★ *L'effacement de l'État.*

Une évolution sensible se manifeste donc. Avec de Gaulle le grand thème de la « participation » se veut mobilisateur des énergies, au lendemain de 1968. Vaste programme où l'État s'engage en donnant l'exemple, en prenant des risques qui amènent finalement le départ du Général. Voici ensuite le programme de « nouvelle société » chère à Chaban-Delmas sous la présidence de Pompidou : il faut « débloquer » la société, établir des rapports sociaux plus confiants; l'industrialisation en sera le grand moyen. Mais elle se fera dans un cadre beaucoup plus libre. Idée plus large encore avec Giscard d'Estaing qui axe sa politique sur le thème d'une « société libérale avancée ». Le mot (libérale) est là, cette fois.

Le rôle de l'État doit alors diminuer. La politique résolument européenne, affirmée dès les débuts de la présidence de Pompidou, ne commande-t-elle d'ailleurs pas à la France de suivre cette tendance ? Le Marché commun n'est-il pas, dans l'ensemble, plus libéral que ne l'est la France ? Les raisons financières l'imposent aussi : le budget ne doit pas croître exagérément.

Ainsi donc l'État se contentera d'agir sur les structures profondes

---

1. Revoir chapitre XXII, paragraphe III.

(taille des entreprises, recherche et développement, etc.) ou d'encadrer l'activité par un Plan devenu très souple mais il relâchera son contrôle, il renoncera à certaines de ses activités économiques, il libérera les entreprises, à commencer par les entreprises nationalisées.

Primauté est donc donnée à la concurrence et à l'entreprise.

★★ *L'économie contractuelle au service de la rentabilité.*

Cette politique s'explique par un souci de rentabilité. L'État se lasse de soutenir financièrement les grandes entreprises nationalisées. Il mesure le coût des « grands desseins » chers à de Gaulle et à ses idées d'indépendance (voir ci-dessous). Il encourage les entreprises à faire de même : s'entendre entre elles, fusionner dans la mesure du possible; accepter au besoin un appui étranger, fût-il américain au risque de perdre leur autonomie; négocier, au mieux de leurs intérêts, avec leurs salariés comme avec l'État (on l'a vu avec le nouveau système des prix, en 1972).

L'économie contractuelle remplace l'économie dirigée. Une entente, un contrat (écrit noir sur blanc, ou simplement tacite) s'établit entre l'État et l'entreprise : moyennant certaines règles à respecter (le cadre du Plan, la hausse des prix ou des salaires), l'entreprise est libre. Qu'elle utilise cette liberté à son profit... sinon tant pis pour elle!

On revient aussi à ces conventions collectives où l'entreprise et les salariés, face à face, établissent leurs rapports réciproques pour les années à venir, selon les principes d'un néolibéralisme qui, encouragé en France dès 1936, a connu les plus larges succès aux Etats-Unis ou en Allemagne.

Cette « économie contractuelle », cette « politique de concertation » suppose, de la part des salariés, une certaine renonciation à l'idéal socialiste (et plus encore révolutionnaire). Elle les invite, tout comme leurs employeurs, à faire défendre leurs intérêts par des organisations solides : *les syndicats d'un côté, les groupements patronaux de l'autre.* Ces « partenaire sociaux » dialoguent à trois niveaux : l'entreprise, la branche industrielle, la confédération nationale [1]; l'État consacre l'accord, s'il le faut, à ce dernier stade.

A une volonté sociale affirmée par une action directe dans l'économie l'État a substitué ainsi, peu à peu, l'idée de progrès social qui sortirait d'une concertation libre dans une économie vouée à la concurrence. Or la concurrence mène tout naturellement à la recherche de la rentabilité.

★★★ *La renonciation aux « grands desseins ».*

La question de rentabilité se pose au premier chef dans certains domaines où l'investissement atteint des chiffres colossaux. Ces domaines sont par ailleurs ceux qui engagent l'avenir. Avenir matériel, mais aussi avenir politique. Faut-il considérer ces investissements sous l'angle purement financier, c'est-à-dire en rechercher la rentabilité, ou au contraire les replacer dans le cadre plus large d'une vaste perspective politique [2]? Cela revient à poser, en fait, le problème de l'indépendance nationale.

---

1. On a vu comment, dans cette perspective, le CNPF s'est restructuré en 1969 (chapitre XXXII, paragraphe II).
2. On pourrait peut-être, en ce cas, évoquer d'ailleurs l'idée d'une rentabilité à long terme.

Une nette évolution se dégage à cet égard. Avec de Gaulle la volonté d'indépendance est éclatante; sa méthode est souvent brutale. Les opposants la lui reprochent autant qu'ils critiquent ses choix. Pompidou est plus souple mais lâche déjà du lest. Giscard d'Estaing est encore plus souple et prend de grands risques en matière d'indépendance présente et surtout future. Les opposants, qui ne sont plus forcément les mêmes, le lui reprochent aussi.

De « grands desseins » sont donc abandonnés :

— « L'Europe européenne », (éventuellement « de l'Atlantique à l'Oural ») c'est-à-dire sans influence américaine au point de vue non seulement politique ou militaire (OTAN) mais aussi économique et financier.

— Le nucléaire, source de puissance militaire : pas de changement. Mais aussi source d'énergie demandant de lourds investissements. Pompidou (1969) renonce à la « filière française » peu rentable, réorganise le CEA (Commissariat à l'énergie atomique) en l'ouvrant davantage sur les réalisations pratiques (prises de participation etc.) en 1970.

— L'informatique : de Gaulle avait créé la CII, société française chargée de réaliser le « plan Calcul », c'est-à-dire parvenir à construire progressivement de très gros ordinateurs. Avec Pompidou il apparaît qu'elle n'y parviendra pas seule; on l'associe avec Siemens allemand et Philips hollandais pour former un puissant groupe enropéen, Unidata (1973). Est-ce suffisant pour contrebalancer IBM américain qui domine le monde ? Giscard d'Estaing ne le pense pas : CII s'associe majoritairement avec Honeywell-Bull (1975) pour former CII-HB. Échappera-t-on à une stratégie purement américaine ? En tout cas le plan Calcul est abandonné, Unidata est brisée. La France avec son « plan périinformatique » se spécialisera dans cette branche

— Avec l'aérospatial se pose le problème de la collaboration étrangère pour la construction aéronautique : avec l'Europe ou avec l'Amérique ? Quant aux fusées européennes, elles échouèrent. Mais ici la France, avec Pompidou, s'acharne : elle contribuera pour plus de la moitié au financement d'un nouveau lanceur, la fusée Ariane.

★★★★ *Les obstacles à surmonter.*

Quel que soit le choix opéré, celui-ci se heurte à des obstacles politiques, économiques, sociaux, étrangers.

— *Difficultés conjoncturelles :* la crise de 1968 ébranle le gouvernement, compromet les moyens financiers et, par là, rend plus tentante l'idée de rentabilité. La crise, à partir de 1974, pousse l'État à intervenir à son corps défendant. Il le fait ponctuellement.

— *Opposition politique :* on conteste les choix gouvernementaux. C'est le cas de certains milieux gaullistes, c'est celui des communistes et de la plus large fraction des socialistes : la Gauche s'élève contre la « dénationalisation » des entreprises publiques, la puissance abandonnée aux grandes sociétés capitalistes; elle s'unit à ceux des gaullistes qui s'inquiètent de la pénétration américaine en Europe et dans les secteurs de pointe. Le développement nucléaire est critiqué par beaucoup.

— *Opposition sociale :* les licenciements suivent trop souvent les mouvements de concentration des entreprises. On voit ainsi manifester les salariés comme les « indépendants », artisans, menacés par le développement de ces grandes sociétés capitalistes, que l'on accuse d'être trop favorisées par le gouvernement.

— *Sur le plan local* le problème de l'emploi est plus vivement ressenti quand il concerne des régions peu industrialisées; on y adjoint volontiers, à l'occasion, un goût pour l'autonomisme. Dans certains cas, en sens inverse, c'est au nom de l'environnement, qu'on s'oppose à l'implantation d'une usine — pourtant créatrice d'emplois — décidée par les pouvoirs publics, d'une centrale, d'une autoroute.

Cependant cette intervention de l'État s'avère, dans l'ensemble, plus discrète qu'autrefois. Elle cherche plutôt à forger un cadre ou se contente d'agir largement sur les grands secteurs de l'activité.

Le soutien aux diverses activités

★ *L'agriculture* est dans tous les pays industrialisés le secteur qui pose le plus de problèmes. Il n'est pas étonnant qu'il sollicite davantage l'attention de l'État. C'est le cas en France. Mais à ce premier trait caractéristique s'en ajoute un autre : la perspective de l'intervention est plus large, mais aussi plus difficile car elle doit être européenne, à la fois parce que l'agriculture est, de toutes les activités la plus intégrée dans le Marché commun, et parce que la France trouve là des chances particulières qu'il ne faut pas laisser s'évanouir.

Les moyens qu'utilise l'État pour aider l'agriculture peuvent se résumer ainsi :

— *la concertation avec les intéressés :* depuis 1971 une « conférence annuelle » rassemble les représentants de l'État et des principaux syndicats agricoles pour faire le point de la situation et orienter l'action à venir pour l'année suivante;

— *l'action législative :* l'État dépose et fait voter de grands projets de lois : par exemple la loi sur les coopératives (1972), la loi sur le fermage (1975), la loi foncière (1975), etc.;

— *l'action extérieure, à Bruxelles :* la France défend le Marché commun agricole et ses mécanismes qui lui sont favorables. Elle veille à la fixation de prix rémunérateurs. Elle doit surtout défendre l'idée d'un Marché commun qui vise à l'autosuffisance agricole, ce qui n'est pas le point de vue de tous les États membres;

— *l'aide financière* se traduit par le budget du ministère de l'Agriculture. Entre autres on peut souligner l'effort consenti en faveur de l'amélioration des structures, et spécialement des structures profondes (d'où l'intérêt porté à la recherche ou à l'enseignement pour former les futurs exploitants agricoles); il y a aussi tout un aspect social, à cette aide financière, et enfin un aspect régional; ainsi en fut-il pour les bénéficiaires de « l'impôt-sécheresse » en 1976.

Le détail de toutes les mesures prises dans tous les domaines fera l'objet d'une étude plus précise au chapitre suivant.

★★ *L'industrie.*

Le cadre du soutien est variable. Il peut être général : par exemple l'aide aux PME, à l'artisanat (1976). Il est aussi sélectif : des branches industrielles sont l'objet d'une aide particulière : ainsi, dans ce même Plan : l'électronique, la chimie, les industries mécaniques, les IAA (industries agricoles et alimentaires). En 1975 s'y ajoutent les machines-outils, en 1977 la sidérurgie, la construction navale, l'industrie du bois, carton et papier, la périinformatique.

La sélection peut s'exercer encore de plus près : sous la présidence de Giscard d'Estaing elle favorise quelques très grosses entreprises tel Peugeot qui rachète Citroën, Renault pour qu'il en fasse autant avec Berliet, etc.

Les moyens dont dispose l'État sont surtout financiers :

— Toute la politique financière serait à rappeler ici [1] avec notamment la politique du crédit, la politique fiscale etc. Mais il y a une intervention plus directe, qui est souvent coordonnée soit par la DATAR (Délégation pour l'aménagement du territoire et l'action régionale), soit par le « Comité des structures industrielles » créé en 1974. Ils interviennent surtout par l'intermédiaire du FDES et de l'IDI.

— Le FDES (Fonds de développement économique et social) est, on le sait, l'organe privilégié, alimenté par les fonds publics, pour répartir l'aide entre les grandes branches industrielles ou les très grosses sociétés, en particulier celles qui sont nationalisées.

— L'IDI (Institut de développement industriel) a été créé en 1970 dans un autre dessein : soutenir les entreprises petites ou moyennes dont le dynamisme semble garant de développement en dépit de difficultés momentanées, et dont le maintien paraît nécessaire pour l'économie nationale. On évitera peut-être ainsi qu'elles ne passent sous un contrôle étranger. L'aide qui leur est apportée n'est pas seulement financière; elle comporte aussi beaucoup de conseils sur le management. L'aide proprement financière consiste soit en crédits, soit en prises de participation provisoires (5 ans en principe).

Le capital de l'IDI est constitué pour une faible part par les banques, mais surtout par l'État et les établissements publics ou nationalisés. Le problème du financement apparaît dès 1973. Mais l'État tient à rester minoritaire bien que sa part passe à 44 %.

Les interventions de l'IDI ont été sélectives, mais jugées heureuses. Elles s'orientent peu à peu vers des secteurs entiers.

Les caractères dominants de l'aide de l'État à l'industrie sont devenus les suivants :

— souci de rentabilité : aide aux sociétés les plus dynamiques, développement des activités modernes : ainsi les Charbonnages doivent valoriser leur production en s'orientant vers la carbochimie;

— pas de réelle priorité aux entreprises nationalisées, si bien que, relativement, elles perdent en pourcentage dans l'aide distribuée : de 85,4 % en 1963-65 à 80,7 % en 1970-72; il y a reprise ensuite;

— une augmentation globale de l'aide, pourtant, puisque, entre les mêmes dates, l'ensemble des transferts financiers de l'État vers l'industrie passe de 29,9 à 57,5 milliards;

— des moyens d'action plus diversifiés, participation au capital, subventions (à la SNCF, au CEA, à la SNIAS). C'est pourquoi le rôle du FDES a eu tendance à diminuer, puisqu'il agit surtout, lui, par des crédits (il a accordé 64 % de ceux-ci en 1963, mais 30 %

---

1. Revoir le chapitre précédent, paragraphe II.

seulement en 1972). A partir de cette date il reprend plus d'importance, notamment avec l'aide apportée à quelques grosses firmes privées et lors de certaines relances. Un rôle plus important a été joué souvent par les institutions spécialisées telles que Crédit national ou Crédit hôtelier. Les moyens de l'État sont aussi plus indirects : c'est l'aide au commerce, dont le bénéfice retombe en fait sur les entreprises industrielles exportatrices.

★★★ *Les services.*

Peu homogènes, ils ne peuvent bénéficier d'une intervention uniforme ou aussi systématique de la part de l'État. Certains, toutefois, ont une importance si grande dans la vie nationale que son soutien leur est assuré.

Les services liés à l'enseignement, au logement, à l'équipement, à la santé relèvent pour une bonne part du budget de l'État. On notera la tendance à s'en remettre au secteur privé. L'enseignement libre est toujours soutenu; mais voici que la construction des autoroutes lui est de plus en plus confiée (depuis 1969; système codifié en 1970); celui de l'équipement téléphonique (... qui rapporte plus que son exploitation) : des sociétés d'économie mixte (Socotel, Sotelec) viennent s'ajouter aux trois sociétés privées; elles bénéficient du soutien de quatre sociétés de financement privées et d'une société publique créée en 1975 (Francetel). De son côté la loi Boulin de 1970 fait entrer davantage les cliniques privées dans le système hospitalier français et l'on recourt à l'emprunt (1973) pour faciliter l'équipement en hôpitaux. Idée de rationalisation, idée aussi de rentabilité.

Les transports sont soutenus par des subventions à la SNCF, par quelques grands choix d'implantation : nouvelles voies ferrées (Paris-Lyon) nouveaux canaux (Rhin-Rhône, 1975), tunnel sous la Manche (... mais les Anglais bientôt n'acceptent plus), nouveaux aéroports (Roissy). L'État lance en 1971 un plan de rénovation de la marine marchande : de fortes subventions lui sont accordées et augmentées encore en 1975; de gros investissements sont consacrés aux plus grands ports. Des pressions sont exercées sur les compagnies aériennes pour qu'elles acquièrent du matériel français (Air France et l'avion Mercure de Dassault, 1975).

Le tourisme, véritable industrie nationale, est soutenu par des interventions du FDES, par l'État lui-même qui offre des primes d'équipement hôtelier, orientées surtout vers les hôtels moyens, dont manque la France (les 1 ou 2 étoiles). Naturellement le Crédit hôtelier est aussi de la partie. L'État s'engage plus loin quand il lance, à l'instar de ce qu'il a fait dès 1964 pour la côte languedocienne, l'aménagement de la côte aquitaine (1972).

La distribution, le commerce intérieur sont contrôlés par la politique des prix; mais l'État veille aussi au maintien de la concurrence et par là est amené à protéger le petit commerçant (loi Royer, 1973), à surveiller l'extension des « grandes surfaces », à défendre les consommateurs (publicité, qualité des produits, etc.).

Le commerce extérieur est l'objet d'un soutien plus actif, tant son rôle est primordial dans le progrès économique. Le VIe Plan veut que l'exportation française atteigne 17 % de la production en 1975 au lieu de 14 % en 1971. Ses structures d'aide sont en place : la TVA ne frappe pas les produits exportés; des dégrèvements fiscaux sont consentis aux entreprises exportatrices depuis une loi de 1965; le crédit leur est généreusement distribué. Le plan Barre les épargne aussi (1976). Une banque spéciale, dont les fonds sont entièrement d'origine étatique, facilite le crédit à l'exportation : c'est la BFCE (Banque française du commerce extérieur) créée en 1944; elle procède aussi à des missions d'information; dès 1945 la COFACE (Compagnie française pour le commerce extérieur), placée sous le contrôle de l'État, assure, couvre les risques, pratique le crédit. De son côté le CNCE (Conseil national du commerce extérieur) devenu le CFCE en 1972 (Centre français du commerce extérieur) est un établissement public qui informe les exportateurs et les acheteurs et stimule les ventes. C'est aussi la mission qui est confiée, dans le domaine des produits agricoles, à la SOPEXA (Société pour l'expansion des ventes des produits agricoles). Le contrôle de la qualité des produits est garanti par un label d'exportation.

L'action sur les structures

★ *Caractères et moyens d'action.*

L'action de l'État prend de plus en plus un caractère d'encadrement et non d'action directe. Certes de grosses interventions financières peuvent avoir lieu (on les a signalées) mais dans l'ensemble, face à ces opérations au « coup par coup », c'est à un déclin du rôle de l'État que l'on assiste, selon le souhait des néolibéraux. Pour mieux encadrer et pour mieux laisser les entreprises agir par elles-même, l'État se dote des moyens nécessaires et crée les organes propres à stimuler les entreprises.

L'État se dote des moyens nécessaires, pour s'informer et pour agir. La planification reste le principal moyen d'action. On en reparlera ci-dessous. Il faut mentionner pourtant déjà ici la création, en 1974, d'un organe nouveau : le conseil de planification qui rassemble, autour du président de la République, et du chef de gouvernement, plusieurs ministres et le Commissaire au Plan; il a pour mission d'associer plus directement le gouvernement à la mise en œuvre du Plan quitte à en changer certaines orientations à moyen ou long terme. Planification souple s'il en est.

Pour tenir les prix, l'État limite les « positions dominantes » (1977). La Commission de la concurrence intervient contre concentration horizontale (marché contrôlé à plus de 40 %) ou verticale (plus de 25 %).

Les moyens financiers existent depuis longtemps. Ils se renforcent. Ainsi sont nés :

— le fonds de recherche scientifique et technique;

— le CIASI (comité interministériel d'aménagement des structures industrielles, 1974) chargé de décider des aides à apporter aux entreprises petites ou moyennes qui le mériteraient;

— le fonds spécial pour le financement des investissements pour l'exportation (1974).

L'État encourage et informe les entreprises. Il les encourage par ses crédits; il leur procure les fonds nécessaires par l'intermédiaire de l'IDI, du FDES; il les pousse à emprunter à l'étranger en 1974 : cet encouragement systématique à l'investissement rentre tout-à-fait dans la politique gouvernementale : rendre les conditions plus favorables, plutôt que d'agir directement.

L'État considère de son devoir d'informer les entreprises. En 1968 a été créé un « Institut national de la consommation » qui permet à la fois au consommateur de se mieux défendre, aux producteurs de se mieux adapter aux besoins. La même année apparaît un « Centre national d'information pour la productivité des entreprises » qui doit allier les idées générales et les conseils pratiques. En 1970 naît le CDI (Centre de diffusion de l'innovation) dont la tâche est de faire connaître les résultats de la « recherche », recherche qui devient une pièce maîtresse de toute l'économie.

★★ *La politique de la recherche.*

L'État, depuis la Ve République surtout, a encouragé la recherche. Il y participe pour 71 % en 1967, 57 % en 1977. Avec Giscard d'Estaing apparaît une vraie politique de recherche.

La situation de la recherche explique cette évolution. La recherche française a progressé, elle n'est pas mauvaise, mais depuis 1967-68 elle semble stagner quelque peu, ou même diminuer relativement : représentant d'abord 2,2 % du PNB elle tombe ensuite à 1,7 % en 1975. La balance des brevets et licences voit son déficit croître de 50 % entre 1969 et 1976. Sont faibles la grosse et moyenne mécanique, l'électronique, la chimie. Le déficit reste très lourd avec les États-Unis.

L'insuffisance tient pour une bonne part à la faiblesse des moyens financiers : l'État n'est peut-être pas assez généreux; les entreprises ne font pas toujours l'effort nécessaire : vers 1972, elles consacrent en moyenne 1,5 % de leur chiffre d'affaires à la recherche, moyenne convenable, mais pour les industries de pointe les 4 ou 5 % réalisés sont souvent inférieurs aux besoins. Enfin il faut dénoncer l'influence néfaste du *cloisonnement* de la recherche française :

— les organes étatiques sont plus ou moins encadrés par la DGRST (Délégation générale à la recherche scientifique et technique, depuis 1958) organe coordinateur, mais le CNRS (Centre national de la recherche scientifique) qui est un organe de recherche assure aussi la liaison avec l'Université.

— les organes spécialisés ont été multipliés : CNES (Centre national d'études spatiales), CNEXO (Centre national d'exploitation des océans), ORSTOM (Office de la recherche scientifique et technique d'outre-mer) :

— les autres organes, plus spécialisés, relèvent de l'État (CEA pour l'atome par exemple) ou sont universitaires ou encore sont privés; chaque branche industrielle a le sien : IRSID pour la sidérurgie, IFT pour le textile, IFP pour le pétrole, etc.;

— le cloisonnement se retrouve entre Paris, qui détient 70 % de la recherche, et la province où seules Lyon et dans une certaine mesure Grenoble ont une réelle importance;

— enfin il y a trop souvent coupure entre la recherche théorique et les utilisateurs.

Le gouvernement se doit d'intervenir.

Ainsi le VIe Plan prévoit 20 milliards de crédits gouvernementaux.

Mais en 1975 on décide un plus gros effort : on recrute beaucoup plus de chercheurs ; la coordination sera mieux assurée ; en 1979 le CNRS sera réorganisé.

Pour la localisation il s'agit de favoriser la province. A partir de 1973 un système de subventions s'y emploie. Tous les services du CNES sont, après 1972, regroupés à Toulouse, déjà capitale de l'aéronautique. Tous les autres grands organes de recherche doivent (1974) présenter des plans de développement de leurs travaux en province sur des thèmes choisis ; la DGRST appréciera et coordonnera l'ensemble.

Les domaines ouverts à la recherche s'élargissent. La recherche fondamentale, dont dépend tout le reste, sera spécialement encouragée (1975). Mais, tant pour elle que pour la recherche appliquée, le champ s'élargit, se portant davantage vers ce qui concerne l'homme.

L'ouverture de la recherche vers l'application pratique transparaît à travers ces choix. Il faut d'abord mieux utiliser les résultats obtenus. C'est la mission de l'ANVAR (Agence nationale de valorisation de la recherche, 1966) qui protège les brevets français, peut prendre un brevet pour son compte et concéder alors des licences, en s'intéressant plus spécialement aux petites entreprises qui auraient trouvé de nouveaux procédés ou souhaiteraient en acquérir. Mais les résultats sont insuffisants ; l'État décide en 1977 d'aider les PMI (petites et moyennes industries) dans leur recherche et décentralise l'ANVAR en 1979.

Il faut aussi une meilleure information réciproque entre les organes de recherche et les entreprises et parvenir à de bonnes réalisations pratiques (c'est l'innovation). Pour répondre à cette double attente a été fondé (1970) le CDI (Centre de diffusion de l'innovation).

Il faut enfin des liens plus étroits entre les grands centres de recherche et les plus grandes sociétés. Dans ce but :

— l'État diversifie les activités du CEA en en faisant une sorte de holding dont une branche reste cantonnée dans la recherche et une autre est destinée à produire ; ainsi en 1975 le CEA prend 30 % du capital de FRAMATOME qui fabrique le matériel nucléaire ;

— l'INRA (Institut national de la recherche agronomique) est invité à collaborer plus étroitement avec l'agriculture (1974) ;

— de premiers accords de coopération de recherche sont établis entre le CNRS et de très grosses firmes : firmes d'État (Elf-Erap ou IFP : Institut français du pétrole) mais aussi sociétés privées : Rhône-Poulenc en 1975. Certains chercheurs protestent contre cette collaboration trop favorable à leurs yeux aux grands intérêts capitalistes...

★★★ *L'organisation du cadre géographique.*

Dans le cadre proprement français l'aménagement régional se fait de plus en plus contraignant : le Plan reste régionalisé ; les implantations d'industries ou de services sont plus soigneusement étudiées en fonction des besoins locaux. La DATAR intervient plus fréquemment. Le développement des compétences régionales en matière économique est favorisé par la réforme régionale adoptée en 1972 [1]. Elle est riche d'avenir puisque cette régionalisation est limitée par le gouvernement

---

1. Voir chapitre XXXVII, paragraphe III.

(1975) aux domaines des activités sans devoir déborder sur celui de l'administration. L'aide au développement est particulièrement marquée pour certaines régions : Bretagne, Massif central, Languedoc etc.

A l'égard de l'Europe s'avère nécessaire une collaboration plus étroite que par le passé. Le Marché commun a adopté en effet une politique régionale en 1974 et s'est doté d'un fonds spécial pour la soutenir. La France doit bénéficier de ses allocations. L'État français reste libre de sa politique régionale mais doit tout de même l'harmoniser avec celle de ses partenaires. On verra plus loin [1] les aspects pratiques de la question, notamment en ce qui concerne les régions frontalières.

Les difficultés peuvent naître de l'esprit dans lequel cette politique européenne doit être menée. Un certain penchant du Marché commun à s'intégrer davantage à l'OCDE peut venir contrarier la politique proprement française,

C'est *à l'échelle du monde*, finalement, qu'il faut de plus en plus considérer les choses : collaboration ou non avec les grandes sociétés mondiales en donnant la préférence aux européennes (mais on a vu que ce n'était pas toujours le cas), collaboration ou non dans le domaine de la recherche, accords de coopération avec tel pays : URSS, pays sous-développés, contrats industriels à signer avec tel pays plutôt qu'avec tel autre.

★★★★ *La rénovation de l'entreprise* devient, à partir de 1968, un des domaines de choix d'intervention de l'État. Mais *les idées ont évolué*, à cet égard. Avec de Gaulle — on l'a dit déjà maintes fois — il s'agissait d'arriver à une rénovation en profondeur : les travailleurs devaient participer à la gestion et dans une certaine mesure au capital de l'entreprise. Avec Pompidou et, plus encore, avec Giscard d'Estaing il s'agit de rendre l'entreprise plus moderne, plus rentable, plus efficace.

L'un des moyens envisagés est le *rajeunissement des chefs d'entreprise :* dans cette optique se place l'aide à la retraite anticipée des vieux agriculteurs avec le versement de l'IVD [2]. Décision plus révolutionnaire prise en 1970 : la limitation, à moins d'un tiers du total, du nombre des septuagénaires dans les conseils d'administration. Quant aux PDG, leur limite d'âge est fixée à 65 ans. La « structure mentale » compte autant que la « structure financière ».

Les mesures favorables à la concentration des entreprises prouvent cependant qu'on n'oublie pas celle-ci. Après le « bureau des mariages » créé par le ministère de l'Industrie en 1967, voici, en 1974 (on l'a vu) la naissance du « Comité de restructuration industrielle » qui s'occupera plus spécialement des PME. Entre-temps, en effet, la restructuration a été sensible ; il faut agir désormais de façon plus nuancée. Ce n'est pas tant la taille de l'entreprise qui compte c'est son efficacité.

Le projet général de « *réforme de l'entreprise* », selon le rapport Sudreau (voir ci-dessous) prouve que, pour les pouvoirs publics, c'est, plus que jamais, l'entreprise qui reste ou redevient la cellule fondamentale de l'économie française.

---

1. Ibidem.
2. On a exposé au chapitre XXX, paragraphe 14, les problèmes de l'entreprise **vers** 1968.

II. L'ENTREPRISE
ENTRE L'ÉTAT ET LA CONCURRENCE
Structure et problèmes de l'entreprise

★ *La structure* ne s'est pas fondamentalement transformée. Ce qui frappe toujours, c'est *le grand nombre d'entreprises françaises, c'est-à-dire leur petite taille.* Mettons à part les entreprises agricoles, fatalement plus petites. On a quand même en France deux fois plus d'entreprises industrielles qu'aux États-Unis! (et seulement deux fois moins d'entreprises agricoles). Certes le chiffre exact est difficile à connaître au niveau des petites. Une enquête de l'INSEE portant sur l'année 1970 pour l'industrie et les services et d'autre part un recensement agricole de la même année dénombrent :

    1 587 600 entreprises agricoles;
      665 000 entreprises industrielles;
      570 000 entreprises commerciales;
      430 000 entreprises prestataires de services.

L'agriculture n'en regrouperait plus que 1 350 000 en 1975. Selon d'autres sources, qui parviennent à des chiffres un peu différents et ne se réfèrent qu'aux entreprises industrielles sans le bâtiment, il n'y en a que 1 350 qui emploient plus de 1 000 personnes, et 285 000 qui auraient moins de 50 salariés. Mais quelle diversité selon les branches! Ainsi dans le bâtiment sur 289 000 entreprises, 95 % ont moins de 50 salariés.

Le mouvement de concentration s'opère cependant. Les grandes entreprises sont plus nombreuses : celles qui ont un chiffre d'affaires supérieur à 10 millions de francs étaient 4 720 en 1959, elles sont 14 494 en 1969; leur poids économique augmente : elles réalisaient 47,4 % du chiffre d'affaires, elles en assurent alors (1969 toujours) 61,3 %. Leur place est plus notable dans certains secteurs : première transformation des métaux, construction électrique, chimie.

Ce mouvement de concentration, qui avait affecté l'ensemble des entreprises dans les années 50 et 60, concerne surtout les plus grosses vers 1966-70, puis les moyennes encore après cette date. Au niveau des plus grosses le mouvement est stabilisé, le secteur « construction électrique » pouvant faire exception car tout n'y est pas réglé. En dépit de ces regroupements, la grosse entreprise française reste toujours assez modeste face à ses concurrents étrangers, trait caractéristique du capitalisme national.

En 1972, un dixième seulement des 300 premières entreprises non américaines sont françaises. Si l'on prend les 50 premières entreprises du monde, américaines comprises, on n'en trouve en 1974 que 3 qui soient françaises : la CFP (17e), ELF (34e), Renault (41e). Dans les 50 suivantes on n'en trouve encore que 5.

Le capitalisme français [1] demeure très divers. Parmi les 200 premières entreprises la moitié ont encore un capital d'origine familiale, 8 sont étatiques, un quart (56) sous contrôle étranger. Pour 87 d'entre elles on trouve un seul actionnaire majoritaire (y compris l'État pour 7 sur les 8; pour l'étranger 40 sur 56). Cette concentration n'est pas due

---

1. D'après l'étude de François Morin. *La structure financière du capitalisme français*, 1975.

seulement au jeu normal du capitalisme : il est le fait de l'influence des technocrates, de l'État et des banques dont les groupes puissants jouent un rôle de plus en plus déterminant.

A l'extrême opposé, le monde de l'artisanat se maintient, assez vigoureusement. On sait combien il est difficile de définir l'artisanat (malgré un texte officiel de 1962). Mais il est certain qu'après avoir longtemps décliné, il réaffirme sa vitalité. Le nombre des artisans augmente!

1972 : 770 000
1973 : 780 000
1974 : 785 000

Cette croissance s'explique par une meilleure spécialisation : mécanique, précision, métiers d'art, certains commerces alimentaires, certains services. Beaucoup trouvent leur profit (partagé par la grosse entreprise) dans la sous-traitance, par exemple dans les secteurs de la mécanique, et même de la construction automobile, navale voire aéronautique. En outre l'artisanat reste traditionnellement fort dans l'habillement (où il décline pourtant assez vite), les transports, le bâtiment.

L'artisanat est encore bien caractéristique de la France, avec ses qualités, ses défauts, ses efforts. Il atteint peut-être 100 milliards de francs de chiffre d'affaires, en 1972, soit plus que toute l'agriculture (88) et le double de l'industrie chimique par exemple.

★★ *Les problèmes de l'entreprise* varient en fonction de la dimension, mais trois d'entre eux se retrouvent à tous les niveaux : celui du financement, celui de la rentabilité, celui de la gestion.

Le problème du financement résulte surtout de la taille insuffisante de l'entreprise; trop petite, elle dégage peu de bénéfices pour assurer son autofinancement; recourant au crédit elle est soumise à son « encadrement » ou à ses taux excessifs en temps d'inflation; l'accès au marché financier n'est, dans la pratique, réservé qu'aux plus grosses, celles qui sont cotées en Bourse (moins de 100).

On peut noter pourtant les signes d'une évolution favorable : l'aide plus forte du FDES, l'aide récente de l'IDI, le recours au Crédit hôtelier, au Crédit National. Pour les PME (petites et moyennes entreprises) les crédits d'équipement octroyés par la Caisse nationale des marchés d'État ou par les SDR (Sociétés de développement régional) qui peuvent d'autre part participer, jusqu'à 35 %, au capital. En 1975 l'emprunt de 5 milliards est destiné pour moitié à soutenir l'investissement des PME; mais c'est souvent pour le crédit à court terme que celles-ci sont le plus gênées. Ce dernier est favorisé par des mesures de 1977.

Les plus grosses entreprises par contre recourent plus facilement au marché de l'eurodollar et peuvent bénéficier des crédits de sociétés de financement dont elles sont parfois actionnaires. On a vu qu'en 1974 le gouvernement les avait encouragées à recourir à l'emprunt extérieur.

Le problème de la rentabilité ne s'en pose pas moins. Les entreprises ont vu hausser leurs coûts de production avec la diminution du temps de travail (en moyenne 45 heures hebdomadaires en 1968, 44 en 1971, 43 en 1974) et la hausse des salaires (le coût salarial augmente de 2 % par an avant 1968, de 5 % depuis lors). Il faut, à cela, ajouter les frais croissants de la publicité, la concurrence plus vive qui oblige à baisser les prix, l'amortissement plus difficile de machines plus coûteuses, les contrôles plus sévères du fisc. Pour les très grosses entreprises la rentabilité dépend aussi du choix des investissements : un programme mal conçu, mal engagé, peut conduire à une catastrophe. Enfin il va sans dire que la crise de 1974 peut rendre non rentables les investissements les mieux conçus.

Selon les branches, la rentabilité est très variable ; sauf en temps de crise, les services en général, l'industrie chimique et la construction électrique sont les plus rentables. A l'opposé la rentabilité est beaucoup moins assurée pour la construction navale, la sidérurgie, le textile, les services publics.

Le problème de la gestion devient primordial ; il l'emporte sur celui de la taille de l'entreprise. Que d'entreprises mal gérées en France ! Trop d'employés non productifs, trop de frais superflus, trop d'accidents du travail (leur nombre, qui baissait autrefois, remonte à partir de 1969) ; relations trop tendues avec le personnel ce qui entraîne mauvais rendement de la main-d'œuvre, tendancé à l'absentéisme, fréquence des grèves, etc.

Admissible autrefois, la mauvaise gestion n'est plus acceptable en temps d'économie ouverte et de vive concurrence. Les meilleurs patrons s'en sont rendu compte, qui se recyclent de plus en plus : conférences, stages, séminaires les y aident. Mais il en est qui restent rebelles. En 1975 l'exemple de Boussac, l'une des plus grosses entreprises textiles, est là pour le prouver ; celui de Lip, deux ans plus tôt également, et combien d'autres !

Parmi les victimes se trouvent de grands capitalistes... mais aussi la masse des salariés, lorsqu'il y a faillite. Ceux-ci s'insurgent et revendiquent de plus en plus un droit de regard sur la gestion de leur entreprise. Beaucoup réclament même l'autogestion mais les quelques expériences faites en ce sens ne sont pas très encourageantes ; il est difficile qu'elles le soient dans une économie de type capitaliste.

★★★ *La réforme de l'entreprise*

Cette réforme semble de plus en plus nécessaire. Elle présente en fait *un double visage : social et économique.*

Aspect social : créer un nouveau climat de travail, améliorer les méthodes de production en donnant plus de responsabilité aux salariés dans leur travail comme dans la gestion de l'entreprise, revoir le temps de travail, son organisation, les problèmes de sécurité, etc. C'est cet aspect social qui fait l'objet de discussions entre patronat et syndicats pendant deux longues années 1973-1975. On en reparlera plus loin [1].

Sous l'angle économique la réforme n'est pas apparue moins urgente : l'entreprise doit vivre, se développer, devenir rentable. Autrement dit on s'intéresse ici au capital alors que sous l'autre angle on voyait surtout le travail. En fait les deux visions sont étroitement liées.

La *commission Sudreau* (1974) est chargée par le gouvernement d'étudier la question sous ce double aspect ; son rapport est déposé en 1975. Les décisions, au vu de ce rapport, doivent être prises ensuite mais tardent. La commission est parvenue aux conclusions suivantes :

---

1. Au chapitre XXXVI, paragraphe II, consacré aux questions sociales.

— l'entreprise doit s'ouvrir sur de meilleurs rapports réciproques;
— la « cogestion » est rejetée cependant;
— les conditions de travail doivent être améliorées;
— l'intéressement des travailleurs;
— l'information de tous les agents de l'entreprise est nécessaire;
— le droit de l'entreprise doit être revu;
— on devra favoriser la création de jeunes entreprises.

Entreprises petites, moyennes et artisanales

Ces entreprises si caractéristiques de la France, et si nombreuses, sont devenues après les regroupements des grosses sociétés, l'objet d'une attention particulière de la part des pouvoirs publics; leurs difficultés, accumulées, méritaient cet intérêt.

★ *Dans l'agriculture*, les petites exploitations continuent certes à disparaître, mais l'État semble décidé, comme on l'a déjà dit, à secourir les plus viables. Son aide à caractère social, pour les autres, facilite cette sélection (exemple : l'IVD, indemnité viagère de départ, pour les vieux agriculteurs).

★★ *Dans l'industrie*, on veut sauver les PME dont certaines peuvent avoir des dizaines ou des centaines d'ouvriers et dont la production répond à un besoin régional et national. C'est en pensant à elles que l'État a créé en 1970 l'IDI dont l'action, rapidement, a été efficace. En outre, l'État encourage (par des contrats avec divers organismes régionaux) la création d'associations qui facilitent les échanges d'idées.
Il semble qu'au prix d'un effort de volonté, de recyclage ou qu'en recourant davantage à l'association, par exemple dans les GIE (groupements d'intérêt économique, qui passent de 300 au début de 1969 à 2 000 au début de 1971), les PME les plus dynamiques soient sorties de l'époque de leurs plus mauvais moments : 1960-1970 temps des faillites, des absorptions, des hausses brutales de salaires (1968), des restrictions sévères de crédit (1969). Mais la crise, après 1974, pousse l'État à leur accorder une aide systématique (1976) et à favoriser la naissance de nouvelles PME (1977).

★★★ *Dans le commerce et l'artisanat*, la concurrence reste vive pour les boutiquiers affrontés aux « magasins à grande surface ». On note cependant depuis 1969 un ralentissement de l'essor des hypermarchés. L'État se décide à une action vigoureuse en faveur des artisans de l'industrie ou du commerce; il prend une série de mesures en leur faveur en 1972 : il donne des facilités juridiques aux groupements, centrales d'achat, coopératives, il assure aux artisans une meilleure représentation dans les chambres de commerce, il dote le FDES de crédits en leur faveur, il renforce la répression contre le « travail noir », il limite la hausse des loyers commerciaux et améliore la fiscalité. Ces mesures de caractère économique, destinées à sauver ces petits « indépendants », sont accompagnées de mesures à caractère plus social : des subventions pour leur régime de retraite, le versement possible d'un « pécule de départ » aux vieux commerçants dont le fonds n'est plus vendable.

La loi Royer (1973) ou « loi d'orientation sur le commerce et l'artisanat » vient couronner l'effort de défense de cette importante catégorie des « indépendants ». Elle s'inscrit un peu dans la ligne du poujadisme des années 50.

— contre la concurrence des « grandes surfaces » : la loi décide que l'installation de celles-ci sera soumise à l'autorisation de commissions départementales dont 50 % des membres seront des « indépendants », 50 % des élus locaux; l'indication des prix imposés est obligatoire; la vente à perte, les remises excessives sont interdites; la publicité mensongère sera poursuivie;

— pour le développement de l'artisanat : crédits d'installation ou de modernisation, aide compensatoire, abattements fiscaux, prime à qui emploie des apprentis d'âge scolaire : ce pré-apprentissage qui favorise le travail manuel dès 14 ans ne dispense pas l'Éducation nationale d'exercer un contrôle; le bénéfice de la loi de 1971 sur la formation continue est étendu aux artisans;

— aspect social : harmonisation du régime particulier de Sécurité sociale avec le régime général; aide à la reconversion des entreprises.

Les grandes entreprises : la concentration

★ *La concentration des plus grandes entreprises* est un des faits majeurs de l'histoire économique récente. On a trop souvent souligné la faiblesse du poids des entreprises françaises dans le monde pour ne pas considérer cette concentration comme un véritable tournant dans cette histoire. Le processus s'est amorcé dans les années 50 pour la sidérurgie par exemple, mais pendant longtemps la concentration affectait plutôt les entreprises moyennes. Depuis 1965 environ ce sont les plus grosses d'entre elles qui se concentrent.

Pourquoi? La volonté des entreprises compte tout d'abord : élargir leur marché, diversifier leur production, réduire leurs coûts de fabrication ou de distribution, accroître leurs possibilités financières, acquérir un « savoir faire », etc., voilà ce qui, dans un certain ordre préférentiel[1], les pousse à fusionner. Ces causes sont valables même pour des entreprises ne figurant pas parmi les plus puissantes.

Mais, pour les toutes premières d'entre elles, il faut compter aussi avec la volonté de lutter à armes égales avec les grands partenaires du Marché commun, sinon du reste du monde et des États-Unis en particulier. Et ici joue l'intervention des pouvoirs publics : moyens directs s'il s'agit de regrouper des entreprises nationalisées (aéronautique), indirects dans les autres cas : octroi d'une aide financière subordonnée à la présentation d'un plan de restructuration (sidérurgie, construction navale), pression pour limiter la participation étrangère (automobile, construction électrique).

Le but du gouvernement est d'arriver, dans chaque secteur industriel, à une *bipolarisation :* deux très grosses entreprises, et non pas une seule, afin de préserver la concurrence, mais de taille suffisante pour entraîner l'ensemble du secteur et équilibrer la puissance de celles des autres pays.

---

1. Selon une enquête étudiée par la revue *Entreprise* du 31 décembre 1971.

★★ *Les réalisations.*

Les grandes fusions s'opèrent entre 1968 et 1970; quelques autres se poursuivent après cette date.

— *Sidérurgie :* deux groupes, Usinor-Lorraine Escaut (1966) et Wendel-Sidelor (1968), fournissent désormais les deux tiers de la production tandis que la constitution de Creusot-Loire, en 1970, donne à ce groupe l'essentiel des aciers spéciaux. Ainsi a été réalisé le plan de restructuration établi en 1966 avec l'aide financière de l'État. En 1975, Wendel-Sidelor, devenu Sacilor, pénètre dans Creusot-Loire.

— *Pour les non-ferreux,* fusion Le Nickel-Pennaroya en 1968, à laquelle, en 1970, se joint Mokta, et, en 1974, la SNPA, pour former le groupe SLN. L'autre grand groupe est PUK : Péchiney-Ugine-Kuhlmann; fusionnés en 1971, ils deviennent l'une des premières sociétés françaises par le chiffre d'affaires. Déjà avant, Péchiney avait étendu son empire sur la transformation de l'aluminium. Péchiney-Ugine contrôle tout l'aluminium français.

— *Dans la chimie,* réalisations plus difficiles : après l'association Péchiney-Saint-Gobain en 1962 puis Ugine-Kuhlmann en 1966, c'est Rhône-Poulenc qui s'affirme : en 1969, il absorbe Progil et prend la majorité de Péchiney-Saint-Gobain; tandis que Péchiney alors reste fidèle à la chimie et aux non-ferreux grâce à son association avec Ugine-Kuhlmann (1971), Saint-Gobain s'associe à Pont-à-Mousson en 1971 et renonce à la chimie : il s'oriente alors vers la construction et les travaux publics; il reste le premier producteur de verre. Rhône-Poulenc devient holding groupant chimie (première société française), textiles chimiques (première aussi), etc.

L'étranger n'est pas absent de la chimie : en 1969 Rhône-Poulenc s'entend avec Bayer pour les produits vétérinaires; Roussel-Uclaf se lie à Höchst pour la pharmacie dès 1968 et, l'année suivante, avec Nobel-Bozel ils forment le groupe Chimio (Höchst majoritaire, 1974).

Le secteur d'État s'est regroupé aussi : formation en 1966 d'Elf-Erap pour le pétrole, en 1967 d'EMC (Entreprise minière et chimique), en 1968 de SCC (Société chimique des charbonnages). Elf se rapproche de CFP (Compagnie française des pétroles) formant « Ato ». En 1976 il fusionne avec SNPA pour devenir SNEA (Société nationale Elf-Aquitaine). Mais l'État n'y détient que 70 % du capital.

— *Dans la construction automobile,* Peugeot s'empare de Citroën (1974-76). Chrysler-France domine Simca en 1963, mais en 1978 passe sous Peugeot-Citroën, alors que Renault regroupe Saviem et Berliet.

— *Dans la construction navale,* deux groupes se forment : Chantiers de l'Atlantique (1955) et, après maintes absorptions ou accords, les sociétés de La Ciotat et La Seyne autour de France-Dunkerque.

— *Pour l'industrie aérospatiale,* deux groupes écrasent les autres : GAMD (Générale aéronautique Marcel-Dassault) et SNIAS (Société nationale des industries aérospatiales), groupe d'État formé en 1970 par la fusion de Sud-Aviation, Nord-Aviation et SEREB (Société d'études et de réalisation d'engins balistiques). La branche moteurs est dominée par le groupe nationalisé SNECMA (Société nationale d'études et de construction de matériel aéronautique, 1945) qui, entre 1968 et 1971, prend le contrôle d'Hispano, Messier et Bugatti.

— *Pour les industries électriques,* la concentration se révèle plus difficile. La CGE (Compagnie générale d'électricité) s'impose pourtant, se rapprochant (1969) de Thomson-Houston, renforcé en 1967 par la fusion avec Hotchkiss-Brandt, en 1968 avec CSF (Compagnie française de télégraphie sans fil). Le pivot du rapprochement est Alsthom (qui a absorbé Neyrpic en 1967) où CGE et Thomson ont des intérêts communs. Le rapprochement échoue (1973). Face à la CGE et à Thomson, on trouve Schneider, que le gouvernement empêche de tomber sous Westinghouse, et CEM (Compagnie électro-mécanique).

— *La mécanique lourde* profitera de la fusion d'Alsthom avec les Chantiers de l'Atlantique (Alsthom-Atlantique en 1976).

— *Le textile* est moins concentré mais, en 1969, le groupe Agache-Willot s'associe à Saint-Frères, Belle Jardinière et Bon Marché ; dans les mêmes moments, par divers accords ou absorptions, se renforcent DMC (Dollfuss-Mieg et Cie) et Prouvost-Masurel. En 1971, regroupant toutes ses filiales, « Rhône-Poulenc-Textiles » prend la première place, tandis que Boussac traverse des difficultés et passe sous Willot (1978).

— *Les industries alimentaires* elles-mêmes sortent peu à peu d'une dispersion excessive : 400 accords de concentration ont lieu entre 1966 et 1970. De gros groupes apparaissent : ainsi Gervais-Danone s'associe avec la Générale sucrière et la Générale alimentaire, sous l'égide de la Compagnie du Nord (holding du groupe Rothschild) et, en 1972, fusionne avec BSN (verre, emballage, eau minérale etc.).

Cette liste, déjà longue, est bien loin d'être exhaustive. Elle montre l'ampleur du mouvement. Où en est-on désormais ?

★★★ *Bilan du mouvement de concentration.*

L'importance est certaine, mais relativement modeste. Modeste parce que les plus grands groupes français arrivent encore à peine au niveau européen. Si Agache-Willot est le premier européen pour les textiles classiques, Rhône-Poulenc dans la chimie n'approche même pas du niveau de chacun des trois grands allemands ; Siemens lié à AEG écrase toujours CGE. Thyssen donne 70 % d'acier de plus que Wendel-Sidelor, etc. Bonne position par contre pour l'aéronautique et surtout l'aluminium (Péchiney, quatrième du monde). Il n'y a en somme de véritable oligopole que pour les non-ferreux, l'acier, la chimie et la construction aérospatiale.

Modeste aussi parce que la concentration est inachevée particulièrement dans la construction électrique, les industries mécaniques, les industries alimentaires ; d'où l'action privilégiée du gouvernement en faveur de ces deux dernières.

Les caractères de la concentration. On peut en dégager trois :

• tendance à la diversification des activités. Ainsi, pour le nouveau groupe Saint-Gobain-Pont-à-Mousson ; pour Rhône-Poulenc (chimie, textile, pharmacie, pellicules et films) ; Agache-Willot : des fils à la confection et aux grands magasins ; quant au groupe alimentaire on peut y trouver de tout, du yaourt au plat cuisiné, en passant par le sucre, la viande ou l'eau minérale ;

• tendance à la mainmise par les groupes financiers, les holdings : exemple la Compagnie du Nord (Rothschild) pour cette même industrie alimentaire ; Rhône-Poulenc est un holding (groupe Gillet en partie), CGE aussi, Saint-Gobain-Pont-à-Mousson de même, etc. L'aspect financier se voit aussi par le processus de l'OPA utilisé pour certaines absorptions — avec plus ou moins de succès (échec de BSN sur Saint-Gobain en 1969);

• tendance à la liaison internationale : Höchst s'implante chez Roussel; Péchiney devient multinational (mais c'est lui qui est conquérant); il a été difficile d'empêcher Fiat de dominer Citroën en 1968, l'État lui-même, qui y veille, ne peut empêcher la puissance de telle société et souhaite l'aide étrangère pour renforcer la CII (1975).

Des avantages et des inconvénients résultent de ce mouvement de concentration. Comme avantage, évidemment, un meilleur poids dans le Marché commun et le monde, une barrière opposée à la mainmise par des groupes étrangers (danger non encore écarté pour les industries alimentaires), de plus grandes possibilités pour la recherche, un espoir de conquête plus facile des marchés extérieurs.

Mais des inconvénients apparaissent aussi : l'association peut avoir du mal à se réaliser (exemple CGE-Thomson); elle peut donner des déboires (Gervais-Danone-Genvrain). D'autre part, ces grands groupes ont une stratégie à grande échelle, non plus régionale, mais nationale et même (Péchiney, Saint-Gobain, etc.) internationale. Il peut être avantageux pour elles de fermer telle usine ici, en faveur de telle autre ailleurs... et c'est tout le problème de l'emploi et du monopole

Le poids des grandes entreprises dans la vie de la nation devient considérable. En 1975 celles qui réalisent un chiffre d'affaires (CA) supérieur à 10 millions de francs emploient 2 500 000 personnes et, avec 36 % de leur CA à l'exportation, assurent 80 % du commerce extérieur.

Les entreprises nationalisées

★ *Le rapport Nora (1968)* a montré *les défauts* dont elles souffraient.

— Elles concernent des secteurs de base (charbon, électricité, transport, etc.) qu'il était indispensable de développer dans les années de reconstruction 1945-1950 mais qui désormais ne sont plus les moteurs du progrès; la diversification des activités pourrait être une solution.

— Elles souffrent, pour la plupart, d'un lourd déficit; peu rentables, elles ne s'assurent qu'un maigre autofinancement (30 à 40 %), ont donc un fort endettement et doivent recevoir de l'État une aide financière qui devient écrasante pour lui.

Le déficit des charbonnages atteint 20 % du chiffre d'affaires, celui de la RATP 50 %.

— La gestion même des entreprises n'est pas bien assurée : elles ont gardé les caractères des années 1945-50, époque de protectionnisme et d'inflation; elles sont passées peu à peu sous la coupe d'administrateurs des finances, échappant à leurs vrais dirigeants; elles sont devenues un instrument de transfert des fonds publics.

Les solutions consistent à limiter la tutelle dans la gestion, à préciser le rôle exact des entreprises, à leur laisser une plus grande autonomie — quitte, pour l'État, à leur allouer les subventions que nécessite leur caractère de service public (par exemple pour compenser les bas tarifs consentis dans les transports parisiens). Moyennant quoi l'entreprise devra équilibrer ses comptes en augmentant au besoin ses tarifs. Encore faudra-t-il distinguer entre les entreprises nationalisées qui sont soumises à la concurrence et celles qui ne le sont pas.

En somme, à la notion d'entreprise vouée au service public et gérant une activité si importante que la nation en 1945 avait voulu la contrôler, se substitue la notion de rentabilité. Conception moins socialiste à coup sûr. Mais on peut répondre que les nationalisations, vingt-cinq ans après, ont bien déçu partis de gauche et travailleurs.

★★ *La transformation des entreprises nationalisées* apparaît peu à peu, dès 1970, inspirée par les recommandations du rapport Nora. Elle est stimulée par la perspective européenne qui exige une diminution du rôle de l'État et une harmonisation des structures entre les pays membres.

Pour rentabiliser ces entreprises on utilise trois moyens :

• une plus grande liberté des prix : ceux-ci seront modulés, l'État se résignant parfois à verser quelques subventions, mais aussi limitées que possible ;

• une diversification de leurs activités : soit vers « l'amont », par exemple en accédant aux matières premières, soit vers « l'aval » en fabriquant des produits divers et parfois assez éloignés de leurs productions initiales, souvent par des filiales, dont le nombre croît ;

• une association avec des sociétés privées qui seront françaises si possible, étrangères si nécessaire, afin d'accéder au « savoir-faire » et à la dimension optima.

Le CEA (Commissariat à l'énergie atomique) est réorganisé en 1970 ; il devient une sorte de holding groupant un institut de physique pour la recherche fondamentale et une société de production.

L'EDF qui, en 1969, a vaincu en quelque sorte le CEA en imposant la filière nucléaire à l'uranium enrichi, gagne une grande autonomie. Elle collabore plus étroitement avec les groupes privés.

En 1972 elle est autorisée à s'associer à des groupes européens pour des travaux de haute technicité. En 1974 elle est invitée à trouver au-dehors les fonds très abondants dont elle a besoin pour réaliser le grand programme nucléaire qu'impose la hausse du prix du pétrole.

Gaz de France en 1972 entre dans le consortium franco-germano-belge qui transportera le gaz de la mer du Nord. Le contrat de 1978 accroît la liberté et maintient l'aide de l'État.

Les Charbonnages, déjà depuis 1967, pouvaient, grâce à leur filiale Sofirem, prendre des participations minoritaires dans les entreprises créant des emplois dans le Nord. Mais ils s'orientent surtout délibérément vers la carbochimie, par l'intermédiaire de leur filiale SCC (Société chimique des Charbonnages), 1968 ; bientôt pour valoriser Carling et le Nord ils se tournent vers la pétrochimie. Mais le déficit persiste.

Avec la SNCF, un contrat est établi en 1971. Elle reçoit son autonomie de gestion, ce qui modifie sérieusement la convention de 1937 : libre d'aménager sa gestion et de tarifier ses activités, elle devra, en 1974, parvenir à l'équilibre financier. L'État la traitera à égalité avec ses concurrents routiers (par exemple pour les charges sociales ou d'infrastructure) ; il la laisse libre de supprimer 5 000 km de voies non rentables mais lui versera une subvention pour certaines autres. Le personnel passera de 300 000 à 270 000.

En 1974 force est de constater que le contrat n'a guère abouti. Reconduit pour deux ans il limite le licenciement de personnel, reporte à plus tard l'arrachage de certaines voies, prévoit de nouvelles subventions, admet que la SNCF s'oriente vers des activités commerciales : gestion d'entrepôts, tourisme, hôtellerie. Nouveau contrat en 1979.

Renault reste nationalisé, mais, en 1970, inaugure le système de l'actionnariat ouvrier : 5 % de son capital sont distribués aux ouvriers selon des critères d'ancienneté et de responsabilité : 45 000 en bénéficient gratuitement. Ils percevront des dividendes — s'ajoutant à l'intéressement auquel ils ont droit depuis 1968 — et pourront élire des représentants au conseil d'administration. Le concept d'entreprise nationalisée évolue donc dans un sens plus social, mais aussi plus capitaliste.

Par ailleurs la firme renforce, en diversifiant ses activités, son secteur poids lourds (Saviem, seul jusqu'alors, se développe avec l'absorption de Berliet en 1974); la branche machines-outils lui donne le deuxième rang en France. Renault enfin pénètre (1974), par participation ou entente, dans le domaine du cycle ou du cyclomoteur.

Air France subit durement la concurrence internationale.

La RATP s'endette pour financer de lourds investissements.

Le rapport Nora aura finalement été suivi de peu d'effets. Trop d'habitudes de facilité avaient été prises. D'autre part la conjoncture est devenue défavorable. L'État a utilisé les entreprises publiques comme instrument de sa politique conjoncturelle, les poussant à l'investissement. Malgré le retour aux grosses subventions, leur autofinancement passe de 65 % à 36 % entre 1970 et 1977 tant elles ont dû emprunter en France ou à l'étranger.

III. LE PLAN ET LE MOUVEMENT ÉCONOMIQUE LES CRISES

La crise de 1968 remet en cause la réalisation du Ve Plan. Mais l'État reste fidèle au système de la planification « à la française », quitte à renforcer pour le VIe Plan des caractères qui s'inscrivent dans une évolution déjà ancienne. La crise mondiale de 1974-75 met à l'épreuve cette planification lorsqu'elle vient à frapper la France.

Fin du Ve Plan

★ *La crise de mai 1968* porte évidemment un coup sévère à la réalisation du Ve Plan, qui couvre les années 1966-1970. Déjà des difficultés étaient apparues en 1967 (l'année 1966 avait été assez bonne) et le gouvernement au début de 1968 avait dû prendre des mesures de relance [1]. Les points noirs étaient l'emploi, le financement des investissements, la balance commerciale et celle des paiements, la croissance des dépenses publiques.

L'arrêt de la production dû aux grèves, la dégradation du commerce

---

1. Se reporter au chapitre XXII, paragraphe II.

extérieur, la hausse des prix bouleversent et aggravent la situation. En septembre, dans le cadre de cette « fuite en avant » déjà plusieurs fois évoquée, le gouvernement veut accélérer la reprise, c'est l'objet d'un *plan intérimaire* assez sommaire pour 1969, 1970, 1971 : la croissance doit atteindre 7,5 % par an; priorité absolue est donnée à l'investissement et à l'exportation; un effort accru sera porté sur les structures industrielles et commerciales; la politique agricole sera révisée. Les mesures d'austérité de novembre rendent douteuse la réalisation de ces projets.

★★ *La réalisation* tant du Vᵉ Plan que du plan intérimaire est inégale mais tout de même en gros satisfaisante.

Bilan par année :
1968 : croissance excessive des importations (+ 25 %), des salaires (+ 15 %), insuffisance des exportations (+ 15 %), de la PIB (+ 4,6 %), des équipements collectifs alors que la consommation des ménages augmente de 7,5 %; grave situation de la balance des paiements [1].
1969 : tendance à un certain équilibre au début, puis emballement accompagné d'une aggravation du commerce, bon rétablissement après la dévaluation d'août.
1970 représente la fin du *boom* occasionné par les hausses de salaires de 1968 et la dévaluation de 1969. C'est une lente décélération, une remise en ordre mais finalement 1970 aura été surtout l'année du redressement.

BILAN GLOBAL DU Vᵉ PLAN

Accroissement annuel	*Prévu*	*Réalisé*
PIB	5,7 %	5,8 %
Investissement productif	6 %	8,7 %
Consommation des ménages	5,3 %	5,1 %
Prix	1,5 %	4,6 %
Équipements collectifs	10,3 %	7,8 %

Au niveau de la production et de l'investissement, les prévisions sont donc dépassées; l'échec porte surtout sur les prix et les équipements collectifs. Mais il y a aussi le problème de l'emploi : 300 000 chômeurs à la fin de 1970, contre 150 000 au début du Plan. Ce dernier point est l'un des plus préoccupants alors que pour le reste on peut dire que la France aura assez bien surmonté, mais au prix d'une dévaluation, les effets de la crise de 1968.

Le VIᵉ Plan (1971-1975)

Préparé sous la direction de M. Montjoie, il est avant tout le plan de l'industrialisation.

★ *La préparation du Plan* continue à s'améliorer.

De nouvelles conditions doivent être prises en considération :
— pour l'établissement du Plan : on peut profiter de l'expérience

---

1. Cf. chapitre précédent, paragraphe I.

acquise, de l'amélioration de l'information statistique, des progrès du calcul économique et de l'informatique;

— pour les perspectives dans lesquelles il doit s'inscrire : domaine géographique élargi avec le Marché commun et même avec le monde puisque le commerce extérieur devient primordial;

— pour le contenu du Plan : il faut tenir compte des incertitudes monétaires, mais aussi du comportement des travailleurs et de la société, du désir de vie meilleure, du refus des contraintes; il faut pouvoir assurer l'emploi d'environ 200 000 personnes de plus chaque année, soit 0,9 % d'actifs supplémentaires.

L'établissement du Plan a été minutieux : 2 000 personnes y travaillent dès mai 1967; 2 500 autres l'étudient, réparties en 25 commissions (au lieu de 34).

Les méthodes de travail se sont modernisées : on a beaucoup utilisé les renseignements donnés par le recensement de 1968, de nombreux rapports (rapport Nora, rapport Ortoli-Montjoie sur l'industrie 1968, etc.); on a eu recours aux ordinateurs pour étudier toutes les conséquences de toutes les hypothèses envisagées. C'est ce qu'on a appelé le modèle FIFI (modèle physico-financier de projection économique) : il permet de prévoir beaucoup de variables et de modifications possibles.

★★ *Les caractères du Plan.*

Une vue plus synthétique des choses : chaque secteur est replacé dans un cadre très large.

Un cadre plus souple : on prévoit un réexamen systématique des objectifs et des programmes, pendant la période d'exécution.

Un contenu allégé : bien que les objectifs soient fixés et chiffrés, le Plan apparaît plutôt comme un cadre et les chiffres ne sont pas tellement nombreux. Seul l'essentiel est fixé avec précision.

Une réalisation plus libérale : la volonté de libéralisation (et c'est une des causes des critiques formulées par les syndicats) renforce le caractère « indicatif » du Plan; on compte, pour le réaliser, sur « l'économie contractuelle » : contrats entre l'État et les professions, entre l'État et les régions, entre les entreprises et les syndicats.

Trois grandes priorités :

— l'indépendance nationale à obtenir par une croissance forte et équilibrée : 5,9 % par an (5,8 pour le Ve Plan) soit 33 % en 5 ans.

— le développement des équipements collectifs pour améliorer les conditions d'existence : + 9 % par an, soit + 53 % en 5 ans.

— une plus grande solidarité envers les catégories défavorisées : les transferts sociaux doivent augmenter de 45 % en 5 ans.

Un grand moyen de développement : *l'industrialisation.* Elle sera le levier de l'essor; l'industrie devra absorber 1 % de main-d'œuvre de plus chaque année. Quatre industries seront particulièrement aidées : chimie, électronique et informatique, mécanique, industries agricoles et alimentaires. Mais ce progrès n'empêchera pas le chômage de 1 000 000 personnes en 1975 (300 000 à la fin de 1970).

Les autres moyens envisagés :

— le maintien des équilibres financiers : stabilisation de la pression fiscale, développement de l'épargne (30,2 % de la PIB pour 1975), investissement productif total + 7 % par an, excédent commercial prévu d'un milliard de francs par an (couverture à 106 %), exportation de 17 % de la production au lieu de 14 % ;

— le développement culturel et scientifique (investissement double de celui du Vᵉ Plan pour la culture) ;

— l'amélioration de l'environnement et du cadre de vie ;

— l'aménagement du territoire : développement de l'Ouest, des régions frontières du Nord et de l'Est, équilibre Paris-province, etc. ;

— l'agriculture augmentera, comme ci-devant, de 3 % par an en volume, mais elle aura en valeur gagné 31,8 % en 5 ans ;

— la consommation doit croître de 5,5 % par an, soit 4,5 % par tête, au total 25 % en 5 ans.

★★★ *La mise en œuvre et la réalisation du Plan.*

La mise en œuvre doit être facilitée d'une part par la méthode budgétaire de RCB (rationalisation des choix budgétaires) [1] qui permet de prévoir des dépenses dans un terme plus long et des perspectives plus larges ; d'autre part, par le nouveau système (1971) des « indicateurs du Plan » qui remplace celui des « clignotants » estimé trop peu efficace.

Les « clignotants » jugeaient mensuellement les prix, la production industrielle, l'emploi, l'équilibre des échanges. Désormais, trimestriellement on appréciera les indicateurs d'objectifs (c'est à peu près les anciens clignotants), les indicateurs d'environnement international (prix et croissance dans les principaux pays), les indicateurs des performances de l'industrie française, enfin les indicateurs des prix et charges de l'industrie. Toutes ces indications doivent permettre d'agir en temps utile pour redresser une situation compromise.

En province, on met en place peu à peu des « observatoires économiques régionaux ». Ils seront précieux pour la politique de l'emploi et l'aménagement du territoire.

Dans la pratique, la réalisation se heurte à l'hostilité de plusieurs catégories sociales, syndicats ou partis. On juge que le progrès social sera trop lent.

Les résultats de 1971 à 1973 sont plutôt encourageants, quoique inégaux.

Année par année on voit s'affirmer un certain progrès mais, il faut le rappeler, dans un climat inflationniste.

En 1971, le Plan n'est pas réalisé.

En 1972, presque tous les secteurs gagnent... mais les prix montent toujours (6,9 %), ce qui n'empêche pas le pouvoir d'achat de s'élever encore de 4,7 %.

1973 est l'année des records mais le chômage touche 420 000 personnes.

La crise de 1974-1975

La France au début de 1974 a l'une des meilleures positions économiques du monde. La crise qui s'abat sur celui-ci après l'euphorique année 1973 l'atteint à son tour mais avec des caractères particuliers.

---

1. Évoquée au chapitre précédent, paragraphe III.

★ *L'apparition de la crise (1974).*

Les causes de cette crise sont d'origine mondiale. On les a déjà évoquées [1] : inflation de dollars, hausse extraordinaire du prix du pétrole et des matières premières en 1973, désordre économique et monétaire ; ces mauvaises conditions poussent les divers États à prendre des mesures de contrôle, de freinage qui ne peuvent que se répercuter sur les autres : comme dans les années 30, la crise « s'exporte ».

Mais la France a aussi ses responsabilités propres : n'a-t-elle pas participé à l'inflation générale ? On a souligné aussi que la mort de Pompidou et la campagne présidentielle avaient retardé l'heure des décisions qui s'imposaient.

Les mesures prises sont donc insuffisantes ou maladroites. Dès la fin de 1973, devant la hausse du prix du pétrole, Pompidou avait chargé le Commissaire au Plan de lui faire un rapport sur la situation et les remèdes à y apporter.

De ses recommandations sortit une sorte de Plan intérimaire, baptisé « Plan Jonquille », hâtivement élaboré et vite oublié dans les heures de l'élection présidentielle.

Seules les économies d'énergie furent l'objet de décisions contraignantes [2].

Pour l'ensemble de l'économie c'est en juin qu'étaient apparues les premières mesures destinées à freiner l'inflation : il s'agit du « plan de refroidissement » dont on a déjà parlé [3] et qui est renforcé avec vigueur en septembre : restriction au crédit, contrôle des prix, équilibre budgétaire. Pour ne pas freiner l'investissement on recommande plus que jamais aux entreprises d'emprunter à l'extérieur. Il est clair que c'est surtout l'inflation qui inquiète le gouvernement.

★★ *L'apogée de la crise (été 1974-été 1975).*

La crise se manifeste nettement à partir de l'été 1974, c'est-à-dire qu'en plus de l'inflation elle révèle ses véritables aspects. Les mesures d'équilibre commercial et de déflation qui avaient été prises, tardivement, étaient déjà dépassées. En effet :

— le rythme de la production ralentit à partir de l'été. Sur la base 100 en 1970 l'industrie avait atteint son maximum, avec 129, en août ; elle tombe à 115 à la fin de l'année ;

— les investissements chutent ;

— le commerce extérieur, déficitaire depuis janvier, ne se redresse pas ;

— le chômage qui s'aggravait lentement depuis le début 73 s'élève brusquement à partir de septembre.

A la fin de l'année la situation est sérieuse : de source officielle (mais contestée) on dénombre 690 000 chômeurs (3,5 % environ des actifs) ; l'inflation a fait monter les prix de presque 14 % ; la balance commerciale accuse un déficit de 16 milliards (taux de couverture : 93 %) ; le revenu paysan s'est effondré de 10 à 15 % ; la consommation de pétrole, pour la première fois depuis 1945, a diminué de 6,5 % ; l'investissement a baissé, soit de la part des entreprises, soit pour les investissements collectifs.

---

1. Au chapitre XXXI, paragraphe III.
2. Voir le détail chapitre XXXV, paragraphe II.
3. Au chapitre précédent, paragraphes I et II.

Et cependant le bilan global n'est pas si mauvais, comparé à celui des autres pays... Il est même le meilleur! La PIB a crû de 4,5 %, les exportations ont augmenté et la balance commerciale semble pouvoir se rétablir l'année suivante; le chômage est moindre qu'ailleurs; le taux d'inflation française est largement dépassé en Angleterre, en Italie, au Japon.

Pourquoi? C'est que la crise a tardé à venir en France dans le climat euphorique de l'inflation; les dépenses pour l'achat de pétrole ont été moins élevées qu'on ne le redoutait (hivers cléments), l'emprunt a permis d'équilibrer la balance des paiements, les exportations ont été un bon stimulant.

Mais la crise, qui a été plus lente à se manifester, va se montrer plus tenace que dans certains pays.

Jusqu'à l'été 1975 la situation va en effet empirer. Les mesures prises pour l'enrayer se révèlent encore inefficaces. On compte encore, on compte beaucoup sur l'extérieur... où la reprise tarde aussi, ce qui va sérieusement compromettre les exportations.

Certes, les ministres multiplient les voyages à l'étranger et notamment au Moyen-Orient pour arracher d'avantageux contrats industriels vite qualifiés de « fabuleux » (Iran, Irak etc.). Mais on s'aperçoit qu'ils ne seront réalisés que peu à peu, qu'ils sont parfois remis en cause, que d'autres pays — Allemagne ou Japon — ont obtenu davantage.

Les mesures d'ordre intérieur sont confuses : priorité est encore donnée à la lutte contre l'inflation alors que le chômage monte toujours;

L'apogée de la crise se situe à la fin de l'été 75... L'industrie (base 100 en 1970) est à l'indice 109 en août (129 un an plus tôt); les chômeurs seront un million en octobre (5 % de la main-d'œuvre) pour les entreprises les investissements ont cessé, les stocks sont au plus bas : double signe de pessimisme quant à l'avenir.

★★★ *La relance de septembre et le bilan de 1975.*

A partir de l'été le gouvernement change nettement de politique : la relance est à l'ordre du jour; le plan de septembre injecte 30 milliards dans l'économie, venant s'ajouter aux 15 du mois d'avril. A nouveau, priorité est donnée à l'emploi, au développement, et non plus à la lutte contre l'inflation. Le moment semble opportun. Pourquoi?

— le franc s'est redressé (il a pu réintégrer le « serpent » en juillet);

— la reprise se manifeste dans les autres pays, Allemagne, Japon et surtout États-Unis;

— le chômage a atteint un niveau excessif;

— la balance commerciale s'est rétablie dès le début de l'année;

— la reprise risquerait sans cette relance d'être trop difficile car on a trop déstocké et trop peu importé.

En somme, dans la mesure où l'on a freiné le processus de la crise — mesure toute relative — on ne l'a pu qu'en freinant l'activité : diminution des importations, augmentation du chômage.

A la fin de l'année 75 le bilan est lourd. Certes, depuis la fin de l'été, des signes encourageants se manifestent en France autant qu'à l'étranger. On ne désespère pas trop de l'année 1976. Mais 75 restera la plus mauvaise depuis 1945 : pour la première fois, la PIB a diminué : de 3,5 %; l'industrie accuse une chute de 10 %, les importations de 11 %, les exportations de 3 %, les investissements de 3,8. Et encore faut-il compter près d'1 million de chômeurs et 10 % de hausse des

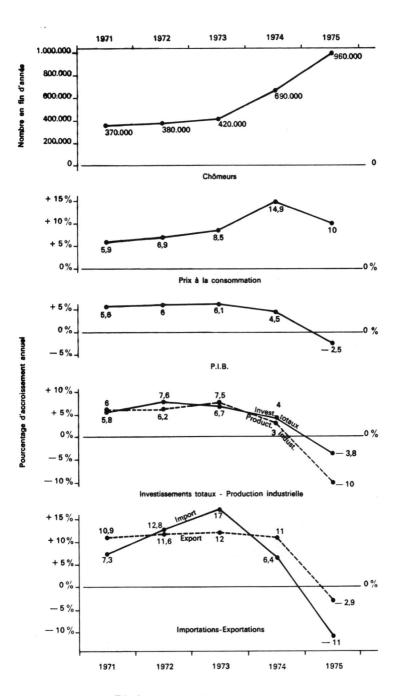

Développement et crise de 1971 à 1975

prix à la consommation (ce qui fait une hausse totale de 50 % entre 1970 et 1975). C'est moins, il est vrai, qu'en 1974 (14 %), et ce qui est mieux c'est le retour à l'excédent commercial : 10 milliards.

Les prévisions trop optimistes du gouvernement ont été lourdement démenties (un an plutôt en prévoyait une PIB de + 4,2 %) et le VIe Plan n'est évidemment pas réalisé, mais on table sur 1976 pour le rattrapage décisif et l'on prépare le VIIe Plan pour y parvenir.

★★★★ *Les résultats finaux du VIe Plan.*

Le Plan s'est assez bien réalisé jusqu'en 1973, en dépit des résultats insuffisants de l'agriculture, puis *la crise est venue qui a empêché la réussite globale.*

Les résultats les plus mauvais concernent :

— la PIB : 3,6 % par an au lieu de 5,9 prévus;
— la hausse des prix à la consommation : + 8,6 % par an au lieu de 3,2 % prévus;
— la création d'emplois industriels : quatre fois moins que prévu;
— la durée du travail : diminue de 1,2 % par an au lieu de 0,7 prévu.

Des résultats médiocres sont relatifs à :

— la productivité : 4,2 % de progrès annuel et non 5,4 comme prévu, à cause des trois dernières années;
— l'investissement : à peu près comme prévu, mais grâce à la construction, car l'investissement productif a diminué à partir de 1973.

D'assez bons résultats cependant sont enregistrés pour :

— la consommation des ménages, bien qu'elle ait baissé en 1974 et surtout 75;
— le commerce extérieur : a augmenté deux fois plus que la production et, malgré le déficit de 1974, est resté globalement positif sur les 5 ans.

Le VIIe Plan (1976-1980)

★ *Les conditions nouvelles.*

Chaque Plan voit ses conditions de préparation se modifier. Pour le VIIe, plusieurs éléments nouveaux interviennent, qui vont plutôt dans un sens limitatif.

Ce qui peut limiter le Plan, ce sont :

● des idées plus libérales, en rapport avec toute la politique giscardienne.

● la conjoncture, justement, change rapidement : la crise de 1974-75 montre qu'il est très difficile, impossible même, de prévoir.

● le point de vue régional, par contre, devient plus impératif; caractère qui n'est pas nouveau. Mais selon le « Modèle Regina » (= régional-national) dont l'auteur (Raymond Sourbis) est le même que celui du modèle « Fifi » adopté pour le VIe Plan, c'est la région qui doit être désormais le point de départ de la politique régionale, et non l'État.

● le système du Plan lui-même est discuté : il doit être plus sélectif, dit le Conseil économique.

Jouent cependant en faveur du Plan :

● la crise elle-même, et en particulier la hausse du prix du pétrole qui oblige à prendre des mesures contraignantes : ce serait un des objectifs, avec comme perspective, l'équilibre de la balance des paiements;

● la volonté, quasi unanime, de défendre la qualité de la vie et l'environnement. Mais comment harmoniser les solutions que chacun propose ? Tout dépend de la finalité que l'on assigne à la société.

Que vaut la création, en octobre 1974, d'un conseil de planification qui, nous l'avons vu, rassemble le chef d'État, le chef de gouvernement et plusieurs ministres avec le Commissaire au Plan ? Il a pour mission de donner son avis sur la situation et l'évolution à court terme et à « planifier » les solutions. On peut voir là aussi bien le désir de prendre des mesures de rectification dans le sens du Plan, qu'au contraire une sorte de résignation à ramener la planification à des mesures à court terme, conjoncturelles... Il n'y aurait donc plus, vraiment, de Plan.

★★ *L'élaboration.*

Des études préalables (1975) sont d'abord engagées. D'une part — c'est un fait nouveau — par quatre commissions spécialisées l'une sur la croissance, l'autre sur l'aménagement du territoire et le cadre de la vie, la troisième sur les inégalités sociales (son rapport fait quelque bruit), la dernière sur les relations avec l'extérieur.

Puis le gouvernement donne ses directives **générales** : trois idées dominent : souplesse du Plan, décentralisation, souci d'équilibre autant que de croissance. Le Plan d'autre part doit être « *qualitatif et prévisionnel* » plus qu'indicatif.

Les régions ensuite reçoivent des « questionnaires régionaux ». Elles doivent, en vue des grands objectifs, présenter des programmes sélectifs, déterminer les priorités qu'elles choisissent en matière d'équipements collectifs : les investissements nécessaires seront réalisés par l'État, mais dans la limite de moins de 20 % des investissements de cette région ; il y aura là un engagement ferme de la part de l'État ; pour le reste, la région établira son propre plan, à la fin de l'année 75 et se chargera ensuite de l'investissement.

Pendant ce temps les commissions traditionnelles travaillent à Paris. Mais leur nombre est réduit de 26 à 13 ; les comités associés, une quarantaine autrefois, ne sont plus que six. Les unes et les autres s'inspirent des grands thèmes définis par le Commissaire au Plan, Jean Ripert, et approuvés par le Parlement (1975) malgré les critiques de l'opposition pour leur caractère vague.

Le Parlement vote enfin le Plan en 1976, donc avec retard.

★★★ *Le contenu du Plan.*

Deux grands objectifs : le plein emploi et le retour aux grands équilibres. 25 programmes d'action prioritaire sont établis. Si la croissance prévue est de 5,5 à 6 % par an, on s'attache à son aspect qualitatif (qualité de la vie, réduction des inégalités). Les progrès de la consommation doivent diminuer de 5,1 à 4,2 % annuels. 1,5 million d'emplois seront créés. Les exportations rétabliront la balance des paiements obérée par le prix du pétrole. Pour juguler l'inflation on favorisera l'investissement industriel, rétablira une vraie concurrence, limitera les revenus nominaux et les subventions de l'État.

Bilan du progrès économique

★ *La planification est-elle remise en cause?* C'est la question que l'on peut se poser quand on voit d'une part son assouplissement progressif, d'autre part sa difficulté à maîtriser l'événement.

De plus en plus souple en effet, de plus en plus indicative pour être proclamée finalement « qualitative et prévisionnelle »! Elle est devenue un cadre plus qu'un stimulant; un indicateur pour les entreprises.

Dans ces conditions le Plan n'aurait quelque consistance qu'en ce qui concerne les très gros travaux d'infrastructure voulus par l'État.

★★ *Les points faibles ou inquiétants pour l'avenir* risquent donc de perdurer. A la fin de 1975, plusieurs peuvent devenir préoccupants.

L'investissement reste hésitant; il a faibli depuis 1972-74, et en particulier l'investissement productif, le plus utile à l'économie.

Le travail, de son côté, rend moins. Le progrès de la productivité ralentit. Le temps de travail diminue plus vite que prévu, au rythme de 0,9 % par an.

L'emploi en sera-t-il mieux assuré? Problème fondamental. Ce qu'on peut constater c'est que le VIe Plan, dans ce domaine, a complètement échoué. On tablait sur 22 millions d'emplois pour 1975, il n'y en a que 20,9. On comptait sur l'essor de l'emploi industriel... Or il y a diminution dans ce secteur : 300 000 emplois de moins. Le Français répugne trop au travail manuel. Saura-t-on lui en rendre le goût?

Bilan du VIe Plan pour l'emploi.

	prévision	réalisation
création d'emplois	+ 1,9 % par an	+ 0,9 %
dont emplois tertiaires	+ 3,3 % —	+ 2,5 %
emplois industriels	+ 1,1 % —	— 0,3 %

Le grave problème inflation ou récession n'est toujours pas résolu. C'est l'une, ou c'est l'autre — ou, ce qui est encore plus grave, c'est l'une et l'autre, c'est-à-dire la stagflation.

★★★ *Le bilan positif est là cependant.*

Voilà un pays dont l'essor n'est pas niable. On a pu être surpris de son rétablissement après la sérieuse crise de 1968, de sa résistance initiale à la crise de 1974 (c'est lui qui l'a le mieux supportée dans le monde). Entre 1962 et 1973 son industrie a doublé, puisque le progrès annuel a été de 6,5 % par an (seul le Japon a fait mieux); son PNB a triplé, passant de 330 à 1 000 milliards de francs... Chiffre à rabaisser, bien sûr, si l'on tient compte de la hausse des prix qui a atteint 64 %.

Il est certain que la période 1968-73 est celle d'une accélération sensible; elle a été stimulée par la dévaluation de 1969, mais considérons alors les tendances longues : de 1950 à 1972, en francs constants cette fois, le PNB a triplé; de 1929 à 1972 la PIB est passée de l'indice 100 à l'indice 345. Depuis 1949 (= 1938) la production industrielle a quadruplé. Le rythme de croissance : 0,7 % par an entre 1913 et 1950 est devenu 5,1 % entre 1950 et 1972... chiffre moyen car l'accélération est visible (4,7 % pour la première moitié de cette période, 6 % pour la seconde). La productivité a gagné 5 % chaque année. Il va sans dire que la population française en est la première bénéficiaire : le pouvoir d'achat réel, au rythme de 4 % par an, a été multiplié par 2,29 entre

1949 et 1971 [1]. Parmi les grandes Puissances la France apparaît comme l'une des plus dynamiques et elle a réussi à dépasser l'Angleterre non seulement pour son PNB en 1967, mais aussi pour son commerce en 1972, pour son industrie en 1975.

Mais à quel prix ce progrès ? Entre-temps le franc a perdu du terrain : 31 % par rapport au dollar, tandis que le mark en gagnait 30; mais d'autres pays, et pas toujours les moindres, n'ont pas mieux fait. La plus grave question qui puisse se poser, c'est de savoir si le changement radical de courbe à partir de 1974-75 n'est qu'un accident de parcours ou l'annonce d'une nouvelle période de difficultés comme la France en a déjà connu : 1914-18, 1930-1945.

Le caractère plus international de l'économie française, élément stimulant en temps de prospérité peut aussi se retourner contre elle en situation inverse : invasion par l'inflation étrangère en dépit des meilleures intentions, difficultés d'exportation, concurrence accrue, moindre maîtrise de l'économie nationale.

Les atouts de la France restent cependant considérables :

— elle a, encore, un grand retard à rattraper : c'est un stimulant car on a su en prendre conscience depuis 1945;

— elle dispose des moyens du développement : compétence, richesse naturelle et financière;

— elle a des réserves d'espace, de bonnes terres, elle ne manque pas de certaines matières premières, ni de main-d'œuvre; elle peut encore améliorer sa productivité;

— elle oriente sa production vers les produits de valeur;

— elle a une vision européenne et mondiale des choses et sa position politique est favorable dans l'Univers.

... Ce qu'il faut, c'est mettre en valeur tous les éléments de ce précieux capital!

★★★★ *Les premiers résultats du VIIe Plan sont décevants.*

La crise, à partir de 1975, vient évidemment compromettre les résultats d'un Plan déjà peu rigoureux.

La relance de 1975, de caractère inflationniste, porte certes ses fruits en 1976 : la PIB croît de plus de 5 %, de même que la consommation des ménages. Mais pour les prix c'est presque plus de 10 %; l'investissement est modéré, la balance commerciale se déséquilibre lourdement, l'endettement extérieur augmente. L'inflation n'est nullement maîtrisée. Le plan Barre, en septembre, s'y efforce [2] mais, du coup, l'année 1977 marque un nouveau ralentissement; la croissance est inférieure à 3 % au lieu des 4,8 % espérés; l'inflation se maintient au rythme de 10 %. Le chômage ne se résorbe pas, dépassant le chiffre d'un million de victimes. La réalisation des « programmes d'action prioritaire » prend du retard. Le commerce extérieur se rétablit difficilement, la production industrielle stagne. En 1978, alors que l'industrie retrouve tout juste son niveau de 1974, le nouveau Commissaire au Plan, Michel Albert, doit faire réviser le Plan, tandis que le ministre de l'Économie, Monory, procède peu à peu à la libération de tous les prix pour stimuler la concurrence [3].

---

1. Ces chiffres sont donnés par le n° de mai 1972 de *L'expansion*.
2. Il en a été parlé au chapitre XXXIII fin du paragraphe I.
3. Ces divers points seront repris au chapitre XL paragraphe II.

Chapitre XXXV

LES SECTEURS D'ACTIVITÉ

Dans le cadre économique plus libéral qui se dessine depuis 1968 ou 1969, chacune des grandes activités — agriculture, industrie, services — va pouvoir se développer avec ses caractères propres. Il va sans dire toutefois que les traces d'un passé extrêmement proche restent largement prédominantes et que la crise de 1974 modifie les données.

I. L'AGRICULTURE

Le secteur agricole est celui qui a toujours posé le plus de problèmes d'adaptation au monde moderne. En dépit d'un essor global indéniable depuis 1968 (et même depuis beaucoup plus longtemps), ces problèmes prennent de plus en plus un caractère régional ou surtout individuel, personnel. Cela n'est pas nouveau mais devient fondamental. Par ailleurs, l'agriculture s'intégrant mieux à l'ensemble de l'économie est soumise à de nouvelles sortes de difficultés ; la politique agricole doit évoluer.

La politique agricole

Il n'y a eu de véritable « politique agricole » en France que depuis 1960 avec les grandes lois de 1960, 1962, 1964 [1]. Elles ont eu des effets très positifs mais il y a aussi un passif.

★ *Les bases de la nouvelle politique.*

Les déceptions apportées par la politique agricole se manifestent tant chez les paysans qu'au Parlement. Le but des grandes lois était de favoriser la modernisation de l'agriculture et d'améliorer le revenu des agriculteurs. Pour cela on aidait tous les agriculteurs, on soutenait tous les produits et tous les marchés. Le FORMA (Fonds d'orientation et de régularisation des marchés agricoles), créé par la loi de 1960, subventionnait la commercialisation.

Le résultat a été un grand développement de la production, l'apparition d'excédents pour lesquels les subventions étaient de plus en plus lourdes, des charges sociales accrues pour l'État, bref un coût qui va jusqu'à prendre près de 12 % du budget en 1969 — alors que la modernisation des structures ou l'amélioration du revenu paysan sont plus lentes que prévu. Les plus gros agriculteurs — ceux qui vendent le plus — sont finalement les principaux bénéficiaires de l'effort consenti par l'État.

---

1. Cf. chapitre xxv, paragraphe II.

L'importance prise par le Marché commun agricole est le deuxième élément qui va conditionner un changement de politique. Entré définitivement en vigueur en juillet 1968, il est évidemment très favorable à la France qui y trouve un débouché magnifique. Mais il entraîne aussi pour elle la nécessité de se soumettre à des décisions de caractère communautaire (les agriculteurs s'ils sont mécontents doivent maintenant aller manifester à Bruxelles, contre les « technocrates »); la politique agricole française doit s'intégrer dans celle qui y est décidée.

Or, cette politique se dessine avec le plan Mansholt de fin 1968 : seule la très grande exploitation spécialisée est viable et doit être aidée, le nombre des agriculteurs dans la Communauté doit diminuer de moitié en dix ans. L'émotion soulevée par ce plan amène son auteur à l'atténuer; de fait le deuxième plan Mansholt (1970) devient la charte de la modernisation de l'agriculture dans le Marché commun après son adoption officielle en 1971 : les petites exploitations seront aidées au même titre que les grandes si elles font preuve de dynamisme; une aide provisoire à caractère social sera distribuée aux autres; l'IVD (indemnité viagère de départ) sera généralisée en faveur des agriculteurs âgés; le FEOGA (Fonds européen d'orientation et de garantie agricoles) contribuera aux dépenses, etc. Chaque État, cependant, garde une assez grande latitude pour régler son propre problème agricole.

★★ *Du rapport Vedel aux décisions.*

Le rapport Vedel sur l'agriculture (1969) a été pour la France ce que le premier plan Mansholt a été pour la Communauté. Il souligne les défauts de structure mais constate qu'il y a, en fait, deux agricultures en France : celle qui est viable, celle qui ne l'est pas. Il faut stimuler la première; quant à la seconde, l'aide qu'on lui apporte ne doit avoir qu'un caractère social et provisoire. Il y a donc beaucoup trop d'agriculteurs et même de terres cultivées (7 à 8 millions d'hectares, soit un cinquième du total).

Le plan soulève un véritable tollé chez les paysan qui dénoncent son caractère excessif, inhumain, technocratique. Le ministre Duhamel s'efforce de prouver qu'il ne s'agit que d'une étude.

Une nouvelle politique s'amorce tout de même, mais plus modérée et semblable à celle qu'adopte le Marché commun en 1971 avec le deuxième plan Mansholt : il s'agit de moderniser et de rentabiliser sans brutalité. Face à un secteur agricole compétitif, un secteur « social » pourra être aidé provisoirement et même on s'efforcera de promouvoir un secteur de transition : les petits exploitants dynamiques.

Les syndicats agricoles réagissent de diverses manières [1] : le MODEF s'affirme comme le défenseur de la petite exploitation familiale, la FFA veut un relèvement systématique de tous les prix agricoles; mais la FNSEA, principal syndicat, soutient désormais le point de vue adopté par le gouvernement.

En somme, les conditions externes (Marché commun) et internes (gouvernement, FNSEA) sont mûres pour une politique de sélectivité qui doit déboucher sur l'intégration de l'agriculture dans le circuit économique général.

---

1. L'étude de ces syndicats et de leur position respective a été faite au chapitre XXXII, paragraphe II.

★★★ *Sélectivité de l'aide à l'agriculture.*

Les zones de rénovation rura'з

La sélection va s'opérer :

— *entre les petites et les grandes exploitations :* celles-ci, par exemple sont à partir de 1972 soumises à l'imposition sur le bénéfice réel; en revanche le remembrement pourra être ralenti s'il se montre trop favorable au maintien de petites entreprises peu viables, et la législation sur le cumul est assouplie (novembre 1968). Une aide particulière soutenue par le FEOGA facilitera le passage à l'activité moderne pour les petites exploitations; celles-ci sont de plus en plus aidées après 1974.

— *entre l'aide économique et l'aide sociale :* aspect social, dès novembre 1968 on décide que l'IVD sera versée à partir de soixante ans au lieu de soixante-cinq; on octroie des primes de reconversion, des bourses scolaires; cette aide sociale doit favoriser le départ des vieux et l'installation des jeunes. L'aide économique ira aux autres : subventions pour l'équipement, la commercialisation, l'élevage (1976) etc.;

— *entre les régions :* dans le cadre de l'aménagement du territoire sont définies en octobre 1967 des « zones de rénovation rurale » qui seront plus spécialement secourues (un Fonds de rénovation rurale est créé à cet effet en 1972) soit pour moderniser leur agriculture, soit pour y développer artisanat, communications, tourisme. Pour les régions d'économie montagnarde une loi de 1972 fait un effort particulier (il était urgent) : aide à l'élevage (on encourage pour le maintenir le développement d'associations), à l'habitat rural, à l'acquisition de matériel adapté ; la politique de la montagne est relancée en 1977 ;

— *entre les produits* : les prix ou les primes sont relevés pour les produits déficitaires : il s'agit surtout de l'élevage à viande. Dans le même esprit est encouragée la production de produits de qualité : pour le vin dès 1964 ; pour les fruits et légumes l'aide ira de préférence aux groupements de producteurs, qui imposent des normes.

★★★★ *L'intégration de l'agriculture dans le circuit économique général* est le but final. Trop longtemps elle a été un secteur à part, enlisé dans ses problèmes.

Ce que cela signifie ? D'abord soumettre peu à peu exploitations agricoles, exploitants, activités aux mêmes règles juridiques que les autres. Ensuite laisser l'agriculture affronter la concurrence.

C'est encore favoriser l'organisation des agriculteurs en groupements divers, puissants, comparables à ce que sont les grandes sociétés du monde de l'industrie, et capables d'avoir la même influence. On laissera au besoin des éléments étrangers à l'agriculture entrer dans ces groupements. Enfin il s'agit de placer l'agriculture dans un « environnement », de la lier à l'industrie (transformation des produits agricoles) et au commerce ; de considérer l'activité agricole comme une des activités possibles du monde rural, de pair avec l'artisanat et le tourisme.

Les moyens mis en œuvre pour parvenir à ces résultats ?

— l'imposition sur le bénéfice réel (1972), déjà signalée, qui, frappant les plus gros agriculteurs, est appelée à s'étendre ;

— la réforme du statut des coopératives (1972), l'ordonnance de 1967 n'ayant pas été appliquée : astreintes à payer désormais la patente, elles pourront d'autre part s'ouvrir davantage sur le monde non agricole : prendre des participations dans des sociétés à activités différentes des leurs, ou collaborer avec d'autres ;

— le développement des SICA (sociétés d'intérêt collectif agricole), sortes de coopératives dont 20 % des membres peuvent être étrangers à l'agriculture ; elles sont utiles pour la commercialisation ;

— l'encouragement aux groupements de producteurs qui veillent aux prix et à la qualité et se multiplient effectivement depuis 1966 environ, surtout pour les fruits et légumes et l'aviculture (toujours le même retard pour la viande) ;

— la réforme du Crédit agricole (1971). Cette sorte de banque de l'agriculture peut désormais accorder des prêts non seulement pour les acquisitions foncières, les produits ou les équipements, mais aussi pour l'habitat rural, les activités artisanales, le tourisme ;

— l'encouragement (loi de 1975) aux groupements professionnels par secteurs avec cotisations extensibles à tous.

— l'aide aux industries agricoles et alimentaires, stimulée par le VIe Plan, et à laquelle participe l'IDI (Institut de développement industriel). Les SICA permettent d'intégrer facilement production agricole et industrie transformatrice ;

— l'aide à toute l'agriculture, victime de la sécheresse (1976) comme on aide l'artisanat, les PME ou la sidérurgie.

Progrès et nouveaux problèmes de l'agriculture

La mutation profonde qu'a subie l'agriculture, bien supérieure à celle de l'industrie, a favorisé un progrès remarquable. Ce progrès, par la force des choses, fait apparaître ou engendre lui-même de nouveaux problèmes.

★ *Les progrès, avec l'aide de l'État.*

Les aspects du progrès sont multiples. La production a progressé de 7 à 8 % par an entre 1954 et 1972, la productivité de 5,9 % (supérieure aux 5,6 % de la moyenne de toutes les activités). Alors que la part de l'agriculture dans la PIB tombait de 16 % en 1949 à 6,9 % en 1972, sa valeur ajoutée était tout de même multipliée par 4,5. On passait alors de 5 millions d'actifs agricoles à 2 millions et demi et cependant la valeur de la production s'élevait en francs courants, de 25 millions de 1954 à 114 en 1974. Au total les prix agricoles n'ont fait que doubler (+ 4 % par an); c'est moins que la moyenne de tous les prix. Aussi l'agriculture diminue toujours dans la PIB : 5 % en 1975.

Les causes de ce progrès? Un effort souvent remarquable d'une bonne partie des exploitants; l'ouverture des frontières grâce au Marché commun; une politique agricole efficace de la part de l'État depuis 1960 : incitations, création de multiples organismes, subventions; l'agriculture est l'un des secteurs les plus aidés. Ainsi encore en 1974, 2 milliards lui sont alloués pour compenser la baisse de ses revenus cette année-là (primes, remboursement d'impôt, etc); en 1975 des primes sont encore octroyées (« prime spéciale agricole »); en 1976 « l'impôt-sécheresse ») permet de dédommager les victimes de cette calamité.

L'aide de l'État est donc considérable. Elle absorbe tout ce qui peut concerner l'agriculture, selon les pourcentages suivants en 1974 [1] :

action économique	43 %
(dont intervention sur les marchés	24 %)
aide sociale	47 %
action éducative et recherche	4 %
aménagement, protection de l'espace	6 %

D'importantes lois ont été votées depuis 1970, complétant celles des années 1960-64 qui avaient puissamment stimulé le progrès :

1971 : réorganisation du crédit agricole : beaucoup plus large et s'étendant à de nouveaux secteurs de la vie rurale;

1972 : loi sur les coopératives, les ouvrant sur le monde extérieur et les intéressant à la transformation des produits agricoles;

1973 : série de mesures en faveur de l'agriculture de montagne, pour le développement des activités et la protection de l'espace montagnard;

1975 : loi sur le fermage, favorisant l'exploitant face au propriétaire (stabilité mieux assurée, droit de préemption plus large, etc.);

1975 : loi sur le remembrement assouplissant celui-ci pour le mieux intégrer à un équipement et à un équilibre globaux;

1975 : loi foncière et 1976 loi sur l'urbanisme : l'espace rural est mieux préservé; création des ZEP (zones d'environnement protégé);

1975 : loi favorisant les groupements interprofessionnels;

---

1. D'après la FNSEA (cf. l'*Information agricole* d'octobre 1974).

1977 : extension des zones de rénovation rurale et aide plus poussée à la montagne, mais plus sélective.

★★ *Anciens et nouveaux problèmes.*

Les problèmes anciens sont loin d'être tous résolus. On songe par exemple aux problèmes de structure (qu'on évoquera plus loin). Ou encore à la lutte quotidienne qu'il faut mener pour maintenir un Marché commun agricole très favorable à la France, mais dont les règles sont souvent remises en cause par ses partenaires. Il faut aussi résister aux pressions américaines qui s'exercent contre lui.

On vient de voir par ailleurs que la politique agricole consistait, pour une bonne part, à mieux intégrer l'agriculture dans l'ensemble de l'économie nationale. Mais justement, dans la mesure où l'on y parvient peu à peu, cela donne des dimensions beaucoup plus considérables à des questions qui pouvaient apparaître secondaires dans le passé.

Des problèmes permanents ont été ainsi renouvelés :

Le problème social est plus visible. Il concerne *les vieux agriculteurs.* L'IVD leur est plus systématiquement attribuée depuis 1974, comme complément de retraite ou en cas d'invalidité (dès 55 ans). Mais on pense aussi aux *ouvriers agricoles* qui en 1974 doivent bénéficier des 40 heures hebdomadaires et en 1975 peuvent avoir droit à la retraite dès 60 ans.

On pense surtout aux *jeunes* qui veulent s'installer. Il faut les y encourager si l'on veut rajeunir le monde agricole! Ils ont droit désormais à une prime d'installation s'ils ont une formation professionnelle suffisante : dans un nombre limité de départements (1972), dans tous (1975), plus spécialement dans les zones défavorisées (1976).

Quant à ceux qui travaillent avec leurs parents, ils reçoivent le nouveau statut d' « associés d'exploitation » (1973) avec intéressement à l'exploitation et préférence successorale. Beaucoup cependant cherchent à compléter leurs ressources par un emploi secondaire, hors de l'agriculture : ils forment presque la moitié de la masse de ceux qui ont ainsi deux emplois (au total, un tiers environ des agriculteurs français, pourcentage inférieur à celui de bien d'autres pays).

Le problème du développement agricole se pose en termes nouveaux :

• le rajeunissement des exploitants est une condition nécessaire (moyenne d'âge en 1976 : 45 ans); on aide donc les jeunes à s'installer;

• la formation professionnelle est indispensable. Or 14 % seulement des moins de 35 ans la possèdent en 1974. On multiplie les écoles, lycées et centres professionnels; des « Fonds d'assurance-formation » sont créés en application de la loi de 1971 sur la formation permanente. Instruit, l'exploitant pourra bénéficier de l'aide communautaire prévue par le second plan Mansholt (1971) car il doit être capable de présenter un plan de développement de son entreprise. Mais l'application ne s'en amorce que très lentement en 1974;

• l'organisation des marchés devient primordiale. C'est l'un des thèmes du ministre Bonnet (1974). Dans ce but est créé l'ONIBEV (Office national interprofessionnel du bétail et des viandes, 1972) qui, avec l'aide de l'État pour un tiers des fonds, améliore le classement des viandes, oriente la production, soutient les cours; de même le CNIEL (Centre national interprofessionnel de l'économie laitière,

1974) cherche à réorganiser la production et à en assurer un prix minimum... Mais l'État n'apportant aucune aide, la mise en route est difficile; les vins de table, les fruits et légumes créent leurs offices (1976);

• les moyens financiers sont bel et bien le nœud du problème. Ce problème financier devient l'un des plus actuels... avec quelques autres qu'il faut examiner à leur tour.

★★★ *Les problèmes financiers.*

Le revenu agricole a progressé de 9 % par an entre 1954 et 1972, chiffre inférieur à celui des autres secteurs (9,4 %); en outre le progrès est irrégulier : s'il atteint 6,4 % en 1971, puis 11,5 % en 1972 et 9,2 % en 1973, chiffre supérieur au progrès des salaires, il s'effondre en 1974 (— 15 %), stagne en 1975. Enfin le RBE (revenu brut d'exploitation) est très variable selon les régions : la moyenne est de 29 500 francs en 1974, mais le chiffre est triple dans la région parisienne et trois fois moindre dans les régions pauvres (entre exploitations, écart de 1 à 33).

L'investissement est donc difficile. Or l'agriculture moderne est devenue une « agriculture d'investissement ». Il faut acheter des terres (c'est le capital foncier), mais le prix entre 1950 et 1970 en a quadruplé (doublé en francs constants). Il faut renouveler le capital d'exploitation : bâtiments, matériel, plantation, cheptel. Il faut enfin acheter ces « consommations intermédiaires », fournies par l'industrie, que sont les engrais, les aliments animaux, le carburant. Or entre 1954 et 1972 leur valeur a été multipliée par 6, à comparer aux 3,5 de la valeur de la production agricole, dont elles absorbent désormais plus du tiers! Le paysan investit donc — l'investissement de 1974 représente 27 milliards sans les consommations intermédiaires, soit à peu près 25 % du chiffre d'affaires de l'agriculture — mais à quel prix!

L'endettement en résulte. Après la sidérurgie, c'est l'agriculture qui est le secteur le plus endetté :

1960 :   9,8 milliards = 30,4 % de la valeur ajoutée
1973 : 60,5   —   = 85 %   —   —

soit une multiplication par 6 (4 en francs constants). Or l'exploitant ne peut, contrairement aux industriels, répercuter cette hausse sur les prix qui restent contrôlés. Il faut donc emprunter : le Crédit agricole fournit 70 % des crédits en 1973 (60 % en 1960). L'endettement qui double tous les cinq ans équivaut à 2 ans 1/2 de revenu (1976).

Ces problèmes financiers prouvent que l'agriculture ressemble de plus en plus à une industrie, et plus spécialement une industrie lourde à forte utilisation de capitaux [1].

★★★★ *Le problème foncier* prend, de son côté, des proportions

alarmantes : il s'agit d'avoir des terres, et à des prix raisonnables. Or on vient de voir la hausse du prix de la terre. L'hectare valait en moyenne 3 000 francs en 1960, mais 15 400 en 1976. Comment un jeune pourrait-il s'installer? Encore faut-il des terres disponibles. Il y en a moins : la SAU (surface agricole utile) a perdu près de 500 000 hectares entre 1963 et 1970 (31 109 000 ha à cette date).

---

1. Idées et chiffres de ce paragraphe proviennent pour une bonne part de *L'Agriculture d'entreprise* d'août 1974, de « *l'Information agricole* » et autres publications de la FNSEA, sans parler de divers articles du « *Monde* » dont l'un du 18 décembre 1973.

Les causes sont nombreuses : c'est l'extension des villes, des moyens de transport (autoroutes, aérodromes etc.), des zones de loisirs; la multiplication des résidences secondaires. C'est aussi l'abandon, avec non mise en vente, d'exploitations héritées, d'où le développement des friches. Le problème est aggravé par les cumuls : de gros exploitants, ou capitalistes sans lien avec la terre, parviennent à tourner la loi (qui a été assouplie en 1968) et se portent preneurs d'exploitations à vendre.

Des mesures ont été prises pour atténuer, sinon régler le problème.

● L'aide apportée aux jeunes agriculteurs en est une.

● La définition d'une SMI (surface minimum d'installation, 1968 et 1970) en est une autre : il s'agit, pour pouvoir bénéficier des aides diverses, d'avoir une certaine surface qu'on devra pouvoir agrandir.

● La loi sur le fermage (1975) renforce les droits de l'exploitant.

● La loi foncière (1975) préserve mieux l'espace agricole.

● les SAFER s'occupent de plus en plus, lorsqu'elles rétrocèdent, après amélioration, les terres qu'elles ont achetées, d'y installer des jeunes. Leur pouvoir est accru par la loi de 1977.

● Les GFA (groupements fonciers agricoles, 1970) s'occupent de regrouper les parcelles de plusieurs propriétaires et, par une meilleure mise en valeur, d'y attirer les capitaux extérieurs. Depuis 1974 ces capitaux peuvent provenir des SAFER à concurrence de 30 %.

● Un raffermissement de la loi sur les cumuls, en 1973 (limitation plus stricte, la superficie n'étant plus seule prise en considération).

● La loi de 1977 sur les terres incultes favorise leur mise en valeur.

Toutes ces mesures semblent demeurer insuffisantes. Les manifestations paysannes le prouvent souvent. Et certains syndicats agricoles, les « Paysans travailleurs » par exemple, s'en prennent particulièrement aux gros exploitants capitalistes, alors que trop de leurs congénères manquent de terres.

★★★★★ *Le problème du milieu rural*

L'agriculture, élément de la vie rurale, et non plus seule activité rurale : voilà les termes du problème. C'est sous cet angle qu'on parviendra à limiter l'exode rural, en fournissant sur place des emplois non agricoles.

L'équilibre du milieu rural doit être préservé : depuis les lois de 1967 et surtout depuis 1970 des PAR (plans d'aménagement rural) visent à organiser l'espace : place relative des villes et des campagnes, des activités (agricoles, industrielles, touristiques, etc.), affectation des sols selon leur vocation. Après 1976 les ZEP protègent l'environnement.

La loi sur le remembrement (1975) cherche à corriger les excès auxquels cette opération avait pu aboutir : le regroupement des parcelles, l'arasement des haies ne seront plus systématiques; on se livrera à des « travaux connexes » (réserves d'eau, équipement communal). Cela ralentira peut-être le remembrement (qui n'a porté de 1945 à 1975 que sur 9 millions d'hectares, plus 1 million en cours, et pas toujours là où c'était le plus urgent) mais lui donnera un caractère plus qualitatif, et contribuera mieux à aider les agriculteurs.

L'aide à l'agriculture de montagne (1972, 73, 77) obéit aux mêmes objectifs : mieux maintenir les paysans sur leurs terres en les aidant, par des crédits particuliers, à se spécialiser dans les activités les plus rentables, en l'occurrence l'élevage, le tourisme ou l'artisanat.

★★★★★★ *Les problèmes liés au Marché commun agricole.*

L'agriculture des pays du Marché commun s'est bien développée, notamment en Allemagne, protégée par les « montants compensatoires ». D'autre part le franc s'est déprécié par rapport à l'UC (unité de compte) européenne. A l'exportation les produits français exprimés en « francs verts » liés à celle-ci sont donc trop chers. La France réclame la dévaluation du franc vert (1977) et l'obtient en 1978.

Nouvelles structures de la production et du commerce agricoles

★ *Le progrès variable de la modernisation.*

Ses aspects sont toujours les mêmes : consommation d'engrais atteignant 180 kilogrammes à l'hectare en 1976; mécanisation (plus de quinze cent mille tracteurs), amélioration des méthodes, surtout pour l'élevage : bâtiments plus modernes, pratique de la stabulation libre, utilisation croissante d'aliments composés, sélection des races. D'une façon générale, progrès du rendement et de la productivité.

Les points faibles n'ont pas pour autant disparu : au niveau communautaire la France n'a pu encore combler son retard sur les Hollandais ou même les Allemands en ce qui concerne les méthodes ou le niveau technique. Les disparités régionales restent accusées, si bien qu'en 1971 le revenu par personne active va de 1 à 6 selon les régions, de 1 à 20 selon les départements [1]; les prix agricoles sont trop variables pour favoriser l'investissement. Celui-ci a progressé pourtant mais, par là même, contribue à alourdir les charges des exploitants : beaucoup en effet doivent recourir au crédit. L'écart avec les prix industriels ou le prix des services se maintient ou s'aggrave. Cela a été vu.

Ou bien — autre point faible — le petit paysan renonce à se moderniser et végète. Le poids de cette masse de petits paysans mal intégrés à la vie moderne reste toujours considérable et contribue à retarder la modernisation. C'est en pensant à eux que les autorités de Bruxelles sont obligées de fixer à un niveau élevé le prix du blé et du lait, ce qui favorise les excédents de production... dont il faut ensuite subventionner l'exportation.

★★ *L'essor de la production.*

Il est très net pour *les céréales* dont les prix sont très attractifs. Le blé atteint 140 millions de quintaux et même 180 en 1973 avec de bons rendements. Plus spectaculaires, les progrès de l'orge et surtout du maïs : de 1968 à 1973 la récolte bondit de 53 à 100 millions de quintaux; encore l'Italie, grand débouché potentiel, bénéficie-t-elle de faveurs pour s'approvisionner toujours aux États-Unis.

Les progrès de la betterave sucrière sont de même limités par les quotas de production que se sont fait reconnaître les autres membres du Marché commun. Le progrès est variable pour les fruits et légumes.

---

1. D'après *L'information agricole*, janvier 1972 (publication de la FNSEA).

La vigne donne une récolte assez constante (sauf en une année exceptionnelle comme 1970) mais dont la qualité est de plus en plus contrôlée ; de nouveaux vignobles sont plantés pour fournir le coupage mais la concurrence italienne ameute un Languedoc lent à se reconvertir.

L'élevage progresse plus irrégulièrement. Sa part dans le revenu agricole passe de 64 % en 1965 à moins de 58 % en 1971. En gros, l'élevage laitier est stimulé par le prix du lait, la consommation croissante de beurre, fromage ou produits dérivés, une assez bonne structure industrielle et commerciale des entreprises laitières. L'élevage à viande par contre, malgré un relèvement des prix, une simplification des circuits commerciaux, reste insuffisant, surtout pour les porcs. Mais la tendance dans ce domaine complexe de la production et du marché de la viande est tout de même au progrès.

★★★ *Évolution de la géographie agricole.*

Insensiblement la carte agricole de la France continue à changer : concentration vers les régions les plus riches, déclin des plus pauvres, peu à peu abandonnées par leurs habitants. Les zones de montagnes sont de plus en plus désertées et nécessitent l'effort consenti en 1973 en leur faveur (voir ci-dessus) : il s'agit à la fois d'assurer une vie meilleure à ceux qui s'y maintiennent et de préserver un équilibre naturel compromis par de dangereux retours à la friche ou par diverses dégradations.

En revanche, les riches plaines limoneuses sont plus que jamais le grenier de la France. Le centre du Bassin parisien devient par exemple le grand producteur de maïs à haut rendement tandis qu'en Aquitaine, production, rendement, modernisation sont des plus variables selon les cantons ou les exploitants. L'Ouest se développe favorablement. Le Languedoc se reconvertit lentement grâce à l'irrigation, l'amélioration des cépages, l'arrachage (plans de 1973 et 1977). La Corse, enfin, avec la vigne ou les cultures fruitières, fait meilleure figure.

★★★★ *Le mouvement de concentration* n'est pas seulement géographique. Caractéristique de la vie moderne, il se manifeste dans tous les domaines.

Concentration des exploitations qui continuent à disparaître au rythme de 2,7 % par an (surface moyenne : 21,7 ha en 1970, 24 en 1977). Ce mouvement gagne désormais surtout les exploitations moyennes de 10, 15 ha. Cela permet d'augmenter la surface des autres ; ici le rôle des SAFER (Sociétés d'aménagement foncier et d'établissement rural) ne cesse de croître. Depuis leur création en 1960 jusqu'à la fin de 1978, elles ont acquis 1 075 000 ha, aménagé dix millions de parcelles, rétrocédé 929 410 000 hectares.

Concentration pour la production ou la commercialisation : c'est le rôle des coopératives d'abord. Celles-ci « bougent », se modernisent ; la réforme de leur statut en 1972 y contribue. Elles sont particulièrement représentatives dans le domaine laitier dont elles contrôlent environ 50 % de l'industrie. Moins nombreuses qu'autrefois, elles se regroupent en unions puissantes et n'hésitent plus à s'associer à l'occasion à des groupes privés non moins puissants (en 1970, accord entre l'Union laitière normande et Préval), ou à des groupes étrangers pour mieux pénétrer le Marché commun. Elles visent plus désormais à la rentabilité économique qu'à un syndicalisme égalitaire.

Très caractéristique aussi le développement des « groupements de producteurs » : en 1977 il y en a 1250; 40 % concernent les fruits et légumes, et autant l'élevage et la viande; la qualité des produits ne peut qu'y gagner, de même que la régulation des cours. Très souvent aussi se constituent des GIE (Groupements d'intérêt économique) pour intégrer production et transformation, production et commerce.

L'intégration s'affirme de plus en plus. Elle est parfois le fait des plus puissantes coopératives (du lait au fromage par exemple); parfois des coopératives associées à des sociétés privées; surtout des plus grosses sociétés capitalistes se vouant à la transformation des produits agricoles : industrie sucrière, industrie laitière, industrie de la viande et finalement toutes les industries alimentaires, dont on a déjà vu qu'elles cherchaient à diversifier au maximum leur production.

Le problème reste le même qu'avant 1968 : le grand essor de la production agricole française profitera-t-il surtout aux agriculteurs ? Oui, s'ils savent d'abord se regrouper, ensuite se tourner vers les industries transformatrices. C'est un but visé depuis 1970.

★★★★★ *Essor du commerce agricole.*

Si 14 % de la production sont exportés en 1963, c'est 29 % en 1973. En francs courants il y a triplement de 1958 à 1968 et doublement encore de 1968 à 1973. *Pourquoi?* Des excédents croissants : surtout les céréales (plus du tiers des exportations) et les produits laitiers, sans oublier la vente traditionnelle des vins réputés. Des produits de meilleure qualité, les « blés de force » par exemple, ou les fruits; des produits mieux présentés (l'emballage compte beaucoup), une plus grande publicité, que seuls peuvent faire de grosses sociétés et qu'encourage la SOPEXA (Société pour l'expansion des ventes des produits agricoles).

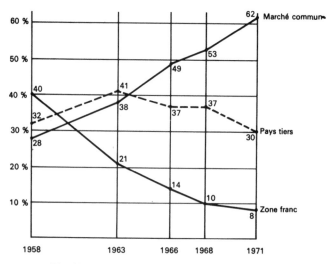

Répartition géogaphique des exportations agricoles

Enfin et surtout l'importance primordiale du Marché commun et particulièrement de l'Allemagne : non seulement il absorbe les produit français, mais il en subventionne l'exportation vers les pays tiers. Ce qu'il absorbe lui-même représente, dans les exportations agricoles françaises 28 % en 1958, mais 66 % en 1973. La France en est devenue le premier fournisseur, dépassant la Hollande en 1968. Ses exportations y ont décuplé entre 1958 et 1970. Le solde bénéficiaire est multiplié par vingt.

On comprend la ténacité de la France pour la réalisation puis le maintien du Marché commun agricole. La zone franc, avec 8 % et les pays tiers, avec 30 %, se partagent le reste des exportations. Le Marché commun, de son côté, fournit le tiers des importations agricoles françaises.

Cette excellente situation explique le *bénéfice global* du commerce extérieur agricole — environ 25 % — et même en comptant les inévitables importations de produits tropicaux. C'est un fait nouveau et récent : depuis 1969 seulement. En 1973 le solde atteint 6,3 milliards de francs. L'agriculture représente alors 19,2 % de toutes les exportations françaises, au lieu de 16 à 17 %. Mais le Marché commun, ensuite, s'ouvre moins et la crise amène le déficit commercial en 1977.

Quelques points faibles doivent pourtant être mentionnés : d'une part le déficit tenace du commerce de certains produits : viande (malgré l'excédent pour la viande bovine), produits avicoles, légumes (malgré un doublement des exportations de 1963 à 1970), oléagineux; d'autre part la vente de produits trop peu élaborés, ce qui prouve le retard des industries alimentaires et diminue le bénéfice des paysans; enfin, pour le bétail, l'importation du soja qui pousse mal en France.

II. L'ÉNERGIE

Les difficultés traditionnelles de ce secteur fondamental viennent brusquement s'aggraver avec la crise mondiale de l'énergie à partir de 1973.

Le problème énergétique jusqu'en 1973

Le vieux problème de l'énergie en France prend des dimensions nouvelles : accroissement du déficit, recours inéluctable à l'énergie nucléaire dans le cadre nécessaire d'une collaboration européenne. L'indépendance en matière énergétique est de plus en plus impossible.

★ *Le recours à l'étranger.*

La croissance du déficit est plus rapide que prévu. Il dépasse 50 % à partir de 1966, atteint 67 % en 1970. Le VIe Plan prévoit 75 % pour 1975 et 80 % pour 1980. On espère ensuite une stabilisation à ce niveau : la France ne se procurerait elle-même que le cinquième de ses besoins énergétiques !

Le pétrole est le grand responsable puisque, pour un pays qui en est extrêmement dépourvu, sa consommation représente, aux mêmes dates, 46, 59, 68 et 70 % de toute l'énergie. Consommation qui a plus que triplé en dix ans, pour atteindre les 100 millions de tonnes en 1972. C'est toujours l'Algérie, la Libye et le Moyen-Orient qui doivent assurer l'approvisionnement. Mais le système de contrats d'État à État sur lequel de Gaulle avait fondé sa politique pétrolière a eu des résultats décevants.

Pour mieux lutter contre les monopoles capitalistes et pour trouver plus vite les sommes nécessaires à leur développement, les États fournisseurs, regroupés dans l'OPEP (Organisation des pays exportateurs de pétrole) sont passés à l'attaque en 1971 : nationalisation à 51 % des sociétés pétrolières en Algérie, hausse, dans tous ces pays, des redevances versées par les compagnies. La France a dû s'y soumettre comme les autres. La société Elf y perd beaucoup, qui tirait une bonne partie de ses ressources de l'Algérie ; la CFP, mieux répandue à travers le monde, paraît moins atteinte.

La solidarité internationale ne joue qu'à demi en matière pétrolière ; le Marché commun n'a pas d'attitude précise ; la France en est donc réduite à mener, plus ou moins seule, une politique délicate dans une situation d'évidente dépendance. Par mesure de précaution, elle multiplie les capacités de stockage (grand réservoir souterrain près de Manosque, etc.). Et elle continue ses recherches dans les zones littorales de l'Aquitaine ou en mer du Nord.

Le gaz est, lui aussi, de plus en plus fourni par l'importation. Avec 7 à 8 milliards de mètres cubes par an, Lacq est devenu tout à fait insuffisant, malgré la mise en valeur à partir de 1968 des nouvelles découvertes de Meillon-Saint-Faust. Un nouveau contrat est signé avec l'Algérie, en 1969, un autre avec la Hollande. On négocie également avec l'URSS.

Pour le charbon, le déclin s'accélère. Il ne représente plus qu'un quart de l'énergie totale en 1970 et l'on prévoit 14 % en 1975, 8 % en 1980. La production nationale s'effondre : 45 millions de tonnes en 1968, mais 35 en 1971, et même 25 prévus en 1975. Mieux vaut acheter ce charbon, moins recherché, au meilleur prix, c'est-à-dire à l'Allemagne et même aux États-Unis. Mais il faut reconvertir les bassins charbonniers.

L'électricité, sous sa forme thermique, retarde la chute du charbon. Beaucoup de bassins sont sauvés par l'édification d'une puissante centrale qui en absorbe une bonne partie : près du Creusot, à Albi, à la Maxe en Lorraine, à Pont-sur-Sambre ou Lourches dans le Nord. Mais les centrales fonctionnent de plus en plus au pétrole ou au gaz (la moitié du total thermique en 1970). On cherche à limiter la dépendance de leur approvisionnement en leur assurant une alimentation mixte (charbon, pétrole, gaz).

L'électricité hydraulique au moins est nationale ! Pas complètement cependant puisqu'on est contraint de faire des aménagements franco-suisses (Emosson) ou franco-italiens (Mont-Cenis) ! Du moins nos échanges totaux d'électricité avec nos voisins s'équilibrent à peu près. La France du Sud reçoit depuis 1972 de l'électricité nucléaire d'Espagne, la centrale ayant été construite en collaboration ; elle en recevra de même de Belgique et de Suisse.

L'électricité nucléaire n'en pose pas moins, elle aussi, un problème d'indépendance nationale, car c'est avec des brevets étrangers que la France entend, dans les années 70, construire les nouvelles centrales, nécessitées par une demande toujours accrue (150 milliards de kilowatts-heure en 1971).

★★ *L'espoir nucléaire* est tel qu'il a fallu s'y résigner. Comment, sans compter sur l'atome, pourrait-on couvrir les besoins croissants d'énergie ?

Mais l'abandon de la filière française en 1969 a été jugé nécessaire. Cette filière (uranium naturel 238, graphite comme modérateur et gaz comme refroidisseur) avait été utilisée pour les premières centrales parce que plus économique (moindres investissements) et permettant le recours aux seules techniques françaises. Le CEA (Commissariat à l'énergie atomique) et le général de Gaulle y étaient très attachés. Mais l'EDF la trouvait peu rentable : le courant revient cher. La rentabilité commande l'adoption d'uranium 235 enrichi, avec eau légère comme modérateur et refroidisseur, selon la filière américaine — qu'il s'agisse d'eau pressurisée (système Westinghouse : PWR) ou d'eau bouillante (système General Electric : BWR).

Tandis qu'il réforme les structures du CEA, le président Pompidou se décide en 1969 pour la filière américaine; on choisit PWR en 1975, à la satisfaction du groupe Schneider; cela entraîne de toute façon la construction de centrales presque deux fois plus puissantes, et d'un modèle plus proche de celles de la Communauté.

La collaboration européenne paraît inévitable : le coût de la recherche, celui des centrales, le choix des implantations, le recours à la même filière le commandent. Les conflits d'intérêts la retardent cependant. En 1971 la France décide qu'en tout état de cause elle construira une usine de séparation isotopique pour l'enrichissement de l'uranium selon la technique de la diffusion gazeuse. Dans ce but est fondée en 1973, la société Eurodif.

La France garde en effet des atouts techniques de grande valeur. Elle a le bénéfice d'une expérience déjà longue; elle poursuit des recherches sur tous les procédés (refroidissement au sodium, modération à l'eau lourde) souvent en collaboration avec d'autres pays; elle a une réelle avance en ce qui concerne le plutonium. Les succès enregistrés au centre de recherches de Cadarache lui ont permis d'entreprendre la construction d'une centrale au plutonium à Marcoule, la centrale Phénix, qui devait être achevée en 1973. Le plutonium et les « surgénérateurs » pourraient être le grand remède à la pénurie d'énergie redoutée pour la fin du siècle. La fusion de l'atome également.

★★★ *Le développement de l'équipement énergétique* est l'un des aspects caractéristiques de la difficulté de prévoir en matière économique. Dix ou quinze ans à l'avance il faut construire les centrales nécessaires aux besoins futurs. Coût et aventure! On risque d'être victime d'une erreur d'appréciation quant aux besoins ou à la rentabilité.

La France pourtant a dû et devra s'équiper. Pour le nucléaire, *les centrales* seront de l'ordre de 900 000 kW. Ce gigantisme, semblable à celui des autres pays, se retrouve pour les centrales thermiques classiques : on les équipe désormais de groupes de 600 000 kW. Ainsi dans la grande ceinture parisienne (Porcheville, Creil, etc.) ou dans les centrales géantes de la Maxe près de Metz, ou du Havre, la plus grosse d'Europe, fonctionnant au charbon américain, ou de Ponteau près de Fos.

Pour l'hydroélectricité, l'équipement se termine dans les Alpes (Mont-Cenis 1970; achèvement du programme de la Durance). Deux nouveaux ouvrages s'amorcent sur le Rhin au nord de Strasbourg et les derniers travaux sur le Rhône se poursuivent avec beaucoup de retard.

Les raffineries se multiplient lentement vers les lieux de consommation (région parisienne, Lorraine, Nord). Mais les anciennes, situées plutôt dans les ports, ne cessent de s'agrandir. Ainsi Gonfreville reste la deuxième d'Europe avec 23 millions de tonnes de capacité (1975). L'excédent de capacité par rapport à la consommation permet à la France d'exporter environ 10 % de ce qu'elle raffine (capacité 120 millions de tonnes en 1971).

Le stockage est de plus en plus considérable pour les hydrocarbures; on recourt à des couches géologiques favorables ou à des cavités naturelles ou artificielles pour entreposer le gaz, français ou importé, et le pétrole : ainsi pour le gaz à Chémery dans le Loir-et-Cher; pour le pétrole, près de Manosque et à May près de Caen.

Le transport de quantités toujours plus fortes rend nécessaire la construction de nouveaux oléoducs : du Havre vers Valenciennes, de Strasbourg vers Metz; l'oléoduc sud-européen, Marseille-Strasbourg-Karlsruhe étant saturé est, pour 1973, triplé jusqu'à Lyon, doublé ensuite.

Mais ce sont les ports qui s'adaptent de la façon la plus spectaculaire. De nouveaux appontements permettent d'accueillir les superpétroliers au Verdon près de Bordeaux, à Brest (1973); surtout les gigantesques travaux du Havre et de Fos en feront les premiers ports pétroliers d'Europe : ils accueillent les tankers de 250 000 t dès 1970, de 350 000 en 1975, de 500 000 t en 1976, grâce au « terminal pétrolier » édifié au large du Havre, en pleine mer, au cap d'Antifer. Le recours aux pétroliers géants le rend nécessaire et donnera à la France — qui en possède elle-même une flotte de plus en plus nombreuse — la possibilité de jouer un rôle de redistribution en Europe : Le Havre sera un « port d'éclatement ».

La crise de l'énergie depuis 1973

★ *Caractères de la crise.*

Tous les problèmes énergétiques, toutes les prévisions se trouvent bouleversés à partir de 1973 par *la hausse subite du prix du pétrole.* On en a déjà évoqué les origines [1]. On a dit aussi comment cette hausse engendrait celle des autres sources d'énergie, longtemps défavorisées par le bas prix de « l'or noir ». En quelques mois (de la fin 1973 au début de 1974) toutes les conditions sont changées : le charbon devient plus rentable; le gaz plus économique; l'électricité nucléaire qui venait de parvenir, vers 1972, à la compétitivité, plus souhaitable que jamais; certaines réserves hydroélectriques coûteuses, exploitables; de nou-

---

1. Au chapitre XXXI, paragraphe III.

velles sources d'énergie telles que l'énergie solaire ou éolienne ou géothermique, envisageables.

D'autres conditions nouvelles viennent également modifier les données anciennes. D'un côté l'abondance du gaz naturel, non seulement en Hollande, grand fournisseur du Marché commun, mais aussi en URSS (sous réserve que l'on participe à la construction des gazoducs), au Moyen-Orient (Iran etc.), en Libye ou Algérie, en mer du Nord).

D'un autre côté, cette mer du Nord révèle peu à peu ses richesses en pétrole, relatives à l'échelle mondiale, mais précieuses pour l'Europe occidentale.

En revanche un problème, qui n'est pas nouveau, mais qui prend une dimension considérable est celui des centrales nucléaires : les questions de pollution et d'environnement sensibilisent l'opinion et viennent souvent remettre en cause les décisions gouvernementales. Le prix déjà très élevé de ces centrales (un milliard de francs vers 1974) risque de s'alourdir avec la multiplication des équipements protecteurs dont il faut les entourer.

Les questions financières viennent donc s'ajouter aux contraintes imposées par cette crise de l'énergie. Toute la production — et surtout la production industrielle — pâtira de la hausse des tarifs énergétiques. L'inflation qui ne règne que trop y trouve un nouvel aliment. La balance commerciale de son côté est lourdement grevée. En 1973 la France dépense 16 milliards pour ses achats de pétrole, en 1974 il lui en coûte 48, soit 20 % de ses importations, en 1975 la dépense est limitée à 40, mais se relève à 51 en 1976 et 53 en 1977. Comment dans ces conditions équilibrer la balance des paiements ?

La France se doit de trouver des contreparties à ces dépenses et de reconsidérer toute sa politique énergétique.

★★ *Les mesures extérieures de sauvegarde.*

Vis-à-vis de l'extérieur on a déjà vu [1] comment la France a *recours à l'emprunt*, public ou privé, pour trouver les ressources nécessaires et équilibrer sa balance des paiements. Pour ces emprunts, sont particulièrement sollicités les « pétrodollars » détenus par l'Iran, le Qatar, etc. qui deviennent prêteurs. C'est encore avec ces pays que sont conclus, en compensation des achats de pétrole, des *contrats industriels* très importants (la France devant y construire des complexes pétrochimiques, des oléoducs ou gazoducs, mais aussi des usines métallurgiques, sans parler de la coopération à établir pour l'agriculture ou l'informatique ou les télécommunications, etc., etc.).

Mais l'essentiel est de s'assurer le pétrole : des *contrats d'achat* sont signés avec l'Arabie dès le début de 1974, puis avec les pays voisins : Irak, etc. Cette action, proprement française, est d'abord dénoncée par les autres États européens (ou par les États-Unis) qui voudraient prendre une attitude de force contre les membres de l'OPEP (Organisation des pays exportateurs de pétrole). Sous la conduite des États-Unis ils créent (1974) l'Agence internationale de l'énergie pour mieux tenir tête ; la France au contraire tente d'établir un dialogue euro-arabe : elle échoue d'abord mais finalement, chacun faisant des concessions, on peut parvenir, à la fin de 1975, au grand *dialogue « Nord-Sud »*, où le pétrole n'est plus que l'un des sujets abordés.

---

1. Au chapitre XXXIII, paragraphes I et II.

Dans le cadre européen, Eurodif va de l'avant ; rassemblant France (pour 52,5 %) Italie, Belgique et Espagne, ce groupe, dès 1974, commence à construire à Tricastin (près de Pierrelatte) une usine d'enrichissement de l'uranium pour approvisionner la France et l'Europe... et d'autres acheteurs éventuels en uranium 235, à partir de 1979. En 1975 l'Iran aide au financement de la part française, prenant à son compte 10 % du capital.

Les mêmes pays, groupés dans Coredif (1976) prévoient une seconde usine.

Des accords de coopération pour la recherche sur les surgénérateurs sont conclus, avec États-Unis, URSS, Japon et surtout Allemagne.

Des accords de fourniture sont signés avec l'Afrique du Sud (1977) : elle livrera de l'uranium ; la France lui vendra une centrale. La France fournira une usine de retraitement au Pakistan (1976) et retraitera l'uranium japonais (1977).

★★★ *Les mesures d'ordre intérieur contre la crise.*

Des économies de pétrole sont évidemment la première solution à retenir : dès 1974 une « Agence pour les économies d'énergie » veille au respect des décisions prises au cours de l'année : rationnement du fuel domestique, fixation d'un minimum de température dans les logements et les locaux administratifs, limitation de la vitesse des voitures, etc. On ne rationne pas l'industrie mais on l'encourage à moins gaspiller, à « recycler » ses fumées. On récupère l'eau chaude des centrales.

Une diversification des sources d'énergie s'impose. Un « délégué général à l'énergie » (1974) propose un programme assez vaste : recherches activées sur les « énergies nouvelles » ; freinage du plan de fermeture des Charbonnages : 10 millions de tonnes supplémentaires seront ainsi obtenues, en dix ans, dans le Nord-Pas-de-Calais. Cela n'empêche donc pas le déclin global du charbon avec une consommation maintenue stable à 45 millions de tonnes ; nouveaux achats de gaz étranger : l'URSS livrera 2,5 milliards de m³ à partir de 1976, et 4 à partir de 1980 ; nouvelles études sur le potentiel hydroélectrique comme sur le chauffage géothermique (grâce aux eaux chaudes du sous-sol) ou solaire (grâce à des capteurs solaires) ; recherche de pétrole stimulée dans le Sud-Ouest et surtout en mer : la mer d'Iroise (1975) ; centrale solaire dans le Roussillon (1977) : la première du monde.

Le recours au nucléaire semble la solution miracle : 13 centrales seraient mises en chantier en 1974-75. 40 à 50 entre 1976 et 1980 — au total 80 milliards de francs. Ce programme ambitieux et extrêmement coûteux est ramené bientôt à de plus justes proportions. Mais finalement, aux 13 000 MW de 1974-75, on prévoit (1975, 77, 79) d'ajouter 12 000 en 1976-77, 10 000 en 1978-79, 10 000 en 1980-81, en unités de 1 300 MW.

Par ailleurs on cherche à « franciser » la filière PWR. Pour le plutonium, une seconde centrale est édifiée (1976) à Malville, par le groupe Novatome (15 % Alsthom-Atlantique, 34 % CEA, 51 % Creusot-Loire). Au total l'atome procurerait en 1985 un quart de toute l'énergie (1977). L'usine de Tricastin aura plein rendement depuis 1982. Un nouveau procédé d'enrichissement par voie chimique est à l'étude. Dès 1978 le nucléaire fournit 13 % de toute l'électricité et 3,5 % de toute l'énergie.

★★★★ *Les résultats de cette crise.*

Un gros effort d'adaptation a été fait; une redécouverte du sens de la lutte a remplacé la facilité qui n'avait que trop régné depuis les années 60

L'opinion est hostile au nucléaire ; malgré la création d'un Conseil d'information nucléaire (1977), elle est mal informée et ses manifestations sont souvent autant politiques qu'écologiques.

L'absence de solidarité européenne a été visible au moment d'adopter une stratégie commune face aux producteurs de pétrole, comme face aux États-Unis. Bien mieux Eurodif voit se dresser contre elle un groupe rival, Urenco, qui, avec Allemagne, Angleterre et Hollande, veut édifier une usine d'enrichissement d'uranium selon le nouveau procédé de l'ultracentrifugation.

Une révision complète des perspectives : la consommation d'énergie croîtra de 3 % par an au lieu de 6. En fait elle stagne de 1974 à 1977. Est-ce la fin, comme pour d'autres pays, d'une longue prospérité ?

Les relations internationales sont affectées. Première du monde pour les surgénérateurs (plutonium), la France s'affronte aux États-Unis qui leur sont hostiles ainsi qu'aux usines de retraitement de l'uranium irradié, au nom du danger civil et militaire. La France s'appuyant sur l'Allemagne, maintient sa position, mais accepte, désormais, la concertation.

Une indépendance nationale mieux assurée pourra être une certaine consolation : on s'était résigné à une dépendance de 80 % en matière d'approvisionnement; on espère la ramener à 55 ou 60 % en 1985.

Le pourcentage de chaque source d'énergie dans le bilan global est l'objet de discussions car bien des éléments nouveaux peuvent venir et sont déjà venus bouleverser les prévisions. Le charbon français ne semble guère redevenir rentable. Mais les énergies nouvelles ? Pour elles — et notamment l'énergie solaire où le programme français est le deuxième du monde — un grand effort s'ajoute à celui qui est consenti en faveur du nucléaire.

III. L'INDUSTRIE

Amélioration des structures

★ *Pour les entreprises* on se contentera de rappeler d'un mot, ce qui a été dit ci-dessus [1] : *la concentration* s'est rapidement développée dans les années 60; vers la fin de cette période elle a concerné particulièrement les plus grosses sociétés, pour donner souvent une « bipolarisation » dans chaque grande branche industrielle. La France a ainsi comblé en partie son handicap dans le domaine de la taille des entreprises. Toutefois il subsiste encore beaucoup d'entreprises modestes.

L'efficacité des unes et des autres s'est améliorée : l'investissement, la productivité, la recherche-développement ont connu un bel essor jusque vers 1972 ou même 1974 (pour les investissements), mais le

---

1. Au chapitre précédent dans son ensemble et, plus particulièrement, au paragraphe II.

progrès a ralenti ensuite ; l'inflation et la baisse de rentabilité du capital en sont causes pour une bonne part [1].

Une plus grande autonomie avec une meilleure gestion sont les deux points auxquels s'attache la politique industrielle des pouvoirs publics. Que l'entreprise soit plus libre, mais qu'elle s'en montre digne. L'État sélectionnera son aide en fonction de ces critères. Ceux-ci sont même applicables aux entreprises nationalisées. L'économie contractuelle l'emporte sur le dirigisme.

★★ *La place inégale des branches industrielles* dans l'économie nationale prouve la difficulté, pour certaines d'entre elles, de s'adapter à l'évolution. Mais il est normal, d'autre part, qu'*une industrie perde peu à peu du terrain* face à des industries très modernes. Ainsi le textile était la première industrie française en 1914 ; en 1962, dépassée par les industries agricoles et alimentaires (IAA) et de peu par le bâtiment et les industries mécaniques, il l'emportait encore sur la chimie, surpassait très largement construction automobile et construction électrique. Douze ans plus tard il est derrière toutes celles-ci et l'industrie chimique menace la mécanique pour la troisième place (derrière IAA et bâtiment).

En 1972 le textile (avec habillement et cuir) ne donne plus que 8 % de la valeur ajoutée de l'industrie (14,3 % en 1952) alors que les industries mécaniques et électriques ensemble en donnent 33,5 (26,3 en 1952) : celles-ci doublent leur production tous les 8 à 10 ans, la chimie tous les 7 à 8 ans.

Les critères de volume de production ou de chiffre d'affaires ne suffisent pas, cependant, à mesurer l'importance relative d'une industrie ; sa *capacité exportatrice* compte aussi. Le même textile fait fort honorable figure dans ce domaine, exportant 30 à 40 % de ce qu'il produit... mais concurrencé par des importations dangereusement croissantes. Construction navale (encore une vieille industrie !) automobile et aéronautique parviennent à dépasser les 50 %. Chimie et construction électrique sont autour de 25 à 30 %.

Essor variable des diverses industries

★ *Les progrès jusqu'en 1973 sont suivis de stagnation* et parfois de chute très sérieuse. Alors que l'industrie a doublé sa production entre 1949 et 1962, puis doublé encore de 1962 à 73, la crise remet tout en cause. L'État on l'a dit, doit aider des secteurs entiers. *Des choix s'imposeront-ils ?* Renforcer le protectionnisme ? Se spécialiser dans les biens d'équipement (il y a eu progrès) et les industries de pointe ?

★★ *Progrès des industries de pointe.*

C'est dans le secteur le plus moderne que les transformations sont le plus rapides. On vient déjà de le voir dans ce secteur de pointe qu'est *l'énergie nucléaire.*

L'informatique brave IBM (70 % du marché français en 1970). La CII, principal groupe français constitué en 1967 à l'initiative du

---

1. Les problèmes de l'investissement ont été vus au chapitre XXXIII à la fin du paragraphe II.

gouvernement, a réussi en un temps record à construire des ordinateurs moyens mais a éprouvé des difficultés de vente faute d'avoir prévu la location et le « service ». Le deuxième plan Calcul (1971-1975) remédie à ces défauts, le groupe européen Unidata (1973) doit l'y aider. Mais, on l'a vu, celui-ci disparaît lorsqu'en 1975 la CII choisit d'entrer, majoritaire, dans le groupe Honeywell-Bull où la CGE a une bonne place. Mais celle-ci y renonce en 1979, en faveur de Saint-Gobain. La péri-informatique (avec CGE et Thomson), la mini informatique et le « service » (avec Thomson surtout) deviennent des spécialités françaises.

La construction électrique est en progrès dans quelques autres branches : le gros équipement, dont l'équipement nucléaire, est stimulé par la fusion Alsthom-Atlantique (1976) favorable à la CGE.

La chimie a des succès inégaux; son progrès annuel tourne autour de 10 % mais telle branche connaît de graves difficultés (les engrais par exemple) alors que telle autre progresse convenablement. Ainsi la France parvient-elle désormais à se suffire en caoutchouc synthétique. Elle renforce ses sept « unités de craquage », en crée une nouvelle à Dunkerque avec CDF-Chimie, afin d'obtenir cet éthylène qui est la matière première fondamentale de la pétrochimie. Comparé au progrès de l'industrie chimique dans les autres pays, celui de la France est loin d'être extraordinaire. La crise l'atteint durement. La pénétration étrangère s'affirme (industrie pharmaceutique, etc.).

L'industrie aérospatiale progresse bien jusqu'en 1972. Solidement regroupée dans le Sud-Ouest à Toulouse et Bordeaux, elle y multiplie les emplois, assurant à la France le quatrième rang mondial. *Concorde* est un succès technique mais un échec financier. Il est aussi un exemple de la nécessaire coopération. *Airbus* se vend mal. La crise arrive. Faut-il collaborer avec les Américains ? Tandis que la SNIAS est en difficulté, l'État prend une participation chez Dassault (1977) dont les avions militaires *Mystère, Mirage* s'exportent bien. Airbus sort de sa crise.

L'industrie de l'armement a pris en quelques années une importance extraordinaire en France. C'est une industrie qui est liée aux autres (aéronautique, électronique, mécanique, chimie, etc.). En 1977, elle fait vivre 280 000 personnes et avec un chiffre d'affaires de 28 milliards de francs représente 4 à 5 % de la production industrielle et des exportations. Elle est vitale pour certaines régions françaises (Sud-Ouest, Ouest).

Si son activité dépend, pour une part, des plans militaires français, dont la durée est désormais quinquennale (3e plan 1971-1975), elle travaille de plus en plus pour l'exportation qui va représenter jusqu'à 50 % du chiffre d'affaires; les avions et les chars sont les matériels les plus appréciés. La France ravit à l'Angleterre le troisième rang mondial parmi les exportateurs. Malgré l'embargo qu'elle peut mettre sur les pays en état de belligérance, elle a des clients dans le monde entier, pays riches et pays sous-développés. Et c'est cela qui est critiqué par beaucoup, au nom de principes désintéressés. Les critiques viennent aussi des fournisseurs traditionnels.

L'ingénierie, comme l'industrie de l'armement, est une activité qui fait appel à de multiples fabrications. Il faut, pour la pratiquer, disposer à la fois de savoir technique et de moyens de mise en œuvre. Les plus grosses entreprises trouvent à l'occasion l'aide de l'État lorsqu'il a signé des accords de coopération avec d'autres pays. Ainsi voit-on les ingénieurs français entrer en compétition souvent victorieuse pour édifier à l'étranger usines, barrages, métro ou réseau téléphonique. Peu à peu l'ingénierie passe à des sociétés spécialisées qui conçoivent, construisent, organisent, produisent.

★★★ *Progrès inégal des industries traditionnelles.*

La construction automobile, industrie déjà relativement ancienne, continue d'affirmer son dynamisme. La production passe le cap des deux millions en 1968, des trois millions en 1971 ; industrie florissante, l'exportation dépasse les 50 % du total. La décentralisation des usines se poursuit au profit des régions en reconversion (Nord, Metz). Peugeot prend Citroën (1974) puis Chrysler-France.

Situation stabilisée, puis grave crise pour *la construction navale* qui a à peu près achevé sa restructuration et modernisé ses équipements (surtout à Saint-Nazaire et à La Ciotat); de même pour *l'industrie textile :* restructuration, modernisation y sont rapides, non sans entraîner les licenciements de personnel. Les textiles chimiques affirment plus nettement leur prépondérance. Mais les autres font honorable figure dans la compétition internationale; pourtant, l'importation ne cesse d'augmenter dangereusement à partir du Tiers Monde, d'où l'accord multifibres et les mesures protectionnistes à partir de 1977.

Les branches les plus dispersées financièrement sont cependant celles qui sont les plus fragiles. L'aide de l'État devrait être précieuse pour *les industries agricoles et alimentaires* trop dominées par le capital étranger. Mais en quelques années on voit leur production se multiplier, leur commercialisation s'accroître, et s'affirmer le souci de créer de grands groupes aux activités diversifiées. Pour *les industries mécaniques*, ce sont à peu près les mêmes caractères. Un vigoureux effort est entrepris, souvent avec l'aide de l'IDI, pour empêcher la mainmise étrangère, redresser la balance commerciale des machines-outils, car la France est avec l'URSS le seul grand pays industriel à être déficitaire dans ce domaine.

L'industrie du bâtiment et les travaux publics, la première par son chiffre d'affaires, marche bien, avec l'essor de la construction, mais ses structures très inégales (de l'artisan sans salarié à la première entreprise qui en a 7 000) rendent ses résultats très inégaux. Les plus grosses sociétés sont parvenues à un excellent niveau pour la rationalisation des méthodes : ainsi le procédé de la « préfabrication » est-il très utile pour les plus grands chantiers. L'exportation progresse.

La première transformation des métaux, passée l'heure des grands regroupements, a affronté la concurrence dans d'assez bonnes conditions. C'est le cas de l'aluminium qui souffre pourtant du coût de la bauxite et du courant à très haute tension en France, et dont le grand producteur Péchiney préfère pour cette raison installer ses nouvelles usines à l'étranger. En 1971 il fusionne avec Ugine-Kuhlmann (PUK).

Pour l'acier, le marché reste irrégulier et, en dépit d'un prix très bas, on n'arrive pas toujours à répondre à la demande, faute de capacités de production suffisantes. Aussi la production ne passe-t-elle entre 1968 et 1974 que de 20 à 27 millions de tonnes. Pour accroître production et commerce, il est nécessaire, aux dépens de la Lorraine, de se rapprocher des ports (Dunkerque, puis Fos en 1973), où arrive le minerai étranger à haute teneur. Cependant la crise est catastrophique à partir de 1975. L'État accorde une nouvelle aide (1977) mais exerce un contrôle étroit. La main-d'œuvre doit diminuer dramatiquement.

★★★★ *Nouvelle géographie industrielle.*

Les vieilles régions industrielles se ressentent de cette mutation de l'industrie. La Lorraine, trop liée à un fer devenu peu rentable et à une production primaire d'acier, en est un rude exemple. Si les plus mauvais moments sont passés pour les mines de fer, l'emploi est fortement menacé dans la zone sidérurgique, malgré le développement du nouveau centre de Gandrange, et dans la zone charbonnière où l'exploitation se concentre dans sept sièges seulement en 1969, cinq en 1975.

Encore le charbon s'y maintiendra-t-il mieux que dans le Nord dont la part dans la production nationale tombe vite de 45 à 37 % entre 1968 et 1974. Il est vrai que les emplois industriels s'y créent plus facilement à cause de la grande diversité qui y règne. Mais ce sont là, avec les bassins charbonniers du Massif central (Saint-Étienne, Alès, etc.), des régions qui déclinent, ou stagnent tout au mieux.

On voit par contre *une industrialisation rapide et favorable* dans des zones autrefois dépourvues. La politique d'aménagement du territoire n'y est pas étrangère. Mais c'est aussi le fait de la plus grande souplesse d'installation des industries modernes, plus légères, faisant plus appel au capital et à la « matière grise » qu'aux matières premières. Chances pour le Sud-Ouest (industrie aérospatiale, chimie) et l'Ouest (électronique).

Chance aussi pour deux régions depuis longtemps industrialisées : Paris et région Rhône-Alpes autour de Lyon-Grenoble surtout. La chance veut aussi qu'outre leur tradition industrielle, leur richesse en capital et en compétences, elles se trouvent sur les grands axes de circulation, que recherche de plus en plus l'industrie.

La concentration sur les moyens de transport est très caractéristique en effet, surtout pour les industries lourdes. Et de préférence celles-ci recherchent les ports. C'est là l'espoir de Bordeaux et plus encore de Brest; c'est sûrement l'avenir de Dunkerque, et, avant tout, du Havre et de Fos. Le Havre et la vallée de la Seine deviennent une rue d'usines jusqu'à Paris. Quant à Fos, en quelques années il est devenu le plus grand chantier d'Europe : il s'agit d'y édifier, sur une immense zone industrielle, usine sidérurgique sur l'eau (groupe Sacilor en 1973), usine de liquéfaction du gaz etc. Mais la crise de 1974 remet tout en cause.

Ce déplacement de l'industrie française vers la mer illustre parfaitement le rôle primordial, dans la vie moderne, des ports, des transports en général, et même de tous les services.

IV. LES SERVICES

Les transports

★ *Une concurrence accrue* les stimule autant que la multiplication des tonnages transportés. Cette concurrence est plus forte qu'avant 1968. L'adaptation à la législation européenne la rend nécessaire. La volonté de limiter les subventions de l'État à la SNCF aboutit au même résultat : c'est le but de la nouvelle convention de 1971 [1]. Tout aussi bien se manifeste-t-elle pour les transports routiers dont les contraintes s'assouplissent (distances, contingentement) mais dont la taxe à l'essieu augmente. L'avion menace rail et route, mais Air-Inter affronte la concurrence d'Air-France (convention de 1973).

★★ *Le retard dans la construction des grands axes* est le plus grave défaut de la politique des transports. Le public est particulièrement sensible au retard des autoroutes et du *téléphone*. Pour celui-ci on a dressé en 1970 un programme triennal de développement; le VIᵉ Plan prévoit 35 milliards d'investissements avec recours aux sociétés privées, automatisation complète du réseau pour 1976. Les demandes de branchement devraient alors pouvoir être satisfaites. Pour la technique, le choix du « système spatial » (1976) favorise Thomson.

Pour les *autoroutes*, le recours au financement privé a été jugé nécessaire aussi depuis 1969, le péage sera systématisé. Le nouveau schéma directeur routier de 1971, remplaçant celui de 1960, prévoit, face aux 1 500 kilomètres de 1970, un réseau de 3 000 kilomètres en 1975, de 6 000 en 1980. L'effort porte aussi sur les plus grandes routes nationales (mises à quatre voies). Le plan de 1977 prévoit le doublement du réseau autoroutier pour 1983, mais on n'a que 4 600 km fin 78. La crise diminue la rentabilité et ralentit l'exécution.

Les grands axes ferroviaires sont menacés de surcharge. La technique du turbotrain, inaugurée en 1971 sur Paris-Cherbourg, s'étend progressivement. La SNCF construit une nouvelle ligne ultra-rapide Paris-Lyon. Certains auraient voulu la voir donnée à « l'aérotrain » dont la réalisation ne dépasse que très lentement le stade de l'expérience.

Plus rapide encore, *l'avion* continue à accroître ses records de trafic. De vastes travaux d'infrastructure ont pu éviter un encombrement excessif au sol. L'aéroport de Roissy-en-France au nord de Paris peut prendre, en 1974, le relais d'Orly au bord de la saturation. A Lyon, Marseille ou Nice, les grands aérodromes s'étendent et se modernisent. Près de Haguenau, entre Strasbourg et Karlsruhe, est envisagée la construction d'un aéroport franco-allemand, à l'instar de celui de Bâle-Mulhouse. Mais, ici encore, la crise compromet les prévisions.

On a déjà évoqué le développement des *oléoducs et gazoducs*. Il n'est pas considérable, alors que ce moyen de transport est économique.

La voie d'eau l'est aussi... et le retard y reste important. Les utilisateurs attendent toujours avec impatience la liaison Méditerranée-mer du Nord à grand gabarit, hautement réclamée par la Lorraine et l'Alsace. Le VIIᵉ Plan fait engager les travaux vers l'Alsace. Le Havre bataille pour une grande liaison de la Seine vers l'Est, sorte de nouveau canal de la Marne au Rhin, selon plusieurs tracés possibles, mais qui ferait de ce port le grand débouché de l'Est français.

La flotte a stagné : 11,7 millions de tonneaux en 1978 (9ᵉ rang mondial). Par deux plans de relance (1971, 1976), l'État l'aide à se développer. Flotte jeune (6 ans) dont deux tiers sont des pétroliers (6ᵉ rang), elle a peu de porte-conteneurs. En 1974, la CGM (Compagnie générale maritime) regroupe CGT et Messageries maritimes.

---

1. Voir le chapitre XXXIV, paragraphe II.

★★★ *La modernisation des ports* est l'aspect le plus positif en matière de communications. Si Bordeaux, Nantes et Rouen ne sont pas négligés, c'est surtout les trois autres grands ports autonomes qui en ont bénéficié.

Le Havre s'est doté en 1971 de la plus grande écluse du monde qui, avec ses 37 mètres de profondeur, lui permet de recevoir des bateaux de 250 000 tonnes. Les gigantesques travaux entrepris dans la baie de Seine (canal maritime, bassins, zone industrielle de 10 000 ha, soit la surface de Paris) en feront, pour le nord de la France et aux portes de la capitale, l'équivalent de Fos.

Marseille en effet, depuis longtemps à l'étroit, a repoussé son port d'abord vers l'étang de Berre; plus loin encore, c'est maintenant Fos qui est sa chance. On a déjà évoqué l'immense zone industrielle (7 200 ha dont la moitié avec façade maritime). Le port lui-même s'édifie autour de vastes bassins et de digues qui, plus étendues encore, pourront atteindre des fonds marins dignes des plus gros superpétroliers. Or la Méditerrannée borde le Moyen-Orient.

Dunkerque est moins important. Du moins sa nouvelle écluse ouverte en 1971, la deuxième du monde, lui permet de recevoir les bateaux de 125 000 t, et les grands travaux prévus lui feront accueillir un jour ceux de 300 000 dans les vastes bassins à creuser vers l'ouest. Le port de Dunkerque alors s'étendra presque jusqu'à Calais mais les travaux tardent. Le problème, pour lui, reste aussi celui des liaisons vers l'intérieur; insuffisantes elles favorisent la concurrence d'Anvers.

Le tourisme

Cette activité n'a pas profondément changé de caractères depuis 1968. Son destin reste inégal, irrégulier. La balance, déficitaire de 1965 à 1968, se rétablit, bien que les Français aillent de plus en plus à l'étranger. Les étrangers sont 26 millions en 1977. Mais leur séjour en France reste trop bref (9 jours en moyenne).

La qualité de l'*hôtellerie* française en est peut-être responsable. L'amélioration, avec classification plus rigoureuse des hôtels, selon les dispositions de 1964, est lente. Quelques hôtels de grand luxe se sont ouverts à Paris; mais l'hôtellerie moyenne y est insuffisante. Aussi l'État favorise-t-il cette catégorie par des prêts du FDES (1974). Des chaînes, comme Novotel, s'y consacrent.

La saturation des grandes régions touristiques est frappante. La Côte-d'Azur en est le meilleur exemple. C'est pour la compenser que se poursuit l'équipement de la côte languedocienne, avec six grandes stations. En 1972 est adopté le schéma définitif d'aménagement de la côte aquitaine : neuf grandes unités sont prévues pour accueillir près de 600 000 personnes tout en préservant entre elles des « secteurs d'équilibre naturel », souci qui ne s'était guère manifesté pour le Languedoc mais que l'existence de la vaste forêt landaise justifie amplement. Des équipements plus légers seraient bien accueillis.

La Corse s'équipe aussi. Elle devrait contribuer, grâce à son soleil qui attire les Nordiques, à rendre très positive la balance du tourisme français... Il y a encore fort à faire pour retenir les étrangers, valoriser l'infrastructure, développer un tourisme social. On s'en préoccupe mieux à partir de 1977.

Le commerce

On a déjà évoqué la concentration du commerce intérieur, la menace qu'elle fait peser sur le petit commerçant et aussi les mesures prises en sa faveur en 1973 [1]. Mais qu'en est-il du commerce extérieur ?

Les tendances récentes continuent à se manifester sans changement notable, sauf, à cause de la crise, le déficit de 1974, 1976, 1977.

★ *Le progrès* tout d'abord : il a pu approcher les 20 % annuels en francs constants pour les exportations, en 1970! Chiffre record facilité par la dévaluation de 1969 mais qui montre tout de même le dynamisme français en la matière. Les importations croissent aussi, mais après le grave déficit de 1968 et 1969, l'équilibre est retrouvé en 1970 et le bénéfice en 1971. Il est durable. L'énergie prend en 1974 une place excessive dans les importations. Mais, exportant 17 % de sa PIB (au lieu de 12 % en 1968), la France est devenue en 1975 la quatrième puissance commerciale du monde, après les États-Unis (deux fois supérieurs), l'Allemagne et le Japon.

On notera à l'exportation le progrès des biens d'équipement et des produits finis, telles les automobiles, tandis que la part de l'agriculture reste forte. Les termes de l'échange ne sont pas aussi favorables qu'ils pourraient l'être pour un pays industriel. Mais l'excédent est notable pour l'automobile, l'aéronautique, intéressant pour la chimie, le matériel électrique, les travaux publics, les produits agricoles. La crise remet tout en cause. Hors énergie, cependant, la balance reste positive.

STRUCTURE DU COMMERCE
(en pourcentage)

	Importations			Exportations		
	1965	*1970*	*1974*	*1965*	*1970*	*1974*
Agriculture	14,3	11,8	10,9	16,4	16,4	17,3
Énergie	13,8	10,3	20,9	4	2,6	3
Produits bruts	17,2	13,4	12,7	11,2	8,5	8
Demi-produits	17,5	20	18,1	24,5	22,6	24,3
Produits finis	37,1	43,3	36,2	43,5	48,5	45,4
dont équipement	23,2	26,4	21	21,7	24	22,1
consommation	13,9	16,9	15,2	21,8	24,5	23,3

★★ *La recherche des débouchés* est devenue le fer de lance du commerce extérieur. Dynamisme assez récent et important pour être souligné. On produit beaucoup plus qu'autrefois en vue de l'exportation; l'État multiplie les encouragements en ce sens. On a vu aussi [2] le rôle joué par la BFCE, le CFCE (Centre français du commerce extérieur) et la SOPEXA. Le crédit commercial est devenu indispensable. Mais on a dit aussi que les plus grosses sociétés, imitant le modèle américain, tendent à prendre une forme multinationale, c'est-à-dire à implanter directement leur fabrication à l'étranger pour tourner les obstacles qui pourraient s'opposer à leurs ventes. Si l'on recourt peu

---

1. Chapitre XXXIV, paragraphe II.
2. Chapitre XXXIV, paragraphe I.

aux sociétés commerciales (15 % des exportations), on vend davantage de biens d'équipement, d'où le maintien lors de la crise de 1974-75.

★★★ *Le rôle de l'Europe* dans le commerce extérieur s'affirme de plus en plus. On a déjà dit que le Marché commun absorbe en 1973 deux tiers des exportations agricoles. Pour l'ensemble des exportations comme des importations, c'est plus de la moitié qu'il représente, au lieu du tiers en 1958, et l'Allemagne à elle seule un bon cinquième ; presque un quart même pour les importations.

Elle apparaît de plus en plus comme le premier partenaire commercial de la France ; sa conjoncture pèse donc beaucoup sur l'activité et l'emploi de ce côté-ci du Rhin ! L'Algérie, autrefois première, est passée au huitième rang et l'ensemble de la zone franc ne représente en 1970 que 10 % du commerce, et 4,9 % en 1975. L'entrée de l'Angleterre dans le Marché commun aurait dû renforcer la place de l'Europe dans les exportations, sinon les importations.

En fait ce ne fut pas le cas. Il est vrai que la situation était jusqu'alors un peu facile. La crise la bouleversa. Les relations commerciales avec la CEE se sont tassées. Depuis 1973 les exportations agricoles vers l'Europe plafonnent ou même déclinent (66 % en 1973 ; 62 % en 1975 ; 66 % en 1976) ; le déficit du commerce français avec l'Allemagne s'alourdit à cause de la dépréciation du franc par rapport au mark.

Il fallait donc stimuler la recherche de nouveaux débouchés et prouver sa compétitivité. La France n'y est pas trop mal parvenue à l'égard des pays socialistes et du Tiers Monde à l'inverse de ce qui se passe dans les pays de l'OCDE, et spécialement dans le Marché commun. Toutefois le Tiers Monde sélectionne ses fournisseurs et devient concurrent.

Mais la crise renforce la tendance au protectionnisme et les pays pauvres réclament des mesures commerciales qui leur soient favorables. L'avenir dira si la France dans cette alternative se place dans une perspective purement économique ou, au contraire, humaine et désintéressée...

TROISIÈME PARTIE

LA PERSPECTIVE HUMAINE
JUSQU'EN 1978

L'économie au service de l'homme...

Beau programme, mis en avant par chaque État. Quel que soit le régime politique, aujourd'hui nul gouvernement n'oserait donner officiellement à son action un autre but que celui-là. Cette finalité humaine est maintenant plus facile, plus accessible grâce à la maîtrise technique acquise par l'homme et grâce aux multiples moyens d'intervention dont disposent les pouvoirs publics. L'État peut donc agir.

En France, l'action, déjà importante en 1936, s'est voulue systématique après 1945. Elle ne s'est pas démentie depuis lors, mais elle peut, au fil des ans, paraître moins originale soit qu'on s'y habitue, soit qu'elle ait été moins nette, soit encore qu'elle ait pris des caractères nouveaux, moins spectaculaires. Il est intéressant toutefois de mesurer à la fois cette action et ses résultats, quitte à voir si telle situation ne résulte pas de forces auxquelles l'intervention de l'État est étrangère.

La perspective humaine est de plus en plus large. Au début du siècle, une collectivité locale aidait quelques familles nécessiteuses. A la fin de l'entre-deux-guerres on a répandu ou créé de toutes pièces, en vue de leur promotion, l'aide systématique à des catégories entières : politique ouvrière du Front populaire, systématisation des allocations familiales, etc. Après 1945, c'est l'ensemble des Français qui doit bénéficier de la Sécurité sociale. Dans les années 60 on affine l'action en instituant, en faveur d'une réelle égalisation, une politique d'aménagement du territoire : ses effets doivent être humains autant qu'économiques.

Après 1968, il faut aller plus loin. La revendication humaine fait de plus en plus entendre sa voix : dans le cadre national l'individu veut participer davantage aux décisions qui le concernent; il veut aussi que son travail non seulement lui assure la subsistance, mais encore lui permette de s'épanouir dans un cadre favorable : l'aménagement du territoire doit s'accompagner d'une action sur l'environnement.

Au-delà de cette vision géographiquement étroite se forme

peu à peu la conscience d'une appartenance à un monde beaucoup plus vaste : celui de l'Europe en priorité, mais aussi celui de tout l'univers. Le progrès en vase clos n'est plus possible; c'est à l'échelle du continent européen et même du monde qu'il se réalisera. Et cette conscience n'est pas seulement intéressée sinon égoïste; elle prend chez beaucoup un caractère purement altruiste. Réduire la misère des pays sous-développés est devenu pour ceux-là la charte du xxe siècle finissant. C'est un devoir national et international que d'aider ces peuples qui sollicitent les nantis.

La perspective humaine est donc immense et multiforme. Qu'a-t-on fait en France dans cette perspective, et ce qui a été fait répond-il à l'attente ?

Chapitre XXXVI

L'ÉVOLUTION DÉMOGRAPHIQUE ET SOCIALE

La démographie échappe évidemment beaucoup à l'action de l'État mais non pas totalement; on a vu par exemple l'efficacité de la politique nataliste après 1945. L'action de l'État est cependant plus facile et certainement plus importante dans le domaine social. C'est même là un caractère assez net des années postérieures à 1968. Ce qui ne veut pas dire que les progrès sociaux aient fait disparaître tous les problèmes.

I. DÉMOGRAPHIE

Les caractères démographiques décelés vers 1968 se maintiennent en gros, mais avec une tendance à l'aggravation. A cet égard c'est surtout le déclin de la fécondité française qui est inquiétant. Mais on peut aussi remarquer les nouvelles conditions de l'immigration et l'infléchissement de la politique démographique.

Évolution et structure de la population

Le recensement effectué en février 1975 dénombre 52 658 000 habitants donnant une densité moyenne de 95 au kilomètre carré. Le gain, par rapport à 1968 est de 2 860 000, soit un progrès annuel de 0,8 % (à peu près 400 000 âmes). On notera un ralentissement du progrès.

Nombre d'habitants (en millions)

1946	40,5
1954	42,9
1962	46,4
1968	49,8
1975	52,6

★ *Le mouvement naturel.*

La natalité, à peu près stable de 1968 à 1972 (avec même un relèvement à 17,1 % en 1971), tombe après 1972 pour n'être plus que de 13,8 en 1978. Ce chiffre n'est pas le plus faible d'Europe, mais il s'inscrit dans la courbe générale des « pays industrialisés », des États-Unis à l'URSS. Cette chute semble s'expliquer par l'usage très répandu des procédés contraceptifs, lié lui-même à la civilisation de la fin de ce siècle. La loi sur la quasi-liberté de l'avortement, votée en France, en 1975 ne peut l'expliquer mais risque de contribuer ultérieurement à cette baisse.

Un phénomène nouveau, intéressant, est celui qu'on appelle la natalité en U, natalité forte, de type ancien, pour les catégories sociales les moins favorisées, d'un côté; et de l'autre côté, un type nouveau : la natalité forte des catégories aisées. Au centre, ouvriers spécialisés, employés, cadres moyens ont moins d'enfants.

Il faut noter aussi que le chiffre de la natalité est relevé de façon sensible par l'apport des étrangers résidant en France (environ 4 millions donnant 10 % des naissances), dont le taux de natalité est parfois le double de celui des Français. En tout cas, l'année 1974 est la première depuis longtemps à avoir un chiffre inférieur à 800 000 naissances; en 1976 on n'en a que 720 000. Mais 1977 amorce un redressement.

La mortalité (545 000 décès en 1978 : chiffre assez stable) n'accuse qu'une baisse légère, passant de 11 % à 10,5. Chiffre relativement élevé par rapport aux autres pays « riches ». Son déclin est désormais plus lent : la longévité augmente, mais la médecine a ses limites.

On constate, et ceci est plus grave, le phénomène de surmortalité masculine, beaucoup plus que dans les autres pays : en 1978 l'espérance de vie des hommes est de 69,1 ans alors qu'elle est de 77,2 pour les femmes : l'écart a même légèrement augmenté depuis 1968. A cause des conditions de travail ? De l'alcoolisme qui fait de nouveaux ravages ?

En revanche la France peut s'enorgueillir d'un taux de mortalité infantile qui est l'un des plus bas du monde (le 8e, après les pays nordiques et le Japon) : 10,6 °/oo en 1978.

Tous ces chiffres offrent cependant une assez grande diversité régionale.

La structure par âge révèle quelques modifications entre 1968 et 1975 :

	1968	*1978*
moins de 20 ans....................	33,8 %	31,1 %
20 à 64 ans	53,6 %	55,1 %
65 ans et plus....................	12,6 %	13,9 %

On voit ici les effets d'une plus grande longévité. Peu de pays ont un tel pourcentage de personnes âgées. On voit aussi les suites de la baisse de la natalité. On notera enfin que l' « âge moyen » se renforce, ce qui s'explique par l'arrivée à l'âge adulte des générations importantes nées entre 1945 et 1964 environ. C'est essentiellement la classe des « actifs », celle qui assume la charge des deux autres et doit assurer le développement et l'enrichissement de la France.

★★ *La chute de la fécondité et l'avenir démographique.*

L'accroissement démographique ralentit : il tombe à 0,4 % par an (1978) environ 200 000 personnes. Très net après la guerre, accentué de façon un peu artificiellement dans les années 60 par l'arrivée des rapatriés, il a diminué fortement depuis, n'étant entretenu, en partie, que par l'apport des immigrés. Mais celui-ci, en 1976, devient négatif.

	Variation annuelle en % :		
	1954-62	*1962-68*	*1968-75*
Excédent naturel................	0,7	0,7	0,6
Excédent migratoire.............	0,4	0,5	0,2
dont rapatriés	0,1	0,3	—
étrangers	0,3	0,2	0,2
Accroissement total	1,1	1,2	0,8

Quoique moins touchée que d'autres pays européens (Allemagne en tête) la France est donc désormais confrontée au *grave problème de la baisse de la fécondité.* Celle-ci concerne le nombre des naissances par rapport au nombre de femmes en âge d'avoir des enfants (l'âge retenu est de 15 à 49 ans). Le taux doit être de 209 ^{o}/oo pour que le renouvellement soit assuré. Or de 1968 à 1978 il passe de 258 à 184.

Les causes de ce phénomène sont celles qui affectent la natalité en général : le Français veut moins d'enfants ; un ou deux semblent suffire. Si la famille sans enfant du tout est plus rare qu'autrefois, la famille nombreuse est devenue l'exception ; celle de trois enfants, très représentative des années 50 et même 60, celle qui est précisément la plus nécessaire à l'accroissement démographique est celle dont le déclin est le plus préoccupant pour l'avenir. Elle reste encore assez fréquente dans ce qu'on a pu appeler le « croissant fertile » de la France, cet arc de cercle ceinturant toute la moitié nord du pays, de la Vendée au Jura, mais contournant le Centre et Paris.

★★★ *La répartition géographique* de la population demeure inégale mais, dans ce domaine, il y a plutôt amélioration depuis 1968.

Les échanges migratoires d'une région à l'autre sont venus, dans une certaine mesure, corriger certains déséquilibres. Nord et Lorraine continuent, au rythme de 0,4 % par an, à perdre des habitants (suite aux difficultés de leurs vieilles industries). A l'opposé, la région Provence-Côte-d'Azur en gagne 1,2 (record, suivi par la région Rhône-Alpes).

Ce qui est intéressant à noter c'est le gain migratoire des régions de la Loire et du Poitou-Charente : tout cet Ouest rural qui montre un renouveau de vitalité (plus d'1 % de progrès annuel). La Bretagne a un peu moins mais son gain est de 41 000 par an au lieu d'être négatif.

Quant à *la région parisienne* son gain migratoire est devenu très faible : 87 000 par an, mais comme 200 000 étrangers viennent chaque année s'installer, cela prouve que 113 000 Français environ la quittent. Quoi d'étonnant, dans ces conditions, de voir Paris perdre de plus en plus d'habitants : 1,7 % par an ! En 1979, la capitale n'a plus que 2 100 000 habitants : 500 000 l'ont quittée depuis 1968 ! La population maximum fut de 2 900 000 en 1954. La « petite couronne » parisienne diminue aussi, fait nouveau, tandis qu'augmente la « grande couronne » : Essonne, Seine-et-Marne, Yvelines, Val-d'Oise.

La répartition en province révèle qu'outre les deux départements parisiens (Paris et Hauts-de-Seine) 16 autres ont perdu des habitants dont 8, très ruraux, sont coutumiers du fait (Creuse : — 1 % par an), Mais la Lorraine et le Nord échappent au déclin absolu grâce à une natalité plus forte qui compense leur solde migratoire négatif.

La répartition régionale des actifs montre que sur les 22 régions, 6 rassemblent 53 % de ceux-ci : Région parisienne avec 21 % du total (47,5 % des Parisiens sont « actifs » contre 23,5 % en Corse, chiffre le plus faible de France : beaucoup de Corses travaillent « sur le continent » et reviennent comme retraités), Nord, Rhône-Alpes, Bretagne, Provence-Côte-d'Azur, Pays de la Loire.

Cette répartition, ainsi que les types d'activité (progrès du secteur secondaire partout sauf dans la région parisienne, le Nord, la Lorraine, l'Alsace) prouve que la politique d'aménagement du territoire a porté ses fruits.

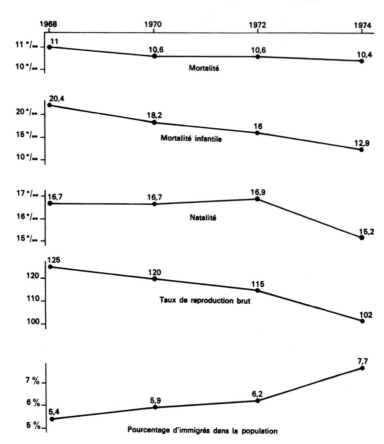

Les changements démographiques de 1968 à 1974

★★★★ *La population active.*

Les actifs sont chaque année plus nombreux depuis l'arrivée, vers les années 60, des générations nées après la guerre. L'importance de ce tournant a déjà été soulignée : 200 000 emplois à créer chaque année, après une quasi-stagnation de plus d'un demi-siècle!

En 1975 sont décomptés officiellement 21 775 000 actifs. Mais ce calcul, très difficile à établir, semble sous-estimer la réalité. Certains préfèrent un chiffre plus élevé[1]. Ils se divisent en 13 millions d'hommes et un peu plus de 8 millions de femmes. Le taux d'activité est tombé de 48 % en 1901 à 41 % en 1975 (États-Unis 42,6, Angleterre 45, Japon 49). Cette diminution est imputable pour une bonne part à l'allongement des études et à une retraite plus précoce, au déclin du secteur

---

1. Cf. notamment les articles de la revue *Population et société* d'où sont tirés nombre de ces chiffres et d'idées avancés ici.

primaire qui retenait autrefois une main-d'œuvre très nombreuse, notamment féminine.

Les secteurs d'activité marquent en effet une évolution intéressante :

	1968	*1978*
secteur I	16 %	9 %
secteur II	39 %	39 %
secteur III	45 %	52 %

On est évidemment frappé par :
— la chute rapide du secteur primaire; elle se ralentit cependant et ce ralentissement est appelé à se perpétuer;
— la stagnation du secteur secondaire; c'est sans doute le fait le plus important. Elle dément les prévisions. Bien que Pompidou ait voulu stimuler l'industrialisation, bien que celle-ci ait été très nette en quelques années, c'est par le progrès de la productivité qu'elle s'est traduite, par une plus grande qualification. Mais en fait le nombre des ouvriers a diminué à partir de 1977. On répugne de plus en plus au travail manuel, d'où :
— le progrès du tertiaire, indice d'une société plus évoluée; mais on sait aussi que le tertiaire peut abriter des emplois d'intérêt économique douteux. Encore ne compte-t-on pas dans ce tertiaire nombre d'emplois de type tertiaire (travail de bureau) fournis par l'industrie et comptabilisés avec le secteur secondaire. De plus en plus les femmes viennent peupler ce secteur tertiaire.

L'emploi féminin trouve là des activités qui correspondent mieux aux qualités, aspirations, formation professionnelle de la femme. Parmi les femmes actives on dénombre dans chaque secteur le pourcentage suivant :

	1962	*1968*	*1974*
secteur I	19,6	14,7	9,6
secteur II	26,6	25,6	25,9
secteur III	53,8	59,7	64,5

Le pourcentage des femmes actives s'accroît :

1962 : 36,2 % soit 34,6 % de tous les actifs
1968 : 36,2 % — 34,9 % —
1975 : 40 % — 37,3 % —

La disparité des salaires féminins n'est peut-être pas aussi forte qu'on l'en accuse : à travail égal, salaire égal dans la plupart des cas. Mais la femme est trop souvent cantonnée dans un travail inférieur parce que sa formation professionnelle est insuffisante et qu'on hésite à lui confier des postes de grande responsabilité. Ces questions seront reprises ci-dessous [1].

Les salariés continuent à être de plus en plus nombreux. Entre 1962 et 1975 ils passent, en chiffres ronds, de 14 à 18 millions (les non salariés de 5,3 à 3,7), soit de 71 à 83 % des travailleurs. Cette évolution traduit surtout la disparition de 200 000 commerçants indépendants et de 1 300 000 exploitants agricoles. Sur les 18 millions de salariés 13,5 tra-

---

1. Au paragraphe III, relatif aux problèmes sociaux.

vaillent dans le secteur privé, 3 dans l'administration, 1 dans le secteur nationalisé. Donc presque un sur quatre relève de l'État.

La structure socio-professionnelle, dans son évolution est évidemment responsable de cette situation. On notera que celle-ci, par ses pourcentages, montre une plus grande qualification.

	1968	*1975*
Agriculteurs exploitants	12	7,6
Salariés agricoles	2,9	1,7
Patrons de l'industrie et du commerce......	9,6	7,8
Professions libérales et cadres supérieurs....	4,8	6,7
Cadres moyens	9,9	12,7
Employés	14,8	17,7
Ouvriers	37,7	37,7
Personnel de service	5,7	5,7
Autres catégories	2,6	2,4

Les immigrés

★ *Les immigrés tiennent une place croissante* en France. En 1970 ils sont plus de 3 millions, en 1977 plus de 4 : 7,7 % de la population. Leur *rôle économique* est considérable, surtout dans l'industrie où leur pourcentage atteint 12 %. Ils deviennent irremplaçables pour occuper les emplois les plus humbles auxquels répugnent les Français. Aussi leur importance devient-elle même *politique*. Les syndicats s'occupent de plus en plus d'eux, dénoncent leurs conditions de logement, sinon d'emploi. Et certains étrangers militent activement dans les partis d'extrême-gauche.

L'État n'est pas resté insensible au problème du logement de ces immigrés. Les « bidonvilles » se résorbent peu à peu après 1969. Mais il reste beaucoup de « garnis » où s'entassent Nord-Africains, Noirs, Portugais, etc. Les logements neufs se multiplient pourtant, réservés en priorité à ceux qui sont chargés de famille. Or, désormais, moitié des étrangers sont des femmes (en grande majorité « inactives ») et des enfants. Les enfants sont accueillis à l'école au même titre que les Français. La formation professionnelle des adultes est développée.

La répartition des immigrés par région suit le marché de l'emploi : en 1973 un tiers se trouve dans la région parisienne, où ils représentent plus de 12 % de la population totale. Avec Paris, les régions Provence-Côte-d'Azur (10,6 %) et Rhône-Alpes (10,1 %) attirent au total 56 % des immigrés.

Par activité c'est dans le bâtiment et les travaux publics qu'ils sont les plus nombreux (plus du quart d'entre eux; 20 % de la main-d'œuvre de cette industrie); puis vient la métallurgie lourde (près d'un autre quart), la métallurgie de transformation (un sixième, etc.).

Par nationalité les Algériens affirment toujours leur prééminence, passant entre 1968 et 1975 de 471 à 871 000, mais les Portugais les rattrapent (de 300 à 840 000) et sont les premiers en 1977. Les Italiens diminuent un peu (de 586 à 564 000) les Espagnols aussi (de 618 à 548 000). Les Noirs sont plus nombreux (d'environ 60 à 80 000).

★★ *La politique d'immigration de 1968 à 1972.*

L'État représenté par l'ONI (Office national de l'immigration) se montre plus rigoureux pour l'entrée des étrangers en France depuis 1968 :

Contrôle plus strict : situation à régulariser pour tous ceux qui étaient arrivés clandestinement ou à titre de « touristes ».

Sélection plus poussée : les entrées doivent correspondre aux besoins économiques; c'est une politique de main-d'œuvre. L'étranger doit recevoir de son employeur un contrat de travail et de logement.

Diversification des sources de recrutement : cela permet une plus grande souplesse en cas de concurrence (concurrence allemande surtout) et oriente le recrutement vers des pays plus lointains,

Signature d'accords avec certains pays. Si pour les ressortissants du Marché commun et leur famille l'entrée est libre (selon des conditions fixées en 1970), la France a voulu contrôler l'immigration venue des pays fournissant les plus gros effectifs :

— pour les Portugais (1971 et 1977);

— pour les Algériens, accords de plus en plus limitatifs (1964, 1967, 1971) avec contingents et contrôles;

— pour d'autres peuples : Marocains, Turcs, Yougoslaves, etc., les accords sont souvent anciens et, conclus à temps, ont permis d'obtenir en quantité et qualité le niveau de main-d'œuvre souhaité.

★★★ *La politique d'immigration depuis 1972* se veut à la fois plus rigoureuse et plus généreuse.

Plus rigoureuse, pour plusieurs raisons : la clandestinité reste trop fréquente avec les abus scandaleux des « marchands d'hommes » (les passeurs) ou des « marchands de sommeil » (les logeurs); trop d'immigrés sont sans emploi stable ou participent à l'agitation politique; très nombreux en certains lieux (Marseille par exemple) ils suscitent à leur encontre des mouvements racistes; mieux dénombrés ils seront plus accessibles aux mesures de promotion.

Dans les faits cette rigueur s'est traduite par des expulsions, un strict contrôle du contrat d'emploi, de nouvelles négociations avec certains États et, plusieurs fois, une certaine tension dans les rapports franco-algériens. Avec la crise économique de 1974 le gouvernement décide finalement, en juillet, de suspendre complètement toute immigration. En 1977 on offre une « aide au retour » (pécule), on arrête les cartes de travail. Le solde de l'immigration devient négatif (1976).

Mais la politique est aussi plus généreuse. En 1972 la loi reconnaît aux immigrés les mêmes droits syndicaux qu'aux Français. En 1973 elle réprime tout trafic de main-d'œuvre et veille sur l'hébergement collectif. Mais l'effort porte surtout sur l'accueil, le logement, la formation professionnelle, la scolarité et l'alphabétisation (lois de 1973 à 1976). L'aspect culturel n'est pas oublié : un Office de promotion culturelle sera créé en 1976, veillant à l'enseignement de la langue originelle et cherchant à rendre moins pénible le déracinement de ces immigrés. C'est dans le même esprit qu'avant 1977 les frontières s'ouvrent davantage à leurs femmes et à leurs enfants. Pour ceux qui le désirent cependant, la naturalisation est facilitée (1975).

L'État inaugure, la même année, un système de contrats avec les grandes villes où les immigrés sont particulièrement nombreux : il leur accorde une subvention destinée à soutenir l'effort qu'elles accompliront pour améliorer accueil, logement, scolarisation, formation professionnelle. Marseille est la première à en bénéficier.

La politique démographique

On se rappelle combien elle fut active au lendemain de la guerre et combien elle favorisa la natalité. Elle s'est dégradée peu à peu. Depuis 1968 cette dernière tendance est si perceptible que de nombreuses voix s'élèvent vers 1975 pour en demander une reprise vigoureuse. C'est qu'en effet non seulement cette politique est devenue plus limitée et sélective, mais que par certains côtés — une volonté affirmée de libération individuelle — elle prend finalement des caractères antinatalistes.

★ *Un caractère limité et sélectif.*

C'est une politique de main-d'œuvre à laquelle songe de plus en plus l'État. On vient de le voir en ce qui concerne les étrangers.

L'aspect proprement démographique diminue, si l'on prend le mot « démographique » au sens d'action favorable à la multiplication de la population, c'est-à-dire à la natalité. On a déjà vu [1] que, vers 1968, le niveau de vie des familles nombreuses avait baissé, relativement à celui des autres catégories. La politique nataliste s'est peu à peu atténuée, soit qu'on ne la considère plus comme nécessaire, soit qu'on en redoute le coût. En 1968 les accords de Grenelle prévoient un relèvement des allocations familiales.

A la fin de 1970, le gouvernement proclame la nécessité d'aider la famille, base de la société. L'UNAF (Union nationale des associations familiales), jusqu'alors consultée officieusement, peut voir mieux reconnue sa représentativité.

En 1974 l'allocation de maternité devient l'allocation postnatale dont on peut bénéficier quelle que soit la date de la naissance (y compris pour les étrangers).

La politique démographique prend de plus en plus un caractère social : l'idée est de diversifier l'aide à la famille selon le revenu des bénéficiaires ; parfois on ira jusqu'à la suppression de toute allocation pour les familles les plus aisées. Ainsi de 1972 à 1977 prévoit-on :

— allocation de salaire unique supprimée ou au contraire augmentée ;

— allocation de frais de garde pour les enfants des femmes « actives » à revenu modeste ;

— prise en compte, dans l'assurance-vieillesse des mères de famille, des annuités correspondant à l'éducation de leurs enfants ;

— amélioration de l'allocation-logement et prêts aux jeunes ménages pour l'accession à la propriété ; l'aide personnalisée au logement ou APL (1976) vise le même but ;

— allocation de rentrée scolaire pour certaines familles exemptes ;

— nouveau système de quotient familial, lorsque cet impôt frappe les familles modestes.

— en 1978 le « complément familial » remplace 5 allocations ; un congé sans solde pendant 2 ans est possible en cas de naissance.

---

1. Chapitre XXIX, paragraphe II.

★★ *Un caractère libératoire, dangereux pour la natalité.*

Un mouvement d'opinion se développe contre les restrictions légales apportées à la contraception et à l'avortement. Un grand nombre de Français voudraient, par ailleurs, bénéficier de l'information, ou mieux, de l'éducation sexuelle (« le planning familial »). Une campagne, très activement soutenue par la presse, la radio et la télévision, se déclenche en quelques années sur le thème de la régulation volontaire des naissances, de la maternité désirée, maîtrisée, et non subie.

Les pouvoirs publics défendent bientôt ce point de vue et proclament leur volonté de libéraliser la loi. L'État en quelque sorte deviendrait neutre en la matière au lieu de protéger ou encourager la natalité. Celle-ci résulterait uniquement du libre choix des couples ; les aides, allocations, etc. prendraient alors un caractère de plus en plus social, de moins en moins nataliste.

C'est cette nouvelle vue des choses qui est l'objet de vives discussions, de la part des « populationnistes », inquiets de la baisse de fécondité en France, de la part aussi de tous ceux qui, sur le plan moral, condamnent toute atteinte aux règles traditionnelles concernant la conception et le respect de la vie.

Si, sous Pompidou, le courant traditionaliste l'emporte, c'est au contraire la tendance opposée qui triomphe sous Giscard d'Estaing, avec, notamment son ministre de la Santé, Simone Veil. Mais c'est grâce aux voix de l'opposition, et non de la majorité, que sera votée la loi la plus importante relative à l'avortement. D'autres d'ailleurs l'ont précédée, ou la suivent.

Les mesures successives concernent :

• **La contraception** : en 1967 la loi Neuwirth — dite parfois loi sur la pilule — rend légale l'utilisation de procédés anticonceptionnels (pas seulement la pilule), favorise l'ouverture de centres d'information sur la contraception et encourage celle-ci dans les départements d'outre-mer où la natalité est beaucoup plus forte qu'en France. Longtemps mise en veilleuse, cette loi ne reçoit ses décrets d'application qu'en 1972. En 1974 la vente des procédés contraceptifs devient totalement libre, même pour les mineurs et est prise en charge par la Sécurité sociale. En 1977, une femme sur quatre prendrait la pilule.

• **L'information sexuelle** : dans le but de favoriser celle-ci, de parvenir à la régulation des naissances, d'aider les associations de « planning familial » qui se multiplient, est créé en 1973 un Conseil supérieur de l'information sexuelle.

• **L'avortement** est l'objet des discussions les plus passionnées, tant dans le pays qu'au parlement. En 1975 la loi sur « l'interruption volontaire de la grossesse » ou loi Veil, remplaçant celle de 1920 qui condamnait sévèrement les pratiques abortives, autorise l'avortement avant la fin de la dixième semaine de grossesse. Certaines mesures restrictives (discussion avec un médecin, pratique réservée au corps médical dans un centre hospitalier, interdiction de toute publicité, etc.) tendent à présenter l'autorisation de l'avortement comme un ultime moyen destiné surtout à mettre fin aux avortements clandestins, au recours à cette pratique dans un pays étranger, aux abus — financiers ou autres — auxquels on était parvenu. Désormais la Sécurité sociale rembourse l'avortement. Le médecin ayant le droit de refuser de pratiquer l'avortement, l'application de la loi soulève quelques problèmes.

● Le divorce est facilité par la loi de 1975 : à partir de 1976 les formalités sont assouplies ; l'un ou l'autre conjoint peut faire prononcer le divorce sur simple demande après séparation de fait de 6 ans.

Toutes ces mesures, en dehors de leur aspect moral qui divise profondément les Français, interviennent au moment où natalité et fécondité sont en baisse dangereuse pour l'avenir démographique, c'est-à-dire finalement économique et social de la France.

II. LA POLITIQUE SOCIALE

Nouvelles dimensions de la politique sociale

★ *Son importance.*

Sans bouleverser très profondément les structures, elle se manifeste néanmoins, depuis 1969, par une série déjà longue de textes et de lois. De leur côté se multiplient les organes d'assistance, protection, promotion dans le cadre régional, ou municipal ou sur initiative privée. A tel point qu'une loi de 1975 essaie de coordonner les investissements des institutions sociales (grâce à des commissions nationales ou régionales).

Ce qu'on appelle le budget social de la nation, c'est-à-dire toutes les dépenses sociales, d'origine étatique ou autre, double et plus entre 1969 et 1975. L'État réserve pourtant 15 à 20 % de ses ressources à son action proprement sociale et le double si l'on y inclut l'action éducative.

Si, pour apprécier l'ampleur des « transferts sociaux », l'on mesure le rapport entre budget social de la nation et PIB, on constate qu'il ne cesse de s'élever passant de 20,7 % de la PIB en 1969 à 26,8 en 1975. Les grands bénéficiaires en sont, par ordre décroissant : invalidité et vieillesse (37 %), santé (24 %), famille (16 %) etc. Quant au pourcentage de la PIB consacré aux « prélèvements obligatoires » (= fisc + cotisations sociales), il passe de 35,6 % en 1970 (soit respectivement 22,7 + 12,9 %) à 39,4 % en 1978 (= 22,9 + 16,5 %).

★★ *Les buts de la politique sociale sont plus vastes.* Sont recherchés :

Une promotion plus complète de l'individu. On a longtemps limité l'action sociale à des mesures concernant le salaire, la durée du travail, etc. Les travailleurs ne s'en satisfont plus. Ce qu'il faut envisager, et surtout depuis 1968, c'est la place qu'ils occupent dans l'entreprise et dans la société. Les contrastes les plus criants doivent aussi être atténués, de meilleures chances données à tous, soit au niveau des individus, soit au niveau des catégories sociales (paysans, artisans, ouvriers). Bientôt enfin, c'est l'égalité des sexes, la promotion de la femme qui deviennent le grand centre d'intérêt.

Un cadre plus collectif du progrès. Le niveau de vie individuel peut augmenter sans que pour autant l'individu soit satisf,it. D'une part, en effet, il a plus qu'autrefois conscience d'appartenir à une collectivité, ce qui ne veut pas dire qu'il accepte en retour d'en subir toutes les contraintes ; d'autre part, certains progrès sociaux ne peuvent s'obtenir que dans un cadre collectif.

L'État, pour répondre à cette attente, multiplie les « équipements collectifs » : téléphone, autoroutes ; pour les logements le rythme de construction passe de 411 000 en 1968 à 451 000 en 1970 pour atteindre 565 000 en 1975 selon le VIe Plan ; une place plus importante doit être donnée aux « logements sociaux » (315 000).

L'État multiplie aussi l'équipement hospitalier, sportif, scolaire, culturel. Il ne doit pas seulement construire des bâtiments, il doit avoir et détermine effectivement une politique de la santé, du sport, de la culture, etc.

★★★ Les moyens et les étapes.

On peut distinguer quatre phases [1] :

En mai et juin 1968, c'est une explosion sociale qui contraint l'État à agir rapidement, sous la pression des événements — et le patronat se trouve dans la même position délicate. Ce sont alors les accords de Grenelle, concernant les salariés, et en particulier les ouvriers. Les accords de Varenne sont relatifs aux ouvriers agricoles. Mais les premiers, jugés insuffisants par les intéressés, doivent être complétés par des accords passés directement entre syndicats et branches industrielles. La crise de mai-juin 1968 aura été pour le progrès social presque aussi bénéfique que 1936.

Fin de 1968-début de 1969, tandis que, par la loi, commencent à se concrétiser certaines conquêtes sociales, de Gaulle lance le thème de la « participation ». Selon lui, la société en général et, dans l'entreprise, les ouvriers en particulier souffrent surtout de n'avoir pas assez de responsabilité au niveau des décisions, pas assez de profit au niveau des réalisations. Il faut participer au lieu de subir.

De Gaulle avait déjà inauguré cette politique par l'ordonnance de 1967 sur l'intéressement des travailleurs. La réforme universitaire de 1968 en est une autre manifestation. Mais la première mesure très importante de « participation » a été le projet de réforme régionale. On a déjà vu que le référendum d'avril 1969 le fait échouer, entraîne la démission du Général et met un point final à cette tentative de vaste transformation sociale conduite sous l'égide de l'État.

De 1969 à 1974, avec Pompidou et surtout le ministère Chaban-Delmas, on passe au thème de la « nouvelle société ». Si, sur le plan économique, elle doit se réaliser par l'industrialisation, sur le plan social elle se caractérisera par des rapports plus étroits et plus confiants entre les hommes et entre les catégories.

L'État se fait plus discret. C'est à la concertation et à l'économie contractuelle que l'on fait confiance.

Des lois, nombreuses, amélioreront sur beaucoup de points soit l'ordre social en général, soit plus particulièrement la situation des travailleurs. Une attention plus marquée se porte aussi sur certaines catégories dignes d'intérêt : handicapés, orphelins, vieillards, « smi-

---

1. Pour avoir une vue d'ensemble de chacune de ces phases, et les replacer dans le cadre général de l'évolution politique, se reporter au chapitre XXXII, paragraphe III.

cards », immigrés aussi, comme on l'a vu. Tout comme pour la démographie, la politique, en matière sociale, devient plus sélective.

Depuis 1974, avec Giscard d'Estaing, le thème de la « société libérale avancée » oriente l'action gouvernementale. On estime qu'il existe trop de cloisonnements et de contraintes ; il faut faire confiance à l'individu, lui laisser une plus grande liberté de décision. Dans cet esprit s'inscrivent l'abaissement de la majorité à 18 ans, la quasi-disparition de toute censure (suivie de l'invasion de l'érotisme et, très vite, de la pornographie), les lois concernant contraception et avortement, une série de mesures, enfin, favorables à l'émancipation de la femme et à l'égalité des sexes.

Un autre thème, celui de la qualité de la vie, conduit à des mesures diverses, pour les consommateurs, les conditions de travail.

A l'égard des travailleurs on s'en remet surtout aux conventions collectives et le problème de l'emploi est modérément abordé.

Mesures d'ordre général

★ *La Sécurité sociale.*

L'extension aux artisans et commerçants du bénéfice de la Sécurité sociale avait été décidée par la loi du 12 juillet 1966. La réalisation en est fort lente. La loi n'est appliquée qu'au 1er janvier 1969. Elle suscite aussitôt de vives protestations de la part des intéressés : artisans et commerçants, mais aussi membres des professions libérales. Pour des cotisations élevées, ils perçoivent en effet des prestations de maladie ou de retraite inférieures à celles des autres Français.

Sans doute l'organisation de leurs « caisses » laisse-t-elle à désirer, mais la raison principale est que d'une part ils n'ont pas d'employeur qui contribuerait aux cotisations, que d'autre part pour trois cotisants on dénombre deux retraités.

Aussi faut-il, en 1970, réviser la loi de 1966 : l'État et les entreprises contribueront au financement des caisses ; les prestations de maladie seront plus fortes. Les intéressés, qui sollicitent cette aide, veulent cependant — et obtiennent — une part plus grande de responsabilité dans la gestion des caisses.

La tendance est alors à considérer que la diversité des régimes de Sécurité sociale devrait disparaître, tous les Français étant placés — avec l'aide de l'État si nécessaire — sur un pied d'égalité.

Le taux des prestations reste variable. Certains malades recouraient à des médecins « non conventionnés » et dès lors n'obtenaient que de maigres remboursements de la part de la Sécurité sociale. Une nouvelle convention entre celle-ci et les médecins (1971) permet de diminuer beaucoup le nombre de ces non-conventionnés et est donc favorable aux malades. Cette convention, renouvelée ensuite, est en rapport avec le problème du déficit de la Sécurité sociale.

Les difficultés financières ne sont pas nouvelles. On n'accuse plus trop aujourd'hui la mauvaise organisation des caisses. Chacun sait combien augmente la « consommation médicale ». Les dépenses de santé représentent 34 milliards en 1970 ; le VIe Plan les estime à 63 milliards en 1975. L'État, appelé à combler un déficit croissant de la Sécurité sociale, prend des mesures.

En 1970 le ministre de la Santé, Boulin, diminue la marge bénéficiaire des pharmaciens, décide une révision périodique du prix des médicaments, un contrôle accru des laboratoires et de leurs bénéfices. La convention de 1971 avec les médecins permet également une limitation des dépenses.

Le problème n'est pas pour autant réglé. Le déficit se creuse. On continue, pour le combler, à verser l'excédent des caisses d'allocations familiales aux fonds maladie et vieillesse dont les charges augmentent considérablement.

L'extension de la Sécurité sociale et l'unification des divers régimes est l'aboutissement logique d'une évolution vieille de 30 ans. La loi de 1975 prévoit que tous les Français bénéficieront de la Sécurité sociale au 1er janvier 1978 (juillet 1975 pour les plus défavorisés), alors que 2 % en sont encore dépourvus. En outre un mécanisme de compensation entre les divers régimes (général, agricole, indépendant, etc.) permettra d'harmoniser les prestations et de simplifier la gestion. Ira-t-on jusqu'à la fiscalisation totale de la Sécurité sociale, c'est-à-dire à son financement par l'impôt ?

★★ *Une politique de la santé* doit peu à peu déborder le simple but du remboursement des frais médicaux. Le ministre Boulin en établit les grandes lignes en 1970 dans le cadre de son projet de réforme de la Sécurité sociale. La volonté de diminuer les dépenses en est un des aspects. Il y en a d'autres.

L'encadrement de la médecine par l'État est le terme moyen auquel on s'est rallié pour éviter à la fois l'étatisation, que refusent les médecins, et la liberté totale, obstacle à une véritable politique de la santé.

La médecine libérale est sauvegardée par la loi du 3 juillet et la convention du 1er novembre 1971. Chaque médecin signe cette convention s'il l'accepte, mais doit se soumettre au « profil médical »; sauf dérogations possibles, la Sécurité sociale peut refuser un « profil » jugé trop coûteux.

La collaboration de l'État avec le secteur privé relève du même esprit. Par la réforme hospitalière de décembre 1970, le secteur public, c'est-à-dire les hôpitaux, doit, dans le cadre d'une organisation régionale, coexister avec le secteur privé, les cliniques, pour éviter les doubles emplois; quelques centres spécialisés graviteront autour de plusieurs centre polyvalents. Il n'y aura donc pas concurrence entre secteurs.

Une médecine plus préventive et à caractère plus social : c'est là une vieille idée qui remonte au temps de la création de la Sécurité sociale en 1945. Il faut prévenir la maladie plutôt que la guérir et pour cela multiplier les centres médicaux, les visites ou contrôles, familiariser l'opinion avec les questions médicales, etc.

En conclusion, à l'heure où les Français mangent à leur faim et ont atteint un niveau de vie correct, cette question de la santé est devenue caractéristique : elle est désormais une des conditions d'un nouveau pas en avant dans la voie du progrès social. Elle s'insère dans un cadre collectif. Elle suppose une action de l'État. L'État a, en la matière, une certaine politique : développement de tout ce qui peut favoriser la santé, mais freinage des dépenses et recours au secteur privé. Cette politique est discutée... Tous ces éléments montrent l'importance qu'ont prise les questions sociales et comment elles traduisent les grands problèmes politiques de la fin du siècle.

★★★ *La réforme universitaire et la formation continue.*

L'instruction est devenue le grand moteur du progrès en général, du progrès social en particulier. Il ne s'agit plus seulement d'apprendre des rudiments à tous les enfants. Il faut ouvrir l'enseignement sur tous les aspects de la connaissance, favoriser l'aptitude à apprendre, permettre à chacun de se tenir toujours au courant, de se « recycler » : c'est « l'éducation permanente ».

La loi d'orientation de 1968 sur l'enseignement supérieur et secondaire (loi Faure) votée à l'unanimité est la charte fondamentale qui a voulu satisfaire aux grandes revendications de mai-juin (née, ne l'oublions pas, dans les milieux étudiants).

Pour l'enseignement supérieur les grands principes sont l'autonomie des universités, la participation (cogestion des universités par les professeurs et les étudiants), la pluridisciplinarité :

L'enseignement supérieur s'assigne trois buts : former les cadres et les enseignants, développer la recherche, réaliser l'éducation permanente des adultes. Celle-ci suppose qu'il ne sera plus nécessaire d'avoir le baccalauréat pour suivre les cours de l'université. Une université est aussitôt créée dans ce dessein : celle de Vincennes.

Pour l'enseignement secondaire, plus grande souplesse des programmes et des méthodes, « participation » (élèves et parents), ouverture de foyers socio-culturels, orientation des élèves plutôt que sélection, suppression du latin en 6e et 5e, création d'un baccalauréat de technicien.

En 1971, la loi d'orientation sur les enseignements technologiques et professionnels vise à développer et rendre plus nobles ces enseignements; l'apprentissage est réorganisé (loi de juillet 1971).

La formation continue (ou « continuée » au lieu de « permanente ») est devenue l'une des grandes nécessités économiques et sociales. *La loi du 26 juillet 1971* l'organise. Chaque individu, en premier lieu les travailleurs, doit pouvoir en bénéficier. La loi oblige les entreprises à en assurer le financement. Elles s'y appliquent de plus en plus, mais surtout en faveur des ouvriers qualifiés. L'État de son côté, avec l'aide de l'Éducation nationale, va se charger (1973) des « non solvables » : jeunes, immigrés, femmes désirant acquérir une certaine formation.

Quant à l'enseignement secondaire sa réforme se révèle très difficile à réaliser tant les opinions divergent à son sujet. La loi sur la « modernisation du système éducatif » (réforme Haby, 1975) intègre tous les enfants jusqu'à 16 ans dans le « collège unique » mixte, favorable au « savoir-faire » plus qu'au « savoir », elle encourage l'ouverture sur la vie professionnelle avec possibilité d'y accéder dès 14 ans.

Les problèmes sont à la mesure des bouleversements introduits par les réformes.

Problèmes d'organisation tout d'abord. Les universités se multiplient mais manquent de crédits; leur valeur est inégale; autonomie et participation débouchent parfois sur le désordre sinon l'anarchie. Bien des étudiants, malgré les efforts de l'ONISEP (Office national d'information sur les enseignements et les professions, 1970) n'y sont pas à leur place. Ainsi la tendance, peu à peu, est à un renforcement de la tutelle de l'État sur les universités.

Problème de fond aussi : c'est celui des rapports de l'Éducation nationale avec la vie professionnelle. Trop longtemps inexistants, ces deux mondes, vivant sans contacts ni compréhension réciproques, ont bien du mal à établir de nouvelles relations. Chacune les sent nécessaires, mais jusqu'où aller ? La création, à Compiègne, d'une université franchement technologique en rapport avec le monde des affaires n'est qu'une expérience, mais cette nouvelle orientation est très caractéristique lors de la présidence de Giscard d'Estaing qui sépare, dans ce but, l'enseignement universitaire du reste de l'Éducation.

Dans le secondaire le problème est plus difficile à résoudre car jusqu'à 18 ans c'est surtout d'une formation de base dont on a besoin. Mais on objecte que bien des élèves y perdent leur temps et feraient mieux d'acquérir une bonne formation professionnelle, et même manuelle. Le gouvernement, en 1975, affirme sa volonté de réhabiliter le travail manuel. Le peut-il sans une certaine contrainte ?

Problème de liberté finalement. L'individu, libre, doit pouvoir se cultiver, mais, membre d'une société complexe — peu importe qu'elle soit capitaliste ou socialiste — dont le progrès est lié à la technique et à l'économie — il doit se soumettre à une organisation et à un certain ordre. C'est le but de l' « orientation », terme qui remplace celui de « sélection ». Sera-t-elle impérative ? Sinon, dans quelles voies sans issue les étudiants ne risquent-ils pas de s'engager ?

A travers ces problèmes universitaires, on retrouve les grands problèmes du xxᵉ siècle finissant — mais le progrès social passe par leur solution.

★★★★ *La politique sportive* apparaît, à côté, comme favorable à une saine détente. Elle est aussi une nécessité. Le ministre Comiti fait voter, en 1971, une troisième « loi-programme » d'équipement sportif. Il s'agit de multiplier les équipements légers, normalisés, économiques, donc faciles à établir, plutôt que de grands équipements de prestige, coûteux et peu employés.

Le but est d'arriver au *sport de masse*, accessible à tous. Les clubs ou associations doivent se multiplier. Les enfants eux-mêmes doivent y participer, le sport ne doit pas se pratiquer seulement dans l'établissement scolaire. C'est l'un des aspects de la loi Mazeaud (1975).

★★★★★ *Les mesures favorables à l'égalisation* apparaissent plus classiques mais prennent un caractère plus systématique qu'autrefois.

Deux catégories socio-professionnelles, paysans et artisans, sont systématiquement aidées ; les premiers depuis les années 60 ; les seconds depuis 1972 et 1973 avec la loi Royer[1] : aide à l'apprentissage ou à la reconversion, mesures fiscales, retraite, etc.

L'aide aux familles a été quelque peu renforcée par les accords de Grenelle. Mais, on l'a dit[2], elle est moins générale ; elle se veut plus sélective : ce sont désormais les familles les plus modestes qui en bénéficieront en priorité (prestations familiales, allocation de salaire unique, etc. regroupées dans le « complément familial » en 1978).

L'aide aux plus défavorisés est peut-être la plus caractéristique de l'époque de Pompidou. Ainsi les orphelins bénéficient à partir de 1970 d'allocations spéciales ; les handicapés reçoivent en 1974 un véritable statut leur assurant droit à l'éducation, au travail et à un salaire minimum ; en 1977 une garantie de ressources.

---

1. Pour les paysans, se reporter au chapitre xxv, paragraphe II, et chapitre xxxv, paragraphe I ; pour les artisans et commerçants, voir le chapitre xxxiv, paragraphe II.
2. Ci-dessus, paragraphe I.

Aux catégories professionnelles les plus humbles on s'efforce de donner un meilleur sort : ouvriers agricoles (pour l'assurance-chômage complémentaire, 1972; la durée du travail, 1971 et 1974; la retraite possible dès 60 ans, 1975); « aides familiaux », c'est-à-dire enfants d'exploitants agricoles travaillant avec leur père (intéressement aux revenus); « smicards » (salaire relevé de 35 % en 1968 et croissant ensuite plus vite que la moyenne des autres).

Enfin les vieillards, dont la misère a souvent fait scandale voient leur situation s'améliorer assez nettement par des mesures prises en 1972 et 1974 : l'allocation-retraite est augmentée en 1972, étendue aux non salariés en 1973, transformée en « minimum social de croissance » (1973) et destinée à passer de 4 800 à 9 000 francs par an en 1978; accrue en 1974, puis 1975, elle aura été revalorisée de 40 % en un an. Le « minimum vieillesse » est encore relevé en 1977.

Les rapatriés, dont le sort est très inégal, continuent de bénéficier d'une aide de l'État.

Les salariés en général et les ouvriers notamment restent l'objet d'une abondante législation déjà ancienne mais sans cesse complétée.

★★★★★★ *Émancipation de l'individu et de la femme en particulier.*

Le relâchement des contraintes individuelles à l'égard de la société est bien difficile à réaliser. C'est chose plus facile à l'égard de l'État et de la loi. Déjà sous la présidence de Pompidou a été instituée la fonction de « Médiateur » dont le premier titulaire fut Antoine Pinay : il a pour tâche d'examiner et de faire aboutir toutes réclamations des citoyens contre l'administration.

Dans un esprit voisin, on citera la création en 1974 de comités d'usagers auprès de chacun des ministères. Et n'est-ce pas du même esprit encore que relève la volonté affirmée du gouvernement de soutenir l'action des groupements de consommateurs? Il s'agit de défendre leur liberté face à la publicité mensongère, les fraudes, les contrats abusifs (1977), l'emprise excessive des « gros intérêts ».

Mais c'est surtout à la libération morale que songent les pouvoirs publics à l'époque de Giscard d'Estaing : l'individu doit prendre ses responsabilités. Ainsi disparaît la censure, en particulier sur le cinéma. Ainsi sont votées les lois, déjà mentionnées [1], concernant la contraception (1967, 1974), l'information sexuelle (1973), l'avortement (1975). Dans une bonne mesure ces lois sont présentées comme devant aider à la libération de la femme.

L'émancipation de la femme n'est pas un problème nouveau, mais en quelques années ce thème tient la sellette. Ne crée-t-on pas, en 1974, un Secrétariat à la condition féminine, en faveur de Françoise Giroud? L'idée est que la femme doit parvenir à une réelle égalité avec l'homme. Pour que se réalise l'égalité, la femme doit bénéficier de mesures tenant compte de ses caractères particuliers, vis-à-vis de son congénère masculin.

En tant qu'épouse elle doit par les lois sur la contraception, l'interruption de grossesse, le divorce, acquérir la liberté que lui interdisaient autrefois les tabous sociaux.

En tant que mère elle sera aidée par les lois ou décrets concernant

---

1. Ci-dessus à la fin du paragraphe I sur la démographie.

l'allocation postanatale, l'allocation pour frais de garde des enfants, la retraite des mères de famille, les congés en cas de maladie des enfants ; d'autres textes s'appliquent aux mères célibataires.

En tant que travailleuse l'inégalité avec les hommes était jugée particulièrement choquante. La loi de 1972 veille à la stricte égalité de rémunération ; le travail avec horaires flexibles est prévu en 1974, la même année est décidée la mixité des concours universitaires ; en 1975 l'État se décide à supprimer toute discrimination pour l'accès à la fonction publique et recule la limite d'âge d'un an par enfant ; le refus d'embauche pour raison de grossesse est interdit.

Tous les problèmes sont-ils pour autant résolus ?

C'est à un double niveau que se situe en fait le problème de la femme : victime ou non d'une ségrégation, elle n'a pas une instruction ou une formation professionnelle équivalentes à celles de l'homme ; victime ou non d'un préjugé elle n'obtient pas les postes de responsabilité auxquels elle aspire. Mais, pour beaucoup, le vrai problème n'est pas là : la femme ne peut, trop souvent, choisir entre la vie professionnelle et la vie familiale. C'est pourquoi des voix s'élèvent pour que la mère de famille reçoive une véritable rémunération. Dès lors le choix serait libre et certains pensent que la véritable promotion, le véritable épanouissement de la femme seraient possibles ; et réalisée par la même occasion l'égalité avec l'homme.

Mesures en faveur des travailleurs

Depuis 1968 les mesures prises ont été très nombreuses. Elles sont relatives à toutes les revendications du monde du travail.

★ *La promotion du travailleur.*

Que le travailleur ne soit pas un simple rouage de l'entreprise mais qu'il en soit à quelque degré le copropriétaire, le cogestionnaire ou le cobénéficiaire, voilà le but... lointain.

L'intéressement aux profits de l'entreprise avait été une idée du général de Gaulle. L'ordonnance de 1959 accordait des faveurs fiscales aux entreprises qui amélioraient les salaires en fonction de la productivité. Celle de 1967, d'ambition plus vaste, rend l'intéressement obligatoire pour toute entreprise de plus de 100 salariés [1]. Les modalités sont à établir dans le cadre de l'entreprise mais, en tant qu'épargne, l'intéressement consistera en une somme bloquée pendant 5 ans.

L'application de la loi est lente ; les premiers accords sont signés en 1969. Ils prévoient en général — selon les dispositions de la loi — d'affecter les sommes versées à l'acquisition de valeurs mobilières (actions et SICAV). En 1975, 10 000 accords touchent 4 700 000 salariés.

L'actionnariat ouvrier est donc appelé à se développer. Il est plus spécialement encouragé par la loi de décembre 1969 qui concerne Renault. Le but est de faire accéder ses employés au capital de l'entreprise (5 % du total), celle-ci restant toutefois nationalisée ; ils pourront par là participer au conseil d'administration et recevoir une meilleure information sur la marche de l'entreprise, les résultats obtenus ;

---

1. Voir le chapitre XXIII, **paragraphe** III.

ils recevront un dividende. Les actions sont distribuées gratuitement selon des critères d'ancienneté et de responsabilité.

En 1973 l'actionnariat est étendu aux employés des banques et des assurances nationalisées et une loi vient en favoriser l'extension aux entreprises privées; notamment (1978) à celles qui sont cotées en Bourse.

La participation avait été à l'honneur en 1968. De Gaulle en avait fait son cheval de bataille, mais on n'en parlait plus après son départ en 1969. Une préfiguration de « participation » avaient été les « comités d'entreprise » institués en 1945 : leur rôle depuis cette date n'a cessé de rester modeste en dépit des intentions du législateur. Mais en décembre 1971 ils sont étendus aux entreprises agricoles.

Le droit syndical dans l'entreprise souffrait de certaines limites de fait. Les accords de Grenelle prévoient une loi pour le préciser et l'étendre. Elle paraît en décembre 1968 : les syndicats doivent disposer d'un local dans toutes les entreprises de plus de 200 ouvriers; les délégués ont droit à un crédit d'heures; des garanties sont données au syndiqué. Si le syndicalisme peut profiter de ces mesures favorables, si les syndicats, après 1968, voient augmenter leurs effectifs, on n'en note pas moins que, fin 1970, deux tiers des entreprises de plus de 50 ouvriers n'ont pas de section syndicale.

Les étrangers, comme il a déjà été dit, ont depuis avril 1972 les mêmes droits que les Français : ils sont pleinement électeurs et éligibles comme délégués du personnel ou membres des comités d'entreprise.

Les conventions collectives sont la base même de l'économie contractuelle. Le texte fondamental à leur égard reste la loi du 11 février 1950. Mais de nouveaux textes, importants, paraissent en avril-mai 1971;

Les lois d'avril-mai 1971 élargissent officiellement la portée des conventions collectives au-delà de la seule question des salaires (des clauses indiquent pourtant pour ceux-ci les modalités de révision); les étendent à des zones géographiques ou professionnelles plus vastes; les déclarent valables pour toutes les entreprises d'une même branche industrielle; prévoient explicitement des conventions par entreprise et non plus seulement par branche.

L'amélioration des conditions de travail devient peu à peu le souci prédominant. Le travail, surtout celui de l'O.S. (ouvrier spécialisé) rivé à la chaîne, est jugé trop monotone, « abrutissant ». Les accidents du travail sont beaucoup trop fréquents (en 1974 ils font perdre sept fois plus de journées de travail que les grèves : près de 29 millions contre moins de 4); le salaire au rendement en est, pour une bonne part, responsable. On renforce les mesures contre ces accidents (1976) mais l'horaire de travail devrait être assoupli selon l' « horaire à la carte ».

Peu à peu arrivent les mesures concrètes. Une loi de 1973 envisage un horaire variable après consultation du comité d'entreprise; un accord patronat-syndicats de 1975 prévoit une diminution du salaire au rendement, de meilleures conditions d'hygiène et de sécurité, un aménagement du temps de travail, une rotation des tâches. Le travail en petites équipes autonomes devient possible.

L'État n'est pas en reste. Il crée en 1973 une agence pour l'amélioration des conditions de travail. On a vu [1] comment la commission

---

1. Au chapitre XXXIV, paragraphe I.

Sudreau s'était, pour mieux réformer l'entreprise, penchée sur la question et avait proposé les mêmes solutions.

Le mouvement est enclenché. Reste à voir les réalisations. L'État stimule, par des subventions, les entreprises qui y procèdent. Sera-ce suffisant ? Bien des oppositions se manifestent venant du patronat, du personnel de maîtrise, des syndicats qui redoutent soit de perdre de leur influence, soit de voir l'ouvrier s'intégrer davantage à l'entreprise. D'autre part l'assouplissement du travail ne semble guère possible dans certaines branches industrielles.

★★ *L'emploi* est la préoccupation majeure des syndicats et des travailleurs depuis 1968 et même depuis quelques années avant.

L'importance du problème est évidente. L'État l'a perçue puisqu'en 1963 il instituait un Fonds national de l'emploi ; en 1967, il créait le poste de secrétaire d'État à l'emploi et mettait sur pied l'ANPE (Agence nationale pour l'emploi) dont les organes nationaux et régionaux sont mis peu à peu en place. Sur un plan régional, l'agence centralise les offres d'emploi, favorisant surtout l'embauche des jeunes et le reclassement du personnel en cas de restructuration d'entreprises. Enfin l'ONI (Office national de l'immigration) a aussi un rôle à jouer en matière d'emploi.

Le but est, évidemment, d'assurer le plein emploi. Outre le contrôle et l'orientation de l'immigration, deux grands moyens doivent le permettre : la mobilité du travailleur ; l'amélioration de sa formation professionnelle. Des accords paritaires entre patronat et syndicats sont sortis de là.

L'accord de février 1969 destiné à limiter le chômage complète les mesures prises en vertu de l'ordonnance de 1967 (indemnité de licenciement, augmentation et généralisation de l'indemnité de chômage). Il prévoit l'utilisation maxima des travailleurs grâce à des commissions paritaires, l'information des travailleurs, une garantie de salaires pour les travailleurs déclassés, l'offre d'une possibilité de reclassement.

Cet accord de 1969 est complété en 1972 par des garanties données aux chômeurs de plus de 60 ans (allocation de chômage et pré-retraite cumulées ; garanties de ressources).

L'accord de juillet 1970 entériné par les trois lois du 16 juillet 1971 concerne la formation professionnelle des jeunes et adultes. On a déjà vu comment la première loi organise la formation professionnelle continue. A partir de 1972, les entreprises de plus de 10 salariés doivent consacrer à celle-ci une somme égale à 0,8 % des salaires, pourcentage à porter à 1 % en 1976. La loi sur l'apprentissage (déjà évoquée ci-dessus) organise la formation des apprentis, le financement de l'apprentissage ; les centres privés pourront avoir les mêmes avantages que les établissements publics. La loi d'orientation sur les enseignements technologique et professionnel (déjà évoquée elle aussi) concourt au développement de cet enseignement et favorise donc la formation professionnelle.

Ces lois répondent à un besoin économique évident. Elles favorisent la promotion sociale et peuvent contribuer à limiter le chômage. Mais elles visent surtout un but utilitaire.

Le développement du chômage en 1974 favorise nouveaux accords et nouvelles lois.

• l'UNEDIC (Union nationale pour l'emploi dans l'industrie et le commerce), dont dépendent les ASSEDIC, est un organisme qui, grâce à des cotisations perçues pour 4/5 sur les employeurs et 1/5 sur les salariés, gère un fonds de garantie pour les chômeurs : c'est le régime complémentaire de l'assurance-chômage (celle-ci étant versée par l'État); il repose sur l'accord patronat-syndicats de 1958; son rôle se voit accru par les nouvelles prescriptions légales. En effet :

• l'accord d'octobre 1974 reconnaît à tout chômeur inscrit à l'ANPE et affilié à l'UNEDIC le droit de percevoir 90 % de son salaire pendant un an en cas de licenciement pour motif économique;

• un autre accord, de novembre 1974, établit de sévères mesures de contrôle pour tout licenciement collectif;

• la loi du 20 décembre 1974 entérine et unifie ces deux accords, les rendant obligatoires pour toute entreprise de plus de 10 personnes, et en remet le contrôle aux inspecteurs du travail;

• au début de 1975 plusieurs textes établissent l'indemnisation des employeurs qui renoncent aux licenciements et favorisent la formation des jeunes sans qualification.

Toutes ces importantes mesures prouvent la volonté d'atténuer les effets du chômage mais ne s'attaquent pas à ce mal lui-même. C'est ce que dénoncent les syndicats, devant le chiffre d'un million de chômeurs (= 5 % des actifs) atteint à la fin de 1975. Aussi en 1977 est lancé le « pacte pour l'emploi » en faveur des chômeurs partiels, du personnel licencié dans certains grands secteurs industriels et surtout des jeunes : les entreprises seront exonérées de charges sociales si elles embauchent des jeunes; les contrats « emploi-formation » seront relancés; les stages systématisés. En 1978 un second « pacte-emploi » reprend les mêmes décisions, mais est modulé afin d'être moins onéreux pour l'État.

★★★ Le salaire.

Les accords de Grenelle de mai 1968 et les accords conclus en juin au niveau des entreprises se préoccupent beaucoup du montant des salaires. L'augmentation obtenue — 10 % en mai, portée en moyenne à 15 % en juin — dépasse tout ce qu'on avait vu jusqu'alors. Les zones de salaires sont supprimées. Les discriminations relatives à l'âge ou au sexe doivent disparaître. Mais la loi attendue pour l'égalisation réelle des salaires féminins ne sera annoncée... qu'en 1972. En revanche, les plus bas salaires liés au SMIG sont aussitôt revalorisés de 35 %. Le SMAG (pour les ouvriers agricoles) est désormais égal au SMIG, soit une augmentation de 50 %, cela grâce aux accords de Varenne.

En 1970 le SMIG devient le SMIC (salaire minimum interprofessionnel de croissance). La nouvelle dénomination est significative : il s'agit d'empêcher que se creuse encore ce fossé entre bas salaires et salaires moyens. A cette intention désormais :

— l'État fixe chaque année (le 1er juillet) le montant du SMIC, en rapport avec les progrès généraux de la production nationale;

— le SMIC est augmenté en outre dès que l'indice des prix a atteint une hausse de 2 % (et non plus, comme autrefois, si cette hausse se produit au cours de deux mois consécutifs);

— l'augmentation sera au moins égale à la moitié de l'accroissement du pouvoir d'achat du salaire moyen;

— le rattrapage sera obligatoire si on n'a pu agir normalement à cause d'une situation conjoncturelle.

Le calcul du SMIC étant lié aux comptes de la nation, et notamment des prix, l'État a une fois de plus remanié *l'indice des prix*. Basé sur 213 articles en 1950, sur 250 articles en 1958, sur 259 articles en 1963, il est qualifié désormais en 1971 d' « indice des 295 postes à pondération variable ». Chaque année, en fonction des résultats de l'enquête, le poids relatif des 295 articles sera modifié.

L'établissement, la hausse et la garantie des salaires sont favorisés.

• D'une part par l'État : celui-ci s'est montré assez généreux à l'égard des « smicards » : les hausses qu'ils ont obtenues ont été supérieures à celles des autres salariés. Comme ils sont cependant tout en bas de l'échelle et que l'inflation règne, on ne cesse de dénoncer l'insuffisance de ce SMIC notamment pour les femmes et les immigrés.

L'État a renoncé, comme on l'a vu [1], à la politique des revenus, pratiquée de 1965 à 1969, et aux contrats de progrès qu'il avait alors tentés avec les entreprises nationalisées. Il se montre assez conciliant avec celles-ci lorsqu'elles demandent des augmentations de salaires.

• D'autre part les entreprises font à peu près la même chose, à tel point que l'État, plusieurs fois les rappelle à l'ordre, lorsqu'il entreprend une action anti-inflationniste. Mais le système des conventions collectives met souvent les syndicats en position de force et, quelles que soient leurs plaintes ou revendications, on constate que la hausse des salaires n'a pas été négligeable : au cours des années 60 et 70 le pouvoir d'achat des salariés a augmenté en moyenne de 4 à 5 % par an, mais, avec la crise, les « plans Barre » visent à sa stagnation.

• Enfin une loi de 1973 **prévoit** qu'en cas de faillite d'une entreprise, les salariés ont priorité, comme des créanciers, pour percevoir leur salaire pendant 2 mois.

La mensualisation des salaires (1970) accroît la sécurité de l'emploi, garantit la régularité du revenu et ouvre droit à certains avantages. Dès le milieu de 1971 les trois quarts des ouvriers du secteur privé étaient des mensuels, contre 10 % seulement à la fin de 1969.

★★★★ *La durée du travail* est en France, on l'a vu, plus longue qu'ailleurs (46 heures par semaine en 1960-64) bien que légalement les quarante heures instituées en 1936 soient toujours en vigueur. Mais beaucoup de travailleurs tiennent à faire des heures supplémentaires. Les syndicats bataillent pour obtenir la réduction du temps de travail sans diminution de salaire.

En 1968 les accords de Grenelle prévoient le retour progressif aux 40 heures.

La loi du 24 décembre 1971 ramène de 54 à 50 heures la moyenne hebdomadaire calculée sur 12 semaines et fixe à 57 heures au lieu de 60 la durée maximale de travail hebdomadaire. Le temps de travail pour les salariés de l'agriculture est ramené de 2 400 à 2 348 heures par an, le maximum avec heures supplémentaires étant de 2 600.

Une loi du 3 janvier 1972 réglemente le travail temporaire.

Peu à peu s'abaisse la moyenne du travail effectif : 45 heures en 1968

---

1. Au chapitre XXXIII, paragraphe II.

44 en 1971, 43 en 1975, 41 en 1978. Ce temps devient plus flexible, il peut être modulé pour les femmes, un repos payé compensera les heures supplémentaires des OS (1976). Mais beaucoup réclament la prise en compte du temps de transport dans le temps de travail.

Les congés payés avaient été fixés à 2 semaines en 1936, 3 semaines en 1956; ils sont portés officiellement à 4 semaines en 1968. Mais déjà beaucoup d'entreprises offrent 5 semaines. L'étalement de ces congés sur l'ensemble de l'année est souhaité mais difficile à mener à bien.

★★★★★ *La retraite* est quelque peu améliorée. La loi du 2 décembre 1971 porte de 40 à 50 % du salaire « plafonné » le montant de la retraite; d'ici à 1975 les « vieux travailleurs » percevront au minimum 3 650 F par an.

On a déjà évoqué la décision de mars 1972 d'aligner la retraite des artisans et commerçants sur celle des salariés (grâce à une subvention de l'État et des sociétés anonymes).

Le système de la « pré-retraite » se répand par accords patronat-syndicats : 1972 pour les travailleurs âgés victimes d'une restructuration d'entreprise; 1977 avec garantie de ressources jusqu'à 65 ans.

Beaucoup de travailleurs bénéficient de retraites complémentaires. Celles-ci ont des régimes fort différents mais L'ARRCO (Association des régimes de retraites complémentaires, 1962), qui les regroupe tous, permet à un travailleur qui a changé d'entreprise de garder le bénéfice de ce qu'il a pu verser pour constituer cette retraite. En 1973, la retraite complémentaire est généralisée au bénéfice de 2 millions de salariés. En 1978 elle est étendue aux artisans.

L'abaissement de l'âge de la retraite à 60 ans est une revendication renouvelée des syndicats pour résoudre le problème de chômage. Cette solution est fort discutable. Mais le gouvernement s'engage en 1975 à y parvenir progressivement. Dès cette date la mesure est applicable aux salariés voués aux travaux pénibles et aux ouvriers agricoles. En 1976 elle peut être étendue aux travailleurs manuels et aux ouvrières mères de famille.

L'effort social en faveur des salariés n'a donc pas été négligeable depuis 1968 : une foule de lois particulières le prouve. Il y a un indéniable progrès. Celui-ci a-t-il cependant fait disparaître tous les problèmes ?

III. PROGRÈS
ET PROBLÈMES SOCIAUX

Les progrès

★ *La volonté de progrès social* est plus nettement affirmée non seulement par ceux qui y sont intéressés au premier chef, mais aussi dans les milieux responsables : gouvernement et une partie plus nombreuse désormais du monde patronal. La crise de 1968 l'explique : elle a été un grand espoir pour les uns, une grande crainte pour les autres. L'opinion y attache une grande importance.

★★ *La hausse du niveau de vie* est certaine. De 1968 à 1972 les salaires nominaux augmentent de 10 % par an. L'érosion monétaire en réduit évidemment le bénéfice, car les prix montent d'environ 6 %.

Dans les années 1972-75 la hausse est de 10 à 15 %... mais l'érosion monétaire est encore plus forte. Il reste quand même un avantage appréciable. Les progrès de l'épargne et de la consommation le prouvent. L'équipement domestique en réfrigérateurs, machines à laver, postes de télévision n'a cessé de progresser. Les ménages ouvriers ne sont pas les derniers à s'équiper. Le parc automobile passe de 12 millions en 1968 à plus de 20 millions en 1978, les études s'allongent. Les vacances, les voyages, la consommation médicale se développent tandis que la part de l'alimentation tombe en 1975 à 27 % des dépenses.

★★★ *Une certaine égalisation* peut apparaître. Soulignons-en les aspects, quitte à en voir, un peu plus loin, les insuffisances :

— la hausse des plus bas salaires, ceux du SMIC en premier lieu ;

— le relèvement de la condition des ouvriers agricoles, ces éternels oubliés du passé ;

— l'intégration, plus recherchée qu'autrefois, des immigrés dans la communauté nationale... Certes il reste beaucoup à faire !

— la femme considérée comme l'égale de l'homme ;

— les efforts consentis en faveur des catégories qui ont été défavorisées par leur retard initial, tels les paysans, ou par l'évolution économique, tels les artisans et petits commerçants.

Tout cela n'est pas niable. Un tournant a été pris, en quelques années, à la faveur des événements de 1968 comme d'un enrichissement certain qui a permis de se montrer plus généreux. Mais tous les problèmes sont-ils pour autant réglés ?

Les problèmes

★ *Problèmes de l'inégalité et de la pauvreté.*

L'inégalité est restée choquante :

— Entre les catégories sociales : l'ouvrier agricole reste toujours le dernier de la liste, pour toutes les comparaisons.

— Entre les revenus et salaires. En 1975, l'INSEE, poursuivant ses enquêtes, révèle que 45 % des salariés reçoivent moins de 2 000 francs ; en 1979 pour 50 % c'est moins de 3 000. L'échelle des salaires et revenus va de 1 à 40. Les plus gros croissent moins vite.

— Entre les familles plus ou moins nombreuses et les ménages sans enfants. Ce sont justement les enfants qui risquent d'en souffrir le plus car, pour eux, la scolarisation sera plus difficile.

— Entre les personnes instruites et les autres. Certes l'accès à l'enseignement professionnel s'est développé, mais il est resté tout à fait insuffisant, freiné par le manque de ressources, d'information, de mobilité. Le baccalauréat est obtenu par presque 200 000 élèves en 1974 : le double de 1965 ; l'enseignement supérieur accueille alors environ 22 % des jeunes mais les « catégories aisées » en sont toujours les principales bénéficiaires : 12 % seulement de fils d'ouvriers y accèdent [1]. Chiffre en progrès certes (5 % vers 1960) alors que les effectifs progressent moins vite.

---

1. On rappellera pourtant que, même dans un pays socialiste comme l'URSS, cette inégalité est loin d'avoir disparu.

— Entre les plus aisés et les autres : pour ces derniers ce sont encore, en 1975, des logements surpeuplés (pour la moitié des ouvriers), dépourvus de confort sinon d'eau ou de W.C. ; les premiers au contraire jouissent toujours de ce minimum, et, en outre, « consomment » beaucoup plus ; ils sont souvent ceux qui, par ailleurs tirent le plus de profit des institutions sociales... établies en priorité pour les autres. C'est le cas par exemple pour l'enseignement gratuit, et plus encore pour la Sécurité sociale : la « consommation médicale » peut varier du simple au quadruple selon le niveau du revenu et de l'instruction, et un « riche » peut dépenser 20 fois plus pour ses vacances qu'un « pauvre ». Les plus riches des « ménages » français (un tiers du total) détiennent 86 % de la fortune ; les plus pauvres (un autre tiers), 0,5 % (1975).

La pauvreté n'a pas totalement disparu en France. On la retrouve encore dans certaines régions, dans les familles très nombreuses, chez les vieillards, les immigrés et elle est le lot de beaucoup de femmes seules. Des causes individuelles peuvent l'expliquer mais certains se demandent si les structures économico-sociales n'en sont pas la cause : absence de mobilité, insuffisance de la politique sociale, ou sa maladresse.

★★ *Les problèmes liés à l'âge.*

Pour les vieillards l'action des pouvoirs publics a été sensible et les résultats sont parfois positifs. Mais les problèmes du « troisième âge » sont de plus en plus visibles. La société tend à se cloisonner horizontalement, par tranche d'âge, et trop de vieillards dont la longévité augmente, se sentent de plus en plus isolés et incompris des leurs.

Les adultes d'âge moyen, quelque peu tiraillés entre jeunes et vieux souffrent plutôt de la difficulté des temps, de l'érosion monétaire, du chômage menaçant : c'est le problème de maints salariés, ouvriers ou cadres, ceux-ci particulièrement menacés après quarante ans.

Les jeunes aussi connaissent le problème de l'emploi, surtout lors de la crise de 1974. N'étant pas officiellement chômeurs puisque à la recherche d'un premier emploi, ils ne bénéficient d'aucun secours. Peu à peu l'État leur donne droit à une formation professionnelle accélérée ou à certaines allocations. Mais l'anxiété qu'ils éprouvent pour leur avenir s'ajoute au malaise qui est celui de leur âge.

Pour les jeunes, le problème demeure entier ; leur trouble s'est amplifié et le fossé qui les sépare des adultes s'est creusé. Beaucoup cherchent dans la drogue un remède à ce malaise ; le nombre des toxicomanes a beaucoup augmenté. Cela n'est pas propre à la France.

La jeunesse reste très perméable aux idéologies révolutionnaires qui, très diverses et souvent rivales, lui proposent des solutions aux médiocrités ou aux tares du xxe siècle. Dans la pratique, cela s'est traduit par une agitation universitaire. Toutefois, peu à peu, l'idéologie a perdu de son attrait. Les jeunes, tout en restant une sorte de classe très libre de ses mœurs, se soucient davantage de leur avenir professionnel. L'écologie les passionne également.

★★★ *Le problème des conditions de travail* alimente à l'occasion l'idéal révolutionnaire. Mais beaucoup de travailleurs ne vont pas jusque-là. L'agitation politique à l'usine est fréquente depuis 1968 ; due à une minorité, d'ailleurs très active, elle est très inégalement suivie.

Les grandes revendications, par contre, mobilisent la majorité quand il s'agit du salaire, du droit syndical ou de thèmes plus à la mode depuis 1968. Parmi ceux-ci l'âge de la retraite que les syndicats veulent voir abaisser; les « cadences » de travail dont l'accélération devient insupportable à beaucoup, et qui sont telles à certains postes que seuls de jeunes ouvriers peuvent les endurer pendant un certain temps; l'emploi.

Les syndicats demandent aussi, au moins dans la région parisienne, la gratuité des transports pour se rendre au lieu de travail. Et ils prennent de plus en plus la défense des immigrés qui, occupant les emplois les plus humbles, sont considérés comme « surexploités ».

La grève reste l'arme suprême. Elle demeure fréquente mais peut-être plus prudente. Certains travailleurs en dénoncent la relative inefficacité, ou parfois le caractère politique, et l'opinion n'y est pas toujours favorable. Mais les syndicats doivent de leur côté tenir compte d'une base moins docile qu'autrefois, prompte à s'enflammer. C'est sur elle que la CFDT s'appuie volontiers, à la différence de la CGT.

★★★★ *Le problème de l'emploi* dépasse très souvent en importance, depuis 1968, celui des conditions de travail. Il s'agit en effet d'un problème grave et permanent, dont la solution n'apparaît guère, puisque le nombre des chômeurs reste autour de 300 000 de 1968 à 1972 et monte jusqu'au million en 1975, au million et demi en 1978.

Problème qui concerne *presque toutes les catégories sociales :* monde rural avec la diminution des emplois agricoles, monde des « indépendants » affrontés à une concurrence insurmontable, ouvriers victimes de licenciements, « cadres » peut-être plus encore, jeunes à la recherche d'un premier emploi.

Géographiquement le problème de l'emploi se pose de façon différente. Dans les vieilles régions rurales comme le Massif central, il s'agit souvent d'un sous-emploi qui condamne sa victime à végéter. A l'opposé, les nouvelles régions industrielles connaissent un problème plus voyant et souvent plus brutal.

La Lorraine, depuis 1968, en est un bon exemple. Alors que la situation s'est améliorée dans les mines de fer, elle empire dans la région charbonnière où, en 1971, l'annonce de la fermeture de la mine de Faulquemont provoque des manifestations. Elles ne cessent qu'avec la promesse de retarder la fermeture. Quant à la région sidérurgique, elle est d'abord victime de la « restructuration » de Wendel-Sidelor, et de son désir de développer à la fois le centre moderne de Gandrange sur la Moselle et de Fos sur la Méditerranée. Puis vient la crise générale de la sidérurgie après 1975 qui aggrave terriblement la question.

Ce qui est vrai de la Lorraine se retrouve depuis 1968, avec une acuité variable, dans d'autres régions : surtout dans les vieux bassins charbonniers d'Alès et de Saint-Étienne (dont on décide également de retarder la fermeture), dans le bassin du Nord où cependant de nouvelles entreprises viennent volontiers s'installer.

La mobilité des travailleurs est insuffisante. Ce problème est devenu essentiel. Mais on en arrive à la question suivante : cette mobilité est-elle un but en soi ? Autrement dit, le travailleur doit-il aller d'office là où l'entreprise s'installe, selon des critères de rentabilité — ou bien au contraire l'entreprise doit-elle être encouragée à aller s'installer là où la main-d'œuvre en quête de travail est abondante ? Le deuxième terme de l'alternative suppose une politique volontaire d'aménage-

ment du territoire faite pour l'homme; le premier une quête de rendement, de rentabilité, dans une optique purement économique.

Une réponse parfaite semble impossible; mais on constate que la
mobilité est plus facile et progresse dans les régions les mieux mises en
valeur, là où les hommes sont plus instruits. Quoi qu'il en paraisse,
l'amélioration de la productivité est, à long terme, la meilleure solution au problème de l'emploi.

★★★★★ *Les problèmes de la société.*

Ce problème de l'emploi, primordial depuis 1968, débouche en
définitive sur celui de la société en général. Ce n'est pas tout à fait
nouveau par rapport à 1968, mais c'est plus nettement perçu. Il s'agit
en effet d'une question fondamentale : pour quoi et pour qui est faite
la société ?

Cette société a le sentiment d'être prise — on l'a déjà dit — dans
un *tourbillon qu'elle ne domine plus.* Elle réclame une meilleure maîtrise
de l'évolution et de l'événement. La formation permanente pourrait
être un moyen d'y parvenir. Elle l'a demandée et en a obtenu la promesse, par la loi, en 1971. Certes le programme est difficile à mener à
bien! Mais cela suffira-t-il à régler les problèmes autres que professionnels? Les progrès de la délinquance, de la criminalité, de la
drogue, de la pornographie permettent d'en douter!

Le malaise de la société semble s'être aggravé depuis 1968 : le
rythme de l'évolution est trop rapide; l'insécurité est latente, qu'il
s'agisse de l'emploi, de l'avenir des jeunes, comme aussi bien du droit
de propriété ou des dangers de la circulation routière! Le cadre de
la vie non seulement moral, mais aussi matériel, est de plus en plus
mis en cause. Les problèmes de l'environnement ont brusquement
surgi depuis 1968 alors qu'avant cette date le mot lui-même n'existait
pas.

Chapitre XXXVII

LE CADRE DE LA VIE
ET DU DÉVELOPPEMENT

En cette fin du xxᵉ siècle, le progrès ne passe plus seulement — le malaise de la société en témoigne — par les « conquêtes sociales » telles que meilleur salaire, temps de travail réduit, congés, etc. Il ne se satisfait pas non plus d'une option purement économique : par exemple faire bénéficier également toutes les régions de l'essor général, ce qui a pu être la première version de l'aménagement du territoire.

Il faut désormais une politique, une perspective résolument humaines. L'expression même d' « aménagement du territoire » ne coïncide plus totalement avec ce but; certes cet aménagement est utile et indispensable, mais il n'est pas suffisant.

Un pas de plus peut être fait avec une réforme régionale qui permettrait à l'homme, dans le cadre plus restreint de sa propre région, de participer de façon plus directe à sa mise en valeur, à son essor. Cette réforme est en route. Conjuguée avec l'aménagement, elle favorisera le développement. Mais il faut encore aller au-delà : ce que veut l'homme du xxᵉ siècle, c'est pouvoir s'épanouir.

Le mot, beaucoup plus récent, d' « environnement » répond mieux à cette attente. Il s'agit du cadre dans lequel s'inscrivent le travail et la vie.

Car l'homme, quelque emprise que la technique ait maintenant sur lui, reste, si l'on peut dire, un morceau de la nature. Entre elle et lui existent un lien et une communion secrète. L'homme moderne éprouve le besoin de se replonger dans la nature. Encore faut-il que cette nature n'ait pas été massacrée par la technique. L'environnement, c'est aussi la protection de la nature.

I. L'ENVIRONNEMENT

Mot inconnu hier, surgi brusquement vers 1968. La crise de cette année historique était, dans ses profondeurs, à quelque degré, une crise de l'environnement.

Les aspects du problème

★ *La médiocrité du cadre de la vie moderne* est ressentie par beaucoup, tout particulièrement par les citadins et, entre autres, par ceux des très grandes agglomérations, à commencer par Paris.

Ce sont d'abord les *logements*, HLM inesthétiques, « grands ensembles » monotones, quartiers nouveaux ou villes nouvelles conçues selon des nécessités techniques, rationalisées mais sans âme. Certains s'en accommodent; d'autres ne songent qu'à s'en évader. Beaucoup n'y séjournent que pour y dormir dans le bruit des voitures ou des avions... puis c'est la cohue des *transports* surchargés; souvent les files d'attente dans les vapeurs d'essence et le vacarme de la circulation, pour arriver enfin au lieu de travail.

Tous les *lieux de travail* ne sont pas désagréables. Mais, qu'il s'agisse de bureaux ou d'ateliers, combien sont vétustes, mal éclairés, bruyants, trop chauds ou trop froids, empreints d'une atmosphère de contrainte, de presse, d'anonymat.

Physiquement, nerveusement, cette vie quotidienne est une rude épreuve, même si — sorte de drogue — elle rend ses victimes inconscientes. Beaucoup en tout cas, à la fin de la journée ou de la semaine, ou de l'année de travail, n'ont qu'une idée : « se mettre au vert ». Quelle nature trouveront-ils ?

★★ *Dégradation du milieu naturel.*

La civilisation moderne avec toute sa puissance technique a en quelques décennies et même en quelques années — pour la France les années 60 — dégradé la nature à une vitesse prodigieuse.

La nature est enlaidie. Ici ce sont les amoncellements de détritus, là les papiers gras, les bidons, les ustensiles en plastique, imputrescibles; ailleurs les carcasses de voitures, isolées ou en « cimetières ». Devant un chef-d'œuvre de l'art un magnifique pylône électrique, dans un site harmonieux une bâtisse inesthétique, au flanc d'une vallée bucolique une immense carrière.

La nature est polluée : produits chimiques, fumées, déchets, rejets des usines empoisonnent peu à peu les villes. On s'aperçoit aussi que les insecticides ou pesticides employés par l'agriculture se retrouvent dans les aliments, que les centrales thermiques crachent le soufre mortel de leur charbon ou de leur pétrole, que les dangers de radiation ne sont pas inexistants près des centrales nucléaires, etc.

Quant à la mer, gigantesque poubelle, ses abords — plages et rochers — se bardent d'une gangue noirâtre, à moins que quelque « marée noire » (l'affaire du *Torrey Canyon* a été révélatrice à cet égard en 1967) ne les submerge totalement, ruinant ceux qui vivent du tourisme et faisant disparaître toute vie animale ou végétale.

La nature est détruite : oiseaux de mer englués dans le pétrole, poissons qui, par milliers, meurent brusquement dans une rivière polluée, flore qui disparaît dans le lac du Bourget devenu un égout, haies qu'on arrache sans discernement sous prétexte de remembrer, animaux rares que l'on chasse ou que l'on condamne à court terme pour établir une station de ski, forêts qu'on grignote jour après jour pour construire routes ou logements.

La terre cultivable elle-même se fait plus rare avec l'extension des logements, des autoroutes, des aérodromes (ainsi dans la région parisienne). L'oxygène risque de manquer, l'eau — de plus en plus absorbée par l'industrie — devient précieuse.

Il faudrait enfin — sans avoir la prétention d'avoir été complet — évoquer la destruction, plus particulière, du silence. Le bruit, une des plaies de la technique, et qui tue lui aussi, à la longue, déséquilibre le système nerveux. Pollution et nuisances mènent inexorablement au massacre de la nature et à la ruine de la santé.

★★★ *La prise de conscience* du mal est récente, tardive, insuffisante.

Certes, « l'environnement » est devenu en quelques années un terme tellement à la mode que beaucoup finissent par trouver qu'on en parle trop ou estiment que les nécessités économiques doivent, en tout état de cause, avoir le dernier mot. Il y a là une grave erreur, et elle est double.

D'une part *l'économie n'est pas un but en soi* puisqu'elle est destinée à améliorer le sort de l'homme. Or si l'on parle tant d'environnement désormais, cela prouve que l'économie pour elle-même ne suffit pas, que le cadre de vie a son prix et qu'avec le niveau technique atteint c'est même lui maintenant qui devient prioritaire.

D'autre part, même du point de vue intéressé de l'économie, *l'environnement est rentable.* C'est ce qu'ont bien vu deux pays plus directement menacés que la France : Japon et États-Unis. Les économistes s'y livrent à des calculs prouvant que le progrès de l'économie passe désormais par le progrès de l'environnement. Celui-ci coûte et coûtera de plus en plus cher. Mais ce qu'on dépense pour lui est finalement un investissement [1].

Action désintéressée, vision utilitaire se conjuguent donc pour faire prendre les mesures qui s'imposent en faveur de l'environnement. Mais ce qu'il faut — on retrouve toujours le même problème de cette fin de siècle ! — c'est un effort de discipline, à inscrire dans une organisation. Cette organisation, pour être encore modeste, est appelée à prendre une importance extraordinaire.

Conditions d'action

★ *Le cadre de l'action est et doit être très vaste.*

L'information est nécessaire. Elle vise et doit viser à faire comprendre que chacun est à la fois concerné et responsable, soit à titre individuel, soit à titre collectif.

La discipline doit être imposée. Elle le sera d'autant mieux que l'information aura été efficace. Mais beaucoup d'intérêts privés sont en jeu. Ils ne doivent pas l'emporter sur l'intérêt général. Trop de dérogations ont été accordées face aux règlements édictés.

L'effort s'inscrit dans un cadre international : la pollution en effet touche les mers, les fleuves internationaux (comme le Rhin), l'air... qui circule d'un pays à l'autre. Il ne servirait à rien qu'un pays seul prît des mesures si son voisin n'en prenait pas. Au niveau de la recherche, la collaboration internationale ne peut être que bénéfique pour tous. Au demeurant, c'est toute l'humanité qui est concernée.

Les dépenses doivent être équitablement réparties non seulement entre nations, mais entre citoyens.

Il semble qu'au départ ce soient les entreprises qui les supportent si elles sont contraintes d'adopter des techniques « anti-polluantes » coûteuses. Le prix des produits s'en trouvera fatalement augmenté. C'est donc finalement le consommateur qui paiera.

---

1. L'amélioration de l'environnement deviendrait ainsi une branche de l'ergonomie, cette nouvelle science qui consiste à rechercher la meilleure organisation du travail de l'homme et à lui fournir les équipements en rapport avec ses possibilités.

Toutes les catégories humaines ou sociales sont concernées, les individus, les savants ou chercheurs (biologistes, physiciens, chimistes, géographes, urbanistes), les techniciens, les industriels, les pouvoirs publics : ceux-ci informent, font les règlements, les font appliquer.

L'amélioration de l'environnement s'inscrit dans le progrès de l'humanité. D'une part celui-ci la rend possible; d'autre part elle n'arrête pas le progrès, mais, bien au contraire, le rend possible. Elle est une étape dans le développement comme le fut, par exemple, le machinisme au XIXe siècle.

★★ *L'opinion nationale et internationale.*

L'opinion n'est certes pas insensible au problème de l'environnement, que ce soit en France ou à l'étranger. Mais elle se partage facilement en plusieurs courants.

Un courant est pessimiste, dénonce la disparition prochaine de tous les éléments vitaux dont dispose l'humanité, prend des positions volontiers malthusiennes pour arrêter le progrès, conduit une action à caractère souvent politique orientée à gauche, contre la capitalisme : celui-ci est jugé responsable d'une exploitation inconsidérée, puisque menée dans la seule recherche du profit. Tel fut le cas, en France, du mouvement lancé par René Dumont pendant la campagne présidentielle de 1974, qui contribua beaucoup à ouvrir les Français aux problèmes de l'environnement. René Dumont anime le « Mouvement écologique ».

Un autre courant, sans nier les menaces qui pèsent sur les grandes réserves nationales ou mondiales, se veut plus réaliste dans son appréciation et plus réalisateur : il s'agit non d'arrêter le progrès mais de le contrôler par des mesures pratiques, coûteuses sans doute, mais accessibles. Ce courant a souvent *un point de vue économique* plus que social ou désintéressé.

Certains insistent sur *l'aspect social de la question :* cadre de la vie (urbanisme, moyens de transport) et du travail (il doit être plus intelligent, moins mécanique). Les actions locales, les manifestations, certaines grèves lui sont imputables. La lutte, ici aussi, peut prendre *un aspect politique,* comme en témoignent l'affaire du camp militaire du Larzac ou certaines manifestations antinucléaires. Les perspectives électorales de 1978 font multiplier les prises de position.

Les protecteurs de la nature enfin se placent, eux, sur un plan plus purement scientifique : défense de telles espèces végétales ou animales menacées ou, trop souvent déjà, irrémédiablement compromises. De cette tendance de type naturaliste, on peut rapprocher tous ceux qui songent surtout à préserver le patrimoine culturel, esthétique, artistique.

Une foule d'associations, nationales ou régionales, se sont constituées, sans but politique, pour défendre ces thèmes.

Citons surtout l'action de Philippe de Saint-Marc; du Comité de la Charte de la Nature (avec ses 20 associations en 1974) comité que rejoint, à cette date, la Fédération nationale des coopératives de consommateurs; de la Fédération française des sociétés de protection de la nature; du mouvement « Civilisation et environnement » (1974) etc.

Le mouvement international n'a cessé de se développer depuis les années 1970. Une de ses manifestations les plus connues a été le célèbre rapport du MIT (Massachusetts Institute of Technology) qui, établi à la demande du « Club de Rome », se montre très pessimiste sur l'avenir de l'humanité et aboutit à l'idée de « croissance zéro » qu'il présente comme une nécessité... Point de vue émané d'un pays riche et surexploité.

Par ailleurs des conférences internationales se sont réunies, auxquelles participaient des Français : Stockholm 1971, Oslo 1972, Paris 1973; on peut évoquer aussi Bucarest 1974. Sauf cette dernière, plus spécialement consacrée à la démographie, elles se sont penchées sur les problèmes de l'environnement en général (la première), de la pollution des océans (les deux autres) et ont prévu les mesures à prendre.

★★★ *Les moyens politiques et administratifs.*

Historiquement on peut, dans l'action menée en faveur de l'environnement par les pouvoirs publics, distinguer plusieurs phases. Avant les années 70 peu de chose a été fait. Quelques lois ont tout juste été votées dans un passé plus ou moins lointain : 1917 et 1961 sur l'air; 1964 sur les matières polluantes. En 1960 paraît la loi sur la création des parcs nationaux; en 1964 sont créées les agences de bassin.

C'est à l'époque de Pompidou que s'affirme la volonté d'agir : son tempérament « humain » l'y pousse. Il lance en 1970 son programme des « cent mesures » qui sont à l'origine de bien des décrets et lois postérieurs (sur le bruit, l'eau, la nature, les sites etc.). C'est lui qui crée le ministère de l'Environnement en 1971.

Avec Giscard d'Estaing, et tandis que ces questions ont été l'un des thèmes pour les élections, les décrets et lois se multiplient en effet très vite. Le président montre son intérêt à ces problèmes en développant la notion d'environnement jusqu'à celle de la qualité de la vie. Et un nouveau ministère est créé, qui porte ce nom, alors que l'environnement, sous sa dépendance, n'a plus droit qu'à un Secrétariat d'État; le ministre, lui, s'occupe aussi du tourisme, des loisirs, de la jeunesse et des sports : perspective nettement plus large, mais peut-être obviée ?

Les institutions ont été progressivement mises en place :

— 1970 un Haut comité de l'environnement;

— 1971 création du « ministère de la Protection de la nature et de l'Environnement ». Une caisse spéciale le FIANE (Fonds d'intervention et d'action pour la nature et l'environnement) doit permettre d'agir;

— 1973 naissance de l'Institut technique des parcs et réserves;

— 1975 un Conseil de la recherche scientifique et technique sur l'environnement vient coiffer sept comités préalablement institués;

— 1977 création d'un Conseil d'information électronucléaire.

Le cadre de l'action a été diversifié. Une liaison s'instaure avec le monde scientifique et celui de l'industrie; des relations sont établies avec le Marché commun ou tel pays voisin. Les enseignants sont mobilisés (cours sur la protection de la nature). On se préoccupe de former des professionnels de l'environnement (ils sont 600 à 700 en 1975). Les associations agréées contrôlent la législation sur les sites et l'urbanisme, pouvant même engager des actions en justice (1976-77).

Enfin les régions sont invitées à participer à l'action générale. Des observatoires de pollution y sont mis en place; elle reçoivent mission d'appliquer les décisions ministérielles. En 1975 elles bénéficient de pouvoirs accrus à l'égard des parcs régionaux. Les départements d'Outre-mer sont peu à peu gagnés par les mesures d'environnement.

★★★★ *Moyens financiers et industriels.*

Les moyens financiers sont fournis par l'État ou les régions ou les entreprises pour ce qui les concerne respectivement. L'État prend évidemment à sa charge les frais concernant l'ensemble de la politique d'environnement; il aide les régions et certaines branches industrielles. Les régions, ayant peu de ressources, ne peuvent faire beaucoup; elles ont souvent un point de vue de rentabilité (par exemple favoriser le tourisme plutôt que la nature). L'État rend son aide permanente (1977).

Quant aux entreprises — isolées ou dans le cadre de leur branche particulière — il leur est demandé un effort important. Des amendes peuvent les frapper si elles polluent au mépris de la loi. En revanche des aides fiscales ou autres, des primes leur sont accordées, si elles s'y soumettent. La collaboration s'établit avec l'administration.

Finalement c'est 3 à 4 % de tous leurs investissements qui devraient se consacrer à préserver la pureté des eaux; pour la chimie c'est même autour de 6 %, pour le papier et le ciment 10! Il est sûr que la charge financière s'est trouvée, soudain, très lourdement accrue. Certaines entreprises ont dû se résigner à fermer de vieilles usines impossibles à moderniser.

L'industrie n'est pas seulement mise à contribution. Elle peut aussi trouver profit — et large profit — à la lutte contre la pollution. En quelques années est apparue une véritable industrie antipollution. Elle propose matériel pour l'épuration des eaux, pour l'assainissement de l'atmosphère; produits traitant les résidus; moyens de « recyclage » de ces résidus après incinération, fermentation, broyage, etc.; appareils d'isolation ou d'absorption phonique ou d'insonorisation, etc., etc.

Domaine d'avenir sans aucun doute dans lequel se sont déjà lancées les plus grosses sociétés : St-Gobain-Pont-à-Mousson, Air liquide, Lyonnaise des eaux, entre autres. Le CEA (Commissariat à l'énergie atomique), lui-même, suit le mouvement en participant au groupe Ecopol (1973) d'un point de vue à la fois scientifique et pratique.

Les mesures en faveur de l'environnement

Elles s'inscrivent dans le cadre international, national, local.

★ *Dans le cadre international* l'action n'est restée qu'assez limitée encore que la France soit un des pays qui y ait pris le plus d'initiatives. La protection des océans nécessite ce genre d'action. La France adhère en 1972 à la convention internationale limitant les rejets industriels, interdisant les rejets d'hydrocarbures dans la Méditerranée. En commun avec l'Italie et Monaco elles s'occupent de mieux préserver la Côte-d'Azur. Avec la Suisse elle cherche à régénérer le Léman. Avec l'Allemagne, les eaux du Rhin. Un groupement local rassemblant Alsaciens, Badois et Bâlois coordonne (1975) les revendications ou réalisations régionales. Membre du Marché commun, la France adopte les plans communautaires de 1973 et 1977 de protection de l'environnement. Les régions frontalières et les régions littorales ayant intérêt à travailler ensemble, des accords précis concernent le Rhin et la Méditerranée.

★★ *Les grandes mesures nationales* sont cependant, et de loin, les plus nombreuses et peu à peu les plus efficaces.

• *pour l'air* dès 1969, s'instaure une réglementation sur les carburants auto (moindre teneur en plomb); en 1970 on oblige les fabricants de voitures à produire des véhicules qui, en 1978, devraient être moins polluants pour 40 %. De nouvelles études sont faites sur les véhicules électriques; la teneur en soufre du fuel domestique devra passer de 0,7 à 0,3 %; des réseaux d'alerte au gaz sont mis en place dans les grandes villes ou grands centres industriels (Lacq, Fos, etc.). On envisage, en 1975, la création d' « agences de l'air » calquées sur les « agences de l'eau ». Une Agence nationale de l'air est décidée en 1976.

• *pour les rivières et lacs* les mesures sont plus énergiques et effectives. Dès 1964 ont été instituées par la « loi sur l'eau » six « agences de bassin » : Artois-Picardie, Seine-Normandie, Loire-Bretagne, Adour-Garonne, Rhône-Méditerranée-Corse, Rhin-Meuse; chacune d'une part perçoit des redevances sur les collectivités et industries polluantes, d'autre part subventionne ou finance les travaux nécessaires (stations d'épuration surtout). En outre en 1973 une centaine de stations de surveillance automatique de pollution sont mises en place; une carte des rivières polluées est dressée. La lutte est entreprise plus systématiquement pour les lacs les plus menacés : lac du Bourget et lac Léman, atteints d'eutrophisation (disparition de toute vie animale et végétale).

• *le littoral* est souvent la zone la plus atteinte, la plus défigurée : celui des lacs comme celui de la mer. Contre les constructions abusives (marinas etc.) les mesures deviennent strictes (1973); le domaine public maritime se défend contre l'invasion des propriétés privées qui le grignotent (ports de plaisance, plages privées, etc.). En 1975 la loi sur la conservation du littoral crée un Conservatoire de l'espace littoral et des espaces lacustres, qui siège à Rochefort. Il acquerra les terrains dont la protection apparaît urgente. La Côte-d'Azur est l'objet d'une attention particulière. Quelques mesures : stations d'épuration, contrôle de la construction, du réseau routier, respect des dunes, etc.

• *les mers* sont surveillées; les pétroliers ou navires pollueurs pourchassés et condamnés à l'amende s'il nettoient leurs soutes ou réservoirs trop près des côtes (1972; loi plus sévère en 1978). La loi sur la pollution de la mer (1976) contrôle les rejets industriels, le transport des matières polluantes, crée des parcs naturels sous-marins.

• *les rejets industriels ou déchets* sont, sur terre aussi, strictement réglementés par deux lois de 1975. Les déchets seront éliminés (carcasses de voitures et vieux pneus entre autres). Ils pourront être récupérés et une Agence nationale sera créée à cet effet.

Les industriels sont tenus pour responsables de leurs rejets en vertu de la loi sur les établissements nuisants. Mais l'État les aide à les limiter. Aux gros pollueurs, il accorde des subventions au niveau des branches industrielles; de très grosses firmes comme PUK (1975) signent des contrats programmant leurs dépenses en la matière.

Certaines industries se voient, depuis 1972, soumises à autorisation pour leurs nouvelles implantations : alumine, détersifs, lavage des peaux et laines, etc. Le choix des zones industrielles devra être mieux étudié (1975). Tout produit chimique sera soumis à agrément (1976).

• *Les sites et l'urbanisme* y trouveront aussi leur compte. Les premiers sont désormais mieux protégés par la loi sur les sites classés de 1975. Les « grands ensembles » sont soumis à limitation (1973). La loi foncière de 1975 taxe les constructions du centre des villes. L'environnement est aussi protégé depuis 1976 par la loi sur l'urbanisme : contrôle des opérations urbaines et création des ZEP (Zones d'environnement protégé) à la campagne.

Déjà les constructions nouvelles doivent s'inspirer du style régional. Une nouvelle définition de la « zone de protection des paysages » permet (1975) de mieux contrôler lotissements, campings, etc. L'ouverture et l'exploitation des carrières seront soumises à autorisation (1973).

• *Le bruit :* 1971 nomination d'un haut fonctionnaire responsable de la lutte contre cette plaie de la vie moderne ; 1972 mesures concrètes concernant les engins des chantiers, les marteaux-piqueurs ; 1975 mise en place de « brigades anti-bruit » ; le contrôle des véhicules bruyants est plus systématique... Il reste beaucoup à faire contre les « nuisances sonores ».

• *Les espaces verts* sont indispensables au citadin. En 1973 on en commence le recensement ; un « charte des espaces verts » est établie. On oblige les promoteurs à la respecter ; tout arbre abattu doit être remplacé ; beaucoup de ces espaces sont acquis par l'État. Il peut signer des « contrats verts » avec les villes ; de nouvelles réserves seront constituées : 350 à prévoir d'ici 7 ans (1973) : la Camargue devient (1975), après rachats, l'une des plus importantes. Dans des régions entières seront maintenues de grandes « zones naturelles d'équilibre » : on en prévoit cinq autour de Paris. Une Agence des espaces verts est établie en Ile-de-France (1976). La politique de la montagne veille à limiter les constructions intempestives.

• *La nature dans son ensemble.* La loi sur la protection de la nature (1976) prévoit des « études d'impact » avant tous grands travaux (avec participation d'associations écologiques agréées et action judiciaire possible) ; elle protège animaux et plantes sauvages, animaux domestiques ; étend la notion de site classé aux milieux archéologique, fossile et naturel ; autorise les particuliers à créer des « réserves naturelles volontaires ».

★★★ *Les actions locales.*

En toile de fond on devine le désir de préserver ou de faire naître des attraits touristiques, source d'enrichissement. Il serait heureux en effet que les objectifs désintéressés et intéressés fassent bon ménage, ce qui, hélas ! n'est pas toujours le cas. Que l'on songe à certains promoteurs, à l'incompréhension de certaines municipalités , aux lourdeurs administratives, au jeu des relations, à la négligence, au manque d'information ou de personnel qualifié etc., etc.

On peut tout de même évoquer quelques réalisations particulièrement importantes :

— pour le littoral, c'est la Côte-d'Azur, déjà gravement endommagée par le béton qui a été, trop tard, l'objet de vives attentions. Pour la soulager on a aménagé la côte languedocienne (1964) et la côte aquitaine (1972). Les côtes à dunes sont également classées. Les côtes corses menacées par les constructions intempestives, tout comme la zone de Fos et la baie de Seine excessivement polluées, suscitent aussi des interventions entre 1974 et 1977 ;

— les rivières sont systématiquement nettoyées, surveillées : la Vire, le Doubs, l'Oise, le Rhin, etc., des lacs, comme celui du Bourget, finalement sauvés. Ceux du Languedoc sont épurés ;

— les forêts, les sites les plus fragiles sont mis en réserve : forêt d'Orient en Champagne, Massif des Maures et chaîne de la Sainte-Baume en Provence (mais Péchiney ouvre des carrières de bauxite près des Baux!) ; les volcans d'Auvergne éventrés par d'autres carrières sont désormais protégés ;

— les villes, avec leurs monuments et leur charme sont plus sévèrement surveillées. À peine président, Giscard d'Estaing limite la construction des tours dans Paris, préserve le centre de la capitale contre des « voies express » ou de trop ambitieuses reconstructions (quartier des Halles). Un peu partout se multiplient les quartiers classés, protégés, et les rues piétonnières.

★★★★ *La création de parcs et réserves* est le meilleur moyen de protéger totalement ou partiellement les sites les plus beaux ou les lieux les plus sauvages, repaires gravement rapetissés d'espèces animales ou végétales en voie de disparition.

En fait cependant, l'action menée a répondu *à deux buts distincts* qui peuvent, à la limite, être opposés. Le premier consiste à créer une « réserve intégrale », interdite au public, en vue de préserver les espèces les plus rares. Le second, moins rigoureux, et qui peut être dangereux pour le premier, vise à ouvrir des espaces verts au public : il s'agira de zones préservées, entretenues, sillonnées de sentiers touristiques (souvent équestres), comprenant éventuellement campings, parkings, zones de jeux, etc.

Pour atteindre ces deux buts, la France s'est dotée, depuis 1963, et selon la loi de 1960, à la fois de parcs nationaux et de parcs régionaux.

Les parcs nationaux sont au nombre de cinq en 1975 : Vanoise (1963), Port-Cros (1963), Pyrénées occidentales (1967), Cévennes (1970) ; enfin les Écrins (1972). Ces parcs comprennent en général : vers l'extérieur, une « zone périphérique » ouverte au public mais réglementée ; vers l'intérieur, une « zone centrale » interdite. Celle-ci est une réserve intégrale, spécialement pour les animaux. Le Mercantour sera classé à son tour en 1979. En 1977 les parcs réalisés couvrent deux millions d'hectares, soit 4,3 % du territoire.

On notera qu'en dehors des parcs nationaux existent aussi des réserves (35 en 1977), plus petites, telles qu'en Camargue l'étang de Vaccarès et ses abords, en Bretagne les Sept-Iles : les uns et les autres sont riches au point de vue ornithologique. Existent également, çà et là, des réserves dépendant du Conseil supérieur de la chasse.

Les parcs naturels régionaux, ouverts au public, sont destinés à être beaucoup plus nombreux. Le premier a avoir été organisé est celui de Saint-Amand (1968), entre Lille et le bassin charbonnier du Nord. Depuis lors, ces parcs se sont multipliés. Ils sont au nombre de vingt en 1978 (Armorique, Brière, Camargue, etc.) ; plusieurs autres sont alors en cours d'étude. Le total représente 3 % du territoire.

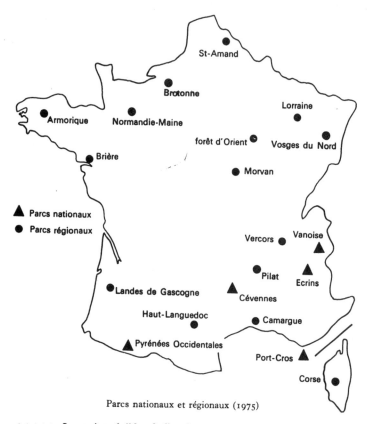

St-Amand

Brotonne

Lorraine

Armorique   Normandie-Maine

forêt d'Orient   Vosges du Nord

Brière

Morvan

▲ Parcs nationaux
● Parcs régionaux

Vercors   Vanoise ▲

Pilat
Ecrins ▲

Landes de Gascogne   Cévennes ▲

Haut-Languedoc   Camargue

Pyrénées Occidentales   Port-Cros ▲

Corse ●

Parcs nationaux et régionaux (1975)

★★★★★ *Les points faibles de l'action.*

On a pu se rendre compte qu'en quelques années l'action a été considérable. Un grand tournant a été pris et l'opinion y est favorable. Il faut cependant aussi souligner les points faibles :

— *trop d'inefficacité :* les villes ont continué trop longtemps à s'enlaidir, les sites à se dégrader. Dans les zones périphériques des parcs nationaux destinés à préserver la nature et l'économie montagnarde, l'équilibre se rompt. Pour les touristes aisés on y plaque des activités nouvelles avec création d'emplois... Mais ces emplois sont souvent confiés, faute de compétence locale, à des personnes étrangères à la région, les jeunes du pays au contact des touristes préfèrent, au contraire, aller chercher ailleurs une vie qu'ils pensent devoir être plus facile;

— *trop de projets tournent court*, restant de pures déclarations d'intention ou se heurtant à de multiples obstacles;

— *trop d'organes, services, associations, collectivités* interviennent; trop souvent leur vue des choses est étroite, cloisonnée, jalouse — ou incompétente. Il manque de puissants organes de direction et de liaison. Les associations, trop nombreuses, s'affrontent politiquement;

— *trop d'intérêts, avouables ou non*, contrecarrent les actions les plus nécessaires, les plus urgentes ou les plus désintéressées : stations de ski dans les plus hauts et les plus beaux espaces alpestres; industriels continuant à polluer les rivières ou le littoral. Pour les centrales nucléaires l'urgence énergétique concordera-t-elle avec la préservation des fleuves ou littoraux, seuls aptes à fournir l'eau de refroidissement ?

— *insuffisance de la formation et de l'information* du public. Il paraît relativement facile d'y remédier;

— *manque évident de moyens :* manque de formateurs, de spécialistes... et de crédits. Le budget de l'Environnement ne représente en 1972 que 0,10 % du budget de l'État; il tombera à 0,08 % en 1978! Même en y ajoutant ce qui, dans les autres ministères, relève de l'environnement, on n'arrive pas à 1 %. Les régions, dont les pouvoirs s'accroissent, ne reçoivent pas les moyens financiers correspondants. Comment, dans ces conditions, ne rechercheraient-elles pas à « rentabiliser » les parcs régionaux... c'est-à-dire à leur faire perdre, peut-être, leur raison d'être ?

Ce serait aussi aller contre la politique de l'environnement, qui est devenue l'un des aspects de la politique tout court à la fin du XXᵉ siècle.

II. L'AMÉNAGEMENT DU TERRITOIRE

L'aménagement du territoire a de nombreux liens avec l'action menée en faveur de l'environnement, car la perspective dans laquelle on le place est plus humaine qu'autrefois. Plus vaste aussi, en rapport avec une prise de conscience des problèmes proprement régionaux ou, au contraire, internationaux. Une évolution assez sensible s'est donc manifestée depuis 1968.

Le cadre de l'action

★ *Évolution de la notion d'aménagement.*

L'équilibre Paris-province a été le premier grand thème de l'aménagement du territoire [1]. La province souffrait trop de l'hypertrophie d'une capitale absorbant toutes les énergies nationales. Pour y remédier on freine l'industrialisation de Paris et on crée en particulier huit métropoles d'équilibre. Cette politique porte ses fruits.

L'équilibre entre les régions est une idée qui est apparue dès les années 50 et s'est perpétuée sans interruption. Il s'agit surtout de l'équilibre Ouest-Est et Nord-Sud : on sait que la ligne Le Havre-Marseille sépare trop la France riche et la France plus ou moins pauvre. Cette notion pourtant a évolué avec le problème de l'emploi en Lorraine et dans le Nord, le progrès plus marqué de l'axe rhodanien, le décollage progressif des pays de la Loire et de la Bretagne, parfois aussi de telle zone du Sud-Ouest. Si bien que c'est le Massif central qui attire le plus l'attention, surtout avec la présidence de Giscard d'Estaing.

L'équilibre local et humain est devenu, au fil des ans, la préoccupation majeure, rejoignant quelque peu la notion d'environnement. La perspective en effet est de plus en plus humaine.

On en arrive donc à la notion d'aménagement rural où seront préser-

---

1. Cf. chapitre XXVIII, paragraphe II.

vés les équilibres naturels (= environnement) et économiques (agriculture, industrie locale, tourisme, etc.); à la notion d'aménagement urbain (lutte contre les nuisances, cadre de vie, urbanisme, contrôle des activités); à la notion d'aménagement des transports (grandes liaisons interrégionales, liaisons régionales, circulation locale).

Ainsi aménagé le territoire national sera harmonieusement équilibré, la qualité de la vie améliorée. Dans la perspective européenne, et en particulier pour les régions frontalières, cet équilibre, pour être atteint, suppose une concertation au niveau international.

★★ *La notion d'espace et sa maîtrise sur le plan local.*

L'espace est devenu, peu à peu, plus précieux. La population augmente, les villes s'étendent, les moyens de communications modernes (autoroutes, aéroports, grands ports maritimes) le dévorent (ils ne couvrent cependant qu'1,7 % du territoire en 1973 pour 1,5 réservés aux terrains bâtis); l'agriculture abandonne les terres les plus pauvres (elle occupe pourtant encore 59 % de la surface) mais une partie de ce qu'elle laisse est absorbée par les zones de loisirs qui viennent aussi grignoter bois et forêts (27 % du total pour ceux-ci).

Plus rare, plus recherché, l'espace coûte plus cher. On a déjà dit qu'en monnaie constante l'hectare agricole avait doublé de prix entre 1950 et 1970. Quant aux villes, la spéculation immobilière a donné à leurs quartiers centraux une plus-value souvent extraordinaire.

Aussi l'espace est-il et doit-il être mieux organisé. Ainsi sera limitée la hausse de son prix, préservé ce qu'il en reste, assuré l'environnement, rationalisée la mise en valeur, mieux assurée l'administration.

C'est dans cette vision qu'ont été adoptées les grandes lois foncières de 1967 et 1975 et celle sur l'urbanisme en 1976.

La loi d'orientation foncière de 1967 a jeté les fondements de l'aménagement local en donnant aux collectivités les moyens de maîtriser leur espace. Ainsi sont institués :

— les SDAU : schémas directeurs d'aménagement et d'urbanisme, obligatoires pour toute ville de plus de 10 000 habitants : déterminent la destination générale des sols;

— les POS : plans d'occupation des sols, qui, dans le cadre des SDAU, fixent les règles d'occupation (avec parfois interdiction de construire);

— les ZAD : zones d'aménagement différé, où la collectivité peut acheter en priorité. Sortes de réserves foncières. Existent depuis 1962;

— les ZAC : zones d'aménagement concerté, où la collectivité peut acheter des terrains en vue d'équipement, quitte à les rétrocéder;

— les ZUP : zones à urbaniser en priorité (1962) sont placées sous la direction d'un maître d'œuvre unique; disparaissent en 1976;

— les réserves foncières : peuvent être constituées par les collectivités afin de préserver des terrains pour l'avenir. Rarement réalisées en France, alors qu'elles auraient pu contribuer à limiter la spéculation;

— les PAR : plans d'aménagement rural, permettent de maîtriser l'espace rural dans une vue globale de ses activités.

La loi foncière de 1975 donne aux collectivités :

— le droit de frapper d'une taxe le propriétaire qui veut construire au-delà du plafond légal de densité (PLD). Donc la municipalité partage désormais le droit de construire avec le propriétaire;

— un droit de préemption sur les terrains des zones urbaines des villes de plus de 10 000 habitants. Ces zones sont qualifiées de ZIF (Zones d'intervention foncière). En somme cette loi de 1975 limite le droit de propriété et accroît sérieusement les pouvoirs des collectivités locales : l'espace est mieux maîtrisé et organisé.

La loi sur l'urbanisme de 1976 veille à la qualité des opérations d'urbanisme avec participation du public, clarifie la réglementation, crée les ZEP (Zones d'environnement protégé) à la campagne.

★★★ *Les types d'action d'aménagement.*

L'action locale, favorisée par ces lois s'est peu à peu, mais très lentement, organisée : ainsi à la fin de 1974, 7 000 communes seulement ont un POS. On a vu par contre apparaître pour les très grandes villes en 1966, et se multiplier ensuite, les OREAM (organisations d'études d'aires métropolitaines) qui établissent des plans d'aménagement pour des « aires » pouvant couvrir presque un département (ainsi pour Marseille, le Nord autour de Lille, etc.). La « région urbaine » devient une notion essentielle de l'aménagement du territoire, car la ville est à la tête d'un véritable réseau de relations. L'aspect qualitatif de l'action est mieux pris en compte par les dix OREAM de 1977.

Pour les zones rurales, les PAR (plans d'aménagement rural) doivent assurer un développement harmonieux des activités agricoles et non agricoles, meilleur moyen de limiter l'exode rural, d'intégrer l'agriculteur à la vie moderne, d'éviter l'abandon des terres ou, au contraire, leur utilisation anarchique sinon intempestive. La création, en 1973, de l'INDAR (Institut national de développement rural) y contribue. Une aide spéciale rurale (1976) est versée à 300 cantons créateurs d'emplois.

L'action régionale a été longtemps la pièce maîtresse de l'aménagement du territoire, dans le cadre des 21 puis 22 régions de programme. Chacune avait sa CODER (Commission de développement économique régional), assisté d'un comité d'expansion et d'une SDR (Société de développement régional), organe privé utile pour financer les investissements. Les CODER ont joué un rôle important dans la régionalisation du Plan.

Elles disparaissent avec la réforme régionale de 1972 [1], mais voient leurs attributions dévolues, selon des modalités renouvelées, aux Conseils économiques et sociaux qui les remplacent.

Les régions ont pris en quelques années une place grandissante dans l'orientation économique du pays [2]. Les pouvoirs du Préfet de région ont même été renforcés en 1972 en ce qui concerne l'attribution des primes aux entreprises qui se « décentralisent ». C'est là le signe d'une « déconcentration » administrative. Les représentants élus qui siègent dans les assemblées sont les avocats d'une politique de développement. Les régions s'équipent, depuis 1967, en « observatoires économiques régionaux », donnant de précieuses indications aux organes directeurs de l'Aménagement du territoire comme de la planification.

Mais l'État garde finalement la haute main sur l'action régionale dans la mesure où il distribue les crédits. On a déjà dit que, dans le

---

1. Cette réforme sera présentée au paragraphe III de ce chapitre.
2. Cf. ce qui en a été dit au sujet de la planification : chapitre XXXIV, paragraphe IV.

cadre du VIIe Plan il doit assurer jusqu'à 20 % des investissements régionaux les plus importants, sélectionnés par les régions elles-mêmes... mais pas plus de 20 % !

L'action nationale reste cependant la plus vaste et, peut-être, la plus utile dans la mesure où il faut avoir une bonne vue d'ensemble pour réaliser l'équilibre harmonieux du territoire. Ce qui est nouveau, c'est que, comme on l'a dit, cette perspective n'est plus restée la seule.

C'est donc toujours la DATAR (Délégation à l'Aménagement du territoire) qui est l'organe suprême. C'est toujours elle qui décide des grandes orientations, des très gros investissements. Elle joue un rôle notable dans l'établissement des Plans, et elle en suit l'application au niveau des régions. Elle institue des « schémas directeurs » pour tel ou tel grand équipement collectif, s'insérant lui-même dans le schéma général d'aménagement. Mais, fondant une Délégation au développement des responsabilités locales (1976), l'État semble limiter le rôle de la DATAR.

L'action internationale est apparue peu à peu comme indispensable. Elle est favorable aux régions frontalières et peut alors s'intégrer dans une action communautaire. La création par la CEE en 1974, d'un Fonds de développement régional peut faire bénéficier les régions françaises en retard de précieuses subventions. Elles viendront s'ajouter à celles, beaucoup plus faibles, que pouvait octroyer la BEI (Banque européenne d'investissement), dont plusieurs régions — Lorraine, Bretagne — avaient déjà profité. L'Europe cherche en effet à équilibrer l'ensemble de ses régions, au niveau communautaire.

Enfin la DATAR fait souvent appel aux investissements étrangers pour industrialiser les régions trop purement rurales. C'est dans ce but qu'elle a installé des « antennes » dans les pays voisins, mais aussi aux États-Unis et au Japon.

★★★★ *Le financement*, comme on le voit et comme on peut s'en douter est donc une condition fondamentale de l'action d'aménagement.

Outre ces *origines étrangères* qu'on vient d'évoquer, mais qui restent très limitées, il procède essentiellement des ressources régionales ou nationales.

Les « *régions* », telles qu'elles ont été établies par la réforme de 1972, n'ayant pas d'énormes moyens — on le verra ci-dessous — les investissements qu'elles doivent assumer risquent d'être faibles sinon insuffisants. Ils auront de toute façon un caractère plus ou moins local, ce qui ne veut pas dire inutile. On peut regretter à ce propos que les banques régionales (Crédit du Nord, Société Marseillaise de crédit, Société générale alsacienne de banque, etc.) n'aient pas toujours l'envergure nécessaire pour répondre à la demande de crédit. Elles relaieraient les SDR, ces sociétés d'économie mixte dont le rôle n'a pas été négligeable, mais ne peut être que limité. On cherche à le relancer vers 1978.

C'est donc *l'État* qui demeure le grand bailleur de fonds. Pour l'aménagement, le FIAT (Fonds d'intervention pour l'aménagement du territoire) est resté la pièce maîtresse distribuant crédits, subventions, primes aux industries ou aux services qui, selon ses orientations, acceptent de s'implanter dans telle ou telle région. Les sommes versées sont d'autant plus fortes que la région est digne d'intérêt. Les zones bénéficiaires sont devenues plus nombreuses en 1972. Il en résulta un certain saupoudrage. Aussi, la carte a-t-elle été une nouvelle fois modifiée en

1976 — et simplifiée avec trois taux d'aide seulement — cherchant surtout à créer ou maintenir l'emploi. Sont favorisés : les services, les PME, les villes moyennes. Les pouvoirs du préfet sont accrus pour l'attribution des primes dans le cadre d'une politique de déconcentration administrative.

A part le FIAT, on voit le FDES (Fonds de développement économique et social) continuer à jouer, comme dans le passé, un rôle primordial pour les très gros investissements à caractère souvent interrégional (transports par exemple); le FIANE (Fonds d'intervention et d'action pour la nature et l'environnement) a été mis aussi à contribution mais pour les petits investissements en rapport avec ses attributions. Il en est de même du Fonds de rénovation rurale, créé en 1972, pour regrouper tous les moyens de crédit destinés à ces zones de rénovation qui se trouvent dans les régions démunies, en particulier les régions montagnardes. Un Fonds d'aménagement urbain est créé en 1976.

★★★★★ *Les grandes tendances de l'aménagement.*

Des tendances anciennes se sont maintenues depuis 1968. Ainsi, on vient de le voir, *l'action de l'État* reste déterminante, primordiale même exagérée aux dires des partisans du « pouvoir régional ». Elle s'est même renforcée avec le système des contrats que, de plus en plus, l'État, en vue de mieux contrôler l'évolution, signe avec les collectivités et même les entreprises.

On a déjà évoqué cette sorte d'engagement pour ce qui est des investissements soutenus jusqu'à 20 % dans le cadre de la région. D'autres contrats sont aussi signés avec les communautés urbaines qui s'engagent à telle ou telle réalisation : l'État les subventionne. Depuis 1973 également il conclut de tel contrats avec les « villes moyennes » qui lui présentent un plan de développement. Depuis 1975 le même système est appliqué pour certaines petites villes sous le nom de « contrats de pays ».

Plus anciens, par contre, sont les « contrats pluri-annuels d'implantation » que la DATAR signe avec les entreprises qui s'engagent à mieux répartir leurs activités entre Paris et la province. Concernant d'abord les entreprises tertiaires, ils s'étendent ensuite aux sociétés industrielles.

Dans ce rôle, resté fondamental, de l'État, on évoquera encore la priorité toujours reconnue aux grandes réalisations telles que Fos, Dunkerque etc., au rééquilibrage de la France de l'Ouest face à celle de l'Est, au développement de l'infrastructure des transports.

Des tendances nouvelles peuvent cependant être décelées :
— la volonté de décentralisation s'affirme avec Giscard d'Estaing. Les « contrats de pays » en sont une expression. Ils ne concernent pas une activité, mais l'ensemble des problèmes ruraux, suscitant les initiatives locales pour établir les projets de contrats. Ceux-ci, à partir de 1977, passent sous la responsabilité des « régions qui financeront ».
— certaines régions sont plus particulièrement aidées : régions minières, régions frontalières, Massif central, Bretagne, Corse;
— l'axe Rhin-Rhône est reconnu prioritaire et le canal dont on parlait depuis si longtemps doit être construit pendant les VIIe et VIIIe Plans (soit de 1976 à 1985); mais la réalisation tarde;
— la décentralisation du tertiaire doit être stimulée au même titre

que celle de l'industrie; l'Etat a donné l'exemple en implantant en province plusieurs grandes écoles ou services administratifs;

— les villes moyennes (autour de 50 000 habitants) ont été et seront systématiquement aidées, notamment par le biais des contrats;

— l'équilibre a changé de sens : c'est dans une vision plus locale et plus humaine que doit se poursuivre désormais l'aménagement du territoire.

L'action et ses résultats

★ *L'espace rural* se modifie assez lentement, c'est dans sa nature. *Le paysage rural change peu.* L'idée se développe, avec les PAR (plans d'aménagement rural), de laisser survivre ses caractères et d'y cantonner les industries nouvelles dans des limites précises. Les résidences secondaires se multiplient. L'évolution est souvent le résultat positif de la politique d'aménagement. Les contrats de pays, aux vues globales, doivent la stimuler.

Les zones de rénovation rurale, créées en 1967, sont les plus intéressées par cette politique. Rappelons qu'il s'agit de l'Ouest, de l'Auvergne, du Limousin agrandi du Lot, des zones montagnardes qui bénéficient en outre d'une aide particulière pour leur agriculture (1972). La volonté a été, tout en favorisant la modernisation agricole, de développer d'autres activités, surtout artisanat et tourisme. Les zones de rénovation sont étendues en 1977.

Les grands aménagements régionaux étaient l'objet de plusieurs « compagnies d'aménagement », sociétés d'économie mixte. Certaines d'entre elles, selon la tendance récente, ne cherchent plus seulement à favoriser l'agriculture mais à promouvoir l'espace rural en diversifiant ses activités.

Ainsi en est-il de la Compagnie des Landes de Gascogne qui a pris un nouveau départ en 1966 et dont l'action s'étend peu à peu à toute l'Aquitaine. La Société pour la mise en valeur de l'Auvergne et du Limousin suit une direction semblable. Plus spécialement tournée vers l'agriculture, la Compagnie des coteaux de Gascogne poursuit un gros travail d'irrigation mais mène aussi une action pour le développement de l'élevage. La SOMIVAC (Société pour la mise en valeur de la Corse) irrigue, remet en valeur d'anciennes exploitations, en crée de nouvelles, favorise les cultures de vigne, agrumes, oliviers.

La Société des marais de l'Ouest a à peu près achevé son travail, de même que celle des friches de l'Est. En revanche, les travaux se sont bien ralentis pour la Société du canal de Provence, bien que le problème de l'eau devienne crucial dans cette région. Ralentissement aussi pour la Compagnie du Bas-Rhône-Languedoc; mais l'irrigation a permis tout de même une diversification des cultures, entraînant elle-même l'essor des industries alimentaires. Dans le même temps la côte s'est transformée avec les installations touristiques.

★★ *Les services et l'industrie* sont restés les moyens majeurs de l'aménagement du territoire.

Les aménagements touristiques comptent parmi les plus importants. Celui de la côte languedocienne, avec ses six stations, est en cours de réalisation depuis 1964. 800 000 personnes doivent y être accueillies;

plans d'eau équipés et plantations d'arbres accompagnent l'édification de grands ensembles immobiliers. La côte d'Aquitaine, selon le schéma adopté en 1972, préservera davantage la nature : 585 000 personnes pourront prendre place dans neuf stations séparées par des îlots de forêt qu'il est prévu de sauvegarder. Mais le béton y règne encore.

C'est la Côte-d'Azur, saturée, qui pose le plus de problèmes. Un schéma d'aménagement paraît en 1972. Il vise à préserver ce qui reste d'espaces naturels, à contrôler la construction, à aménager des parcs nautiques, à limiter les plages privées, à développer les transports; il cherche à mieux intégrer l'intérieur à la côte. Un effort particulier est fait pour protéger la forêt et lutter contre la spéculation foncière.

Les emplois tertiaires, les plus recherchés, se multiplient dans les régions touristiques, soit à temps partiel, soit à temps complet. Les saveurs accordées à la décentralisation des « services » en janvier 1972 doivent encourager les entreprises à installer des bureaux en province. L'État donne l'exemple : ainsi à Toulouse où se regroupent le CNES (Centre national d'études spatiales) et de grandes écoles aéronautiques; à Douai avec l'Imprimerie nationale; à Nantes où s'implantent certains services de l'INSEE, etc.

L'industrialisation reste trop longtemps le recours principal pour l'aménagement du territoire. Trois cas sont à considérer. Tantôt c'est la création, *ex nihilo*, ou presque, de zones et d'emplois industriels : petites usines implantées dans telle région restée trop purement rurale. On peut citer en exemple la Bretagne, ou la Normandie (Caen, Alençon, etc., voient par exemple s'installer les ateliers de la dynamique société Moulinex).

Tantôt c'est le très gros aménagement de vastes complexes industriels. On a déjà évoqué la Basse Seine et surtout la zone de Fos.

Tantôt enfin il s'agit de reconvertir les vieux foyers industriels, en général les bassins charbonniers ou sidérurgiques.

L'industrialisation, le développement du tertiaire sont mis peu à peu au service de l'emploi plus que de l'aménagement.

★★★ *L'espace urbain*, par cet effort de création ou de reconversion industrielle, se trouve complètement transformé.

Les villes anciennes deviennent souvent méconnaissables. Le centre tantôt ne change guère — sauf saturation par les voitures — tantôt est complètement reconstruit, comme à Bordeaux. Mais à la périphérie s'élèvent logements, bureaux, usines. En quelques mois surgissent de nouveaux quartiers où de préférence s'installent les grands équipements collectifs : hôpitaux, lycées ou universités, terrains de sports ou zones de loisirs. Coûteuses installations qui permettent de rationaliser les implantations. Les transports se multiplient. Le métro s'installe à Marseille (1977), Lyon (1978), Lille.

Les villes moyennes ne sont pas sans s'étendre elles aussi, mais beaucoup se sont trouvées sacrifiées par l'effort consenti en faveur des métropoles. Conscient de cette situation, le gouvernement leur reconnaît peu à peu une priorité et multiplie avec elles — on l'a dit — les contrats aux visées toujours plus larges.

Des villes nouvelles sortent de terre ou du moins, dans un premier temps, des bureaux d'urbanistes — car la réalisation en est souvent retardée, remise en cause, parfois abandonnée. Près de Toulouse s'élève peu à peu la ville du Mirail dès 1962 mais dont le démarrage a été lent. Lille-Est rapprochera davantage la métropole de Roubaix. Si Bordeaux s'étend modestement vers l'ouest, si Strasbourg n'en a guère la possibilité, Lyon crée — selon le schéma de 1968 — deux villes nouvelles à l'est, la première à l'Isle-d'Abeau. De Fos à l'étang de Berre, c'est un million de personnes qui devaient arriver mais le projet est remis en cause. Dans la banlieue parisienne, ce sont finalement cinq villes nouvelles (et non plus huit) atteignant autour de 200 000 habitants chacune qui, dans un rayon de 20 à 40 kilomètres, ceindront la capitale. Mais déjà prend corps le projet du Vaudreuil : ville ultra-moderne qui, entre Paris et Le Havre, symbolisera l'extension de la nébuleuse parisienne dans toute la Basse Seine jusqu'à la mer. Toutefois la politique de développement urbain, contestée, s'atténue.

★★★★ *L'infrastructure des transports* doit à l'évidence accompagner ces grandes réalisations. Il faut en la matière établir des prévisions à très longue échéance. Ainsi le choix du Vaudreuil a-t-il dépendu des possibilités d'implantation, à la fin du siècle, d'un immense aéroport — relativement proche — destiné à suppléer à celui de Roissy-en-France. Or Roissy n'a pu commencer à fonctionner qu'en 1974... Mais on en envisage déjà la saturation, instruit par l'expérience d'Orly. Lyon disposera, peu après, de son vaste aéroport de Satolas, Fos-Marseille de celui d'Istres agrandi,

Les autoroutes doivent relier entre elles ces grandes métropoles. On ne reviendra pas ici sur le retard pris en la matière. Mais les projets sont nombreux, et peu à peu prennent corps. Autant que les grandes liaisons (Paris-Lyon-Marseille, etc.) comptent les dégagements urbains. Venus trop tard, ils sont difficiles à établir. Dans la zone de Fos par contre, prévus à temps, ils sillonnent peu à peu une campagne appelée à s'urbaniser en quelques années. L'extension du port complète le tableau — plus encore qu'au Havre ou à Dunkerque.

L'aménagement de la voie d'eau n'offre pas, en revanche, de tels spectacles de chantiers, à l'exception des grands ouvrages en cours d'achèvement sur le Rhône. Quant aux chemins de fer, on s'en tient à la réalisation d'une nouvelle grande ligne rapide Paris-Lyon.

★★★★★ *L'agglomération parisienne* se restructure complètement. Paris proprement dit devient une ville de bureaux tandis que l'industrie s'installe à la périphérie. Celle-ci se peuple de plus en plus tandis que la capitale perd assez sensiblement des habitants [1].

Pour accueillir les nouveaux venus, et rendre harmonieux (si possible) le développement, un « *schéma directeur d'aménagement et d'urbanisme* » avait été établi en 1965 sous l'égide de M. Delouvrier. Dirigiste et assez ambitieux, ce plan a soulevé des critiques et a été mal appliqué (disparition d'espaces verts, urbanisme en tache d'huile). D'abord révisé (1969-1970), il fait place en 1975 à un nouveau schéma directeur qui freine l'expansion, les grandes constructions et la désindustrialisation de Paris mais développe les transports en commun et les cinq villes nouvelles de Cergy près de Pontoise, Saint-Quentin-en-Yvelines près de Versailles, Évry dans l'Essonne, Marne-la-Vallée à l'est, Melun-Sénart au sud-est.

---

1. Voir le chapitre XXXVI, paragraphe I.

Ce plan, d'autre part, s'intègre dans *le vaste ensemble du bassin parisien :* sa « couronne » attirera les activités vers la Basse Seine, la Loire moyenne, les vallées de l'Oise et de l'Aisne, le nord de la Champagne autour de Reims. Productions agricoles et aménagement rural s'y intégreront. Mais les villes de cette ceinture seront les points forts de l'aménagement avec cinq zones naturelles d'équilibre : plaine de Versailles, Hurepoix, plateaux du Sud, plateau de Brie, plaine de France. La région « Ile de France » s'organise dans une vue moins abstraite.

Les transports auront un rôle primordial dans ce vaste ensemble. Les grands aérodromes (Orly, Roissy-en-France) auront plutôt un rôle national ou international.

Pour les liaisons interurbaines s'édifie tout un complexe de voies autoroutières; les transports en commun doivent recevoir la priorité. Une ligne ferroviaire doit, en 1977, selon la décision de 1974, unir Cergy au nouveau quartier de la Défense à l'ouest de Paris. Les lignes de métro pénétreront plus avant dans la banlieue. Le RER (Réseau express régional) se construit à grande profondeur pour traverser toute l'agglomération d'ouest en est de Saint-Germain à Boissy-Saint-Léger. Les lignes SNCF s'y brancheront. A Paris même s'achève en 1973 le boulevard périphérique, et une grande voie routière express sillonne les berges de la Seine.

La capitale se remodèle : nouveau quartier de la Défense à l'ouest, immeubles-tours dans plusieurs arrondissements, grands parkings souterrains, rénovation du quartier des Halles après le départ de celles-ci à Rungis (1969). Mais on doit en venir à préserver les rares espaces verts, à limiter les constructions, symboles d'une centralisation que vingt ans d'aménagement du territoire n'ont guèr' réussi à atténuer.

★★★★★★ *La province* n'est pas sacrifiée pour autant. C'est la France entière qui est en chantier! Mais, naturellement, l'apparence et les résultats restent inégaux. Les grandes villes, Lille, Lyon, Toulouse, etc., certaines villes secondaires offrent le même spectacle que Paris.

Les plus grandes modifications se retrouvent *toujours à l'est de la ligne Marseille-Le Havre.* De cet ensemble se détachent tout particulièrement la Côte-d'Azur, le complexe Fos-étang de Berre-Marseille, l'agglomération lyonnaise et son lointain prolongement de Grenoble, la région du Nord avec ses trois foyers : bassin charbonnier en cours de reconversion, agglomération lilloise en cours d'extension, zone portuaire et industrielle de Dunkerque; la Basse Seine en amont du Havre ou en amont de Rouen; la Lorraine sidérurgique, charbonnière, ou textile — celle-ci, au sud, plus modestement touchée.

Dans cet effort d'aménagement, les régions frontières ne parviennent pas aux résultats escomptés : Ardenne, nord de la Lorraine, Alsace souffrent d'un rythme de progrès insuffisant; leurs habitants vont souvent en Allemagne ou en Suisse chercher l'emploi mieux rémunéré qui fait défaut en France. L'aménagement doit y prendre un caractère plus international. Face à la crise de la sidérurgie, la Lorraine bénéficie d'une aide particulière (industries nouvelles, liaisons routières).

Dans la France de l'ouest, du centre ou du sud-ouest, les transformations les plus visibles concernent les trois métropoles d'équilibre : Toulouse, Bordeaux et Nantes. Mais c'est au niveau rural qu'il y a progrès. Ce sont les régions comprises dans cet ensemble qui ont en effet, et de loin, bénéficié le plus des crédits publics : en tête viennent la région Midi-Pyrénées et la Bretagne ; puis l'Auvergne, le Languedoc et le Limousin. L'Ouest moyen (Loire, Poitou, Bretagne) prend essor.

L'industrialisation y est certaine ; elle offre la plupart des nouveaux emplois. Avec le tertiaire elle a permis de créer, entre 1968 et 1973, 52 000 emplois par an dans l'Ouest (électronique, mécanique, etc.), 35 000 dans le Sud-Ouest (chimie, aérospatial, etc.), 14 000 dans le Nord. Mais si la région parisienne en a 75 000, le Massif central stagne : on lui donne la priorité en 1975.

En 1977 il bénéficie d'un plan qui multiplie les moyens de transport et favorise le développement industriel. La Bretagne voit se réaliser peu à peu le « plan breton » qui repose sur les mêmes bases. Toutefois l'agriculture, très modernisée et en grand progrès, y reste encore primordiale. Quant au Languedoc, il reçoit en 1977 une importante dotation pour diversifier ses activités.

Ce qu'on a pu reprocher à la politique d'aménagement, c'est d'abord une faible création d'emplois qualifiés ; d'autre part l'insuffisance des emplois offerts dans le tertiaire, ce tertiaire qui est le secteur le plus moderne. La province resterait donc vouée à des emplois de type inférieur.

C'est enfin le fait que les sociétés qui installent des usines en province gardent leur état-major à Paris, qu'elles ne s'intègrent donc pas à la vie locale, qu'elles y profitent tout au plus de meilleures conditions financières, qu'elles sont promptes, à l'occasion, à sacrifier tel établissement provincial à leur stratégie nationale, sinon même internationale.

Évoquer ce problème c'est poser la question de la vitalité et de la responsabilité de la province française, de la région, dans l'ensemble de la nation.

III. LA RÉFORME RÉGIONALE

Les conditions

La province « bouge », indice rassurant de sa vitalité. On ne pouvait pas en dire autant en 1939 ni même en 1914. Elle veut vivre davantage par elle-même, être plus maîtresse de ses destinées, ne plus être soumise aux décisions prises à Paris. Allant plus loin encore, certains parlent d'autonomie. Bretagne libre ! Occitanie libre ! les tendances d'extrême-gauche s'appuient volontiers sur ces revendications, dénonçant l'exploitation des richesses locales et l'étouffement de vieilles civilisations (langue, culture, art...) par le capitalisme et la centralisation parisienne.

Une double nécessité semble contraindre les pouvoirs publics à agir dans le sens d'une plus grande responsabilité régionale, même s'il n'est pas question d'aller jusqu'à la destruction de l'État français.

C'est d'abord une raison humaine. L'homme du XXe siècle, on l'a déjà souligné maintes fois, plus instruit, plus ouvert au monde, se sentant plus responsable, veut « participer » davantage à ce qui le concerne.

C'est ensuite une raison administrative : il faut « déconcentrer » la France. Du fait de l'étiolement de la France dans le passé, ce qui subsistait de sa vie s'était tout naturellement, par une sorte de réflexe, concentré dans un pôle unique, Paris. La tradition centralisatrice (Richelieu, Louis XIV, la Convention, Napoléon) y avait trouvé son compte. Avec une France redevenue vivante et dynamique, cette concentration est moins nécessaire ;

Certes, la discussion est ouverte — et elle est passionnée — entre ceux qui veulent aller loin dans la voie du pouvoir régional, tel J.-J. Servan-Schreiber, et ceux qui, Michel Debré par exemple, redoutent que les démons de l'individualisme alliés au relâchement des contraintes ne mènent, à travers le délabrement de la France, à une désorganisation et à un affaiblissement complets.

Le projet du général de Gaulle a été repoussé en 1969. Il prévoyait des conseils locaux dont une partie des membres représentaient, à côté des élus, les intérêts économiques et sociaux. C'était la « participation ». Le Sénat rénové devait comprendre lui aussi des délégués des diverses branches d'intérêts et d'activités au lieu d'être le symbole d'une France surtout rurale.

Ce projet, mal vu par les syndicats qui veulent garder un pouvoir de contestation, et en butte à l'hostilité de la gauche et d'une partie de la droite, a été, comme on l'a vu, repoussé par le référendum.

Mise en place de la réforme

★ *La loi du 5 juillet 1972 crée les « régions ».*

Georges Pompidou ne renonce pas à la réforme régionale, mais il y procède lentement, prudemment. Il la veut progressive dans son application. Il la fait partir de la base existante : communes, départements, au lieu de la surimposer ; il ne la fait pas déboucher sur une réforme du Sénat ; il ne la soumet pas au référendum.

La réforme organise les vingt-deux régions en « établissements publics » et non plus en « collectivités locales », ce qui limite leurs compétences. Chaque région comprend d'une part un conseil régional formé des élus locaux (parlementaires, représentants des départements et des agglomérations), d'autre part un comité économique, social et culturel, consultatif, formé de représentants socio-professionnels. Le préfet de région est l'organe d'instruction et d'exécution des deux assemblées.

Les ressources financières de la région (droit sur le permis de conduire, taxe d'équipement, taxes diverses et emprunts possibles) peuvent être assez importantes. Elles permettront d'user à bon escient de l'une des attributions prévues : la participation au financement des équipements collectifs ; autres compétences : études et propositions ; régionalisation du Plan selon les attributions autrefois dévolues aux CODER.

Ce projet gouvernemental est adopté par le Parlement en 1972.

★★ *La vie des « régions » depuis 1972.*

L'application de la réforme s'est faite lentement, progressivement. C'est pour les comités économiques et sociaux que l'intérêt a été le plus vif puisqu'il a fallu procéder, en 1974, à l'élection de leurs membres, selon quatre catégories : organismes professionnels et syndicaux, activités spéciales de la région, activités sociales et familiales, culturelles, sportives etc., enfin personnalités qualifiées pour 10 % du total. Les autres groupes représentent respectivement pour 50 % des chefs d'entreprises, pour 20 % des salariés, pour 25 % les activités sociales, familiales, etc.

Les réunions et discussions ont révélé à la fois les possibilités nouvelles d'action, mais aussi leurs limites. Le préfet de région garde en effet un grand pouvoir. Il a été cependant décidé à la fin de 1975 que la répartition des fonds régionaux entre les départements lui échapperait pour passer aux conseils régionaux.

Mais la base de l'administration française reste le département, non la région.

La décentralisation économique a été favorisée par l'extension des pouvoirs régionaux. En ont profité l'aménagement, les choix de développement (activités, transports, infrastructure), la conclusion de « contrats de pays », les parcs régionaux etc. Mais ces responsabilités nouvelles entraînent la question des ressources financières. Les régions, tout en voulant accroître leur pouvoir, se tournent vers l'État pour obtenir crédits ou subventions, afin de ne pas alourdir la fiscalité régionale jusqu'aux limites permises par la loi. Elles recourent aussi à l'emprunt. Mais, en fin de compte, leurs investissements ne peuvent atteindre l'ampleur qu'elles espéraient.

★★★ *L'opinion régionale* se développe vite. En gros elle consiste surtout à revendiquer de plus gros moyens financiers, un plus grand pouvoir administratif et politique, c'est-à-dire un vrai « pouvoir régional ». Beaucoup réclament une véritable assemblée élue au suffrage universel. Nombreux sont ceux qui contestent les limites régionales, les trouvant trop vastes (la Côte-d'Azur veut se détacher de la Provence) ou mal tracées. Certains Bretons réclament l'autonomie, parfois l'indépendance, dénoncent « l'assassinat » de leur culture.

Allant plus loin, des extrémistes voudraient regrouper toute l'Occitanie ou joindre le Pays basque français au Pays basque espagnol. Beaucoup s'insurgent contre le rôle étouffant de Paris et veulent faire renaître les vieilles langues et cultures régionales. D'autres envisagent une « Europe des régions ».

La Corse s'est manifestée tout particulièrement en 1975 ; son Conseil a établi une « charte de développement »... et le gouvernement n'a pas tardé à l'adopter après les violentes manifestations de l'été. Ainsi par exemple les transports avec le continent seront gérés par la SNCF au tarif ferroviaire. Une université est créée à Corte... mais l'île est coupée en deux départements. Un climat de violence s'y perpétue.

Signes de vitalité, mais l'État cherche à en garder le contrôle.

Chapitre XXXVIII

LES RELATIONS EXTÉRIEURES

Les relations extérieures d'un pays ont toujours eu une grande importance politique. Depuis le XIXᵉ siècle, avec l'ère des échanges, elles ont pris de surcroît un aspect économique. Mais en cette fin du XXᵉ siècle, la perspective s'élargissant de plus en plus, elles revêtent un caractère humain; un grand nombre de citoyens les envisagent sous cet angle, et l'État, conscient de cette sollicitation, en fait la justification de toute son action [1].

I. L'EUROPE

L'action de la France

★ *La relance de La Haye (1969).*

Le général de Gaulle s'était montré très strict sur sa conception de l'Europe. Il la voulait « européenne », c'est-à-dire échappant à la tutelle américaine; il voulait qu'elle respectât les identités nationales, c'est-à-dire qu'il écartait les solutions supranationales. Ainsi s'était-il opposé, lors de la crise de 1965, au développement des pouvoirs du parlement de Strasbourg. Ces idées l'avaient amené par deux fois (1963 et 1967) à repousser la candidature d'une Angleterre qui ne lui apparaissait capable ni de jouer un jeu vraiment « européen », ni de se soumettre totalement aux règles édictées par l'acte constitutif du Marché commun : le traité de Rome de 1957.

Aussi *en 1969 l'Europe piétine.* En dépit de progrès indéniables en matière économique, le malaise est certain. Ces divergences portent surtout sur les relations à avoir avec les États-Unis (ira-t-on jusqu'à « l'atlantisme » ?) et sur l'entrée de l'Angleterre dans la Communauté, les cinq autres pays membres y étant tous favorables.

A la rencontre de La Haye (1ᵉʳ et 2 décembre 1969) Pompidou « relance » l'Europe. Sa conception est-elle donc différente de celle de de Gaulle ? L'avenir répondra à la question. Mais il est certain que la méthode n'est pas la même [2]. Il lui semble en tout cas qu'il faille « débloquer » l'Europe, que les impératifs économiques et financiers le commandent, que les circonstances sont favorables, en particulier avec les changements qui se manifestent en Angleterre même. Cette Angleterre pourrait faire un utile contrepoids à une Allemagne très forte

---

1. L'aspect général, sinon idéologique, de cette question a été abordé au chapitre XXXI, paragraphe III. On s'efforcera dans le présent chapitre de voir plutôt l'aspect pratique, tel qu'il a pu se manifester depuis 1968.

2. Revoir le chapitre XXXII, paragraphe III, où sont présentés les caractères de la politique de Georges Pompidou.

économiquement, et ses conceptions politiques sur l'Europe ne sont pas si éloignées de celles de la France.

Avec les autres représentants des Six il réclame et obtient :

- la consolidation du Marché commun : renforcement des mécanismes existants, ou décisions nouvelles pour renforcer l'édifice européen : règlements agricoles, règlements financiers ;

- l'approfondissement du Marché commun, c'est-à-dire l'institution d'une véritable Communauté. Dans les faits, il s'agit de réaliser une union économique complète et de préparer une union politique ;

- l'élargissement du Marché commun, autrement dit l'admission de l'Angleterre et d'autres pays candidats.

La France qui avait paru freiner la construction européenne prenait dès lors la tête du mouvement pour la remettre en marche.

★★ *La contribution aux grandes décisions, sous Pompidou.*

Les trois grands thèmes définis à La Haye ne tardent pas à se concrétiser et, de fait, la France va jouer un rôle important dans cette réalisation. Il apparaît assez vite qu'en dépit du changement de méthode plusieurs des objectifs fondamentaux de de Gaulle sont respectés.

Pour l'élargissement, l'entrée de l'Angleterre est le fait essentiel. Pompidou prend l'initiative : il stimule l'ouverture des pourparlers. Bien qu'une période transitoire de 5 ans soit prévue, du début de 1973 à la fin de 1977, l'ensemble des règles du traité de Rome ont été admises. Avec l'Angleterre viennent rejoindre le Marché commun deux autres pays de l'AELE : Danemark et Norvège qui ensuite se récusera, et un pays très lié à l'Angleterre : l'Irlande.

« *L'approfondissement* » *est plus difficile à obtenir.* On y parvient cependant et la France, là aussi, joue un rôle important.

- *Le règlement agricole de 1970* fixe pour jusqu'à 1975 (... nouveau report !) la répartition provisoire des contributions de chacun ;

- *L'accord financier de 1970* prévoit qu'à partir de 1975 l'impôt européen (un prélèvement d'1 % sur la TVA) pourvoira aux ressources.

- *Les accords monétaires* [1] sont indispensables pour parvenir à une véritable union économique : le plan Werner adopté en février 1971 organise une unification des six monnaies du Marché commun. La France obtient qu'on y procède par étapes (1971-1973 puis 1976-1980) avec délai de réflexion (1974-1975).

Cette difficile construction est remise en cause par la crise du dollar de 1971 : le Marché commun, poussé par la France, réagit : il décide en mars 1972 de limiter les marges de fluctuation en son sein à 2,25 % à partir du 1er juillet. C'est un premier pas. Mais l'unité souhaitée sera-t-elle atteinte dans les délais prévus ? Pourtant en cette année 1972 un certain état d'esprit communautaire apparaît face au dollar, beaucoup plus qu'en 1971. La France n'y est pas étrangère. En 1973 le « serpent communautaire » laisse flotter le dollar.

---

1. Pour le détail de ces maniements monétaires, plus ou moins liés à la crise du dollar, se reporter au chapitre XXXI, paragraphe II, et, en ce qui concerne plus spécialement la France, au chapitre XXXIII, paragraphe II.

● *La construction politique* en sera-t-elle facilitée ?

La France est décidée à la pousser de l'avant et compte sur l'Angleterre pour que cette construction se fasse dans le sens du respect des souverainetés nationales. L'unité proposée est la confédération.

Pompidou réclame la création d'un secrétariat politique dont le siège serait Paris, mais n'obtient pas l'accord des autres chefs d'État.

En 1973-74 les difficultés s'accumulent. La France peut bénéficier du soutien du FECOM (Fonds européen de coopération monétaire, 1973) mais cela ne dure guère puisque ses difficultés financières la contraignent à quitter le serpent, de janvier 1974 à juillet 1975. Elle soutient l'idée d'une politique régionale mais constate que les crédits du Fonds régional, institué en 1974, iront surtout, malgré une assez forte participation française, à l'Italie et l'Angleterre.

Enfin lors de la crise de l'énergie, à partir de la fin de 1973, quels que soient les efforts du ministre Jobert, elle ne peut entraîner ses partenaires européens dans la voie d'un dialogue euro-arabe : les États-Unis les captent dans l'Agence internationale de l'énergie (1974) et leur font adopter des positions favorables à leurs intérêts.

★★★ *Avec Giscard d'Estaing* la souplesse est de mise.

Il n'obtient pas de changement notable dans l'attitude du Marché commun à l'égard des Américains que ce soit au point de vue de l'énergie ou de la monnaie. Dans ce dernier domaine tous les projets d'unification se sont évanouis depuis la mise en flottement du dollar en mars 1973. Certes le franc a réintégré le serpent en juillet 1975 mais le serpent flotte lui-même par rapport aux autres monnaies. L'Angleterre ni l'Italie n'en font partie. La France le quitte (mars 1976). Mais elle entre dans le SME (système monétaire européen) en 1979.

Pour la stabilisation des cours monétaires et pour ce qui est de l'or la France est médiocrement soutenue par ses partenaires.

Les succès de Giscard d'Estaing en matière d'Europe consistent plutôt à avoir obtenu la périodicité, trisannuelle, de conférences européennes, entre chefs d'État ou de gouvernement. Encore la conférence de Dublin, en mars 1975, accepte-t-elle de diminuer la charge financière de l'Angleterre dans le Marché commun, lorsque celle-ci eut demandé la renégociation de son adhésion.

En revanche, l'Angleterre devant l'intransigeance de la France et d'autres pays, se résigne-t-elle à ce qu'il n'y ait qu'un représentant unique de la Communauté au « dialogue Nord-Sud » dont la première réunion, succès personnel de Giscard d'Estaing, s'ouvre à Paris en décembre.

En 1975 la France accepte l'élection d'un Parlement européen au suffrage universel. Giscard d'Estaing y est très attaché, ainsi qu'à l'entrée de la Grèce, de l'Espagne et du Portugal dans la CEE. Bien que cette notion d'Europe ne soit pas clairement définie, les élections auront lieu en 1979.

★★★★ *La lutte quotidienne* menée par la France répond surtout au désir de voir se réaliser la consolidation de l'Europe mais le cadre sera-t-il européen ou atlantique ? Chaque pays défend son point de vue, ses intérêts. Pour la France, l'action a porté principalement sur les questions suivantes :

— *le Marché commun agricole :* la France bataille pour le niveau des prix ; s'oppose à l'Italie : pour le vin, car elle veut de stricts critères de qualité; pour les céréales, car elle voudrait voir cesser les faveurs accordées à sa voisine en fait d'importations de céréales américaines. La France s'est montrée pointilleuse sur les règlements agricoles lors des discussions avec l'Angleterre. Elle tire profit de la réorganisation du marché du vin en 1976, avec distillation et stockage des seuls vins de qualité, mais se plaint de la taxe sur le lait pour l'exportation.

— *la question du dollar* : la France a été la plus ferme des Six en 1971 pour réclamer la dévaluation du dollar, puis a lâché pied;

— *pour l'unification politique*, la France avait pu sembler, sous de Gaulle, ne pas la souhaiter. En fait, on rappellera que le plan Foucher de 1960 la prévoyait sous une forme assez voisine de celle qui est proposée par Pompidou; que l'accroissement prévu des pouvoirs du parlement de Strasbourg reste dans le vague; que le gouvernement français a d'abord rappelé sa volonté de préserver ce qui fait l'identité de chaque pays. Mais la volonté s'est assouplie avec Giscard d'Estaing.

— *La défense de la langue française* est un moyen de préserver cette identité. Mieux : la France souhaiterait que le français garde ou obtienne une place prééminente en Europe. Pompidou l'a dit nettement à Heath !

— *La mobilisation de l'opinion française* pour l'Europe est un aspect interne de l'action européenne du gouvernement. En avril 1972 Pompidou demande aux Français de se prononcer par référendum sur l'admission des quatre nouveaux membres dans le Marché commun. Succès, puisque 68 % répondent oui. Demi-échec cependant puisque les abstentions atteignent presque 40 %. La campagne des giscardiens pour l'élection de l'assemblée sera plus vivace.

Mais pour un grand nombre de Français — la plupart des abstentionnistes — son importance n'est pas perçue.

L'Europe pour l'économie et la société françaises

Le processus européen, solidement engagé, a eu pour la France avantages et inconvénients dès l'origine. Ils ne peuvent que se développer, comme on le voit depuis 1968, date à laquelle libre-échange interne et union douanière ont fonctionné à plein, la période préparatoire s'étant achevée au 1er juillet de cette même année.

★ *Les avantages directs* ont déjà été évoqués. On peut les regrouper sous trois rubriques :

Des avantages économiques : la production française s'est multipliée, stimulée par le vaste marché européen, celui-ci absorbe 43 % des exportations françaises en 1968 mais 50 % dès 1971 ; pour l'agriculture le profit est encore plus grand : on passera de 53 % aux deux tiers.

La concurrence, d'autre part, est mieux équilibrée entre la France et ses partenaires dans la mesure où un même type d'impôt est établi (la TVA), où le poids des charges sociales tend à devenir identique, où chacun est soumis à un tarif douanier commun vis-à-vis des produits importés, dans la mesure enfin où certains accords de cartel, certaines pratiques discriminatoires doivent disparaître :

Des avantages financiers : le FEOGA finance à peu près 80 % des subventions dont bénéficient les exportations agricoles françaises, alors qu'autrefois cela incombait entièrement à la France. Il aide à la modernisation des structures agricoles. La Banque européenne d'investissement participe à l'équipement de certaines régions. Le Fonds régional pourra lui succéder. Une contribution est accordée aussi pour la reconversion des régions charbonnières. Le FED (Fonds européen pour le développement) finance certains investissements que la France continue à encourager dans les pays francophones.

★★ *Des avantages indirects.*

Le poids de la France dans le monde peut se trouver augmenté. Si elle arrive à faire adopter son point de vue par ses partenaires, elle fera mieux entendre sa voix. Certes il faut convaincre ces partenaires! Avec de Gaulle elle était intraitable; avec Pompidou, ferme; avec Giscard très souple.

Le rôle de stimulant du Marché commun prouve que l'influence ne peut être que réciproque. La France reçoit ou subit autant qu'elle donne. Depuis 1968 elle a dû se livrer à de nouveaux types de fabrication, cultiver de nouvelles variétés de céréales, se lancer dans une commercialisation plus sytématique, développer le *marketing*.

L'aménagement du territoire a été stimulé. L'idéal protectionniste, si ancré, a dû disparaître. Le malthusianisme aussi. L'inflation serait pire qu'elle n'était : on doit l'éviter à tout prix. La conscience de l'importance des questions économiques devra finir par s'imposer. Face à des pays comme l'Allemagne, où la grève est rare, la question de la répercussion des arrêts de travail devra aussi être envisagée.

★★★ *Les avantages et inconvénients* sont mis en balance.

La concurrence a été stimulante ; elle a été bénéfique puisque les exportations ont augmenté. Elle a contraint les Français à un effort d'organisation, de qualité. Elle a amené une concentration des structures économiques qui en plus d'un cas était souhaitable.

La concurrence peut être aussi décevante. On peut d'abord se demander au profit de qui ou de quoi elle se fait. Elle s'est accompagnée de bien des difficultés pour certaines entreprises. L'Europe s'est d'abord opposée à la France qui voulait aider certaines industries menacées, puis a fini par prendre les mesures qui s'imposaient pour protéger son acier (1976), sa construction navale et sa production textile (1977).

Le monde agricole pourra à son tour ressentir les effets de l'adhésion au Marché commun de pays à production très concurrentielle, comme l'Irlande et surtout le Danemark. Il a subi celle des vins italiens.

Au niveau de l'idéologie européenne la concurrence a été décevante aussi dans la mesure où elle a entraîné soit un mouvement de concentration à caractère national plutôt qu'européen (cf. la sidérurgie), soit une mainmise plutôt qu'une association librement conclue (par exemple la pharmacie), soit un renforcement des sociétés américaines. La coopération avec les États-Unis vient limiter la politique française et européenne de l'industrie aérospatiale, informatique, nucléaire. Mais la CEE pourrait adopter les surgénérateurs qui favorisent la France.

La puissance de l'Allemagne est peu à peu ressentie comme écrasante, qu'il s'agisse de la monnaie, de l'industrie, de l'appui qu'elle apporte aux États-Unis.

★★★★ *Le problème des régions frontières* est apparu dans les années 60; il s'est aggravé après 1968. Il concerne, pour la France, surtout l'Alsace, la Lorraine et le Nord. Plus affrontées que d'autres à la concurrence, ces régions voient leur trafic s'orienter vers leurs voisins (attrait d'Anvers ou de Rotterdam), leurs entreprises plus durement atteintes par l'arrivée des produits allemands, belges, etc., leurs hommes surtout attirés par des salaires plus élevés ou des emplois plus intéressants de l'autre côté de la frontière.

Aussi voit-on les Français, au nombre de 90 000 en 1975, *aller travailler à l'étranger*, dont la moitié en Suisse, tandis que les frontaliers belges — 50 000 autrefois — ne sont plus que 21 000 en 1970 à venir travailler en France et que les immigrés (Nord-Africains, Yougoslaves, etc.) désertent eux aussi ces régions.

A l'inverse, une sorte de « colonisation », de l'Alsace par exemple, peut être le fait des Allemands qui trouvent là une main-d'œuvre meilleur marché : ils y investissent, et sans eux le problème de l'emploi serait encore plus grave.

Ces problèmes montrent à l'évidence que la conception de frontière a changé avec l'existence du Marché commun.

On le voit aussi dans *l'aménagement des transports*. Ainsi a-t-on dès 1963 achevé la canalisation d'une Moselle franco-allemande. Ainsi en 1972 ouvre-t-on l'autoroute qui, par Valenciennes, rejoint le réseau belge ; ainsi donne-t-on la priorité pour la liaison Paris-Strasbourg au passage par Metz — et non Nancy — parce que l'embranchement y est plus facile pour la liaison avec la Sarre allemande. Il reste pourtant encore beaucoup à faire pour que disparaissent les « verrous » dans les axes de communication ; l'amélioration retardée de l'Escaut en témoigne. En revanche, les Alpes sont rapidement percées de tunnels routiers franco-italiens (après le mont Blanc en 1965, le Fréjus).

L'aménagement du territoire doit, pour les régions frontières, être considéré sous un angle européen. C'est ce que réclament entre autres les Alsaciens qui sont parmi les plus intéressés en la matière. Des plans précis s'établissent pour associer d'une façon ou d'une autre Strasbourg et Karlsruhe, Colmar et Fribourg, Mulhouse et Bâle. Le découpage de la région sidérurgique Lorraine-Luxembourg-Sarre entre trois pays est, sur le plan économique, évidemment peu rationnel. L'association entre la raffinerie sarroise de Klarenthal et le centre carbochimique de Carling en Lorraine (qui en traite certains sous-produits) prouve qu'une collaboration peut s'instaurer.

On en vient, à travers le problème des frontières, à poser le problème de la souveraineté nationale.

★★★★★ *La limitation de souveraineté* est un des effets les plus visibles de toute construction communautaire. Bien ou mal ? A chacun d'en décider selon ses convictions, mais le fait est là, et se traduit vite dans la pratique.

Des mécanismes ont dû disparaître ou s'adapter : ainsi la France avait patiemment mis sur pied une organisation du marché du blé avec l'ONIC (Office national interprofessionnel des céréaless); ce système avait donné satisfaction, mais il était incompatible avec les règles de libre concurrence dans le Marché commun. Du moins la France a-t-elle pu préserver l'ONIC, mais comme simple relais entre les organisations de Bruxelles et ses propres céréaliculteurs. Il en est à peu près de même du FORMA (Fonds d'orientation et de régularisation des marchés agricoles) dont les compétences se sont trouvées allégées et, bien entendu, les dépenses.

Mais la France doit batailler fermement, face aux Italiens, pour imposer une réglementation de la qualité et du marché du vin.

On a vu aussi que la politique des transports était profondément affectée par la construction européenne : la concurrence doit s'y manifester comme dans les autres secteurs; la SNCF doit être plus autonome, etc. La place de l'État, assez considérable en France, est appelée à décroître sensiblement

La dépendance à l'égard des partenaires est inévitable. Dépendance si l'on est amené à admettre leurs thèses (par exemple les concessions faites à l'Italie en matière agricole) ou à adopter des solutions de compromis (règlements financiers de 1970). Dépendance surtout à l'égard de leur économie. Si la France fait, en gros, presque le quart de son commerce avec l'Allemagne et la moitié avec l'ensemble du Marché commun, elle est, à l'évidence, dans leur dépendance.

Tout ce qui se passe outre-Rhin a une répercussion immédiate sur la France, son économie, sa politique. Un changement de majorité, un changement de conjoncture, une décision syndicale sont désormais presque aussi déterminants pour elle, qu'ils se passent de ce côté-ci ou de l'autre du grand fleuve européen !

Les grands choix politiques sont d'une importance capitale pour l'avenir de tout pays. Faute de pouvoir imposer les siens, la France risque d'être entraînée dans des voies qui ne lui conviennent pas. Or les divisions restent grandes entre Européens. Précisément entre une Allemagne restée docile à l'égard des Américains dont elle estime avoir besoin, et une France plus avide d'indépendance.

L'Angleterre a été admise plus facilement au Marché commun parce que la France a pensé y trouver un appui dans sa vision « nationale » de l'édifice européen. Mais qu'en est-il pour les rapports à établir entre Europe et États-Unis ? De Gaulle était sceptique à ce propos. L'Angleterre sera-t-elle, une fois intégrée à l'Europe, plus ferme à leur égard ? Les premiers constats sont négatifs.

Problème d'importance, car l'intérêt de l'atlantisme peut se retourner contre la France dans la question du Marché commun agricole; sur le plan militaire, il peut en être de même en ce qui concerne les relations de l'Europe avec l'OTAN, dont seule la France ne fait plus partie. Les choix nucléaires aboutissent au même résultat possible. Ici cependant c'est la France qui a pris l'initiative de renoncer à sa filière, d'adopter (1969) la filière américaine. Mais la France a proposé aussi (1972) une coopération purement européenne pour procéder à l'enrichissement de l'uranium, selon des procédés qui pourraient être les siens et peu d'États l'ont suivie.

On pourrait multiplier les exemples : sociétés pétrolières anglo-saxonnes, puissantes filiales américaines installées en Angleterre ou en Allemagne. C'est une autre Europe qui apparaît avec l'arrivée de la Grande-Bretagne. La souveraineté française est limitée; l'influence américaine, loin d'avoir diminué, n'a fait qu'augmenter.

★★★★★★ *Quelle civilisation?*

C'est l'ultime question qui se pose. Et c'est là que la perspective humaine prend toute son importance. Civilisation française ? Sans doute non. Civilisation européenne plus ou moins francisée ? Cela dépendra de ce qu'aura voulu ou pu faire la France. La France ne cherche d'ailleurs pas à imposer *sa* civilisation. Il s'agit de maintenir une civilisation proprement européenne. Mais l'Europe est tout de même très diverse et, du nord au sud comme de l'est à l'ouest, les caractères ne sont pas les mêmes. Certains pourraient donc être appelés à prédominer, d'autres à s'effacer.

Civilisation plus ou moins nordique ou méditerranéenne selon *l'adhésion de nouveaux membres* ? Les nouveaux venus de 1971 font « basculer » l'Europe vers le nord! La France souhaiterait contrebalancer le mouvement par l'entrée dans le Marché commun de l'Espagne et du Portugal, mais le régime politique de ces pays a retardé l'échéance. Elle permettrait à la France d'occuper dans cette Europe agrandie une position exceptionnelle; son influence et sa langue ne pourraient aussi qu'en bénéficier, mais son agriculture en souffrirait.

Mais le visage pris par l'Europe dépend ou dépendra aussi des *gouvernements au pouvoir :* conservateurs, socialistes, libéraux. Quel avenir la démocratie européenne réserve-t-elle à ces diverses tendances ? Problème crucial, si le Parlement européen devient important : la France subira pour elle-même les effets des votes majoritaires.

Or, en matière d'intervention gouvernementale (place de l'Etat dans l'économie, Plan, etc.) comme en matière sociale, la France était allée plus loin que ses partenaires. Le libéralisme, prôné par le traité de Rome, étendu par la réalisation progressive de l'union économique, s'est depuis 1968 plus visiblement imposé, qu'il s'agisse des mécanismes agricoles, du marché des transports, de la place de l'État dans le secteur énergétique, du développement des grandes sociétés nationales ou multinationales.

« Europe du grand capital » dénoncée par la gauche ? Europe fraternelle et libre, stimulée par la concurrence, telle que la vantent les libéraux ? C'est toute la perspective humaine qui est mise en cause pour cette Europe où la France est solidement engagée.

II. LE RESTE DU MONDE

Types de relations

★ *Les relations politiques* s'affirment comme voulant être pacifiques, tournées vers le progrès de tous, la coopération. Il est de fait que la France, depuis qu'elle a mis fin à ses luttes coloniales, est en bons rapports avec le monde entier, ce qui est un cas presque unique parmi les grandes Puissances. Cela lui donne, depuis le temps du général de Gaulle, une autorité qu'elle avait perdue auparavant. Sa voix est toujours écoutée, par exemple à l'ONU — ce qui ne veut pas dire « entendue ». Les moyens de pression politique dont elle dispose ne sont pas, en effet, comparables à ceux des « superpuissances ».

Ses relations tendues avec Israël depuis la « guerre des Six jours » de 1967, à la suite de l'embargo mis sur les armes ou avions que livrait la France, n'ont pas été jusqu'à la rupture. Elles ont permis de gagner l'amitié des pays arabes... et, à l'occasion, de conclure d'avantageux marchés avec eux (comme la vente d'avions de guerre à la Libye,

1970). Mais la France veut toujours la défense de la paix : l'embargo menace en cas de belligérance et vient même frapper l'Afrique du Sud raciste en 1977, tandis qu'un soutien militaire est apporté à d'autres pays africains. Ce soutien, trop visible, a été souvent critiqué.

★★ *Les relations économiques* ne consistent pas seulement en vente de matériel militaire, bien que celui-ci représente à peu près 7 % des exportations en 1970.

Les relations commerciales sont les plus importantes des relations économiques. On ne reviendra pas ici sur leur structure [1], mais on rappellera la tendance très nette au développement du commerce, liée à la libéralisation des échanges. Il y a là un fait majeur qui, de plus en plus, influe sur toute l'économie française et n'est pas sans rapports réciproques avec les relations politiques.

On rappellera aussi que les courants géographiques d'échanges sont très inégaux : 50 % pour le Marché commun, cela laisse peu aux autres pays! En fait, c'est un commerce trop « européen »; cela distingue la France, à son désavantage, de ses grands rivaux : États-Unis, Allemagne, Angleterre, Japon, qui la surclassent et ont un commerce beaucoup plus « mondial ». Mais un effort sensible d'élargissement vers l'Amérique ou l'Asie a été entrepris et porte ses fruits à partir de 1975.

Les relations financières avaient été facilitées par les mesures de libération des capitaux prises depuis 1959. On a vu comment, à partir de 1968, un contrôle des changes plus ou moins strict était venu les contrarier. La France se montre cependant assez ouverte à l'investissement des étrangers chez elle, à condition qu'il n'y ait pas « colonisation »; mais elle surveille les mouvements de capitaux spéculatifs (1971 : crise du dollar). L'investissement français à l'étranger est plus puissant qu'autrefois : en 1968 il dépasse pour la première fois celui qui se réalise en sens inverse. Il est souvent le fait, dans un cas comme dans l'autre, de sociétés multinationales. La France, à partir de 1974, recourt souvent au marché de l'euro- et du pétrodollar.

Les relations techniques sont en général un moyen de favoriser les relations commerciales; elles sont aussi parfois une nécessité financière. Ainsi en est-il pour la coopération avec des pays de haut niveau technique : collaboration franco-anglaise pour l'avion supersonique *Concorde* dont l'exploitation a lieu en 1976; franco-germano-hollandaise pour l'*Airbus* qui perce peu à peu. Collaboration européenne pour la fusée « Europa I » (1970) et « Europa II » (1971), mais les résultats sont décevants. Le satellite « Symphonie » (1974) est franco-allemand, mais la France assume la plus lourde part pour le futur lanceur européen « Ariane ». Il lancera des satellites européens.

Dans ces domaines de pointe la coopération technique est nécessaire. Elle se manifeste aussi dans le domaine nucléaire où s'établit une collaboration européenne pour les recherches concernant l'enrichissement de l'uranium, les réacteurs à haute température, ou le retraitement des combustibles irradiés et la construction de deux surgénérateurs au plutonium.

La coopération technique continue à faire l'objet d'accords généraux entre la France et d'autres pays; la technique n'y est pas forcément le seul élément de l'accord, mais elle est en général le principal.

---

1. Elle a été vue au chapitre xxxv, paragraphe III.

La France construit des usines ou apporte sa technologie. Les accords se multiplient dans le monde entier avec les pays capitalistes (Japon 1974), socialistes (Roumanie, Tchécoslovaquie 1975), sous-développés (Cuba, Brésil, Égypte 1975). Mais les principaux ont été signés avec les pays francophones, l'URSS et, lors de la crise de l'énergie, l'Iran, l'Irak, etc. : contre pétrole, gaz, crédits, les contrats chargent la France d'édifier usines pétrochimiques, sidérurgiques, nucléaires, etc.

★★★ *Les relations humaines et culturelles* avec les pays étrangers sont, pour la France, plus importantes que pour beaucoup d'autres États.

Des accords sur l'immigration ont été signés. On a vu qu'ils s'efforçaient de contrôler les départs en vue d'une meilleure utilisation de la main-d'œuvre disponible. Ils prévoient souvent aussi les modalités de la formation professionnelle à donner aux immigrants, parfois même l'instruction. Mais la politique d'immigration prend fin en 1974.

La coopération culturelle est précieuse pour les pays sous-développés. Bon nombre de coopérants sont des instituteurs ou professeurs. Ils sont toujours très recherchés. La France a longtemps attaché un grand prix au maintien et à la diffusion de sa langue, véhicule de sa pensée sinon de son influence. Avec de Gaulle elle s'est particulièrement intéressée au Québec.

La francophonie tend justement à s'organiser. Mais la France, soucieuse de ne pas paraître « impérialiste » en la matière, n'en a pas été l'instigatrice. Depuis 1969 se réunissent périodiquement des « assises de la francophonie » où sont représentés une trentaine d'États : outre les anciens territoires coloniaux s'y trouvaient des pays depuis longtemps indépendants comme Haïti ou le Canada. En 1970, a été créée une « Agence de coopération culturelle et technique », qui doit stimuler les échanges culturels, scientifiques et techniques. Elle fonctionne assez mal.

Relations avec les différents pays

Avec les États-Unis la France entretient des rapports amicaux. Empreints d'abord d'une certaine distance, ils deviennent plus cordiaux avec Giscard d'Estaing, moins strict à l'égard de leurs sociétés. Le *Concorde*, test de l'amitié américaine, est accepté en 1977.

Au plan commercial la France ne fait que 5 % de ses exportations vers les États-Unis, mais tire 10 % de ses importations. Elle cherche donc à y augmenter ses ventes, ce qui est difficile et suppose une excellente organisation commerciale. Dans le domaine financier on a vu [1] comment la France avait pris la tête des pays favorables à la fermeté lorsqu'en 1971 éclata la crise du dollar. Certes le franc — tantôt solide, tantôt plus faible — ne fait pas le poids face au dollar (dont la force est artificielle) mais, entraînant le Marché commun dans son sillage, la France espéra constituer une monnaie européenne qui contrebalancerait la puissance de ce dollar en redonnant une certaine place à l'or. Cet espoir ne s'est pas réalisé.

L'Europe fut précisément l'enjeu de la rivalité secrète entre France

1. Chapitre XXXI, paragraphe II.

et Etats-Unis. Politiquement, militairement, autant que pour l'économie ou la technique (ainsi les licences américaines), la forteresse à investir est solidement tenue! Giscard d'Estaing semble s'y résigner.

Le Japon intéresse de plus en plus la France. Il pourrait lui aussi devenir un bastion de la résistance à l'influence américaine. Les contacts se sont multipliés entre les deux pays. Des accords de coopération nucléaire ont été signés en 1971. Un rapprochement fut souhaité en ce qui concerne l'informatique. Quant aux échanges commerciaux, chacun veut les multiplier, la France n'entrant que pour 1 à 2 % dans le commerce japonais.

Les pays d'Europe hors du Marché commun, à l'opposé, font d'importants échanges avec la France (15 % des exportations françaises) et ceux-ci sont bénéficiaires pour elle. Les relations politiques sont bonnes, souvent excellentes, la coopération technique se développe. La France, vers 1970, affirme sa volonté d'une politique méditerranéenne. Elle voit là un moyen de garder un contact plus étroit avec l'Afrique, une possibilité d'avoir de meilleurs liens avec les pays arabes, du Maroc ou de l'Algérie jusqu'au golfe Persique. Giscard d'Estaing, parlera (1979) d'un trilogue France-Arabes-Afrique.

Les démocraties populaires de l'Europe de l'Est se tournent volontiers vers la France. La France y répond par l'envoi de délégations ou missions, par une participation active aux foires industrielles ou commerciales, par quelques voyages officiels. Les relations avec la Pologne sont les meilleures. Le commerce avec le CAEM croît rapidement.

L'URSS, par sa puissance, tient cependant les clés de l'avenir dans cette partie du continent. Depuis que de Gaulle s'est ostensiblement rapproché d'elle, les relations franco-soviétiques sont restées excellentes; les visites réciproques d'hommes d'État (au plus haut niveau) les scellent. Le but a été politique autant qu'économique : ouvrir l'Europe de l'Est, faire contrepoids à l'Amérique.

Économiquement, les possibilités sont immenses, mais en 1975 l'URSS n'absorbe pas 2 % des exportations françaises! La pénétration de ce vaste marché potentiel est difficile. Maints obstacles bureaucratiques doivent être surmontés, et la France n'est pas seule en lice. Du moins l'accord commercial de 1964-1969 a-t-il été renouvelé et est devenu en 1973 un accord décennal de coopération économique.

Sur le plan technique, depuis 1966, la coopération est intéressante. Une « grande commission » franco-soviétique se réunit périodiquement pour la stimuler. Elle s'est traduite pour la France par de grosses commandes concernant la construction d'usines d'automobiles. La France, de son côté, pourra importer du gaz naturel à partir de 1976. La coopération nucléaire et scientifique se renforce.

La Chine est satisfaite de la volonté d'indépendance de la France. Visites réciproques et missions favorisent commerce et contrats.

Les pays sous-développés, par les caractères propres qu'ils présentent dans leurs relations avec la France, méritent une étude particulière et plus détaillée.

III. LA FRANCE
ET LES PAYS SOUS-DÉVELOPPÉS

Le monde est de plus en plus conscient de la gravité du problème du sous-développement. La France est l'un des pays qui s'y intéressent le plus — ne serait-ce qu'à cause de la présence, parmi eux, de nombreux pays francophones.

Caractères généraux des relations

★ *La politique française à l'égard du Tiers Monde.*

Elle est particulièrement vigoureuse. Les voix officielles insistent fréquemment sur l'importance de ces pays, sur la nécessité de les aider; mais la politique ne se manifeste pas seulement par les paroles : la France est en chiffres absolus la troisième du monde après États-Unis et Japon (1975) pour l'aide qu'elle accorde aux pays sous-développés; longtemps la première en chiffres relatifs, puis parmi les premiers, depuis 1969. L'aide a représenté en 1975 à peu près douze milliards de francs, environ 7 % de ce que verse l'ensemble du monde.

Ce chiffre élevé est compréhensible : la France appartient au groupe des pays les plus riches, elle a une tradition ancienne de relations avec les pays sous-développés et elle envoie un grand nombre de coopérants dans les États francophones; elle souhaite garder des liens étroits avec ceux-ci. Économiquement, elle peut en tirer profit; politiquement, elle joue volontier la carte du Tiers Monde face à l'Amérique sinon aux deux Grands. Enfin, elle montre peut-être un peu plus de générosité que les autres.

Cette générosité est mise en doute. Il est facile en effet de voir que l'aide profite autant, parfois plus, à ceux qui la fournissent qu'à ceux qui la reçoivent. Le fait est indéniable, et c'est une des raisons (une parmi d'autres) de la difficulté du «décollage» des pays sous-développés. La critique peut donc s'appliquer à la France comme aux autres pays riches.

On notera cependant que son aide publique, longtemps la première, est encore la quatrième en 1976, que les dons purs, face à une moyenne mondiale d'environ un tiers, représentent pour elle près de la moitié de l'aide totale.

Enfin, la France a pris une position parfois assez personnelle aux conférences relatives au Tiers Monde : les assemblées de la CNUCED (Conférence des Nations Unies pour le commerce et le développement) en 1964, 68, 72 et 76. D'une part, elle a défendu le principe d'une aide plus particulière à certains groupes de pays, telle qu'elle la pratique dans le cadre du Marché commun au bénéfice des pays africains. D'autre part et surtout, elle a proposé la stabilisation du cours des matières premières, principale ressource des pays pauvres. Lors de la crise du pétrole, elle se refuse à suivre la politique d'affrontement préconisée par les États-Unis et obtient un succès en ouvrant la Conférence Nord-Sud à Paris en 1975.

★★ *Les mécanismes mis en œuvre* pour l'aide n'ont pas sensiblement évolué depuis 1968. L'aide peut toujours prendre *un caractère multilatéral* si elle consiste en contribution à la BIRD (Banque internationale pour la reconstruction et le développement) ou à quelque autre organisme similaire qui la redistribue ensuite; parmi ces organismes certains sont proprement européens et la France y participe donc de façon notable : FEDOM (Fonds européen pour le développement de l'outre-mer devenu FED) et à l'occasion BEI (Banque européenne d'investissement). Le premier contribue aux réalisations prévues par l'accord d'association entre Marché commun et pays francophones d'Afrique (convention de Yaoundé de 1963, renouvelée en 1969, étendue aux pays anglophones par l'accord de Lomé en 1975).

L'aide peut être bilatérale : action directe de la France au profit de tel pays. Dans les cas les plus importants, cette action s'intègre dans un accord de coopération entre les deux pays. De toute façon, cette action est le fait soit de l'État, qui donne, prête, subventionne, envoie des coopérants, du matériel, etc., soit de particuliers ou d'entreprises qui investissent. Si l'aide de l'État est souvent critiquée comme forme de néocolonialisme, surtout qu'il s'agit souvent d'une « aide liée », c'est-à-dire destinée à acheter des produits français, l'investissement privé est, lui, dénoncé comme étant beaucoup plus avide de profit capitaliste que d'aide véritable.

Les sociétés privées sont effectivement soucieuses de préserver leurs mises. Aussi l'État, selon une réglementation de 1971, donne-t-il de plus en plus sa *garantie aux investissements* contre les risques politiques qui pourraient survenir, notamment les nationalisations.

L'essentiel de l'aide de l'État passe par le canal du FAC (Fonds d'aide et de coopération) qui, en 1959, a succédé au FIDES (Fonds

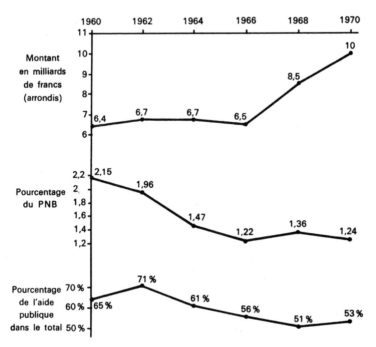

L'aide de la France aux pays sous-développés.

d'investissement pour le développement économique et social); celui-ci désormais ne garde compétence que pour les TOM (territoires d'outre-mer relevant encore de la France).

★★★ *Structure de l'aide et tendances.*

Le montant de l'aide, après avoir baissé de 1962 à 1966, s'est relevé sensiblement à partir de 1968, pour dépasser les 12 milliards de francs en 1973. L'aide représentait plus de 2 % du PNB jusqu'en 1961, mais depuis 1966 ne dépasse que de peu 1,2 ou 1,3 %. En 1970, c'est 1,24 %, alors que celle des États-Unis est de 0,58 %; en 1975 c'est 1,17 comme les États-Unis. Mais le Tiers Monde réclame une aide égale à 1 % du PNB, dont 0,7 % pour la seule aide publique.

Aide publique et aide privée tendent à se rapprocher en importance. La première s'est élevée jusqu'à plus de 70 % du total en 1972; elle dépasse de peu 50 % depuis 1973.

Cette aide publique est bilatérale pour 90 %. Elle consiste en dons pour environ 80 % du total (avec une tendance à la diminution depuis 1966). Elle se répartit comme suit :

	1966	1970	1974
dons	88,4 %	79,6 %	85,7 %
coopération technique et culturelle	53,3 %	49,2 %	52,8 %
équipement	22,7 %	18,6 %	17,7 %
soutien économique et financier...	12,4 %	11,8 %	15,2 %
prêts nets.......................	10 %	19 %	13,5 %
crédits de consolidation...........	1,6 %	1,4 %	1,8 %

L'aide privée est assez variable d'une année à l'autre; elle est évidemment, en dépit des « crédits garantis », sensible à la conjoncture politique des pays intéressés. Mais elle tend à prendre une part croissante dans le total de l'aide alors que l'État, soucieux d'économies (on se rappelle les critiques formulées contre « les milliards qui s'envolent »), limite la sienne. L'aide publique en effet, après avoir représenté jusqu'à 1,45 % du PNB en 1961, n'en représente plus que 0,62 % en 1976. En 1973 la France avait dans ce domaine le premier rang mondial.

La répartition géographique de l'aide, très schématiquement, est la suivante vers 1974 :

zone franc	45 %
dont pays africains et malgaches	16 %
Afrique du Nord.........................	7 %
DOM et TOM	23 %
hors zone franc................................	55 %

La tendance est à un recul certain de la zone franc, puisqu'elle absorbait les trois quarts du total en 1964. Ce « redéploiement » de l'aide marque le souci d'une conception plus universelle du sous-développement, moins « coloniale ». Mais certains soulignent que la France consacre beaucoup à ses départements (DOM) ou territoires (TOM) d'outre-mer et que pour les autres pays son choix devient politique.

Relations particulières avec les pays francophones

Il est de fait que les anciennes colonies sont particulièrement aidées.

★ *Les liens* revêtent des formes variées avec ces pays devenus indépendants (on excepte ici DOM et TOM).

Le lien sentimental ou culturel n'a pas disparu. Les élites intellectuelles, politiques et, en général, économiques ont été formées à l'école française, le français est pour eux une seconde langue et il a valeur plus ou moins officielle dans ces pays. C'est de ces États qu'est venue l'idée de tenir des « assises de la francophonie ».

Sentant ce qui, après la décolonisation, les unissait, ces États africains ont créé entre eux une organisation, l'OCAM (Organisation de coopération africaine et malgache) en 1965. Maurice et le Zaïre y adhèrent. Mais l'OCAM périclite au profit de divers regroupements de caractère régional incluant parfois des pays anglophones voisins. L'Afrique cherche sa voie.

Les liens politiques sont établis sur la base d'une stricte égalité que la France a grand soin d'affirmer, notamment lors des visites réciproques de chefs d'État. Des accords militaires permettent à l'occasion la présence de troupes françaises : ainsi au Tchad où la France s'est trouvée, de la sorte, mêlée à des problèmes intérieurs. La France est aussi mêlée aux problèmes mauritaniens (1977).

Les liens économiques se sont maintenus mais non pas développés depuis la décolonisation. Le commerce avec ces pays ne représente, comme on l'a vu, que 4,9 % du commerce français en 1975 contre plus de 25 % en 1960 et encore 14 % en 1966. Il est assez nettement bénéficiaire pour la France. L'Algérie y tient toujours la première place avant le Maroc et la Côte-d'Ivoire. On se doute que la France vend surtout des produits fabriqués et achète surtout des produits bruts — matières premières minérales ou végétales et produits alimentaires tropicaux.

Les liens économiques sont renforcés par l'aide technique de la France dans le cadre d'accords de coopération. On a dit que cette aide représente par rapport à tout ce qu'elle offre aux pays sous-développés, de 20 à 16 % en faveur de l'Afrique noire, de 20 à 7 % en faveur de l'Afrique du Nord. Dans ce dernier ensemble géographique (mais aussi un peu dans le premier) la France a trouvé un grand nombre d'immigrants, très utiles pour son économie. En retour elle envoie des cadres : ingénieurs, enseignants, administrateurs, militaires.

Les liens financiers sont maintenus par l'existence de la zone franc qui regroupe tous ces pays. Le Mali l'a réintégrée en 1968. La convertibilité des monnaies y est assurée à parité fixe. Et pour les pays autres que ceux d'Afrique du Nord cette convertibilité est illimitée, les devises étrangères sont mises en commun, des règles communes sont appliquées dans les relations financières avec les pays étrangers. Aussi, quand le franc a été dévalué, les autres monnaies ont dû suivre.

Ce système présente pour la France l'avantage de maintenir des liens avec ces pays, mais aussi nécessite un effort de soutien aux monnaies qui peuvent être en difficulté (cela a été le cas du franc malien). Pour les pays d'outre-mer c'est une garantie, mais une survivance de dépendance. En 1977 la France participe pour 50 % à un Fonds de solidarité africain destiné à favoriser l'investissement.

La décolonisation, au sens politique du terme, est certaine. Pourtant les liens demeurent étroits entre la France et son ancien empire. Mais — de part et d'autre — ils prennent un caractère plus volontaire. Le désir d'indépendance s'est affirmé surtout en Afrique du Nord, consciente d'appartenir à l'univers arabe, et plus spécialement en Algérie. Le mouvement gagne les autres pays sauf en cas de besoin.

★★ *Crise et renouveau de la coopération.*

A partir de 1972 le climat de la coopération se détériore et il va falloir d'assez sérieuses retouches pour le rétablir.

Les causes de cette crise tiennent à la France, d'après les États francophones : son commerce, ses accords de coopération sont « néo-colonialistes ». Ils ne correspondent pas aux besoins spécifiques de chaque pays. La zone franc rend l'ancienne métropole maîtresse des monnaies africaines (elles ne représentent qu'un poids de 3 % dans l'ensemble de la zone) et indirectement de l'économie de ces pays, par le biais du crédit.

Il est à noter aussi que les coopérants français pouvaient par leur présence limiter l'accès des élites locales aux postes de responsabilité, que des révolutions comme à Madagascar (1972) se devaient de remettre en cause la politique suivie jusqu'alors, qu'une prise de conscience africaine, à caractère souvent régional, s'affirmait.

Les raisons internationales ont joué aussi : l'Afrique bouge ; la décolonisation s'achève avec le départ des Portugais en 1974, la révolution éclate en Ethiopie la même année, les Grands s'intéressent de plus en plus à l'océan Indien depuis que le Vietnam, devenu indépendant, repousse plus loin vers l'Ouest les lignes de défense du monde occidental ; le Moyen-Orient pétrolier n'est pas éloigné de la corne de l'Afrique.

Les manifestations du mécontentement ne tardent pas. Dès 1972 Madagascar demande la révision des accords de coopération, l'évacuation de la base militaire de Diego-Suarez, sort de la zone franc en 1973, imité par la Mauritanie. Celle-ci en 1974 vient en outre nationaliser la société Miferma qui exploitait son fer. Les militaires français doivent aussi évacuer le Tchad, devront être moins nombreux au Sénégal (base de Dakar) où les Français ne bénéficieront plus d'un statut spécial (1974).

Une conférence tenue à Paris à la fin de 1973 permet aux Africains d'exprimer leurs doléances quant à l'organisation de la zone franc : ils veulent les garanties de la France, mais la parité de gestion.

Enfin les relations prennent un tour beaucoup plus tendu avec l'Algérie : des immigrés ont été maltraités ou assassinés en France (1973) ce qui amène cet État à interdire désormais leur départ. En outre, depuis 1971, le pétrole y a été nationalisé et la France en achète beaucoup moins. Au moment de la crise de 1973-74 l'Algérie se range dans le camp des pays les plus « durs ». L'affaire du Sahara occidental renforce ce choix mais ranime l'entente franco-mauritanienne (1977).

De nouvelles formes de coopération doivent s'établir. Les négociations ont commencé avec Pompidou et aboutissent. Avec Giscard d'Estaing elles se poursuivent et l'esprit en est encore plus libéral. Le secrétariat général pour les Affaires africaines et malgaches, tenu par Jacques Foccart, souvent décrié, est supprimé. Le président de la République lors de la conférence de Bangui (1975), où il retrouve les divers chefs d'État africains, déclare que les accords de coopération auront un caractère propre à chaque pays mais s'inscriront davantage dans la lutte contre le sous-développement. Des réunions similaires auront lieu annuellement pour maintenir les liens traditionnels. Giscard d'Estaing entreprend d'autres voyages, notamment dans les trois pays d'Afrique du Nord : il y est acclamé.

Les mesures concrètes ne manquent pas. En 1973 la zone franc est réorganisée : si les monnaies africaines conservent la garantie de la France, celle-ci par contre y perd de son influence, n'ayant plus qu'une place minoritaire dans la direction qui passe à un Africain; les règles sont assouplies pour la politique monétaire et les crédits consentis seront plus généreux, favorisant l'essor économique. Toutefois Madagascar et la Mauritanie ne réintègrent pas la zone.

Un à un sont signés de nouveaux accords de coopération, ce qui n'empêche pas plusieurs États de les contrebalancer par des rapports plus étroits avec le Marché commun et, plus spécialement, l'Allemagne. La Guinée elle-même, en 1975, renoue avec la France des relations interrompues depuis 1958.

Sur des bases nouvelles, c'est-à-dire d'une plus grande égalité, les rapports franco-africains sont donc rétablis. Ils restent difficiles pourtant avec le Tchad, avec le Congo socialiste, avec l'Algérie, très sourcilleuse en matière d'indépendance, mais « exemplaires », dit-on, avec la Tunisie. Plus de 20 000 Français y sont encore installés, mais c'est le Maroc qui en a le plus... alors que beaucoup ont fui Madagascar, sinon l'Algérie. Ils affluent au contraire en Côte-d'Ivoire.

★★★ *Relations avec TOM et DOM.*

Les territoires d'Outre-mer (TOM) n'ont pas été épargnés par l'agitation. Des mouvements autonomistes sinon indépendantistes s'y sont propagés. Dans le Pacifique, la Nouvelle-Calédonie revendique, tablant sur l'essor que lui assurent ses richesses en nickel. Elle bénéficie de gros investissements français dans ses mines (société SLN), et pour la construction décidée (en 1975) d'un port en eau profonde. En Polynésie, autour de Tahiti, on s'inquiète du départ des techniciens nucléaires lorsque la France renonce à ses essais atmosphériques... et l'on revendique aussi. Ici et là la décentralisation s'organise. L'administration des Nouvelles-Hébrides, condominium franco-anglais, s'assouplit dans le sens de l'indépendance prévue pour 1980.

En Afrique les Comores, après référendum, obtiennent l'indépendance (1975)... mais l'île de Mayotte la refuse, reste française avant révision prévue de son statut. Le TFAI (Territoire français des Afars et Issas, ancienne Somalie, avec Djibouti) encouragé par la Somalie reçoit, lui aussi, l'indépendance (1977). En Amérique Saint-Pierre-et-Miquelon, quoique minuscule, devient département en 1976.

Les DOM (départements d'Outre-mer) ne sont pas cependant à l'abri de tous les problèmes. Aux Antilles les courants s'affrontent avec violence, chaudement gaullistes, violemment hostiles à toute intégration à la France, prudemment autonomistes. La Guyane grâce à la base de lancement de satellites de Kourou a pu s'enrichir; la France établit un plan de développement par immigration, transports, mise en valeur agricole et industrielle. Certains préféreraient autonomie ou indépendance, à l'instar de Surinam hollandais, voisin qui y accède. La lointaine Réunion ne revendique guère plus qu'autrefois mais la métropole tient d'autant plus à cette île que ses positions stratégiques dans l'océan Indien ont dû être reconsidérées.

Une unification des TOM et DOM paraît être, vers 1975, la solution de l'avenir; un statut plus souple serait accordé avec plus grande participation des populations locales aux responsabilités administratives et économiques; la mise en valeur s'impose, la formation professionnelle, la promotion sociale aussi. Ces divers territoires ont trop longtemps gardé des structures économiques et sociales héritées de l'époque coloniale.

★★★★ *L'Algérie* offre un cas particulier à la fois par l'étroitesse des liens qui l'unissaient naguère à la France et par l'importance vitale pour les deux pays de ce qui peut en subsister. Toutefois les rapports privilégiés que de Gaulle avait pensé pouvoir établir avec elle ont peu à peu disparu. La volonté ombrageuse d'affirmer son indépendance et son option socialiste ont, en effet, poussé le gouvernement algérien très loin dans la voie de la décolonisation économique.

La France a peu à peu perdu en Algérie sa domination en 1962, ses colons en 1962-1963, ses exploitations minières, les terres de colonisation et le patrimoine industriel nationalisés entre 1963 et 1968, ses dernières bases militaires en 1970, ses concessions pétrolières en 1971. L'organisme de coopération scientifique a été dissous en 1971, l'OCI (Organisation de coopération industrielle) stagne.

La crise pétrolière a été vivement ressentie en 1971. L'accord pétrolier de 1965 préservait les concessions des sociétés françaises et établissait une coopération entre la France et l'Algérie pour la recherche de nouveaux gisements. La France contrôlait encore en 1970 environ 70 % du pétrole algérien par l'intermédiaire, surtout, des sociétés CFP et Elf; elle tenait les trois principaux oléoducs mais avait laissé à l'Algérie la commercialisation du gaz de Hassi R'Mel.

Cette situation prend fin en 1971 par la nationalisation à 100 % du gaz, des oléoducs et gazoducs, et à 51 %, au minimum, du pétrole. Le gouvernement français renonce à négocier lui-même et laisse les compagnies pétrolières signer séparément de nouveaux accords pétroliers. Dans la pratique — moyennant indemnité — la CFP garde 49 % du brut extrait et Elf environ un tiers de ce qu'elle produisait autrefois. Les charges financières imposées leur laissent un très faible bénéfice. Elles n'ont plus qu'un droit minoritaire sur la production au lieu d'avoir un droit majoritaire sur les gisements, puisque le régime des concessions est aboli. Pour la France, cela représente en 1971 environ 12,5 millions de tonnes au lieu de 28,5.

Dans cette guerre larvée qui s'est traduite souvent par le boycottage des produits français et par quelques arrestations, la France avait des atouts dont elle n'a pas abusé : les immigrants ont continué à pouvoir venir en France; les coopérants ont toujours été envoyés (mais ils sont moins nombreux); le vin par contre a été de moins en moins acheté : depuis 1967 la France avait, en principe, interdit le coupage avec des vins d'importation; de fait, elle n'achète plus alors que 4 à 5 millions d'hectolitres, au lieu de 7 à 8 les années précédentes. En 1970 même elle fait cesser toute importation et finalement c'est dans le cadre du Marché commun que la question doit se régler.

Au début de 1972, il reste en Algérie environ 60 000 Français; 6 350 sont des coopérants à titre officiel. L'aide française est maintenue (plus d'1 milliard de francs depuis 1968) mais décline en pourcentage. Les Algériens sont près de 700 000 en France avec leur famille. L'accord signé en 1971 prévoit un contingent annuel d'entrées en baisse. Ces immigrants procurent à l'Algérie de précieuses rentrées de devises et contribuent à rendre favorable à l'Algérie la balance des paiements entre les deux pays, d'autant que les compagnies pétrolières françaises doivent réinvestir sur place une partie de leurs bénéfices.

Le commerce est favorable à l'Algérie grâce au pétrole, et malgré ses achats de produits fabriqués; avant la crise la France absorbait les trois quarts de ce pétrole payé au prix fort. Le vin algérien, grâce à l'accord conclu par le Marché commun en 1971, y est admis avec une remise de 40 % sur le tarif extérieur. L'Algérie, bien qu'elle vende du vin à l'URSS, procède à des arrachages massifs de vigne. Le commerce franco-algérien représente encore près de la moitié du commerce de l'Algérie mais 3 % seulement du commerce de la France; l'Algérie n'est que le huitième partenaire commercial de la France. Elle était autrefois le premier.

Depuis 1973 la situation a encore évolué, marquée par des hauts et des bas. Du côté français on a eu besoin des immigrés mais, avec la crise de 1974 et l'arrêt de l'immigration, ce besoin se fait moins pressant. Il en est de même pour le pétrole : il fallait d'abord à tout prix s'en procurer, puis les pays du Moyen-Orient en ont fourni à coût moindre. En outre les coopérants ne sont pas toujours satisfaits des conditions qui sont les leurs en Algérie.

Du côté algérien on se plaint du commerce devenu déficitaire avec la France, de son attitude à l'égard des immigrés, de l'esprit néocolonialiste de sa coopération et bientôt de toute sa politique africaine.

Selon les moments les rapports sont bons, avec visites ministérielles ou présidentielles, promesse de gros contrats... ou mauvais : les contrats sont annulés (1975), les négociations pétrolières ardues au point qu'Elf se retire complètement de l'Algérie (1975) à la différence de CFP.

Et pourtant la France achète toujours plus de gaz algérien (nouveaux contrats, 1972, 77), si elle achète moins de pétrole : l'un et l'autre représentent 93 % des échanges de 1974 alors que les produits agricoles et le vin (moins de 1 million d'hl) ne comptent plus beaucoup.

Aussi bien, en 1976, les États-Unis sont devenus le premier client de l'Algérie (lui achetant près de la moitié de son pétrole et signant de gros contrats pour le gaz), l'Allemagne le deuxième. La France n'est que le troisième avec 4,6 % des exportations algériennes. Elle reste par contre son premier fournisseur avec 30 % du total.

En cette année 1976, la France ne lui achète plus que 5 millions de tonnes de pétrole. Elle abrite encore 824 000 Algériens chez elle mais ils sont désormais moins nombreux que les Portugais. Pour la France l'Algérie ne représente plus que 1,1 % des importations et 2,6 % des exportations. Les coopérants y sont encore 2 900, en 1978, en majorité enseignants, mais cette coopération est difficile; plusieurs contrats industriels envisagés sont peu à peu annulés.

Les relations franco-algériennes illustrent le difficile passage de la colonisation à la décolonisation et le poids des choix politiques. La France veut garder des liens avec le monde arabe, l'Afrique, l'ensemble des pays sous-développés. Elle a sacrifié des intérêts pétroliers — et beaucoup d'autres — mais elle continue à envoyer des hommes et à en recevoir. La culture française reste vivace en Algérie, malgré l'arabisation, et nombre d'Algériens ne peuvent vivre qu'en France.

Symbole de cette perspective humaine qui s'affirme comme fondamentale pour toute politique — intérieure ou extérieure — en cette fin du xxe siècle.

QUATRIÈME PARTIE

DEPUIS 1978

Le XXᵉ siècle est le siècle de l'accélération de l'histoire. Les années les plus récentes n'échappent pas à la règle, bien au contraire. La situation a profondément changé entre 1968 et 1978; on l'a évoquée au fil des pages précédentes. Il ne semble pas inutile, maintenant, de faire le point.

On se placera d'abord de haut pour dresser un tableau des conditions nouvelles, telles qu'elles apparaissent vers 1978. Il s'agira d'une sorte de bilan de dix ans d'histoire. A cette occasion il sera facile de voir que les structures et les préoccupations ne sont plus les mêmes que celles de 1968, même si — on s'en doute — d'assez nombreux éléments caractéristiques ont pu se maintenir.

Puis la trame historique reprendra ses droits dans le détail de l'évolution qui se manifeste à partir de 1978. S'affirmeront alors plus nettement les tendances nouvelles que le tableau de 1978 aura déjà dégagées.

Chapitre XXXIX

DIX ANS APRÈS « 68 »

L'opinion a été profondément marquée par ce qu'on appelle « 68 » sinon même « mai 68 ». Dix ans après, la crise qui a secoué la France n'est pas oubliée, mais elle est plus une référence qu'une préoccupation. La préoccupation majeure vers 1978, c'est la crise économique. Cette crise a éclaté en 1974 alors que la prospérité — trop facile, on sait pourquoi — régnait.

I. LA CRISE

Inflation et stagflation

★ *Développement de l'inflation*

L'origine de l'inflation mondiale se trouve, pour la plus large part, aux *États-Unis*, comme on l'a déjà dit [1] : la multiplication des dollars, accompagnée, depuis 1971, de leur inconvertibilité, ne pouvait qu'engendrer le processus inflationniste. Et cela d'autant plus qu'on se résignerait aux taux de change flottants, selon les décisions de la conférence de la Jamaïque en janvier 1976.

Les dollars sont venus inonder le monde, en particulier l'Europe, sous le nom d'eurodollars. Les monnaies d'autres pays, notamment celles qui sont restées les plus solides, tels le mark ou le franc suisse, se sont jointes aux eurodollars si bien qu'on en est venu à parler d'*eurodevises*. Quelle somme représentent ces dernières ? Impossible de le préciser, tant leur comptabilité est difficile à tenir, vu le caractère très mouvant, par définition, de ces monnaies. On parle d'une masse qui, en 1978, équivaudrait à 500 milliards de dollars!

Dans ces conditions *les réserves* des Banques centrales continuent à accumuler ces devises même si, matériellement, elles ne se trouvent pas dans leurs caves. Aussi les « réserves » mondiales qui entre 1950 et 1970 augmentaient au rythme de 3 % an le font-elles au rythme de 15 % depuis 1973 ; les dollars représentent autour de 80 % des eurodevises en 1978 et ces dernières largement les deux tiers des réserves.

La France, ici, a une situation assez particulière : fin 1978 les devises ne représentaient qu'environ 26 % de ses réserves, mais l'or (sur les bases d'une réévaluation faite régulièrement) plus de 70 %, le reste étant constitué par des avoirs sur le FMI. Le total atteignait 132,6 milliards de francs. Ces réserves solides et le fait que l'État français soit fort peu endetté à l'égard de l'étranger expliquent que la masse monétaire puisse se développer. Ce développement n'en a pas moins été excessif : les disponibilités monétaires et quasi monétaires au début de 1968 étaient de 256 milliards de francs mais au début de 1978 de 998

---

[1]. Chapitre XXXI, paragraphe II.

(dont presque la moitié en quasi-monnaie alors que celle-ci ne représentait qu'un peu plus du quart dix ans plus tôt). Le rythme d'accroissement annuel qui, avec 18 %, a eu son apogée en 1974 se maintient encore à plus de 12 %, malgré le désir de le limiter à 10 %.

La dépréciation du franc semble donc inévitable. Certes, par rapport à d'autres monnaies, elle apparaît relativement honorable. Elle est cependant trop liée à des structures anciennes, et non pas seulement à la spéculation, pour qu'elle ne soit pas inquiétante. On n'a pas dévalué le franc depuis août 1969 (dévaluation de 12,5 %) mais en dix ans certaines monnaies ont pu être réévaluées et le mark, dans ce rapport de forces, est visiblement le grand vainqueur. La France paie cher les produits qu'elle achète à l'Allemagne, son premier fournisseur (20 % environ).

L'inflation qui était de 5,8 % par an, en moyenne, entre 1968 et 1972, a atteint environ 10 % entre 1972 et 1978 (en Allemagne 5 %, mais près de 16 en Grande-Bretagne). Aussi les prix de détail montent-ils parfois de 1 % par mois. Ils ont doublé entre 1970 et 1978; on ne voit pas, à cette date, que la tendance change : le taux de doublement est plus près de 7 que de 8 ans. Cependant *la hausse des prix* est variable selon les produits : plus faible pour les produits manufacturés, un peu plus forte pour les produits alimentaires, souvent très importante pour les services.

L'opinion semble se résigner à cette évolution. On achète toujours... Dépenses d' « anticipation » : à quoi bon épargner de l'argent dont le pouvoir d'achat diminue ? La psychologie est loin d'être négligeable dans le processus inflationniste. Malheureusement l'inflation a beaucoup plus servi la consommation que l'investissement et *la stagflation n'a pu être évitée.*

Une plus grande rigueur monétaire a été voulue par le gouvernement Barre à partir d'août 1976. L'inflation n'en a pas moins continué. Il a fallu accepter des budgets en déficit et cependant la reprise économique escomptée ne s'est pas produite, le chômage s'est lourdement aggravé; les faillites prouvent le marasme économique : on n'a pas réussi à sortir de la crise économique née en 1974, en dépit des multiples moyens mis en œuvre.

★★ *La politique monétaire et financière.*

La politique monétaire est très difficile à conduire dans un contexte mondial qui, lié au dollar américain, est empreint d'un grand laxisme. En dépit de quelques déclarations solennelles, la France, visiblement depuis 1974, s'est *résignée au désordre monétaire mondial* [1]. Les seules tentatives sérieuses pour maintenir un certain ordre ont concerné l'Europe. Ce fut d'abord le « serpent communautaire », mais elle ne put s'y maintenir que de mars 1972 à janvier 1974, puis de juillet 1975 à mars 1976. Ce sera ensuite le « système monétaire européen » (SME) à partir d'avril 1979. Mais il s'avère qu'une solide monnaie européenne (l'écu) ne peut guère s'établir dans le flottement général des monnaies (à commencer par le dollar que ne garantit plus l'Europe depuis 1973) et, tout autant, dans l'inégalité des neuf monnaies qui sont à la base du calcul de l'écu, simple monnaie de compte.

---

1. Revoir le chapitre XXXIII, paragraphe I.

Les relations monétaires extérieures de la France, passées de la rigueur gaullienne de 1968 à la souplesse giscardienne de 1978, ont eu des répercussions à la fois extérieures et intérieures. A l'égard de l'étranger, les entreprises ont été appelées à *s'approvisionner en fonds sur le marché de l'eurodollar*, y compris les sociétés nationalisées comme l'EDF. Si bien que, si l'État est peu endetté, ces sociétés le sont (90 milliards d'encours à la fin de 1977).

Cette politique de crédit s'est développée aussi à l'intérieur. Même « encadré », le crédit est plus que jamais une base structurelle de l'économie française vers 1978. Crédit à long terme, mais, plus encore, à court terme. Certes le taux de l'intérêt est élevé, mais cela est moins grave en temps d'inflation. Et comment ne pas y recourir quand l'autofinancement des entreprises, après s'être redressé, retombe à nouveau avec la crise ? Le marché financier (actions, obligations) passe, en dix ans, de la moitié du financement des entreprises à un peu plus du quart seulement. Ce sont les banques, essentiellement, qui assurent la relève. De la fin 1967 à la fin 1977 leurs crédits à l'économie ont augmenté de 176 à 986 milliards. Quant aux crédits à la consommation consentis aux « ménages » ils atteignent 35 milliards à la fin de 1978 dont plus de la moitié par le système des ventes à tempérament (automobile surtout). Le marché financier, traditionnellement médiocre, s'est effondré avec la chute des cours des valeurs à revenu variable. On lui préfère un placement à court terme, la construction immobilière, le refuge des « valeurs sûres » : œuvres d'art, bijoux, or, terre. En 1975 on ne comptait qu'environ un million et demi d'actionnaires. L'épargne liquide, rapidement mobilisable, a été multipliée par cinq en dix ans, les dépôts en caisse d'épargne et l'épargne-logement ont doublé de 1973 à 1977.

Le fisc n'est pas sans souffrir de cette situation. Où saisir la matière imposable ? Maintes réformes ont été proposées. En 1978 force est de constater que peu de progrès ont été accomplis. La fraude fiscale reste considérable (20 %). L'impôt sur la consommation tend à diminuer mais la TVA ne représente tout de même pas loin de la moitié des recettes de l'État; l'impôt sur le revenu environ 20 % et il n'est pas d'une parfaite justice. Le poids de l'impôt a augmenté, le nombre des contribuables aussi, mais l'inégalité entre ceux-ci reste choquante. Les moins touchés restent, relativement, les grosses fortunes et le monde paysan.

Le budget, alimenté par ces ressources, représente toujours entre 20 et 22 % du PIB. Si l'on y ajoute les cotisations sociales obligatoires on arrive à environ 40 %, en nette augmentation (35 % en 1970). Longtemps présenté en équilibre, le budget s'est soldé depuis 1975 par un déficit que viennent combler des « collectifs ». Depuis 1978 il est présenté en déséquilibre. L'État vient alors lancer des emprunts : la dette publique passe de 9 milliards en 1976 à 14,5 en 1978, 20 en 1979. La structure du budget n'a pas été l'objet de modifications profondes. Tout au plus l'Éducation, avec environ 17 % du total, tend-elle à passer un peu derrière la Défense nationale. Le budget de l'agriculture qui concerne spécialement 10 % des Français en 1978, reste stable avec 11 à 12 % du total, et cela depuis 1970 (date où 15 % des actifs étaient des agriculteurs).

Par les emprunts qu'il rend nécessaire, par les crédits qu'il soutient, par le rôle de redistribution qu'il assume, le budget occupe une place primordiale dans la vie de la France. Son chiffre élevé — près de 500 mil-

liards pour 1978 — et son rythme de progression, passé, très grossière-
ment, de 10 % au moins vers 1968 à 15 % ou beaucoup plus vers 1978,
prouvent, si besoin était, le poids de l'inflation.

L'inflation était considérée comme un mal en 1968. En 1978, comme
une fatalité.

Les problèmes du pétrole et de l'avenir énergétique

★ *Le pétrole.*
C'est en 1965 que, pour la première fois, le pétrole dépassait le charbon dans la consommation totale d'énergie (43,2 % contre 40,5). Depuis
lors sa place s'est accrue régulièrement jusqu'en 1973 : 66,5 %, puis,
non moins régulièrement, s'est faite plus modeste : 58,6 % en 1978 [1].

La hausse des prix pétroliers explique cette chute dans un pays voué
à l'importation de l'or noir. La production nationale a frisé les 3 millions
de tonnes en 1965 mais est tombée au chiffre infime de 1 en 1978 pour
une consommation croissant de 49 à 117 millions de tonnes entre 1965
et 1973 et se maintenant entre 1974 et 1978 autour de 103 ou 104 millions.

On ne reviendra pas ici sur le détail de cette évolution [2]. Il suffira de
rappeler *les faits caractéristiques vers 1978 :*

— prix pétroliers multipliés par 5 et augmentés encore de 50 % en
1979; autant dire prix incontrôlés; l'OPEP (Organisation des pays
exportateurs de pétrole) fait la loi sous l'œil bienveillant des grandes
compagnies anglo-saxonnes;

— dépenses pétrolières de la France passant de 16 milliards de
francs en 1973 à 54 en 1978. Le pétrole est le grand responsable du
déficit commercial de la France. Son importation représente les 5/6 des
achats énergétiques;

— approvisionnement s'orientant de plus en plus vers le grand pourvoyeur qu'est le Moyen-Orient. Cela n'est pas sans rapport avec la
dégradation des rapports franco-algériens. L'Algérie est un pays pétrolier « dur ». Au contraire, au Moyen-Orient, certains États sont moins
rigoureux et, en échange de leur pétrole, offrent à la France d'avantageux contrats. En 1978 plus d'un tiers du pétrole importé vient d'Arabie
Saoudite, un sixième de l'Irak, un quart des divers autres pays de cette
zone éminemment instable qu'est le Moyen-Orient;

— inquiétude grandissante devant l'ensemble des problèmes que
posent le pétrole et, par voie de conséquence, toutes les sources d'énergie.

★★ *Les problèmes et la politique de l'énergie.*
Toutes les matières premières, et pas seulement celles qui sont énergétiques (pétrole, gaz, charbon, uranium), posent de redoutables questions d'avenir. Le fer et les autres métaux, les matières premières textiles, certains produits alimentaires tropicaux, etc. ont vu leurs cours
fluctuer de façon extraordinaire depuis 1973, année où ils ont « flambé ».
La France participe à l'effort de stabilisation que réclament les pays

---

1. Pour la part respective de chaque source d'énergie de 1950 à 1965, se reporter
au tome I page 404.
2. Revoir le chapitre XXXV, paragraphe II.

sous-développés mais auquel s'opposent de façon quasi automatique les États-Unis. En 1978 fort peu d'accords ont été mis sur pied et la facture est lourde pour la France. Aussi est entreprise une prospection systématique du sous-sol national.

Pour l'ensemble de l'énergie, un programme d'économie a été mis sur pied dès 1974. Un « délégué général à l'énergie » a été nommé. Des résultats ont été obtenus, mais en 1978 on les juge inégaux, insuffisants. La consommation à usage domestique (un quart du total, dont 70 % pour le chauffage) n'a pas assez baissé malgré le rationnement du fuel ; celle du carburant ne s'affirme pas malgré la hausse de son prix, inférieure d'ailleurs à la hausse du prix du pétrole. On s'oriente donc en 1978 vers une certaine libération des prix, un certain libéralisme en matière énergétique [1].

Pour le pétrole en particulier, dont il a déjà été beaucoup parlé, si la rigueur se renforce contre le gaspillage des consommateurs — particuliers ou entreprises — elle s'atténue à l'égard des grandes sociétés importatrices très liées au marché international. On délaisse la volonté

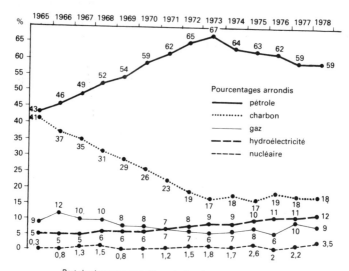

Part de chaque source d'énergie dans la consommation totale
(1965-1978)

de réserver plus de 50 % du marché français aux seules sociétés françaises. La société Elf-Erap est devenue en 1976, après fusion avec SNPA (Société nationale des pétroles d'Aquitaine), la SNEA (Société nationale Elf Aquitaine) dont l'État ne détient plus que 70 % du capital. Avec ses holdings elle diversifie ses activités, acquiert 50 % de la société « Le Nickel », s'ouvre à la concurrence.

Le gaz a connu entre 1968 et 1978 un grand développement : de 5,4 % de l'énergie consommée il est passé à 11 % et l'on prévoit 16 % pour 1985. Un tiers vient encore du Sud-Ouest qui s'appauvrit mais où l'on

---

1. Cette nouvelle tendance sera présentée plus explicitement au chapitre suivant, paragraphe II.

continue la prospection, un autre tiers de Hollande ; le reste d'Algérie, de mer du Nord et de façon théorique, par échange, d'URSS. Les contrats se multiplient pour livraison de gaz liquéfié ou brut. Le gazoduc méditerranéen revient sur la sellette. Un troisième terminal pour méthaniers se construit à Montoir-de-Bretagne près de Saint-Nazaire.

Le charbon en 1978 reste dans le déclin même si celui-ci ralentit. Depuis 1977 les importations dépassent la production nationale tombée à 22,4 millions de tonnes, dont presque la moitié est due à la Lorraine. On a retardé la fermeture de certaines mines, construit de nouvelles centrales au charbon, établi une collaboration de celui-ci avec le pétrole pour la chimie. Malgré cela les Charbonnages de France ne peuvent vivre sans l'aide de l'État. L'avenir du charbon français reste très sombre.

Le nucléaire est en situation inverse. Il assure 3,5 % de la consommation énergétique en 1978 contre 1,5 en 1968. Les caractères principaux qui le concernent sont les suivants :

— sa compétitivité depuis 1972 et, a fortiori, depuis la hausse du prix du pétrole ;

— les atouts de la France : uranium national ou africain, technique très au point, avance remarquable pour le plutonium et les surgénérateurs ;

— coopération bénéfique avec les pays développés ou sous-développés ;

— équipements de plus en plus puissants : les centrales atteignent désormais 1 300 MW pour chacun de leurs groupes. Quatre se construisent pour alimenter l'usine d'enrichissement de Tricastin ;

— coût très élevé ;

— programmes de développement ambitieux, un peu remis en cause, puis repris pour que la part du nucléaire dans l'électricité totale passe de 13 % en 1978 à 60 % en 1985 et peut-être 80 % en 2000 ;

— une grande contestation à l'égard de cette source d'énergie inquiétante, polluante. Contestation passionnée plus que rationnelle, liée à l'inquiétude générale de la société et des perspectives de la fin du siècle.

Les nouvelles sources d'énergie semblent la solution de l'avenir. Mais on les connaît à peine, on ne les maîtrise absolument pas. Du moins la France est-elle, ici encore, à l'avant-garde, deuxième après les États-Unis pour la recherche et parfois première pour la production expérimentale. Il s'agit de l'énergie géothermique, déjà utilisée pour le chauffage domestique. Il s'agit, plus encore, de l'énergie solaire. Elle assure déjà, elle aussi, grâce à des « capteurs solaires » un chauffage domestique expérimental mais d'autre part les connaissances acquises grâce à la centrale solaire d'Odeillo permettent de lancer un vaste programme, dit « plan photovoltaïque » en 1978 [1].

Le bilan de tous ces problèmes énergétiques, vers cette date, est clair. La profonde mutation des données stimule la recherche, pour laquelle la France tient une place plus qu'honorable. Mais les points noirs sont nombreux : dépendance excessive, de l'ordre de 75 à 80 % ; dépenses considérables pour l'investissement comme pour l'importation (20 à 25 % de toutes les importations françaises), dangers non négligeables — encore qu'objectivement difficiles à apprécier — pour la sécurité et l'environnement, ralentissement inéluctable à court ou moyen terme d'une croissance dont on croyait qu'elle continuerait au même rythme.

---

1. Voir chapitre suivant, paragraphe II.

D'un rythme de 5 à 6 % par an on s'estime désormais heureux si l'on peut se maintenir à 3. L'énergie, en effet, tout comme l'inflation, est venue bouleverser les bases et les structures de l'économie française et mondiale.

II. LA PERTURBATION
DES STRUCTURES ÉCONOMIQUES

Les nouvelles données de la vie économique

★ *Croissance plus lente et contrôlée.*

La crise de 1974 avec ses deux aspects majeurs que sont le développement de l'inflation et le coût du pétrole a fait prendre conscience — et cela est très net vers 1978 — de la nécessité d'un nouveau type de croissance, beaucoup plus modéré, beaucoup moins débridé. Le gros problème est de savoir quel sera l'acteur essentiel de cette tendance nouvelle, la libre concurrence ou l'action étatique ? Le paragraphe suivant [1] s'attachera à cette question. Ici on constatera seulement les faits. Un rappel historique n'est pas inutile.

De 1945 à 1974, la France a vécu ses « trente Glorieuses [2] ». Elle a bénéficié d'abord des grandes réformes structurelles de 1944-46, d'une ardente volonté de développement, d'une rapide croissance démographique, d'un cadre international favorable : crédits américains, bas prix du pétrole et des matières premières, ouverture stimulante à la concurrence du Marché commun. En profondeur ces facteurs favorables ont conduit à développer l'investissement [3] qui procure le travail et assure l'avenir — à accroître la productivité — sans laquelle il n'y a pas de progrès social — à rajeunir la France dans toutes ses structures, économiques, sociales et, peu à peu, mentales. L'État, de façon plus ou moins heureuse, plus souple, ou plus autoritaire avec de Gaulle, s'est efforcé d'encourager l'évolution dans un cadre qui est resté libéral [4]. La crise de 1968 enfin n'a pas été sans donner un coup de fouet salutaire.

Depuis 1974 (exception faite de cette année même où régnait le climat électoraliste) la réalité s'est peu à peu imposée, mais trop lentement sans doute. Réalité mondiale : la poussée irrésistible du Tiers Monde, la hausse des prix du pétrole et des matières premières, l'inflation, ce torrent américain déversé sur le monde. Réalité française, peu différente d'ailleurs de la réalité commune aux pays développés : une société exigeante et inquiète, soucieuse de niveau de vie, mais aussi de sa qualité, de l'environnement; des économistes qui commencent à prendre en compte le facteur humain; des hommes politiques qui, depuis l'échec électoral de la Gauche en 1978, se détachent peu à peu de la pure idéologie.

En termes chiffrés, les résultats sont là. Le PIB (produit intérieur brut) croissait en moyenne annuelle de 2 % avant 1945, de 5 % entre 1945 et 1973 (avec même un apogée de 5,6 entre 1960 et 1970, et 6,25

1. Intitulé « Rôle inégal des partenaires économiques ».
2. Titre du remarquable ouvrage de J. Fourastié (Paris, Fayard, 1979).
3. Cf. J.-J. Carré, P. Dubois, E. Malinvaud : *La croissance française*, Paris, Seuil, 1972.
4. Ce rôle de l'État est bien posé dans l'introduction et suivi dans les développements consacrés au *Profil économique de la France*, Paris, La Documentation française, 1976.

entre 1969 et 1973, dépassé seulement par le Japon), mais d'environ 3 % de 1974 à 1978. On espère maintenir 2,5 à 3 % pour les années suivantes. Le PIB atteint 1 858 milliards de francs en 1978. Pour la productivité le maintien, stimulé par la concurrence, semble moins menacé. Les chiffres du progrès annuel étaient 2,5 % avant 1945, 5 % de 1945 à 1973, 4,2 % de 1974 à 1978.

★★ *Place primordiale du commerce et dépendance.*

Avec une France solidement installée dans une société industrielle et une économie d'échanges, le commerce est devenu le grand moteur de l'économie.

Commerce intérieur, d'abord; il s'est adapté. *La distribution* s'est concentrée, mouvement favorisé par la nouvelle répartition géographique de la population, l'automobile, les prix plus bas qu'offrent les « grandes surfaces ». Les petit et moyen commerces n'assurent plus en 1978 que 68 % du commerce contre 90 % en 1950, 85 % en 1960, 72 % en 1970. Les sociétés à magasins multiples occupent la place. La loi Royer de 1973 [1] a limité le mouvement, tout au plus, pour le commerce de détail. Pour celui-ci les magasins d'alimentation sont moins nombreux, à la différence des autres établissements commerciaux qui, en 10 ans, se sont augmentés d'environ 6 500 unités avec 30 000 points de vente supplémentaires.

Le commerce extérieur reste cependant, pour les grosses firmes, le cadre majeur de leur développement. Aussi bien assure-t-il en 1978 près de 20 % de l'écoulement du PIB [2] contre 12 % en 1968 et la France est-elle le 4e exportateur mondial après avoir dépassé l'Angleterre en 1973 mais s'être laissé distancer par le Japon en 1974. L'aide de l'État est considérable pour maintenir cette puissance commerciale (garanties, crédits, allègements fiscaux, etc.). La négociation de très gros contrats, notamment avec les pays pétroliers, favorise l'exportation de biens d'équipement (pas seulement militaires) pour lesquels, depuis 1974, la balance est excédentaire. Ceux-ci représentent environ un tiers du total. Pour les produits bruts (un tiers de l'importation) le taux de couverture, faible, se serait amélioré si le pétrole n'était venu le dégrader. Pour les produits alimentaires, bénéficiaires depuis 1969, l'excédent est fragile (déficits de 1970 et 1977) et bien insuffisant par rapport aux possibilités de la France. La faiblesse des IAA (industries agricoles et alimentaires) en est la cause. Quant aux autres biens de consommation, ils sont devenus le tendon d'Achille, sauf pour l'automobile.

L'excédent commercial s'est renforcé avec les pays sous-développés, sauf avec les pays pétroliers (contrairement à ce que réussit l'Allemagne) et avec les pays socialistes. Le déficit par contre existe à l'égard de l'OCDE, ce qui prouve l'insuffisante compétitivité de l'industrie française. Il y a, en particulier, gros déficit avec les États-Unis en dépit d'un redressement, et à l'égard de l'Allemagne, premier partenaire de la France (environ 18 % du commerce total). L'ensemble du Marché commun en représente 51 à 52 %. Mais en 1978 le taux de couverture n'y est que de 88 % (77 % vis-à-vis de l'Allemagne, 126 % à l'égard de

---

1. Voir chapitre XXXIV, paragraphe II.
2. En 1978, près de 28 % pour la production industrielle, 25 % pour la production agricole, mais les services, malgré leurs progrès, et leurs 8 %, expliquent le chiffre moyen de 20 %.

l'Angleterre). Le déficit est des deux tiers avec le Japon. Le commerce français demeure trop axé sur l'Europe.

La balance reste douteuse. Celle des biens (= balance commerciale) a vu se multiplier les années déficitaires entre 1968 et 1978. Celle des services est en voie d'amélioration sensible grâce au tourisme qui s'est redressé, à la coopération technique, aux grands travaux, à l'ingénierie. Pour celle-ci se sont développés les GEI (grands ensembles industriels) qui fournissent l'usine clés en main, les produits nécessaires... et le marché. Au total la balance des paiements courants (= biens + services) devient, normalement, excédentaire. Quant à celle des capitaux elle s'équilibre à peu près. Si bien que la balance des paiements (= échange des biens, des services, des capitaux) a une tenue convenable et que l'État n'a plus, comme après la crise de 1968, à emprunter à l'extérieur... à la différence des entreprises.

Faiblesses et forces s'affrontent. Parmi les premières la nécessité du crédit commercial, français ou étranger, l'équilibre fragile (de plus en plus) de la balance commerciale à cause de l'énergie (un quart des importations), un déploiement géographique insuffisant etc. En revanche un progrès des ventes industrielles et des services, donc une amélioration des termes de l'échange, une mentalité plus conquérante, même si elle ne l'est pas encore assez, un rang très honorable dans le commerce mondial, le 4e, mais le 2e par tête après l'Allemagne ; 5 à 6 % de ce commerce mondial.

Conclusion finale, favorable ou non : une dépendance accrue tant pour les importations que pour les exportations ; une intégration croissante au monde.

★★★ *Difficultés et adaptation des activités.*

Chacune des grandes activités (les secteurs primaire, secondaire et tertiaire) a été affectée, en l'espace de dix ans [1], par de multiples contingences (les effets de « 68 », la crise de 1974), ou par le développement d'éléments structurels qui s'affirmaient déjà antérieurement : la concurrence, la concentration, la mutation de la demande avec ce que cela suppose d'adaptation.

De 1968 à 1978 ont été sensibles les déplacements de main-d'œuvre d'un secteur à l'autre (preuve des progrès de la productivité et d'un sens favorable de l'évolution) et les changements de la part relative de chaque secteur dans la valeur ajoutée (dont le total forme la PIB). Voici, très arrondis, comment se présentent les pourcentages :

	Main-d'œuvre		Valeur ajoutée [2]	
	1968	*1978*	*1968*	*1978*
secteur I	16	9	8	5
secteur II	39	39	53	56
secteur III...........	45	52	39	39

---

1. Étude assez détaillée dans les chapitres précédents (notamment chapitre XXXV) pour qu'on se contente ici de ne dégager que les très grandes tendances.

2. Pour les services la comptabilité est difficile car ils sont en général intégrés dans les pourcentages relatifs aux secteurs I et II. Ainsi les entreprises absorbent-elles la moitié des services.

Pour l'agriculture le rythme des départs d'exploitants s'est quelque peu ralenti (moins de 3 % par an désormais) mais reste suffisant pour développer la concentration (23 hectares environ), favoriser un certain rajeunissement de la profession grâce à l'aide des pouvoirs publics aux jeunes agriculteurs. Pour l'ensemble de l'agriculture l'aide est toujours considérable, tant pour les structures, la formation, le soutien aux produits, que grâce à la défense du précieux Marché commun agricole. Les problèmes sont loin cependant d'être résolus : le Marché commun est menacé, l'endettement des exploitants s'accroît dangereusement, lié au prix croissant de la terre (c'est le problème foncier) et des biens intermédiaires, les structures demeurent très inégales. Le paysan français est loin d'être devenu, partout, un exploitant agricole.

L'industrie est restée le grand moteur de la vie économique et du progrès en général. *Elle a bien progressé* jusqu'en 1974 mais n'a retrouvé le niveau de cette année-là qu'en 1978, ayant augmenté d'un bon quart sa production par rapport à 1970.

Elle n'en est pas moins toujours très diverse dans ses structures (bien que cette diversité tende à s'atténuer) et dans ses secteurs. C'est en considérant la place tenue par l'exportation qu'on mesure la vitalité de ceux-ci : l'automobile, l'aéronautique, l'armement, certains équipements, dont ceux que réclame l'ingénierie, les produits de luxe marchent bien. Selon le moment ou le type de production, ont une position assez bonne la construction électrique et l'industrie chimique, mais connaissent de plus ou moins amples difficultés la plupart des vieilles industries : sidérurgie, textile, construction navale, cuir, bois et papier etc. Les progrès existent, parmi celles-ci, mais sont encore inégaux pour les trois premières par le chiffre d'affaires : bâtiment, industries alimentaires (IAA), mécanique.

Le rôle de l'État demeure très important, même s'il se veut moins visible. L'aide a pu être ponctuelle (ex. Renault), sectorielle (ex. la sidérurgie), favorable aux regroupements (ex. Peugeot-Citroën), ou aux PMI (petites et moyennes industries, pour lesquelles on a multiplié les facilités). Mais, dans le climat de libéralisme qui en dix ans s'est progressivement affirmé, on constate que cet état de fait n'a pu que conduire à une double mainmise sur l'industrie française : celle des banques et celle de l'étranger, et pour celui-ci, souvent avec l'accord de l'État (ex. l'informatique).

Le rôle de l'étranger devient donc croissant, soit par les investissements qu'il procure, soit par les débouchés qu'il assure, soit enfin par l'implantation qu'il offre aux plus grosses sociétés françaises; elles trouvent là un meilleur moyen d'affronter le marché extérieur.

Les difficultés de l'industrie changent de nature. Si leurs structures demeurent médiocres, les entreprises doivent en plus payer trois fois et demi plus cher leurs matières premières (entre 1968 et 1978), affronter la nouvelle concurrence du Tiers Monde pour maint produit (textile, sidérurgie, électronique). En outre le coût salarial augmente plus vite que les prix à la production et surtout le financement est mal assuré, l'investissement piétine alors que, de façon excessive, croît l'endettement.

Pour l'industrie, l'heure du choix est arrivée : sauver toute l'industrie, ou pénétrer en force dans les « créneaux » où la France a ses chances ? C'est l'emploi, c'est l'indépendance nationale qui sont en jeu.

Pour les services, le choix s'exerce de façon plus automatique. Les services, par nature, s'adaptent avec une plus grande souplesse. Certes la rigidité peut se maintenir, malgré de notables progrès dans l'administration, dans l'enseignement, mais, même là la volonté d'ouverture, de déconcentration, s'est nettement affirmée en dix ans. On a vu d'autre part que la distribution s'était assainie, que le commerce extérieur était devenu un grand stimulant. Les transports dont les équipements sont de plus en plus coûteux se sont multipliés et améliorés; ils n'ont pas encore, cependant, atteint le niveau souhaitable. Les circuits financiers, la banque ont su, en dépit de soubresauts, beaucoup mieux répondre à la demande. Le tourisme voit son organisation s'améliorer, mais il y a encore beaucoup à faire pour en tirer tout le profit possible. Mais l'avenir, finalement, n'est-il pas le plus vaste, sinon le plus difficile à mesurer, pour l'information et l'informatisation?

★★★★ *L'aménagement du territoire* apparaît comme une sorte de conclusion logique de toutes les mutations subies par la vie économique et — cause ou conséquence — par la structure sociale. Cet aménagement devait s'affiner. Il l'a été : plus souple, plus discret, plus ponctuel, lié de très près à l'environnement, au cadre et à la qualité de la vie, plus qu'aux gros transferts ou aux gros équipements. Totalement ignoré autrefois, l'espace rural est devenu un grand centre d'intérêt.

Au niveau de la réalisation, la vue est devenue plus libérale, la décision plus décentralisée. L'État conserverait pour lui ce qui concerne l'infrastructure, la conduite d'une politique d'ensemble; il créerait des cadres favorables, y compris par de grandes lois sur l'environnement (loi sur la protection de la nature, 1976; charte de la qualité de la vie, 1978). Pour les actions concrètes les « régions » prendraient plus ou moins la relève. Reste la grosse question des moyens financiers. Question qui risque de bloquer les meilleures intentions du monde!

Rôle inégal des partenaires économiques

La vie économique s'inscrit dans un cadre. Celui-ci, pour une bonne part, résulte d'une décision de caractère politique. Pour la France le cadre a toujours été libéral; toutefois l'État, surtout depuis la Libération, y a tenu une place non négligeable. Qu'en est-il advenu depuis 1968? L'entreprise est-elle plus ou moins libre, et comment? On se posera aussi la question de savoir si la France connaît l'organisation que requiert son degré de développement.

★ *Des statisticiens aux énarques.*

La statistique est devenue le point d'appui indispensable à toute action économique. L'appareil statistique français, auquel travaillent 11 000 personnes, au lieu de 150 en 1939, est devenu solide, bien que l'INSEE (Institut national de la statistique et des études économiques) manque encore de données précises pour ce qui concerne l'agriculture, le niveau de vie, la fortune, la vie culturelle etc.

Les organismes de recherche se sont multipliés, plus ou moins tournés parfois vers l'action ou l'information du public : INC (Institut national de la consommation), CERC (Centre d'étude des revenus et des coûts) etc.

La RD (recherche-développement) se place dans ce sillage mais à un niveau plus élevé. Par les capitaux énormes qu'elle mobilise, elle ne peut laisser l'État, grand pourvoyeur de fonds à côté de l'Université et des entreprises, dans l'indifférence. L'État assure 71 % de la RD en

1967 mais 57 % en 1977; la recherche universitaire, aux structures trop lourdes, est insuffisante. L'État vient en aide à la recherche des PMI (petites et moyennes industries) en 1977.

Les difficultés de la RD concernent :

— le financement : de 2,15 du PIB qui y sont consacrés en 1967, on est tombé à 1,8 en 1975;

— un certain désengagement de l'État : 71 % du total en 1967, 57 % en 1977. Restent prioritaires pour lui l'aéronautique et l'électronique;

— l'insuffisance du « développement », de l'innovation. L'ANVAR (Agence nationale pour la valorisation de la recherche) n'a pas mal réussi depuis sa création en 1968. La recherche demeure encore trop « fondamentale », trop éloignée des applications et des petits utilisateurs, du type PMI.

En conséquence de cette situation, peu de brevets sont demandés à la France; il n'y a qu'un léger progrès, depuis 1968; il y a même déclin du dépôt de brevets. La balance des « échanges techniques » est négative (79 % en 1976). Faut-il, ici encore, une politique de « créneaux »? Favoriser la RD dans aéronautique, nucléaire, ingénierie, et cette nouvelle « robotique » où Renault fait œuvre de pionnier ?

L'enseignement reste trop coupé de la vie économique, malgré les notables efforts accomplis depuis 1968; l'enseignement technique a progressé; on a cherché à l'anoblir. Les chefs d'entreprise le trouvent insuffisant, tout comme ils répugnent à recruter leur personnel dans les diplomés des universités.

Les « managers » demeurent les plus efficaces des agents économiques. La gestion de l'entreprise demande plus de pratique que de connaissances théoriques. En dix ans, avec la prise de conscience de la priorité donnée à la vente et à l'exportation sur la production, l'importance d'une bonne gestion est un des piliers du progrès économique. ... Mais on retrouve la question : au profit de qui ? L'entreprise ou les hommes qui vivent d'elle ?

Les énarques sauront-ils répondre à l'attente ? Ces anciens élèves de l'ENA (École nationale d'administration) ont, entre 1968 et 1978, singulièrement accru leur puissance. Leurs vues technocratiques, fonctionnelles, administratives leur sont reprochées pour la conduite d'ensemble de l'économie qu'ils considéreraient dans l'abstrait et non dans celle des hommes. L'ENA est discutée et ses élèves eux-mêmes ne sont pas unanimes.

★★ *Les investisseurs : les banques* [1].

Le niveau de l'investissement est inégal. Pour le principal, qui concerne la « formation brute de capital fixe », il est passé de 23 à 22 % entre 1968 et 1978. Mais la part qu'y détiennent les entreprises publiques est croissante si bien que pour le secteur privé les chiffres prouvent un affaiblissement important, surtout depuis 1974; toutefois les entreprises françaises font, en Europe, honorable figure. Elles souffrent des grands emprunts lancés par les entreprises publiques, qui détournent vers ces dernières une notable partie du marché financier. Au total l'investissement est devenu difficile et insuffisant et l'épargne — on l'a dit —, semble le bouder.

---

1. On aura intérêt, pour ce paragraphe, à se reporter à ce qui a été dit aux chapitres XI paragraphe IV, XXXIII paragraphe II et ci-dessus paragraphe I.

Par secteur le tertiaire vient en tête avec plus de la moitié, notamment à cause de l'EDF, de la SNCF, etc. L'industrie opère pour plus du tiers, l'agriculture représente autour de 7 % du total. Pour celle-ci comme pour les autres secteurs, l'endettement est devenu redoutable : cela tient aux origines de l'investissement.

Les origines sont multiples mais le crédit est fondamental, en effet. L'autofinancement — 63 % environ entre 1969 et 1973 — a chuté à partir de 1974 mais se redresse brusquement à 68 % en 1978; toutefois il n'est alors que d'un tiers pour les entreprises publiques. A défaut du marché financier, que l'épargne néglige (même pour les obligations), comme on l'a vu, et qui ne fournit plus que le quart de l'investissement au lieu de la moitié, il faut se tourner vers le marché monétaire, abondant en temps d'inflation, c'est-à-dire vers le crédit.

D'où vient ce crédit ? Du FDES (Fonds de développement économique et social) dont l'action a baissé d'abord, progressé ensuite en se tournant davantage vers les entreprises privées (3/5 de ses crédits en 1978); de l'IDI (Institut de développement industriel créé en 1970), plus modestement. Les entreprises publiques recourront à des subventions particulières de l'État, mais, comme les autres, surtout à l'emprunt et au crédit. On peut s'adresser à l'étranger (et l'EDF n'est pas la dernière à le faire) : 90 milliards de francs cumulés à la fin de 1977 (mais autant de créances, il est vrai). On acceptera aussi une participation étrangère au capital de l'entreprise... parfois même on « se vend » à une société étrangère. Mais le cas le plus fréquent reste le crédit bancaire, quitte, ce qui est très dangereux, à obtenir un crédit à court terme (50 % des crédits le sont en 1978!) pour financer l'investissement souhaité.

Les banques jouent un rôle déterminant, donc, parmi les investisseurs. Réorganisées par les grandes mesures de 1965-66, elles affirment une plus grande diversité de leurs activités et toutes s'intéressent, de plus près à l'économie; le crédit-bail, les opérations avec l'étranger, le développement de nouvelles pratiques (le prêt en blanc par exemple) ont pris, en quelques années une très grande importance. Elles se sont renforcées en se regroupant mais sont tout de même 378 à la fin de 1977 au lieu de 293 dix ans plus tôt. L'essor a été grand et les a rendues imprudentes : trop de guichets, trop de « services » assurés aux clients, trop de crédits, si bien que l'État a dû exercer un contrôle plus rigoureux, les soumettre à la constitution de « réserves obligatoires » que contrôle la Banque de France et le crédit a été « encadré », c'est-à-dire limité. Elles sont encouragées à s'orienter vers des mesures sélectives en faveur de telle activité. Beaucoup d'entre elles vont chercher à l'étranger des possibilités de profit qui s'avèrent nettement moins favorables désormais en France. L'alliance avec certaines banques étrangères peut faciliter ce redéploiement. Mais le problème est posé de la fuite hors de France de ce qui pourrait stimuler l'économie et l'emploi.

Finalement les banques françaises ont accru leur puissance. Quatre désormais sont parmi les dix premières du monde alors qu'il n'y en avait aucune en 1968. Mais la plus puissante est le Crédit agricole (2e du monde!), et beaucoup d'autres établissements mutualistes, aussi bien que l'ensemble des 391 « établissements financiers » spécialisés dans telle activité, font une rude concurrence aux banques traditionnelles.

L'étranger participe à l'investissement en France soit par les crédits qu'il peut y trouver soit par les entreprises qu'il contrôle : 5 % de celles qui occupent moins de 500 personnes, mais autour de 25 % pour les autres : principalement dans la mécanique, la chimie, le pétrole, la construction électrique etc. Grosses sociétés, elles réalisent 20 à 25 % des investissements des entreprises « françaises ». Les sociétés à participation étrangère sont pour 42 % originaires du Marché commun, 38 % américaines, 14 % suisses etc.

L'investissement français à l'étranger a doublé entre 1967 et 1977, passant de l'équivalent de 6 à 12 milliards de dollars. Mais la France n'est plus que le 6e investisseur mondial alors qu'elle était le 3e dix ans plus tôt. L'Europe attire beaucoup ses capitaux, mais de plus en plus aussi les États-Unis : c'est le meilleur moyen pour pénétrer ce grand mais redoutable marché.

★★★ *Les entreprises* restent l'élément de base de la vie économique. *Leur structure a modérément évolué depuis 1968.* Un quart d'entre elles concernent les services, le reste se partagent à peu près également entre les secteurs primaire et secondaire. Mais quelle diversité dans chacune des branches! Grosses et petites entreprises, à forte ou à très faible productivité, ou en progrès ou en déclin etc. Même si on laisse de côté les entreprises agricoles on constate que l'entreprise artisanale se maintient; elle a même progressé (675 000 contre 622 000 en 1968) se développant dans l'alimentation, la réparation, les services, l'art, déclinant dans la production, sauf si elle est hautement spécialisée et peut sous-traiter avec les grosses sociétés.

Les PME (petites et moyennes entreprises) se débattent souvent dans les difficultés et sont, surtout depuis 1977, l'objet de la sollicitude gouvernementale.

Les grosses sociétés demeurent vitales pour la nation : 500 d'entre elles assurent le tiers du commerce extérieur. Elles occupent toutes plus de 2000 employés. Les plus importantes en 1978 sont, par le chiffre d'affaires, Renault, la CFP (Compagnie française des pétroles), PSA-Peugeot-Citroën, Elf-Aquitaine etc. Leur place dans le monde s'affirme.

Les entreprises nationalisées sont en fait toujours très diverses mais la tendance, en dix ans, a été de leur donner une plus grande liberté, soit en allégeant la tutelle de l'État par le système des « contrats d'entreprise » soit en les poussant à diversifier leurs activités : Renault et la machine-outil, les charbonnages et la chimie etc.

Leurs investissements sont énormes et leurs problèmes financiers — Renault mis à part — quasi dramatiques. Le concours de l'État n'ont pourtant pas été ménagés (12 milliards de francs en 1972 croissant jusqu'à 30 milliards en 1978!) très souvent par le canal du FDES. Mais l'autofinancement tombant de la moitié au quart entre 1968 et 1978, il faut se tourner vers le marché financier dont la moitié environ, par des obligations, s'oriente vers ces entreprises publiques. L'emprunt à l'étranger, négligeable en 1970, ne fournissant que 4 % des investissements, représente 12 % en 1977.

L'État cherche donc à se désengager. Ses contrats exigent la rentabilité quitte à ce qu'il subventionne à part ce qui relève du service public. Mais cette dernière notion s'estompe de plus en plus depuis la publication du rapport Nora de 1968. La Gauche s'en alarme et les grèves extrêmement fréquentes, coûteuses, paralysantes, prouvent les mauvaises relations entre ces entreprises et leurs employés.

La vie des entreprises privées n'est pas moins difficile. Les faillites, croissantes de 1968 à 70, en diminution ensuite, ont repris de plus belle depuis 1974, dont 25 000 pour 1977 et 78! L'endettement est lourd et cependant l'investissement mal assuré. Le remède reste la concentration mais celle-ci n'atteint plus le degré des années 1960-72. On cherche plutôt maintenant, par l'intermédiaire de holdings, à diviser les risques en diversifiant les activités. Les plus grosses sociétés (Saint-Gobain, Chantiers de l'Atlantique, Rhône-Poulenc, etc.) ont donné l'exemple. De nouveaux liens, d'autre part, se tissent avec l'étranger : le capitalisme international se porte bien.

C'est ce que dénonce toujours le monde des ouvriers et employés. Les rapports entre celui-ci et le patronat se sont pourtant améliorés, les conditions de travail sont devenues plus favorables. Non toujours cependant. Les patrons — on dit plutôt désormais « chefs d'entreprise » — laissent davantage d'autonomie aux équipes ouvrières, aux directeurs des divers établissements de leur société; ils sont plus ouverts aux revendications sociales dans le cadre d'une plus saine gestion. Celle-ci est l'objet d'une attention croissante. Ira-t-on cependant jusqu'à la fameuse « participation » tant prônée autour de 1968 ?

L'État, face aux problèmes de l'entreprise a multiplié conseils, aide (générale ou ponctuelle), incitations fiscales (pour produire, embaucher, exporter), il reste cependant, vers 1978, dans une position très attentiste pour tout ce qui concerne la structure (malgré études, rapports, commissions...) et plus encore la participation. La libre concurrence entre entreprises, entre chefs d'entreprise et employés, par le biais des conventions collectives, s'est imposée comme une sorte de loi. Il y a là une évolution sensible par rapport à 1968.

★★★★ *L'État.*

L'État est omniprésent, son rôle est diffus, difficile à saisir. Assurant un cinquième de l'emploi, un tiers de l'investissement (par action directe ou indirecte), deux tiers du crédit, et prélevant 40 % du revenu national par le fisc et les cotisations sociales, il joue un rôle irremplaçable dans la France de 1978. Entre 1970 et 1977 il a triplé son aide au secteur privé : 30 milliards de francs, dont deux tiers d'aide directe; une somme équivalente va alors au secteur public. D'où ce caractère particulier de l'économie française, caractère qui n'est pas nouveau. celui d'une économie mixte, où cohabitent le public et le privé, le rôle de l'État et celui du marché. Ce qui est plus marqué vers 1978 c'est la volonté d'effacement de l'État, d'une action plus conjoncturelle que structurelle, plus ponctuelle que systématique.

Les domaines de l'intervention ont suivi une évolution divergente. L'intervention se fait plus discrète pour le Plan [1] devenu plus un cadre d'incitation qu'une « ardente obligation » comme autrefois. Même tendance pour l'aménagement du territoire [2] qui tourne souvent à la protection de l'environnement et de la qualité de la vie et dont la réalisation passe peu à peu aux « régions ». A l'opposé l'action de l'État vers 1978 s'oriente de préférence vers le soutien aux exportations et l'aide à l'entreprise. Aide de plus en plus ponctuelle : telle branche, telle entreprise grâce aux « contrats de croissance » conclus avec telle d'entre elles, ou grâce aux libéralités du CIASI (Comité interminis-

---

1. On l'a assez montré au chapitre XXXIV paragraphe II pour qu'on n'y revienne pas ici.
2. Cf ci-dessus.

tériel pour l'aménagement des structures industrielles) créé en 1974 afin de favoriser par des subventions une meilleure structure des entreprises (cela en plus d'une aide possible et croissante du FDES). Le point de vue économique est donc devenu essentiel et il semble que le point de vue social — l'emploi en premier lieu — ne s'y soit que partiellement et tardivement ajouté (1977).

La politique générale de l'État se déduit de ce qui précède. Peu à peu, en dix ans, *le libéralisme s'est affirmé* [1]. Mais un néolibéralisme à la manière fin du XXe siècle. L'action sociale n'est pas négligeable mais elle concerne davantage le citoyen que le travailleur. La vie économique a ses exigences. On demande avant tout aux entreprises d'être rentables; on défendra donc surtout les plus grosses, d'une part. D'autre part on acceptera, quand on ne la recherchera pas, la collaboration étrangère, dussent la France ou « l'Europe » en être les victimes. Dans cette perspective on s'oriente, bel et bien, vers les « créneaux ». Finalement on s'en remet à la division internationale du travail, soit d'abord au sein des nantis que sont les membres de l'OCDE (bien dominés par l'Amérique) soit ensuite au sein du vaste monde où, même sous des formes renouvelées, se perpétue la division entre pays riches et pays pauvres (également bien dominés par l'Amérique).

★★★★★ *La main-d'œuvre.*
L'emploi est le problème n° 1 en 1978. Le chômage atteint en effet 1 million et demi de personnes — les jeunes fournissant autour de 40 % de la demande d'emploi. Les chômeurs étaient 300 000 en 1968; leur

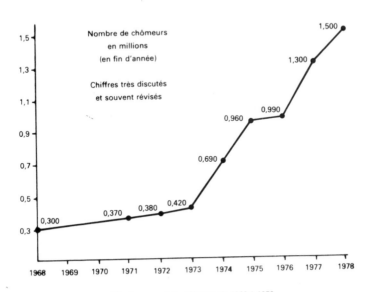

Développement du chômage de 1968 à 1978

---

1. On mesurera mieux l'évolution en confrontant ce qui est dit ici aux interrogations qu'on se posait pour le tableau de 1968 au chapitre XXX, paragraphe IV.

nombre a atteint 750 000 au début de 1975; il a donc doublé entre cette année-là et la fin de 1978. Les perspectives sont pénibles avec la prévision pour 1980-85 de 250 000 demandes d'emploi supplémentaires par an au lieu de 190 000 dans les années antérieures. De 20,4 millions d'actifs en 1968 on est passé à 22,3 en 1978, on prévoit 24 et demi pour 1985.

La structure a évolué. On rappellera les chiffres déjà mentionnés :

	1968	1978
secteur I	16 %	9 %
secteur II	39 %	39 %
secteur III	45 %	52 %

Parmi ces travailleurs, autour de 40 % sont des femmes, qui peuplent surtout le tertiaire et sont responsables des trois quarts de l'accroissement du nombre des actifs. Les salariés, 76 % en 1968, sont devenus 83 %. Les ouvriers voient leur nombre diminuer depuis 1977. Si on laisse de côté les chômeurs, les « actifs » peuvent se répartir comme suit, en chiffres ronds (en millions) [1] :

7,7 ouvriers et artisans
6   cadres, chefs d'entreprise, professions libérales, professeurs
4   employés ou fonctionnaires
2,3 agriculteurs
1   techniciens, agents techniques.

Les conditions de travail sont devenues meilleures et plus souples. Certes l'amélioration des tâches (travail en équipes assez autonomes) ne concerne guère que 3 % des travailleurs, surtout ceux de quelques grosses entreprises, mais les relations sont parfois moins tendues avec les chefs d'entreprise, les accidents du travail sont moins nombreux. Le temps de travail a diminué d'1 % par an. On arrive à 41 heures par semaine en moyenne. Les 40 heures restent légales; 47 % des ouvriers et 52 % des employés s'en tiennent à ce chiffre ou à un chiffre inférieur. A noter que le travail à temps partiel concerne 7 % du temps travaillé, donc beaucoup moins qu'à l'étranger; que le travail temporaire occupe 1 % des actifs.

Les syndicats demeurent très vigilants, la CGT en tête, plus « directive » que la CFDT, plus revendicative que FO ou CFTC [2]. Au sein de ces grandes centrales ou en syndicats distincts, comme la CGC, les cadres affirment leurs revendications particulières. Leur rôle va croissant, ce qui est normal vu la structure de l'emploi, liée elle-même à la modernisation de l'économie. Mais les grèves restent toujours, en majorité, le fait des ouvriers ou des employés les plus humbles. Elles sont diversement suivies mais ont une certaine tendance à se multiplier représentant bon an mal an autour de 4 millions de journées de travail perdu. Les manifestations en faveur de l'emploi, depuis 1975 environ, se sont beaucoup multipliées.

---

1. Selon J. Fourastié, dans son ouvrage *La réalité économique*, Paris, Laffont, 1978.
2. Revoir le chapitre XXXII, paragraphe II.

La conclusion qui s'impose, au terme de cette étude de l'économie en 1978 — qu'il s'agisse de ses difficultés ou de ses nouvelles données ou encore de ses acteurs — est double : profonde évolution en dix ans; liaison étroite avec une situation humaine et politique elle-même très mouvante.

III. LA NOUVELLE SITUATION HUMAINE ET POLITIQUE

De 1968 à 1978 se sont progressivement instaurés le calme politique (après la crainte d'une véritable révolution en 1968), le réalisme à la fois politique et humain (la crise économique depuis 1974 n'y est pas étrangère), l'inquiétude humaine (liée au bouleversement des conditions sociales et des perspectives internationales qu'elles soient politiques ou purement matérielles). En somme c'est d'un grand changement qu'il faut ici dresser le bilan, après dix ans d'histoire.

Démographie

★ *Le rang mondial de la France* est passé du 13ᵉ avec 49,8 millions d'habitants (densité 90,3) au recensement de mars 1968, au 15ᵉ avec presque 53,4 (densité 97) à la fin de 1978. La France a alors environ 1,2 % de la population mondiale. Elle n'est que la 24ᵉ pour les jeunes de 15 ans ou moins, car la 30ᵉ pour les naissances annuelles (735 000), bien qu'elle soit la première d'Europe, URSS mise à part. Mais les « 65 ans ou plus » la classent au 8ᵉ rang [1].

★★ *Les données démographiques* peuvent être rappelées par ce tableau :

	1968	*1974*	*1978*
Natalité (º/ₒₒ)	16,7	15,3	13,8
Mortalité (º/ₒₒ)	11	10,5	10,2
Mortalité infantile (º/ₒₒ)	20,4	14,6	10,6
Fécondité [2]	258	208	184
Croît naturel (%)	5,66	4,74	3,57

L'année 1974 marque une sorte de tournant ; après cette date la fécondité est devenue négative. La loi de 1975 favorable, sous certaines conditions, à l' « interruption volontaire de grossesse » a donné des résultats difficiles à apprécier. On estime à 250 000 — dont peut-être 100 000 non officiels — le nombre des avortements annuels. 66 % des Français seraient favorables à cette pratique et deux tiers également recourent à la contraception. *La famille de deux enfants semble l'idéal.* Trois enfants et plus sont devenus rares. Le vieillissement de

---

1. Cf. article de *Populations et sociétés*, juillet 1979.
2. Nombre d'enfants par femme de 15 à 49 ans. Au-dessous de 2,08 le renouvellement de la population n'est plus assuré.

la France s'en renforce d'autant plus que la longévité a augmenté, surtout pour les femmes.

	1968	*1974*	*1978*
Espérance de vie des hommes (années)	67,5	69	69,1
— — des femmes (—)	75,3	76,5	77,2
Population de o à 19 ans (%)	33,8	32,1	30,7
— 20 à 64 ans (%)	53,6	54,5	55,4
— 65 ans et + (%)...........	12,6	13,4	13,9

La tranche, médiane qui représente l'essentiel des « actifs », est ou sera à son apogée entre 1975 et 1985.

★★★ *La répartition géographique* évolue lentement, mais la mobilité s'accroît. Les personnes âgées restent « au pays » si bien que 24 départements et 3 régions (Limousin, Languedoc-Roussillon et Midi-Pyrénées) enregistrent plus de décès que de naissances (1977). Parmi ceux qui restent, beaucoup, cependant, ont des activités très liées à la ville. Ils habitent ce qu'on appelle des ZPIU (zones de peuplement industriel ou urbain) : cette notion intéressante permet de voir le *dépeuplement de l'espace proprement rural.* En effet, hors ZPIU, ne vivent que 20,8 % des Français en 1962, mais déjà plus que 18,4 % en 1968 et 16,5 % seulement en 1975 [1].

Ceux qui partent vont surtout vers les villes moyennes, de 10 à 200 000 habitants. Que de villages aux volets clos! Que de nouveaux quartiers, souvent pimpants, dans les périphéries urbaines! La multitude de ces logements neufs explique que la moitié du « parc » d'habitation ait été construit depuis 1949. Mais que de lourdes charges pour les municipalités qui doivent équiper ces nouvelles zones et assurer le travail dans un rayon assez proche!

Le développement urbain est donc considérable. La définition de la population urbaine se modifie en s'affinant. Toutefois, sur des bases comparables, elle est passée, pour les « unités urbaines », de 71 à 73 % entre les deux recensements de 1968 et 1975. Cette expression prouve encore combien la ville se dilue, avec une banlieue aux contours imprécis. Le centre de l'agglomération au contraire, entre 1968 et 1978, s'est beaucoup dépeuplé et des zones piétonnières ont pu y être délimitées : cela est nouveau. Paris en est un exemple, dont la population totale est passée de 2,6 millions en 1968 à 2,1 en 1978. Sa « petite couronne » d'abord, sa « grande » ensuite ont bénéficié de ce reflux massif.

A travers le territoire le mouvement s'est inversé. Le solde migratoire Paris-province, favorable à Paris entre 1962 et 1968 (+ 10 000 par an) s'est détourné en faveur de la province (+ 20 000 par an). L'équilibre tant recherché de la France se rétablit donc peu à peu. Mais en faveur des régions les plus dynamiques (Rhône-Alpes, Haute-Normandie, mais aussi Bretagne qui a renversé un courant séculaire), ou les plus proches de Paris (Picardie, Centre)... ou les plus attrayantes (Provence-Côte d'Azur). Le reste du Midi, le Massif central font, par contre, assez piètre figure. Aussi la ligne Marseille-Le Havre garde-t-elle sa valeur. Au recensement de 1975, elle sépare 23,8 millions de Français

---

1. Enquête de l'INSEE. Résultats parus dans *Population et Société* de septembre 1978.

à l'est (densité 101,9) et 19 millions à l'ouest (densité 63,6). La région parisienne, dans cet « est », atteint 822 habitants au km² avec ses 9,9 millions d'habitants.

★★★★ *Les immigrés* contribuent beaucoup plus qu'autrefois au relatif maintien de la population « parisienne »... de même que par leur natalité, dont le taux est devenu le double de celui des Français, limitant le ralentissement démographique de la France. *Leur nombre a augmenté, vite d'abord, puis stagné* : 2,7 millions en 1968; 4,1 en 1974 et, depuis, entre 4,1 et 4,2 (soit 7,8 % de la population totale au lieu de 6). C'est le résultat de l'important *blocage de l'immigration en juillet 1974.* L'encouragement au retour dans le pays d'origine (1977) a été peu efficace. La crise, depuis 1974, explique ces mesures, contestées par les uns, réclamées par d'autres, la xénophobie jouant son rôle, ce qui n'était pas le cas en 1968.

Une évolution structurelle s'en manifeste sensiblement
— pour l'activité : environ 8 % de tous les actifs au lieu de 6 %;
— pour la profession : 10 % des ouvriers au lieu de 11. Un certain glissement, donc, vers le commerce, l'artisanat, le domesticité, les professions libérales. La moitié cependant demeure manœuvre ou OS (ouvrier spécialisé) vouée souvent aux tâches les plus pénibles. Mais précisément, celles-ci se mécanisent de plus en plus. La qualification a augmenté. Tenir compte aussi des naturalisations qui viennent fausser les statistiques;
— pour l'origine : depuis 1977 les Portugais (880 000) sont plus nombreux que les Algériens (830 000). Les Noirs et les Français des départements ou territoires d'Outre-Mer (DOM-TOM) prennent une place grandissante;
— pour la composition : on vient en France en famille, pour plus des deux tiers des cas. Les enfants sont scolarisés (plus de 600 000). Un tiers des femmes sont « actives ». La diminution du nombre des retours trouve là une explication (de 100 000 par an vers 1968, on est passé à 70 ou 75 000).

En conclusion l'immigré, malgré tous les problèmes qu'il peut poser, cherche et tend à s'intégrer de façon quasi structurelle dans une société et surtout une économie dont les insuffisances justifient cette situation.

Société .

On ne reviendra pas ici sur tous les acquis de la politique sociale, se contentant de rappeler que, stimulée par les événements de 1968 et les nouvelles exigences de la société, elle s'est voulue plus sélective, dans son action; loin d'être négligeable, elle n'en reste pas moins jugée insuffisante [1]. On ne reprendra pas davantage ce qui est relatif au travail et à l'emploi, avec la question, devenue fondamentale, du chômage [2]. En revanche on s'efforcera de dégager les caractères dominants de la société en mesurant ce qui est plus ou moins ancien et ce qui ne l'est pas. La comparaison avec ce qui en a été dit pour l'époque de 1968[3] pourra être intéressante.

---

1. Pour les aspects multiples et concrets de cette politique et de la situation sociale, se reporter aux chapitres XXXI paragraphe I et surtout XXXVI, paragraphes II et III.
2. Se reporter ci-dessus, au paragraphe II.
3. Voir chapitre XXIX.

★ *Un type ancien et un type moderne* continuent en effet à caracté-
riser la société française. Le premier se retrouve dans toutes les catégories sociales plus précisément dans *la paysannerie* bien que certains
traits traditionnels s'estompent : les jeunes s'orientent vers les « services » agricoles; exploitants, ils s'intègrent mieux aux structures
sociales et économiques, prédominantes; leurs femmes, rebutées par
le travail pénible de la ferme, ont très souvent une activité non agricole;
leur fécondité devient inférieure à la moyenne nationale. Le caractère
familial, si longtemps typique, de ce monde paysan, aura bientôt
disparu : c'est visible vers 1978, tandis qu'en nombre ce monde continue à décroître. L'attachement aux biens fonciers demeure, par contre,
très vivace, d'où l'acuité, précisément, de ce problème foncier pour
ceux qui veulent devenir de modernes « exploitants agricoles » (et non
plus « paysans »).

Le type moderne de la société française concerne surtout les citadins
— mais non pas toujours : il n'y a qu'à voir l'importance toujours très
grande des « indépendants », commerçants ou artisans, dont la conversion mentale n'a progressé que lentement depuis 1968. Mais, volontairement ou non, la société est devenue « industrielle », glissement
favorisé par l'arrivée à l'âge mûr de nouvelles générations, par les
progrès de l'instruction, par la nécessité de se soumettre à une organisation complexe. Le « cadre moyen » — on l'a déjà remarqué — est
ainsi devenu le plus représentatif des Français. Le restera-t-il avec la
transition visible de la « société industrielle » à la « société scientifique » ?
Dans celle-ci l'individu se parcellise (homme-habitant, homme-
travailleur, homme-consommateur etc.), soumis à une organisation
qui l'entraîne et le dévore.

★★ *La structure sociale.*

Par âge une sorte d'équilibre se manifeste vers 1978 avec l'arrivée
à l'âge adulte des fortes générations de l'après-guerre. Les jeunes,
comme on l'a dit, sortent peut-être du ghetto où ils se complaisaient.
Plus réalistes, plus soucieux de leur avenir (ne sont-ils pas 35 à 40 %
des demandeurs d'emploi ?), un peu moins incompris parce qu'un peu
moins envahissants ? Les personnes âgées sont devenues « le troisième
âge » (et non plus « les vieux ») qui rend nécessaire un très gros effort
de la collectivité en leur faveur. On n'en est, en 1978, qu'au début
des réalisations, témoignage d'une lente prise de conscience du nouveau
problème engendré par la longévité.

Les femmes... une véritable explosion! Elles ont pris en quelque sorte
le relais des jeunes de 68. Liberté! Égalité! Disposer de son temps
et, plus encore, de son corps. Mais toutes — loin de là — ne partagent pas ce point de vue. Pour celles-ci le travail est plus une
nécessité matérielle que le résultat d'un choix. Toujours est-il qu'entre
les recensements de 1968 et de 1975 le nombre de celles qui « travaillent »
est passé de 27,9 % à 30,3. Les trois quarts des nouveaux emplois
ont été occupés par elles, avant tout dans le tertiaire.

L'inégalité n'a, évidemment, pas disparu, ni celle des chances — bien
que fort atténuée — ni celle de la richesse. L'éventail des revenus
s'est resserré jusqu'en 1975; depuis lors il évolue peu. L'écart entre
petits et gros revenus est l'objet d'ardentes discussions. Il serait moins
grand qu'on le dit, surtout si l'on considère qu'une famille est en général
à la tête de deux revenus. *L'enrichissement*, en tout cas, est certain. A

preuve les dépôts en caisse d'épargne qui doublent, de 100 à 200 milliards de francs (courants) entre 1973 et 1977. Il permet à la consommation de croître, depuis 1949, de 4 % par an; il permet de « pousser les enfants aux études », de se soigner beaucoup mieux, d'équiper le ménage en biens durables : 93 % ont un réfrigérateur, 87 % la télévision, 76 % une machine à laver, deux tiers ont au moins une voiture (15 % en ont deux). La voiture absorbe 12 % des dépenses de consommation. 1 700 000 Français ont une résidence secondaire.

Le patrimoine, la fortune sont moins bien répartis. Pour les deux tiers le patrimoine appartient aux ménages (valeur moyenne = 294 000 francs par ménage). Plus des trois quarts consistent en logements et en terrains (les agriculteurs trouvent là un pourcentage deux fois et demi supérieur à leur part dans le PIB). Mais la fortune, ne serait-ce qu'à cause de la monnaie ainsi utilisée, s'accroît de 12 % par an (en francs courants) pour les 10 % de Français les plus riches, de 7,5 % seulement pour les 10 % les plus pauvres (de même 5 % des actionnaires détiennent 40 % des actions); la plus-value acquise par la terre n'y est pas étrangère. Le patrimoine net total est estimé à 7 210 milliards à la fin de 1976. Le « smicard » n'en possède qu'une bien faible part; son pouvoir d'achat, très revalorisé après « 68 », augmente plus lentement depuis 1974. Mais 6,7 % des salariés, en 1976, touchent moins que le SMIC (salaire minimum interprofessionnel de croissance) : apprentis, handicapés, absents au travail pour cause de maladie, jeunes acceptant un travail temporaire.

★★★ *Le malaise, l'inquiétude* sont plus graves en 1978 qu'en 1968. *Pourquoi?* L'incertitude du lendemain avec cette crise dont on ne peut deviner la fin; le développement d'une information qui ne fait rien pour cacher les turpitudes, les excès, et qui grossit les perspectives les plus sombres quant aux conflits à venir, à l'environnement menacé, à la pénurie qui serait inévitable; le déracinement lié à une plus grande mobilité des travailleurs; on s'y résigne, mais on y perd sa personnalité, sa sécurité (la mobilité a remplacé la « situation »); l'idéologie qui démultiplie par sa propagande le sens inné de l'égalité et le sens appris de la liberté. L'homme se sent de plus en plus atteint dans sa dignité.

La traduction de ce malaise, ce sont les manifestations, grèves, pétitions; le foisonnement des groupements, associations; l'essor des groupements corporatifs ou coopératifs. C'est aussi un intérêt tout nouveau, par rapport à 1968, pour l'environnement (en particulier au sujet du nucléaire, fort mal connu du reste), pour les droits de l'homme. C'est encore la recherche de la détente, des loisirs — dont on ne sait pas toujours que faire! —, de la campagne (on va « se mettre au vert »). Pour quelques-uns c'est enfin l'objet d'une fructueuse méditation philosophique ou religieuse...

★★★★ *Culture, santé, loisirs.*
La culture progresse très lentement depuis 1968, date à laquelle on avait déjà noté sa faiblesse. Les connaissances sur l'économie, la démographie surtout, se sont pourtant améliorées. Mais la lecture ne concerne que la moitié des Français de plus de 18 ans — et encore de quelles lectures s'agit-il! La concurrence des grands moyens d'information, télévision largement en tête, l'explique sans l'excuser, car cet instru-

ment est loin, très loin souvent, de rendre les excellents services qui devraient être son apanage.

L'enseignement est souvent désarmé devant cette « école parallèle ». Qu'en faire ? L'utiliser, l'ignorer, en dénoncer les faiblesses et les périls qu'elle entraîne ? Quoi qu'il en soit, l'enseignement du premier degré s'est voué à de nouvelles méthodes fort diversement appréciées ; celui du second degré a fait plus ou moins la même chose et son deuxième cycle mobilise en 1978 80 % des adolescents. Quant au supérieur, fort inégal, et bouleversé par l'autonomie dont il bénéficie plus largement depuis la loi de 1968, il attire de plus en plus : presque un million d'étudiants en 1979. Mais ceux-là trouveront-ils, comme ils le demandent, un emploi « supérieur » ?

La culture populaire a cherché à se développer spontanément ou sous l'impulsion de ministres, tel Malraux. Les MJC (maison des jeunes et de la culture) ont foisonné... et dû souvent fermer leurs portes. Des « centres culturels » se sont fondés ici et là. Dans le même esprit s'est créé à Paris le « Centre Beaubourg ». Sont apparues aussi des « universités du troisième âge ». Mais la chasse, la pêche, le bricolage, la partie de cartes ont davantage d'adeptes. Et le sport n'est pas en reste, le vélo — sport modeste —, en compétition ou en famille, retrouvant une nouvelle jeunesse.

Les besoins corporels se satisfont dans la pratique du sport mais aussi dans une alimentation plus riche ou plus sélective et qui ne représente plus, selon les catégories sociales que 20 à 30 % des dépenses. L'hygiène et la santé par contre passent de 11 à 14 % entre 1968 et 1978.

Le coût des soins — peu sensible pour les gros revenus — devient excessif pour l'État qui cherche, en les limitant, à réduire le déficit de la Sécurité sociale. Ce sont naturellement les plus jeunes et les plus âgés qui sont les plus gros « consommateurs » médicaux. Signe d'un indéniable progrès, mais problème nouveau que ce coût médical, correspondant à ce qu'était autrefois le prix du pain et naguère le prix du bifteck.

Les loisirs sont en passe de prendre une importance comparable dans une société qui n'est plus seulement « de consommation », mais qui avec l'abaissement du temps de travail (41 heures hebdomadaires en moyenne) devient aussi une « société de loisirs ». Pour occuper ceux-ci le tourisme se développe, concernant en 1978, 52,5 % des Français. Peu de paysans, mais 70 % des cadres, 37 % des employés, 19 % des ouvriers. La maison familiale en accueille beaucoup, le camping aussi, mais l'hôtellerie a progressé en quantité et en qualité. Un effort a été fait, et porte ses fruits, en faveur du camping et du « tourisme social ». Domaine immense à défricher et à valoriser. C'est une affaire qui, comme la santé ou l'instruction — ou l'emploi bien sûr —, relève désormais de la grande politique.

La situation politique

★ *De l'ambition à la modestie gouvernementale.*

Avec de Gaulle, de grands desseins à l'intérieur et, plus encore, à l'extérieur. Avec Pompidou une politique réaliste, humaine, et moins ambitieuse. Avec Giscard d'Estaing une modestie affichée, un désir d'établir « une société libérale avancée ». Beaucoup de petites mesures,

ponctuelles, dans l'ordre politique, économique, social, et extérieur.
Le giscardisme, a-t-on dit, est plus un style qu'une politique. Une
place plus importante est laissée au Parlement. Celui-ci retrouve ses
multiples tendances, groupes et groupuscules. Si l'ouverture vers la
Gauche, et spécialement le parti socialiste, n'a pas bien réussi, le
centrisme s'affirme, rendant possibles toutes les manœuvres. Les
contours de la majorité restent flous; beaucoup de gaullistes se sentent
bernés; beaucoup de radicaux sont attirés. Humain dans ses propos
plus que dans ses réalisations, le président sait, avec l'aide d'une information bien menée, séduire et persuader. Il est rassurant. Après le
bouillant Chirac, règne, sous la houlette du président, l'impavide Barre.
En fait c'est le président qui, avec l'un puis l'autre, gouverne. Le régime
a pris un caractère présidentiel, sous les apparences d'un parlementa-
risme plus affirmé. Sans doute la place qu'occupe le président dans
la constitution rendait-elle cette évolution possible. Inéluctable ? Non,
probablement. De Gaulle en effet s'était mis en balance, avec le recours
au référendum; il avait démissionné en 1969 quand celui-là l'avait
désavoué. Giscard d'Estaing ne recourt ni au référendum ni à la menace
de démission.

En dix ans, le régime a profondément évolué, à pas discrets. Le
libéralisme, centriste ou droitier, habile, fait de petites touches, plus
politicien que politique, a pris la place du gaullisme altier, mettant à
son profit les structures édifiées par son fondateur, jetant dans l'em-
barras ceux qui se réclament sans complexe du Général, mais attirant
toute une frange de ceux qui oscillent entre gaullisme et droite libérale
et veulent surtout être rassurés.

L'action pratique est à la mesure de l'évolution. Finies les tempêtes,
finis les choix dramatiques (1968, 1969). Pompidou a multiplié l'aide
aux plus défavorisés; Giscard d'Estaing continue. Bien des mesures
sont prises pour améliorer la « qualité de la vie », l'environnement,
plus que l'aménagement du territoire. La « région » doit devenir une
entité fondamentale; ses pouvoirs s'accroissent, tandis que le rôle de
l'État se veut beaucoup plus discret : point de vue idéologique (le
libéralisme); point de vue pratique : il s'agit de limiter les dépenses.
Mais la réalisation de cette nouvelle politique est difficile car les
« régions » qui veulent beaucoup de pouvoirs et en obtiennent quelques-
uns grâce à la déconcentration, voudraient aussi beaucoup d'argent.
Et elles se tournent vers l'État plutôt que vers leurs contribuables
désignés.

★★ *L'opinion et les partis.*
L'opinion se dilue. Les coupures, si nettes en 1968, ont laissé place
au flou, à l'hésitation, aux divisions. Les sondages, qui sont devenus
hebdomadaires sinon quotidiens, le démontrent éloquemment. Cette
évolution semble tenir à plusieurs causes.

L'absence de grand drame mobilisateur, d'abord. Certes la crise,
depuis 1974, en est un; l'inflation et le problème du dollar aussi. Mais
qui, entendant des propos que l'opposition qualifie de lénifiants, se
rend compte de la gravité de la situation ? Autre cause, justement :
cette politique d'installation dans l'inflation permet à chacun, à un
moment ou à un autre, d'y trouver son profit. Beaucoup de chômeurs,
même, ne sont-ils pas largement dédommagés ? Ne continue-t-on pas
à consommer toujours davantage, même si le rythme ralentit ?

Un certain réalisme n'est pas non plus sans se manifester. L'information répète assez que les phénomènes sont devenus mondiaux, qu'on ne peut pas grand-chose là contre, qu'après tout la France n'est pas parmi les plus mal loties (ce qui n'est pas faux). En somme, il y a désarmement; l'ardeur et la volonté ont fait place à l'adaptation et à la résignation. « *L'Union de la Gauche* » *a pris fin :* minée à partir de septembre 1977, elle a, malgré son ultime replâtrage, volé en éclats et les élections législatives de mars 1978 ont sonné son glas. Fait politique de grande importance (économique aussi, avec le retour à la confiance dans les milieux d'affaires et tout ce que cela implique). Communistes et socialistes désormais s'entre-déchirent. Sans doute leur « programme commun » péchait par un manque surprenant de réalisme que beaucoup, parmi la Gauche elle-même, dénoncent impitoyablement. Aussi bien tous les hommes de gauche ne partagent pas le même point de vue et au sein des trois grandes tendances les scissions se multiplient : maîtrisées par Georges Marchais au PC (parti communiste); s'étalant au grand jour au PS (parti socialiste) où il faut toute la persévérance et l'habileté de François Mitterrand pour masquer lézardes ou divergences; conduisant à de multiples schismes, manœuvres et retournements chez les radicaux de gauche, avec Robert Fabre.

De ces divisions la majorité fait son profit. Elle est cependant divisée elle-même! L'UDF (Union pour la démocratie française, 1978) en est le cœur et même l'âme giscardienne. Le vieux CNIP (Centre des indépendants et paysans) décline et ne sait qui choisir entre ces giscardiens, pour lesquels a déjà opté le CDS (Centre des démocrates sociaux de Jean Lecanuet) et les gaullistes du RPR. Le Rassemblement pour la République, fondé par Jacques Chirac à la fin de 1976, peu après sa démission du poste de Premier ministre, se débat dans les difficultés. Il se veut pur gaulliste mais nombre de ses membres veulent une souplesse qui n'est guère dans le tempérament du président du groupe. La gauche gaulliste s'en détache et se divise. L'extrême-droite est morcelée. L'extrême-gauche s'entre-déchire. Giscard d'Estaing gouverne.

La politique extérieure

Bien des changements, ici encore, en dix ans! La France est une puissance seconde mais de cette situation elle s'est accommodée alors que dix ans plus tôt elle l'utilisait comme tremplin pour refaire entendre sa voix dans... l'absence de concert mondial. L'atlantisme s'est affirmé. D'où découlent une nouvelle attitude à l'égard de l'Europe, une position nuancée au sein des pays francophones, une attitude peu nette à l'égard du reste du monde et notamment du Tiers Monde. Au total, une position mondiale affaiblie.

★ *Relations avec l'Europe.*
De Gaulle parlait d'une « Europe européenne ». Pompidou était assez ferme à cet égard, mais a pris des risques dont le plus grand fut de faire entrer l'Angleterre dans un Marché commun à neuf au lieu de six. Giscard d'Estaing en prend davantage en souhaitant qu'on passe à douze, avec trois nouveaux pays méditerranéens. L'Europe en serait mieux équilibrée. Mais *la construction politique et économique*

s'avère de plus en plus difficile. La volonté nationale, chère à de Gaulle, pourra sans doute s'y affirmer davantage. Mais « l'esprit européen » en souffrira, sauf à accepter l'influence croissante des « eurocrates » (c'est-à-dire de techniciens de l'administration, des règlements) dans un cadre atlantiste où, selon la loi libérale, règnent les plus forts. Ce que dénoncent communistes d'un côté, gaullistes de l'autre.

La construction politique s'est manifestée par la réunion, depuis 1975, de «conseils européens» au niveau gouvernemental et par la préparation de l'élection d'un parlement européen, qui aura lieu en 1979. Le gros problème en 1978, c'est la place et le rôle que sera appelé à tenir ce parlement.

La construction économique ne s'est guère faite faute d'unanimité politique ; les intérêts nationaux ou multinationaux sont trop divergents dans cette Europe capitaliste que dénoncent les communistes ; la crise du pétrole et la crise générale n'ont fait qu'aggraver les problèmes. Quant à la construction monétaire, sans laquelle il n'y aura pas d'Europe... inutile de revenir sur son échec malgré les espoirs qu'elle avait soulevés entre 1971 et 1973.

Les relations de la France avec chacun des membres sont bonnes, comme il se doit. L'Allemagne est restée, politiquement et économiquement (18 % du commerce) un partenaire privilégié, avec rencontres fréquentes entre dirigeants, mais dans un esprit évidemment plus « atlantique » que dix ans plus tôt. Avec Italie et Angleterre les conflits économiques ne manquent pas (vin, pêche ou viande). Les plus petits pays se plaignent de l'espèce de directoire que constituent la France et les partenaires les plus puissants. Des « sommets » franco-britanniques se réunissent annuellement depuis 1976.

L'importance du Marché commun pour la France reste considérable. Pour son économie d'abord et, au premier rang, pour son agriculture. Disposant là des meilleurs atouts, elle a réussi, pendant les dix années 1968-78 à sauvegarder ce que de Gaulle depuis 1962 avait solidement établi. Le « franc vert », pénible nécessité, a pu être opportunément dévalué, mais la politique agricole communautaire avec, entre autres, les « restitutions » (= subventions à l'exportation) est de plus en plus attaquée et le profit tiré de l'évolution générale par certains pays comme l'Allemagne (non seulement pour l'industrie, mais aussi pour l'agriculture) déséquilibre de plus en plus le Marché commun en sa faveur. La France occupera-t-elle les « créneaux » que son puissant voisin n'a pas encore comblés (aérospatiale — mais non plus, déjà, nucléaire) ? En s'associant avec elle, avec elle et d'autres ? et lesquels ? L'histoire des dix années prouve l'échec de l'une et l'autre possibilités.

Au plan politique la question est grave. L'Allemagne a montré qu'elle entraînait de plus en plus l'Europe et, malgré quelques rares incartades, surtout dans le sillage des États-Unis. C'est donc toute la politique française qui est en cause. Sa politique européenne est comme le miroir de sa politique mondiale.

★★ *A l'égard des pays francophones* l'action n'en peut être que moins déterminée.

Le gros problème reste celui de l'achèvement de la décolonisation. Les Nouvelles-Hébrides, Djibouti, les Comores (plus ou moins) accèdent à l'indépendance tandis que la Guinée opère ses « retrouvailles » avec la France en 1978. Mais des mouvements autonomistes et même indépendantistes affectent les territoires ou départements encore français. Développement économique, un peu plus d'autonomie sont proposés, en réponse, à ces DOM-TOM (départements ou territoires d'outre-mer) dont on cherche à rapprocher le statut. Plus préoccupante, l'accusation, pour la France, d'être néocolonialiste dans sa politique africaine. On lui reproche l'aide qu'elle a menée ou mène au Tchad, au Zaïre, en Mauritanie, l'appui que, sous des formes nouvelles et diverses, elle accorde à certains pays ou régimes.

La politique africaine est la plus active en effet, alors que le dégagement est visible à l'égard de l'ancienne Indochine, bien que les difficultés y soient extrêmes (mais c'est peut-être là l'explication de cette attitude). L'Afrique cependant est de plus en plus considérée dans son ensemble. Les anglophones sont loin d'être négligés — tel le Nigéria qui offre du pétrole et le plus vaste marché d'Afrique. Le Zaïre, autrefois belge, est aussi, avec les intérêts économiques qu'il représente, l'objet de bien des sollicitudes. L'Afrique du Sud aussi (vente d'armes) malgré les risques politiques que cela représente dans le contexte africain. Au nord, les pays islamiques ont été invités au « trilogue » France-Afrique-Moyen-Orient. Mais plusieurs pays musulmans refusent la proposition : la Libye dont l'attitude a bien changé à l'égard de la France, *l'Algérie socialiste* surtout.

Choyée par de Gaulle, qui en faisait un symbole de la décolonisation et du Tiers Monde, celle-ci, en dix ans, a laissé se dégrader ses rapports avec la France — sorte de mesure de réciprocité. Si elle demeure le premier partenaire commercial de l'ancienne métropole parmi les pays francophones, la place relative de la France dans le commerce algérien n'a cessé de décroître, au profit des États-Unis et de l'Allemagne. La coopération s'est essoufflée, les critiques se sont multipliées, venues de France ou d'Algérie. L'immigration et le pétrole ont été les pierres d'achoppement. Les déclarations ou voyages officiels n'ont pas changé grand-chose. Et, pour maintes réalisations pratiques (usines), des pays étrangers ont été préférés à la France.

★★★ La politique mondiale.

Le Tiers Monde n'est pas toujours d'accord avec l'Algérie. Il s'est profondément divisé en dix ans : socialiste ou non — et quel socialisme ? — producteur de pétrole ou non, décollant quelque peu ou non. Dans cet imbroglio politique et économique la France n'a pas une attitude des plus nettes. En gros, son prestige en a souffert et on lui a reproché son absence de politique claire et définie. A son actif cependant, sa volonté de contribuer, même financièrement, à la stabilisation du cours des matières premières.

Elle s'est fait mal voir, par contre, pour la lenteur de sa décolonisation (à ce que disent ses détracteurs), ses ventes d'armes à certains régimes dictatoriaux, à l'Afrique du Sud raciste, son soutien à certains gouvernements (dont les pays étaient riches en produits intéressants), sa politique plus « économique » que désintéressée (les contrats établis avec le Moyen-Orient pétrolier).

Enfin l'aide octroyée paraît plus calculée, gonflée artificiellement par ce qui est fait en faveur des DOM-TOM, qui en reçoivent 40 % environ au lieu de 25 autrefois. Et cela alors que, relativement, l'aide a baissé, passant d'1,2 ou 1,3 % du PNB à 1 environ, tombant pour l'aide publique de 0,7 à 0,6 % de ce même PNB — ce qui donne à la France en 1978 le cinquième rang et non plus le premier.

L'ouverture vers les pays de l'Est s'est maintenue et même élargie, notamment en direction des Démocraties populaires, non sans succès, en particulier avec l'Allemagne de l'Est et, plus encore, la Pologne. L'URSS par contre est nettement moins choyée. La coopération prévue n'a pas été parfaitement réalisée en dépit de quelques succès (domaine de l'Espace); les contrats tardent à se concrétiser malgré les intérêts énormes qu'ils mettent en jeu (gaz, aluminium). Le commerce croît moins vite qu'on ne l'espérait malgré la participation de la France à cette grande politique internationale du crédit commercial, même — et parfois surtout — à l'égard du pays socialiste, marché d'avenir.

La Chine est l'objet d'attentions particulières, ce qui explique la lente dégradation des rapports franco-soviétiques. Voyages officiels, contrats, prudence politique dans les affaires du Sud-Est asiatique... rien n'a manqué depuis la mort de Mao en 1976. Mais la France n'a pu encore en 1978 se voir privilégier par le grand interlocuteur... Ses rivaux — États-Unis, Japon, Allemagne... — ont fait mieux.

La solidarité atlantique reste finalement le caractère le plus net de la politique extérieure de la France en 1978, ainsi que les déclarations universalistes et humanitaires. Giscard d'Estaing est allé à l'ONU, que de Gaulle appelait « le machin ». Ses initiatives ont eu quelques suites, notamment les conférences Nord-Sud, mais n'ont pas abouti à des résultats très concrets. Les conférences monétaires, multipliées, ont permis aux États-Unis — sous des professions de foi rassurantes — de faire entériner complètement leur politique, c'est-à-dire de faire prévaloir leurs intérêts. Dans le domaine primordial du nucléaire, l'audace française a été peu à peu étouffée ou bien, en 1978, en voie d'être absorbée...

Les États-Unis, plus que jamais en 1978, mènent le monde, la France s'y résigne.

Chapitre XL

L'ÉVOLUTION DEPUIS 1978

Le cadre de l'évolution est français mais aussi mondial : on sait l'importance croissante de ce dernier. En France, toutefois, un tournant notable est apparu en 1981 avec l'arrivée au pouvoir d'une majorité socialiste. On se doit donc d'étudier successivement le déclin du giscardisme entre 1978 et 1981 puis les succès et épreuves du socialisme à partir de cette date.

I. LE CADRE DE L'ÉVOLUTION

Le cadre français

★ *Le cadre politique, ce sont surtout les partis*, sans oublier le rôle des syndicats. La majorité d'alors avait gagné de justesse les élections législatives de 1978 avec 50,74 % des voix, ce qui lui avait valu 290 sièges (dont 153 pour le RPR) sur 491. Le RPR (Rassemblement pour la République) a été fondé à la fin de 1976 par Jacques Chirac. Il représente le courant gaulliste. Son alliée, l'UDF (Union pour la démocratie française) est née à la veille de ces élections. Elle incarne le courant giscardien. Jean Lecanuet, qui présidera à ses destinées, a du mal à en assurer l'unité. Il est vrai que le RPR connaît un peu le même problème. Des «gaullistes de gauche» s'en séparent. Les autres n'apprécient pas toujours le mordant de son chef. Le vieux CNIP (Centre national des indépendants et paysans) reste tiraillé entre RPR et UDF. En revanche c'est vers celle-ci que penchent certains radicaux, alors que les «radicaux de gauche» s'entendent (plus ou moins bien) avec socialistes et communistes. Laissant de côté ces derniers, Valéry Giscard d'Estaing (VGE, comme on le nomme) peut gouverner tant qu'il est président, puis s'efforcer d'animer «l'opposition», c'est-à-dire l'ex-majorité, quand il ne le sera plus (1981). En fait, son rêve aura été d'animer un grand «Centre».

La Gauche reste très active, avant comme après 1981, même si son unité est loin d'être assurée. «L'Union de la Gauche» était née en 1972 autour d'un «programme commun». Les élections de 1978 en ont sonné le glas. Le PC (parti communiste), derrière Georges Marchais, reste fidèle à ses objectifs traditionnels — collectivistes, prosoviétiques, même si quelque distance est prise à l'égard de l'URSS de temps à autre dans une tendance dite eurocommuniste. Le PSU (parti socialiste unifié) demeure faible et divisé. Michel Rocard le quitte et va rejoindre le parti socialiste (PS). Les rocardiens ne représentent qu'un des nombreux courants de ce PS. On a déjà dit, ci-dessus, combien avait été nécessaire, pour maintenir l'unité de ce vaste mouvement social-démocrate, toute l'habileté de François Mitterrand. Celle-ci reste tout aussi fondamentale après l'élection à la présidence de la République. Mais alors le président doit aussi veiller sur une «majorité de gouvernement» nouveau Front populaire alliant communistes, socialistes et radicaux de gauche. Les deux ailes, assez fréquemment, manifestent leurs réticences.

De multiples élections ont permis d'évaluer les forces respectives des partis de Gauche ou de Droite. Ce dernier terme, longtemps refusé par les intéressés qui se voulaient «rassemblement» ou «Centre libéral» a fini par être plus ou moins admis. Si la Gauche a gagné les élections cantonales de 1976 et municipales de 1977, elle a perdu (de peu) les législatives de 1978. Revanche a été prise aux présidentielles de mai 1981. Puis c'est le triomphe des nouvelles législatives en juin après dissolution de l'Assemblée par F. Mitterrand. Le PS obtient à lui seul la majorité ! Mais la nouvelle «opposition» gagne les élections cantonales de 1982 et municipales de 1983. Elle se renforce même lors de multiples élections partielles après invalidations touchant en général des municipalités communistes. Les Français, il faut le rappeler, ont également été appelés aux urnes pour les élections européennes de 1979 et de 1984. Le test «politique français» n'en était pas absent. La gauche a perdu ces élections de 1984.

★★ *Le cadre humain de l'évolution*, de son côté, se manifeste de plus en plus. Tous les sondages − et Dieu sait s'ils se multiplient ! − prouvent que *le problème de l'emploi* demeure la grande priorité. Comment ne pas s'inquiéter, quelle que soit la difficulté d'établir des chiffres rigoureusement comparables, devant la montée du nombre des chômeurs ? 1 500 000 en 1978 ; 1 800 000 en mai 1981 ; 2 200 000 au début de 1984 ! Or il existe des pays où ce chômage est assez bien endigué. *L'information* en témoigne. Cette dernière est de plus en plus omniprésente. L'opinion y attache aussi un grand intérêt et, en particulier, à son objectivité. Le parti au pouvoir, avant ou après 1981, est toujours accusé de ne pas la respecter.

D'autres grands thèmes mobilisateurs continuent, avec des tendances politiques moins affirmées ici, à montrer le prix attaché par l'opinion à tout ce qui concerne l'homme. Ainsi en va-t-il du respect de ses droits, bafoués par *la torture et les emprisonnements* injustifiés. A cet égard sont dénoncés les pays dictatoriaux, URSS comprise, ce qui met en position délicate les communistes français. *Les problèmes écologiques* concernent tous les pays, mais, avant tout, les plus développés. Un mouvement écologiste, non négligeable politiquement, a d'abord soutenu la Gauche, mais beaucoup de ses fidèles, déçus par l'action menée depuis 1981, sont revenus à un idéal moins partisan : protection de la nature, cadre de vie retrouvent la priorité que l'opinion accorde à «l'humain».

★★★ *Les questions économiques et financières* ne sont guère assimilées par les Français, fort peu instruits en la matière. Elles pèsent très lourd cependant dans les préoccupations des gouvernements. Il s'agit d'abord de *l'inflation*. L'opinion renonce en général à en scruter les mécanismes, mais elle en mesure le résultat principal : le pouvoir d'achat, en hausse ou en baisse selon la politique menée. En second lieu il s'agit de *l'entreprise*. Sera-t-elle d'État ou privée ? Et, en ce cas, jusqu'où ira son autonomie et sa liberté de licencier son personnel ? On verra ci-dessous les réponses apportées avant et après 1981 ; elles n'ont pas été sans subir l'influence des «nouveaux économistes» pour lesquels le facteur humain doit tenir une grande place ; l'homme dégagé de l'emprise de l'État, trouve par lui-même la voie de son intérêt − à preuve le «reaganisme» aux États-Unis et ailleurs.

Le cadre mondial

Les grands drames humains ne laissent indifférents ni les Français ni leurs gouvernements. Ceux-ci doivent avoir une politique à l'égard du Tiers Monde, du drame de la faim qui y sévit, des régimes plus ou moins persécuteurs. On aide les uns, on dénonce les autres. Dans la pratique, nombreuses en sont les conséquences financières, diplomatiques, démographiques même si l'on accueille des immigrés pour le travail et des réfugiés politiques.

Les affrontements qui secouent la planète requièrent davantage encore une action diplomatique. Agir aux côtés des Américains, mais jusqu'où ? Essayer de tenir sa place entre les deux Grands qui soutiennent par peuples interposés leurs positions respectives ? Avant comme après 1981 cela a été tenté, sans que les succès couronnent les efforts, en Amérique latine, au Moyen-Orient, vraie poudrière, dans le Sud-Est asiatique où se perpétue depuis 1945 une interminable guerre, en Afrique où bien des intérêts français sont engagés. En Europe, par contre, les affrontements sont feutrés, limités et indirects ; chaque pays n'en cherche pas moins à défendre ses propres intérêts ; on ne peut noter aucun progrès de l'esprit communautaire depuis 1978.

Dans le domaine économique et financier, les tendances décelées à cette date sont restées à peu près les mêmes. Il faut, avant tout, juguler la crise qui perdure. Le prix du pétrole peut en être une cause. Or des inflexions viennent ponctuer son coût qui double lors du «deuxième choc pétrolier» en 1979 puis en vient à baisser ; les producteurs ont vu en effet les grands consommateurs occidentaux (Japonais compris) se tourner vers les autres énergies, entre autres le gaz et le nucléaire. La France, pour ce dernier, est fort bien placée. Elle en tire profit, alors que pour le gaz elle doit durement négocier avec d'éventuels fournisseurs. Les achats seront, la plupart du temps, comptabilisés en dollars. Or celui-ci baisse ou monte au cours des changes. S'il baisse, les prix imposés par les producteurs sont relevés ; s'il monte... cela revient à payer plus cher. Rude épreuve pour tous les consommateurs à travers le monde.

Le poids des États-Unis ne s'est donc pas démenti. Le dollar demeure, avec bien d'autres éléments, une de leurs grandes armes. Le déficit de plus en plus extraordinaire de leur budget s'est maintenu en dépit des promesses toujours répétées ; il a facilité une hausse du taux de l'intérêt mais aussi une reprise de l'activité. Les autres pays doivent en prendre acte. Certains ont bien réagi ; d'autres, dont la France, moins bien. Ce n'est pas en 1984 que le président Reagan, souhaitant être réélu, peut infléchir cette politique qui lui est très favorable. Le monde doit suivre.

Concluons : bien des structures antérieures à 1978 se sont pérennisées. Le changement de 1981 n'en est pas moins très important. Il fait même parfois figure de tournant véritable car le socialisme veut prendre le contre-pied d'un giscardisme déclinant.

II. 1978-1981 : LE DÉCLIN DU GISCARDISME

Lorsque Jacques Chirac démissionnait en août 1976, les difficultés n'étaient pas absentes[1]. Elles s'aggravent sous son successeur,

---

1. Se reporter à la fin du chapitre XXXII.

le très libéral Raymond Barre, qui garde le pouvoir jusqu'à la fin du septennat de VGE (1981).

Les difficultés économiques et financières

★ *La politique et la situation financières* s'accordent tant bien que mal. La masse monétaire croît dangereusement, multipliée par le crédit et l'eurodollar. *Le budget*, depuis celui de 1978, doit être voté en déficit : prévu pour 9 milliards, celui-ci en atteindra finalement 30. Pour les suivants la situation empirera. La fiscalité s'alourdit, tout en se voulant plus juste. *L'emprunt* devient nécessaire. Non sans succès, le gouvernement en lance plusieurs. Les entreprises, notamment les entreprises nationalisées, sont invitées à emprunter à l'étranger. Les banques tirent profit de ces emprunts. Mais le rapport Mayoux de 1979 les trouve trop «irresponsables», il souhaite plus de rigueur et une plus grande concurrence entre elles. Rassuré par les élections législatives de 1978, l'étranger investit en France. Le contrôle des changes peut être légèrement assoupli en 1980.

La libération des prix doit être l'outil de la reprise économique selon les vues très libérales du ministre René Monory. Les prix étaient «encadrés» depuis 1945. Les voici libérés pour l'industrie en 1978 (avec des «engagements de modération»), pour le commerce en 1979 (avec des «engagements de stabilité») ainsi que pour la plupart des loyers. Vers mai 1980 tous les services sont libérés.

La situation financière en 1981 peut se résumer ainsi :
1° le franc est solide ; la France détient le 3e stock d'or du monde dans les réserves de la Banque de France : 364 milliards début mai ;
2° l'inflation persiste au rythme moyen de 10 à 13 % par an ;
3° l'endettement intérieur et extérieur est devenu préoccupant ;
4° les mesures financières se sont révélées inefficaces pour relancer l'économie.

★★ *La politique économique*

«L'économie contractuelle» en est la base : chacun des partenaires, l'État entre autres pour ce qui le concerne, signe des contrats, par branches, par entreprises. L'État donne l'exemple avec les Charbonnages, la SNCF, etc. Des secteurs entiers sont soutenus : sidérurgie, construction navale, aéronautique ; parfois ce sont des branches particulières : engrais, programmes de recherches de l'électronique ; parfois des sociétés : Manufrance (en déconfiture), Thomson, mais non Boussac.

Les grandes activités bénéficient d'une aide. Pour l'industrie le FSAI (Fonds spécial d'adaptation industrielle, 1978) accorde des crédits, pas toujours bien utilisés. Aussi l'action devient plus sélective et un système de «contrats de développement» favorise de plus en plus les secteurs de pointe : biologie, énergies nouvelles, robotique, etc. L'agriculture, quant à elle, aura son FIDAR (Fonds interministériel de développement et d'aménagement rural, 1979) qui, sur une base régionale, octroiera des crédits mieux étudiés reposant sur des contrats. Une grande *«loi d'orientation agricole»* vient, en 1980, mettre à jour celles de 1960-62 et 1964[1]. Avec l'aide d'un Conseil supérieur d'orientation et un fonds de promotion des produits agricoles, les agriculteurs devront améliorer production, transformation

---

1. Voir chapitre XXV, paragraphe II.

et vente de leurs produits. Par le jeu des successions, de nouveaux types de baux, de sociétés de placements immobiliers drainant l'épargne, sera encouragé l'investissement foncier, et spécialement celui des jeunes qui doivent être les grands bénéficiaires de la loi. Celle-ci envisage aussi les questions du fermage, de l'IVD (indemnité viagère de départ : doublée), du cumul (contrôle plus sévère), des SAFER (pouvoir accru), de la femme d'agriculteur (devient coresponsable), etc.

Les «plans Barre» de 1976, 1977, 1978 résument successivement, mais dans le même esprit, le libéralisme affiché du premier ministre. Les idées maîtresses en sont le développement économique lié à la libéralisation et l'aide à l'investissement des entreprises soit par les moyens indiqués ci-dessus, soit par d'autres, dont la loi Monory de 1978, dont il faut maintenant parler.

★★★ Le développement de l'entreprise

L'entreprise est considérée comme la cellule fondamentale, le moteur de l'économie. Les entreprises relevant de l'État reçoivent par dizaines de milliards les sommes qui combleront leur déficit. Les autres, comme on l'a vu, sont soutenues collectivement ou ponctuellement. Les petites et moyennes (PME) sont l'objet de faveurs particulières ainsi que celles qui se créent (avantages fiscaux, Caisse d'équipement, etc.).

La loi Monory (juin 1978) veut favoriser l'investissement : des avantages fiscaux, dont une détaxation, sont accordés pour des achats d'actions françaises, notamment celles des SICAV (sociétés d'investissement à capital variable) jusqu'à concurrence de 5 000 francs. La loi connaît un grand succès. Dès 1978 la France compte 500 000 actionnaires de plus.

L'environnement de l'entreprise s'améliore. Des mesures prises en 1978 protègent les petits actionnaires, limitent l'âge des PDG et le cumul des mandats aux conseils d'administration. La RD (recherche-développement) est stimulée, en particulier par une réorganisation du CNRS (Centre national de la recherche scientifique), par la naissance, en 1979, de «groupements d'intérêt scientifique», par un plan de recherche à long terme. L'ANVAR (Agence nationale pour la valorisation de la recherche) est décentralisée et se montrera plus généreuse (1979).

★★★★ Le Plan, dans les conditions du moment, est devenu tout à fait secondaire. Mal parti dès 1976, ce VIIe Plan (1976-80) est révisé en 1978 autour de trois priorités : commerce extérieur, adaptation de l'industrie, emploi (avec réforme de l'ANPE : Agence nationale pour l'emploi). Le bilan est décevant. La préparation du VIIIe Plan (1981-85) prend un caractère technocratique ; sont privilégiés le pétrole, le redéploiement industriel, l'emploi. Viennent ensuite l'agriculture, l'environnement, etc. Le Plan n'est pas chiffré, ne sera pas voté. Il est plus une constatation qu'une volonté d'action. Il y sera mis fin en 1981.

★★★★★ Le bilan, en 1981, est sévère. La France reste en crise. Ses très grosses entreprises (modestes tout de même puisque, parmi les 300 premières mondiales, elle n'assure que 6 % du chiffre d'affaires) ont accru leurs profits et leur autofinancement ; la Bourse a retrouvé son activité ; les PME ont un certain essor. Mais beaucoup s'effondrent, de très grosses sociétés font faillite, d'autres ne se sauvent qu'en lâchant des pans entiers entiers de leur activité (Rhône-Poulenc cède

sa chimie de base à Elf-Aquitaine) pour pouvoir quelquefois diversifier leur production (Saint-Gobain dans l'électronique, la CGE dans la bureautique). En fait les plans Barre ont échoué, l'entreprise est malade, la stagflation règne, le chômage a augmenté et frappe 1 800 000 personnes en mai 1981.

Les problèmes humains

Ces problèmes, VGE est loin de les méconnaître. Il a pensé les résoudre par son «libéralisme avancé». Il s'est penché, avec des ministères spéciaux, sur «la qualité de la vie», «la condition féminine», il privilégie les jeunes dans les *pactes pour l'emploi*, nés en 1977 et renouvelés annuellement : les entreprises employeuses bénéficient de décharges fiscales ; des «contrats formation» sont institués pour les jeunes. Le coût des pactes est très lourd, l'aide est trop peu sélective. L'indemnité de chômage est modifiée en 1979 : l'État verse une somme globale à l'UNEDIC qui la distribue ensuite selon des modalités que le patronat et les syndicats ont fixées sous la pression du gouvernement. Une allocation spéciale de licenciement pour raison économique n'est pas sans favoriser des excès. Beaucoup de chômeurs travaillent «au noir». Les emplois précaires se multiplient : emploi intérimaire, ou temporaire qui échappent souvent au Code du travail. Les femmes occupent de plus en plus d'emplois, fréquemment à temps partiel. Mais au total les progrès de la productivité suppriment 120 000 postes de travail par an et bien des entreprises préfèrent se développer à l'étranger où l'économie repart.

Les syndicats s'agitent dénonçant les carences, les faveurs apportées au capital, le temps de travail jugé excessif (abaissé cependant, pour son maximum, de 52 à 50 heures en 1978). L'illusion demeure qu'en le diminuant beaucoup plus on pourrait réduire le nombre des chômeurs ; de même en avançant l'âge de la retraite à 60 ans. Très nombreuses sont les grèves, mais les syndicats s'affaiblissent : on hésite avant de s'y engager. La CGT est en perte de vitesse, malgré son actif secrétaire Georges Séguy, la CFDT progresse avec sa base activiste, tempérée cependant par le réaliste Edmond Maire. En face, le CNPF bénéficie de la puissance que lui occasionne la discussion des contrats. Mais il s'ouvre à l'amélioration des conditions de travail (rythme, équipes, etc.). Pour les uns et les autres l'avenir apparaît sombre ; le rapport Nora-Minc de 1978 constate que le secteur tertiaire, le seul à se développer alors, sera réduit à son tour par l'informatisation.

La vie sociale traduit l'incertitude et un grand malaise. Les jeunes sont les plus touchés, et cela est grave. L'enseignement se dégrade, disent les détracteurs de la loi Haby de 1975. Son ouverture vers l'entreprise, avec le ministre Beullac, échoue. Le sport est stimulé (1979) mais la construction de logements décline. Le niveau de vie progresse à peine. Qualitativement la vie empire bien que la politique de l'environnement soit assez active contre l'urbanisation envahissante. Un conservatoire du littoral s'installe à Rochefort... mais les pétroliers souillent la mer (grave accident de l'*Amoco Cadiz* en 1978). Un nouveau parc national dans le Mercantour, une «agence de l'Air», une «charte de la qualité de la vie» (1978) riche de 106 mesures à appliquer, n'empêchent pas écologistes et socialistes de dénoncer les multiples faveurs accordées à la construction de centrales nucléaires, aux excès de la publicité, à la concentration capitaliste de la presse (groupe Hersant), à un aménagement du territoire qui laisse s'effondrer des régions entières (Nord, Lorraine). Seul le milieu rural serait pris en compte ainsi que les villes moyennes pour lesquelles se multiplient les contrats, et quelques régions : l'Auvergne, le grand Sud-Ouest (1979). Mais la Corse s'agite.

Quelle politique extérieure ?

Dans ce domaine règne un certain flou. VGE se veut européen, et c'est une Française, Simone Veil, qui préside une sorte de parlement européen élu pour la première fois en 1979. La Grèce «entre en Europe» en 1979. Le «système monétaire européen» est alors mis sur pied, succédant au «serpent». Avec sa monnaie de compte, l'écu, et sa marge de ± 2,25 % autour d'un «cours-pivot», ce SME voit le renforcement du mark et les difficultés du franc. Les MCM (montants compensatoires monétaires pour les produits agricoles) pénalisent la France, par ce biais. Leur disparition prévue est impossible. Le «franc vert» − prix auquel on achète les produits agricoles français − est abaissé, ce qui favorise les exportations, mais prouve que la France n'est pas en mesure de mener l'Europe.

Dans le reste du monde, l'atlantisme, soumis aux États-Unis, se renforce. D'où la dégradation des relations avec l'URSS (mais non avec la Pologne), leur amélioration avec la Chine, la baisse de l'aide aux pays sous-développés (France 5e et non plus 4e), les relations variables avec l'Algérie, des interventions militaires au Zaïre, au Tchad, en Mauritanie. Au Moyen-Orient les pays pétroliers sont courtisés, des contrats signés, mais leur application tarde à se manifester. Pour les DOM-TOM on semble s'orienter vers une certaine autonomie ; elle calmerait une agitation latente que quelques plans de développement contribueraient aussi à contenir.

Bilan du giscardisme

Un point fort, la solidité du franc, encore qu'elle soit relative.

Un point discutable : le renforcement, surtout après 1978, du présidentialisme dans une optique non gaulliste, puisque VGE n'a jamais recouru au référendum.

Quant aux faiblesses, elles sont vigoureusement dénoncées par une «opposition» que Raymond Barre semble ignorer superbement, tout comme le président. Michel Jobert qui rejoindra F. Mitterrand en 1981 incarne assez bien, aux côtés de nombreux Français qui suivront la même voie, le courant des déçus. Il dénonce[1] la dégradation progressive de la situation, la Constitution bafouée, les régions oubliées, l'administration toute-puissante, le système du coup par coup dans l'économie, sans vue d'ensemble, l'action extérieure sans ligne définie, velléitaire, l'esprit public chloroformé, la démocratie n'étant plus qu'un nom. Au total action ingénue et délétère, sans grandeur.

... Mais François Mitterrand − que M. Jobert lâchera à son tour − ferait-il mieux ?

_____

1. Voir *la Lettre de Michel Jobert* de février 1981.

III. DEPUIS 1981 : SUCCÈS ET ÉPREUVES DU SOCIALISME

La conjoncture politique

Elle évolue profondément et rapidement : passer du libéralisme affiché au socialisme affirmé avec le soutien des communistes, quel tournant ! Mais dès 1982, nouveau tournant. Certes on ne revient pas au point de départ, mais dans certains domaines on pourrait le croire. Les difficultés sont là et le réaliste doit succéder à l'idéalisme. Quant au virage de 1984, il exprime un nouvel esprit du socialisme. Les communistes quittent alors le gouvernement.

★ *Les élections de 1981 et les succès de la Gauche*

La préparation des élections présidentielles de 1981 s'est déroulée dans un climat passionné. La «majorité» d'alors s'y présente divisée. Les gaullistes eux-mêmes ont plusieurs candidats (dont Michel Debré) parmi les dix qui briguent la place. Jacques Chirac n'obtient pas 15 % des voix, dépassé par VGE (22 et demi) et F. Mitterrand (20 et demi). Selon la Constitution, seuls les deux premiers affrontent le second tour. La bataille continue, ardente. La Gauche fait bloc derrière F. Mitterrand dont la ténacité semble devoir enfin être récompensée après ses échecs de 1965 et de 1974. Ses «110 propositions», écrites quand il était dans l'opposition, laissent miroiter un changement profond, un avenir enchanteur. La «Gauche unie» se dit prête à assumer le pouvoir. Au contraire, si l'UDF soutient VGE, bien des gaullistes et une grande part du Centre, mal constitué, sont prêts à lâcher l'ex-président et à tenter une expérience socialiste. Cet électorat mouvant permet finalement l'élection de F. Mitterrand au second tour, le 10 mai. On ne compte que 14 % d'abstentions. Les «suffrages exprimés» donnent 51,75 % à «*la majorité du 10 mai*», (F. Mitterrand). Large succès si on le compare aux élections antérieures.

François Mitterrand, après 23 ans d'opposition (souvent violente[1]) prend les rênes du pouvoir. Il a 65 ans, il est cultivé, il aime méditer. Passé d'une droite modérée à une gauche qui ne l'est pas moins, il a pu participer à 11 ministères de la 4e République. Habile, il sait qu'il ne peut se passer du soutien des communistes et a encouragé l'Union de la Gauche dès qu'elle s'est manifestée. Il a l'art, également, de jouer le médiateur au sein de son propre parti, le PS (parti socialiste) qui, grâce à lui, succède en 1969-71 à la vieille SFIO. Mais, finalement assez gaullien dans sa conception du pouvoir, le voici maintenant affronté aux dures réalités du gouvernement.

Les élections législatives de juin 1981 peuvent lui donner d'abord l'illusion qu'il réussira aisément. Sur sa lancée en effet, il dissout l'Assemblée et «la majorité du 10 mai» emporte 333 sièges sur 491 dont une part énorme d'enseignants. A lui seul le PS en obtient 270, plus de la moitié ! Le parti communiste 44, soit une perte sensible, presque de 50 %. Mais sous l'emblème de la rose, on danse dans la rue.

Le 2e gouvernement Mauroy (Pierre Mauroy, du PS, est maire de Lille), après le premier qui n'aura duré que quelques semaines, inclut

---

1. Cf. sa philippique de 1964 *Le coup d'État permanent* (Plon éd.).

quatre ministres communistes, à la différence du ministère Blum de 1936. Le nouveau «Front populaire» prend donc ses responsabilités. Mais Pierre Mauroy donne aussi un poste, sur sa droite, à Michel Jobert (commerce extérieur) et dose savamment l'équilibre entre les diverses tendances du PS : l'ancien gauchiste M. Rocard, le rigoureux J.P. Chevènement, l'habile G. Defferre, maire de Marseille. Tous trois sont ministres d'État aux côtés de M. Jobert et de Charles Fiterman, le communiste placé aux Transports. Quelques remaniements ministériels surviendront, amenant même un 3e gouvernement Mauroy en mars 1983, mais ce dernier se maintient quoique, plusieurs fois on ait pu croire qu'il serait remplacé. Les difficultés, en effet, ne l'ont pas ménagé.

★★ De «l'état de grâce» aux difficultés accrues

«L'état de grâce» est le nom qu'on a donné à la période de moins d'un an qui a marqué les facilités du pouvoir dans un climat euphorique. Appliquant un grand nombre des «110 propositions», le gouvernement multiplie les réformes. Elles sont dangereuses parce qu'irréalistes ou coûteuses : nationalisations, temps de travail, place de l'État, monnaie, etc.[1]. Elles le sont aussi parce que s'inscrivant dans un cadre mondial qui, parmi les grandes puissances, va à l'opposé de cette vague socialiste. La France est seule à vouloir sortir de la crise par la relance de la consommation. Dans l'OCDE c'est au contraire le reflux du socialisme et la montée du reaganisme. Déja on spécule à la baisse du franc et les réserves de la Banque de France, dès mai 1981 ont fondu de 28 milliards. L'hémorragie continuera ensuite.

Les affrontements politiques, dans ces conditions, ne peuvent que se multiplier. Le nouveau secrétaire du PS, Lionel Jospin, critique violemment avec ses amis, le lourd héritage recueilli et il en fait le bouc émissaire des difficultés qui apparaissent. De l'autre côté on dénonce la gabegie, l'irresponsabilité, les hésitations, les propos contradictoires, la dégradation de la monnaie (trois dévaluations : octobre 1981, juin 1982, mars 1983), les mesures démagogiques, la «chasse aux sorcières» : que de postes en effet ont dû changer de titulaires ! Membre du PS, J.P. Chevènement a quitté le gouvernement au printemps 1983, suivi peu après par M. Jobert. Les communistes, eux, s'y accrochent, bien qu'ils expriment leurs réticences et que la CGT soutienne ou provoque plusieurs grandes grèves : le pouvoir d'achat n'a-t-il pas stagné puis baissé ?

«L'opposition» dans cette atmosphère très polémique, si elle est fort malmenée par «la majorité» rivalise d'agressivité avec celle-ci. R. Barre, puis VGE après quelque temps de silence, rentrent dans l'arène. Mais c'est surtout, et de plus en plus, J. Chirac qui s'affirme comme le porte-parole de l'opposition. Tantôt véhément, tantôt nuancé, il veut prendre de la hauteur, rassembler autour de lui les gaullistes et beaucoup d'autres, s'affirmer comme un homme d'État. Le fait qu'il soit maire de Paris (depuis 1977) lui donne l'occasion de multiples contacts avec les plus hautes personnalités.

L'heure de vérité a sonné. Les élections cantonales de mars 1982 sont déjà un échec pour la majorité, les municipales de 1983 le sont encore plus, la remise en cause de nombre d'entre elles pour des irrégularités imputables le plus souvent aux communistes amène presque toujours le succès de l'opposition. Les sondages prouvent que l'opposition est devenue majoritaire dans le pays («pays réel» que

---

1. Le détail en sera vu dans les deux paragraphes suivants.

l'on confronte au «pays légal»). Les «déçus du socialisme» ont donc
changé de camp. Les divisions entre socialistes mêmes s'aggravent.
En effet sous l'expression de «2ᵉ phase du changement», F. Mitterrand laisse P. Mauroy, en juin 1982, établir une politique d'austérité
qui deviendra politique de rigueur déjà en septembre mais surtout
en mars 1983. Le principal artisan en sera Jacques Delors, ministre
socialiste de l'Économie et des Finances. Viendra ensuite son renvoi
au profit de P. Bérégovoy, lors du virage de juillet 1984.

Économie et finances : nationalisations et crise

★ *Les nationalisations de 1981-82* ont répondu à une cause idéologique et non pas technique, alors que la précédente vague (1944-46)
répondait à cette double raison[1]. Sont nationalisés *8 groupes industriels* : deux sidérurgiques (Usinor et Sacilor), deux de la construction
électrique (CGE et Thomson-Brandt), quatre aux activités diversifiées
(Saint-Gobain, PUK, Rhône-Poulenc, Matra). L'État en outre prend la
majorité chez Dassault (aérospatiale).

La nationalisation touche aussi *les banques* : les 36 où les «dépôts»
dépassent le milliard (avec exception si 50 % du capital est à l'étranger).
Il en reste 65 d'indépendantes. Les deux grandes compagnies financières (banques d'affaires) sont également nationalisées : Suez et
Paribas.

Les modalités sont diverses. Les actifs situés à l'étranger entrent
dans la nationalisation ; la question des associations avec des firmes
étrangères a été difficile à résoudre, celle des filiales également. L'indemnisation des actionnaires − avec bien des nuances ou différences −
s'exerce selon la valeur des actions (dont le calcul est complexe) par
des obligations d'État émises par une Caisse· de l'industrie et une
Caisse des banques. Elles sont amortissables, négociables et produiront
un intérêt aligné sur le taux des emprunts d'État. Les conseils d'administration sont tripartites : représentants de l'État, des secteurs intéressés, des travailleurs. Pour la sidérurgie les prêts antérieurement
accordés sont consolidés. Un remboursement est prévu, dans l'avenir,
intervenant quand sera réorganisée toute la sidérurgie.

L'importance de ces nationalisations n'est pas à souligner. Cas
unique dans le monde libéral, l'État contrôle 75 % des crédits et du
système bancaire, détient 29 % du chiffre d'affaires de l'industrie,
fait sentir son influence directe ou indirecte sur 3 500 entreprises,
emploie 23 % des salariés de l'industrie[2]. Mais quel coût, pour racheter des entreprises souvent en déconfiture ! Le coût s'avère particulièrement élevé pour une sidérurgie que l'État porte, de plan en plan, à
bout de bras depuis 20 ans. Or la gestion étatique sera-t-elle la panacée
ou, au contraire, la porte ouverte à la bureaucratie, à la stérilisation,
comme le proclame déjà l'opposition ? A quoi il est répondu que ces
entreprises joueront un rôle d'entraînement.

★★ *Les problèmes financiers*

La tâche est rude pour Jacques Delors qui voit s'accumuler les
problèmes, avant de pouvoir les affronter par la rigueur qu'il juge
nécessaire. Il doit compter, longtemps, avec la vision idéologique,

---

1. Voir chapitre XXII, paragraphe I.
2. Chiffres cités par *Le Monde* du 13 février 1982.

sociale et politique dans laquelle se placent consciemment ou non P. Mauroy et F. Mitterrand.

Les données structurelles ne peuvent être ignorées. C'est déjà cette vision. C'est aussi un rythme d'*inflation* de 14 % en 1980 et 81 qu'il ne pourra ramener, péniblement, à 9 % qu'en 1983, chiffre qui dépasse de loin celui de certains pays comparables à la France. Ceux-ci ont longtemps misé sur la chute du franc tandis que bien des Français plaçaient leurs capitaux, en sûreté, à l'étranger. *La politique monétaire* a consisté à hausser le taux de l'intérêt, mais celui-ci rendait très onéreux le crédit, indispensable aux entreprises, donc à l'activité et, au-delà, à l'emploi. Le contrôle des changes, renforcé, ne peut qu'inquiéter davantage les Français et l'étranger. La Banque de France, pour soutenir la monnaie entame ses *réserves* qui fondent comme neige au soleil. En francs (qui se dévalueront) elles passent de 364 milliards au 30 avril 1981 à 430 milliards au 31 décembre 1983 mais à cette date l'endettement s'élève à 451 dont 327 sont garantis par l'État. *L'emprunt*, non seulement en France mais aussi à l'étranger, a en effet été inéluctable. Achevons ce sombre tableau en évoquant le taux excessif des *«prélèvements obligatoires»* (impôts, charges sociales dont la Sécurité sociale) qui atteignent en 1983 près de 45 % du PIB (36 % en 1973 ; 39,5 en 1978 ; 42,8 en 1981) contrairement aux promesses d'abaissement de la part du candidat puis du président Mitterrand. Dans ces conditions l'investissement des particuliers comme des entreprises ne peut que diminuer. Pour le relancer il faudrait réduire les prestations sociales et augmenter lourdement certains impôts liés à la consommation... ce qui rejaillirait sur celle-ci et finalement, donc, sur la production. Ou alors faut-il jouer le jeu non seulement du protectionnisme mais aussi de l'étatisation totale selon le modèle soviétique ?

Les mesures prises ? Dans une sorte de cercle vicieux c'est d'abord *l'emprunt*. Le 10e «emprunt Mauroy» a été lancé en février 1984. Il faut rendre ces emprunts de plus en plus alléchants, donc coûteux. Leur remboursement, qui s'ajoutera à celui des emprunts giscardiens, grève lourdement l'avenir et met la France à la merci de l'étranger. Elle est devenue le 3e emprunteur mondial car à ces emprunts d'allure nationale s'en ajoutent beaucoup d'autres dans de nombreux pays (dont ceux du Moyen-Orient) ou dans la CEE. A l'égard du SME *la dévaluation* n'a pu, pour autant, être évitée en 1981, 82, 83 : respectivement 3 %, 5,75 %, 2,5 %... alors que le mark se réévaluait, parvenant à tripler sa valeur par rapport au franc depuis 1958, à la doubler depuis 1978. *L'augmentation des impôts*, pendant ce temps, s'accélère pour combler un déficit budgétaire passé en gros de 100 à 130 milliards, soit 3,2 % du PIB, et cela bien que l'État ait détourné nombre de ses charges sur les collectivités locales. En septembre 1981 ont été institués un impôt sur les grosses fortunes et un impôt exceptionnel sur les gros revenus.

Les grandes mesures rigoureuses n'ont pu pourtant être éludées :
— En juin 1982, lié à la dévaluation, c'est, pour trois mois, le blocage des prix, des salaires, des marges commerciales et le maintien, sans plus, du pouvoir d'achat.
— En septembre 1982, tandis que le Trésor lance un emprunt international de 4 milliards de dollars (soit environ 28 milliards de francs) aux fonds duquel on ne recourra que peu à peu, certains blocages de juin sont prorogés pour deux mois.
— En mars 1983, «le plan Delors» s'impose à une majorité tiraillée. Cette fois c'est la grande rigueur, qui suit la 3e dévaluation. Fini l'appel de naguère à la consommation : la demande intérieure doit

diminuer de 2 %, le déficit commercial de moitié, relèvement des tarifs publics, rigoureux contrôle des prix, limitation des dépenses touristiques à l'étranger avec la contrainte d'un carnet de change, prélèvement d'1 % sur les revenus imposables de 1982, emprunt obligatoire pour les contribuables gros ou moyens ; telles sont les mesures essentielles, mais non toutes. Quelques autres, complémentaires, suivront, d'ailleurs. Le grand objectif c'est que l'État ait les moyens de redonner toute sa vitalité à l'entreprise : quel tournant !

Les résultats apparaissent peu à peu. L'année 1982 marque en son milieu un certain changement. Mais c'est 1983 surtout qui permet de cueillir les premiers fruits : l'inflation recule, le déficit commercial est réduit de moitié... mais aux dépens de l'activité et de l'investissement, tandis que l'endettement est devenu considérable et que l'endiguement du chômage − comme on s'y attendait − a fait place à son accroissement.

★★★ *Le Plan* se doit d'être une pièce maîtresse d'un gouvernement socialiste. Le VIIIe qui n'en était qu'une caricature est abandonné. Lui fait place un *Plan intérimaire (1982-83)* dont le maître d'œuvre est M. Rocard. Il vise une croissance annuelle de 3 % et 500 000 emplois nouveaux en 1982, et autant en 1983. Il intègre les nationalisations, les mesures sociales déjà décidées. Voulant développer fortement l'industrie, il ne néglige pourtant ni la politique de la montagne, ni de multiples régions qu'il place dans un «aménagement du territoire» décentralisé planifié, «contractualisé» (contrats État-régions) avec un effort particulier pour les grandes liaisons. Se penchant aussi sur les services, l'information, il est, en bref, fort ambitieux. Aussi l'échec est quasi total. La croissance n'aura atteint après le 0,5 % de 1981 que 1,5 % en 1982 et 0,3 % en 1983. Quant à l'emploi...

Le IXe Plan (1984-1988) a bénéficié d'une préparation moins précipitée. Il se soumet aux *nouvelles règles de la planification* adoptées en juillet 1982 : absorption du domaine culturel et des accords conclus avec l'étranger, système de contrats en particulier avec les régions et les grandes entreprises (plus les petites au niveau des régions), processus obligatoire d'examen par une commission nationale en trois collèges, d'une loi d'orientation définissant les priorités nationales, puis d'une loi d'exécution avec engagement pluriannuel. La commission nationale assurera le suivi du Plan. Celui-ci sera programmé pour les actions prioritaires et contractuel pour les autres (avec régions, entreprises ou telle profession). *Le contenu du Plan* met un grand accent sur la régionalisation, ce qui est bien en rapport avec la politique de décentralisation[1], et confirme l'un des aspects de la nouvelle planification : l'aspect contractuel. Finalement 12 actions prioritaires d'exécution (PPE) sont retenues : moderniser l'industrie (rôle de la technologie), rénover éducation et formation, favoriser recherche et innovation, développer les industries de communication, réduire la dépendance énergétique, promouvoir l'emploi, vendre mieux, soutenir la famille et la natalité, décentraliser, assurer le mieux-être en ville, améliorer la justice et la sécurité, mettre l'épargne au service de la modernisation.

★★★★ *La difficile adaptation de l'industrie et de l'énergie*

L'industrie n'est plus le point fort qu'elle a pu être. Des branches, des régions en souffrent. Les faillites tournent autour de 20 000 par

---

1. Voir, ci-dessous, le paragraphe III.

an faute d'esprit d'initiative et, le plus souvent, pour raison financière : c'est tout le problème de l'investissement. Résultat : la production, pour un indice 100 en 1970 n'atteint que 131 à la fin de 1983 et le nombre des ouvriers diminue régulièrement.

L'État aide l'investissement pour mieux enrayer le chômage et moderniser l'outil industriel ; il soutient en particulier les PME et encourage la création de nouvelles entreprises ; il distribue des prêts participatifs, atténue la fiscalité, aide les banques à accorder les prêts bonifiés. En 1983 il remplace les « 5 000 francs Monory » de 1978 par des « comptes d'épargne en actions » (70 000 francs par action, le double pour un ménage) bénéficiant de réductions fiscales, mais bloqués pendant 5 ans. Peu après il lance les « comptes pour le développement industriel » (Codévi) : 10 000 francs par personne, qui alimenteront le « Fonds de modernisation de l'industrie » (remplaçant le « Fonds spécial d'adaptation industrielle », FSAI de 1978). Les souscripteurs seront exonérés d'impôts.

L'épargne va-t-elle enfin s'intéresser à la vie économique ? C'est le souhait de J. Delors dont le plan rigoureux est destiné en grande partie à soutenir l'entreprise, en général. Mais on a tardé à adopter cette vision d'ensemble, accordant, en 1982, une aide ponctuelle au bois, à la machine-outil, à l'acier, etc.

Les grandes branches industrielles ont toutes été affrontées, à un moment ou à un autre, à de sévères difficultés. L'informatique et le nucléaire s'en sont le moins mal tirés, encore qu'un « plan composants » ait dû être offert à la première ; le gouvernement socialiste, comme le précédent, attache une grande importance à la clé de l'avenir qu'est l'ordinateur. Parmi les autres activités industrielles c'est de marasme qu'il faut parler pour l'acier et la construction navale. Malgré une aide puissante, les regroupements et les licenciements sont inévitables. C'est en 1984 que le gouvernement s'occupe enfin de traiter à fond ce douloureux problème. Il en va de même pour le charbon.

L'énergie en effet demeure un des éléments vitaux de l'économie française. *Le charbon*, malgré bien des promesses, bien des illusions, n'est guère rentable en France ; il l'est tout juste même en Lorraine. Les mesures drastiques prises en 1984 s'imposent. A l'opposé *le nucléaire* est devenu compétitif et la France est riche de techniques exportables. Malgré des promesses antérieures et bien qu'en 1981 on ait stoppé des chantiers de construction de centrales, ceux-ci ont repris leur activité, souvent avec l'accord des municipalités, heureuses de disposer de nouveaux emplois. Les énergies nouvelles continuent d'être l'objet de recherches (le recours à la biomasse attire de plus en plus l'attention). Pour l'électricité hydraulique les derniers sites possibles sont à l'étude. Le gaz devient primordial mais il faut l'importer (Algérie, URSS) ; le prix en est élevé. Quant au *pétrole* il suffit de rappeler combien il grève la balance commerciale malgré une consommation qui diminue notablement. Au total, en quelques années, *la reconversion* s'est faite d'elle-même ou avec l'aide du pouvoir. Elle affecte durement les travailleurs et des régions entières — Lorraine et Nord en tête.

★★★★★ *L'évolution de l'agriculture et des services*

Pour l'agriculture le tableau dressé en 1978 reste globalement valable. L'importante loi d'orientation agricole de 1980[1] veut favoriser le rajeunissement de la profession et l'exportation des produits.

---

1. Voir ci-dessus, paragraphe II.

Dans ces deux voies on peut noter quelques progrès. Mais la question latente demeure celle du financement. Le revenu agricole étant passé à la baisse le prix des terres — renversant un courant ancien — baisse lui aussi. Les grands produits gardent à peu près leur place respective mais les décisions communautaires de Bruxelles concernant la limitation de la production laitière (excédentaire) lèse les intérêts français. Ceux-ci sont également menacés par l'entrée prévue de l'Espagne et du Portugal dans le Marché commun. Globalement, toutefois, l'agriculture, bénéficiaire aux exportations, reste un point fort de l'économie française et tend à s'ouvrir davantage sur le monde.

Les services également. Leur balance est positive mais ne parvient pas, au sein de la balance des paiements courants, à combler le trou creusé par la *balance commerciale devenue catastrophique* : en 1982 la France bat le record du déficit mondial. Net redressement en 1983, au prix de la stagnation économique. Les différents services alimentent ou soutiennent de plus en plus le commerce extérieur. Ainsi en est-il pour le tourisme dont l'évolution est favorable, pour la technologie et l'ingénierie. Malheureusement, dans sa totalité, le commerce extérieur de la France (la 4e) se dégrade vis-à-vis des pays riches, des pays de l'Est ; elle se maintient mieux, sans gloire, dans les pays pauvres. Rappelons que 250 entreprises assurent la moitié des exportations. Une certaine percée est à noter cependant pour les PME. Mais l'agressivité japonaise est ressentie par tous.

Pour les autres services : dans la distribution, le commerce de détail se redresse, les transports routiers sont réorganisés par une loi de 1982 mais les gigantesques barrages de camions de 1984 démontrent son insuffisance. La SNCF voit dès 1981 le beau succès du TGV (train à grande vitesse) qui menace Air-Inter. Un nouveau statut SNCF, en 1983, donne 100 % du capital à l'État mais assure une plus grande liberté à cette entreprise. Téléphone et télévision sont l'objet d'âpres luttes pour les techniques à adopter.

Le gouvernement face aux problèmes humains

★ *La population : structure, opinion, gestion*

Les tendances démographiques apparaissent à travers le recensement de mars 1982 ; chiffre de population en faible progrès : 54 334 000 (55,587 avec les DOM-TOM), vieillissement : 28,7 % de moins de 20 ans et 13,2 % de plus de 65 ans avec un nombre croissant de «grands vieillards». La famille se resserre. La cohabitation avant mariage, ou plus ou moins durable, devient banale tout comme le divorce. La natalité est tombée à 14,8 ‰ et la mortalité à 10,1. Depuis le creux de 1976 (1,83) la fécondité s'est redressée à 1,95 (toujours insuffisante pour assurer le renouvellement : 2,08). L'État mène une politique nataliste, en faveur des trois enfants sous VGE, mais après 1981 veut aider davantage les ménages qui n'en ont que deux. Toutefois la prise de conscience est nette en faveur de la démographie, nationale ou régionale. Le sud, très globalement, se dépeuple. Paris avec 2,176 millions d'habitants (plus de la moitié vivant seuls) en a perdu 5,4 % depuis 1975 ; l'agglomération diminue aussi, mais représente tout de même 15,7 % de la population française (8,5 millions). Les villes de 100 à 200 000 habitants sont celles qui augmentent le plus, ce qui n'est pas sans lien avec le progrès du secteur tertiaire (57,6 %). Le reflux est plus sensible pour le secondaire (34,2 %) que pour le primaire (8,2 %). Les communes rurales croissent, fait nouveau.

Les immigrés, malgré le blocage de leur entrée en 1974, sont près de 4 millions et demi (6,8 % de la population totale). Parmi eux, beaucoup de femmes et d'enfants, un nombre croissant de réfugiés politiques, des «clandestins» pour lesquels on s'est montré clément. «L'aide au retour» instituée sous VGE, s'est renouvelée en 1984, accompagnée d'un programme de réinsertion et de formation dans le pays d'origine. En ce temps de chômage la xénophobie et le racisme, encouragés par l'extrême-droite se développent autour de J.M. Le Pen.

La sécurité devient un terme à l'ordre du jour. La population y est très sensible, accuse les étrangers de multiplier vols, viols, attentats. Le terrorisme est monnaie courante. L'amnistie de 1981, la suppression de la Cour de Sûreté de l'État, le laxiste ministre de la Justice Robert Badinter, les libertés accordées aux prisonniers, la police divisée ou débordée, l'abrogation de la loi Peyrefitte sur «sécurité et libertés», l'abolition de la peine de mort (1981) : autant d'arguments pour une opinion inquiète, et pas seulement à droite. Le ministre de l'intérieur, G. Defferre, est visé.

La décentralisation reste cependant sa préoccupation principale. Elle se concrétise par la loi du 22 juillet 1982. Les «régions» deviennent des collectivités locales de plein exercice ; des conseils régionaux seront élus au suffrage universel (en Corse dès l'été 1982). Au niveau départemental les commissaires du gouvernement (anciens préfets) voient leurs pouvoirs restreints au profit des présidents des conseils généraux. Les moyens d'intervention économique augmentent, les moyens financiers aussi, mais sont jugés insuffisants. Des Comités économiques et sociaux accueilleront les syndicats.

★★ *Le travail et l'emploi*

Les actifs, en 1982, sont 23,5 millions, dont 83 % de salariés et 41 % de femmes, qui nourrissent le tertiaire (57,6 %) alors que le secondaire, rappelons-le, diminue plus vite (34,2 %) que le primaire (8,2 %). L'État, dans l'euphorie de 1981, a créé 61 000 emplois, en en annonçant 210 000 en trois ans. Les fonctionnaires sont 2,7 millions et absorbent 45 % du budget.

De nombreuses mesures ont été prises en faveur des travailleurs : semaine de 39 heures en 1981, prévision de 35 en 1985, 5e semaine de congé (1982). Un effort particulier a été fait en faveur des *jeunes* pour leur embauche[1] et leur formation. Les «pactes pour l'emploi» s'avèrent décevants pour eux. Les «contrats-formation» seront plus longs et les stages devront être généralisés. La retraite à 60 ans (1983) se double de multiples formes de «préretraite», mesure qui évite le licenciement dans des conditions assez avantageuses. D'où un aspect assez régional donné aux décisions. Une loi de 1983 porte sur la «démocratisation du secteur public». Valable pour les entreprises d'au moins 200 salariés, elle fait participer ceux-ci à des conseils d'atelier ou de bureau et à une commission consultative. *Les lois Auroux de 1982* développent les libertés des travailleurs dans l'entreprise, les institutions représentatives du personnel, le règlement des conflits collectifs, le rôle des comités d'hygiène et de sécurité.

Les syndicats agissent lors des discussions de ces lois et des négociations contractuelles avec le patronat, mais leurs divisions, sensibles depuis 1980 entre CGT et CFDT nuisent à leur action. La CGT en

---

1. Voir ci-dessus, le paragraphe concernant les entreprises.

perte de vitesse, la CFDT plus modérée se maintenant, FO progressant, comme la CFTC et la CGC, organisent des manifestations séparées ou soutiennent très diversement les grèves, moins suivies qu'avant 1981. Mais la Lorraine s'agite beaucoup (1984) et le PC la soutient, se désolidarisant du gouvernement.

Le grave problème de l'emploi n'a pas été maîtrisé par le système des «contrats de solidarité» de 1981 qui, dans les entreprises, exonérées de charges sociales, favorisaient la préretraite (avec allocations), le travail à mi-temps (également avec allocations), le maintien temporaire des indemnités de chômage pour les travailleurs embauchés ayant des difficultés de reclassement. En 1984, la situation se dégradant, 14 «pôles de conversion» sont définis dans lesquels la victime désignée du chômage continue à être rémunérée. On se décide aussi, au même moment, à soutenir la création d'entreprises artisanales par des salariés menacés.

Le chômage croît inexorablement malgré toutes ces mesures et, il faut le dire, un certain camouflage des chiffres. D'ailleurs les contrats de solidarité ne sont que temporaires ; le plan Delors, freinant la consommation, la demande diminue et l'entreprise vend moins. En 1984 un nouveau type d'assurance-chômage doit baisser les prestations financées partie par l'État, partie par les partenaires sociaux... Mais les chômeurs sont 2 300 000, approchant 10 % des actifs, et la menace est lourde dans les régions en reconversion.

★★★ *Culture, information, enseignement*

La culture, confiée à Jack Lang, sous l'œil attentif de F. Mitterrand, ne bénéficie pas des crédits qui pourraient assurer son développement. L'opposition dénonce l'esprit partisan du ministre, le manque de liberté. Éternelle question : jusqu'où et comment peut-on intervenir ?
La loi sur la communication audiovisuelle, de 1982, crée une «Haute Autorité» de 9 membres désignés, qui doit veiller sur l'autonomie, la pluralité, le respect des missions du service public. Elle octroie fondamentalement la liberté. Les radios locales libres ont été autorisées dès 1981. L'ORTF, réorganisée, diversifie ses postes, ses émissions, perd son monopole. Le cinéma, d'autre part, est soutenu.
La loi sur la presse est destinée à mettre à jour une ordonnance d'août 1944 violée dans son esprit depuis longtemps. Il s'agit de rendre impossible la mainmise des intérêts privés sur l'information par le biais d'une concentration capitaliste. Le groupe Hersant est particulièrement visé. Les modalités pratiques sont difficiles à définir et la question de la liberté est en cause, soulevant les plus vives passions. Si la presse risque d'intoxiquer, l'informatisation fait, parallèlement, peser une menace sur la liberté individuelle. D'où la création d'une commission «informatique et libertés».
L'enseignement n'échappe pas, lui-même, à cette question de la liberté. Mais il y a pis pour l'enseignement public. Le malaise, avant 1981, était grand parmi les enseignants de tous niveaux. Chez eux l'espérance née en 1981 est immense. Or elle est vite déçue, les moyens financiers ne permettant pas de tenir les promesses et de contenir les revendications. La loi réformant l'enseignement supérieur ouvre plus largement les Universités ; les professeurs sont invités à avoir une vue et une action plus pratiques. La formation des instituteurs est améliorée. Dans le second degré une autonomie très large doit régner. Mais les critiques fusent contre la dégradation de l'enseignement et l'ignorance des élèves surtout en français et en histoire tandis que le raisonnement n'existe plus.

Ces critiques concernant l'enseignement public ne sont pas sans favoriser l'enseignement privé. Celui-ci, défendant la liberté, bien des non-catholiques le soutiennent dans des manifestations monstres (1984). Or la querelle scolaire a été réveillée par les promesses de 1981. Le ministre de l'Éducation, Alain Savary, tarde à trouver une solution qui satisferait les laïques, eux aussi très mobilisés. Le compromis attendu, inévitable, mécontente tout le monde (1984). Cette «loi Savary» est finalement abandonnée. Sous la pression de l'opposition le président Mitterrand remplace alors le ministère Mauroy par un ministère Fabius. Ce grand virage de 1984 doit s'accompagner d'un recours possible au référendum par la révision de l'article 11 de la Constitution.

La politique extérieure

Elle est très ambitieuse. Se voulant mondiale elle entraîne le président dans de multiples voyages et réceptions. L'aspect culturel n'est pas négligé, la langue française est défendue, ce qui n'empêche pas la promesse d'une large *autonomie pour les DOM-TOM*. Une percée de gauche en profite aux Antilles, une percée indépendantiste en Nouvelle-Calédonie. Des accords de coopération sont signés avec *l'Algérie* mais les brûlants problèmes africains placent la France dans une situation difficile. En 1983 elle s'installe militairement dans un *Tchad* près d'éclater (action de la Libye) et s'y enlise.

Tiers-mondiste, F. Mitterrand vient au secours du Liban déchiré, aux côtés d'autres forces étrangères, spécialement américaines (1983-84). Au Moyen-Orient encore il se rapproche sensiblement de l'Irak, en guerre depuis 1980 contre l'Iran, mais aussi d'Israël.

Atlantiste, le président défend pourtant la cause des révoltés d'Amérique centrale, mais soutient les États-Unis pour leurs implantations nucléaires en Europe (1983) et reçoit fastueusement mais inutilement les grands occidentaux à Versailles. Son voyage aux États-Unis (1984) est un succès mais les sujets brûlants n'y sont guère abordés : le dollar, la place de l'Europe dans le monde.

Européen, F. Mitterrand assume très consciencieusement sa présidence semestrielle, mais se heurte à l'intransigeance toute britannique de Madame Thatcher (1984).

La dégradation progressive

Telle est la conclusion vers le milieu du septennat. A son actif, de *larges mesures sociales,* comme en 1936 : femmes, jeunes, travailleurs surtout. Encore n'a-t-on guère évoque ici les progrès du SMIC, de l'allocation-logement. Mais, hélas, comme en 1936, *les dures réalités économiques* n'ont-elles été prises en compte qu'après un «état de grâce» qui paraît avoir été gâché et a même, par des mesures faciles, aggravé les difficultés.

Aussi *l'opinion,* trop négligée, disent les socialistes, se détourne d'une majorité dans laquelle on avait mis trop d'espoirs. Les élections successives le prouvent. La crise fort mal maîtrisée, le chômage croissant ressoudent une «opposition» d'abord désorientée. Tandis que la majorité tend à se désarticuler, l'extrême-droite attire et l'opposition plus modérée trouve en *J. Chirac* un chef admis ou subi qui se posera en concurrent fort dangereux pour les élections législatives de 1986 et présidentielles en 1988.

TABLE DES MATIÈRES

ORIENTATION BIBLIOGRAPHIQUE

Pour les références statistiques

Annuaire statistique de la France publié annuellement par l'INSEE, Paris, Imprimerie nationale et Presses universitaires de France.

Parmi les ouvrages généraux ou spécialisés

J. J. CARRÉ, P. DUBOIS, E. MALINVAUD : *La croissance française*, Paris, Seuil, 1972.

L'année politique, par J.-B. Duroselle, etc., Paris, PUF, publication annuelle.

P. M. DE LA GORCE, B. MOSCHETTO : *La Ve République*, Paris, PUF, coll. Que sais-je ?, 1979.

M. PARODI : *L'économie et la société française de 1945 à 1975*, Paris, Colin, Collection U, 1976.

J. CHARDONNET : *L'économie française*, Paris, Dalloz, Collection Études politiques, économiques et sociales, 2 volumes, 1970-1971.

C. PRÊCHEUR : « *1968* ». *Les industries françaises à l'heure du Marché commun*, Paris, SEDES, 1969.

M. BALESTE : *L'économie française*, Paris, Masson, 5e éd. (1978).

S. MALLET : *La nouvelle classe ouvrière*, Paris, Édition du Seuil, 2e édition 1969.

G. LEFRANC : *Le mouvement syndical de la Libération aux événements de mai-juin 1968*, Paris, Payot, 1969.

F. PERROUX : *Industrie et création collective*, Paris, PUF, t. II, 1970.

A. P. MARIANO : *Métamorphose de l'économie française 1963-1973*, Paris, Arthaud, 1973.

G. CAZES, A. REYNAUD : *Les mutations récentes de l'économie française. De la croissance à l'aménagement*, Paris, Doin, 1973.

D. NOIN : *L'espace français*, Paris, Colin, Coll. U², 1976.

J. FOURASTIÉ : *Les trente glorieuses*, Paris, Fayard, 1979.

Les études publiées par la « Documentation française »

dans les Notes et études documentaires, Problèmes économiques, etc.

Annuaire statistique de la culture.

Profil économique de la France (1976).

Les multiples articles

des revues économiques, des bulletins syndicaux ou d'associations diverses, de la presse périodique ou quotidienne.

Imprimerie Dumas, 42100 Saint-Étienne
Dépôt légal de la 1ʳᵉ édition : 4ᵉ trimestre 1972
Dépôt légal : janvier 1986 – Imprimeur n° 27389

Imprimé en France

DATE DUE